Immigrants from Madurapura

මදුරාපුර සංක්‍රමණ

සත් කෝරලේ විත්ති පොත් එකතුවක්

ආචාර්ය බණ්ඩාර බණ්ඩාරනායක

A Collection of Ola-leaf Manuscripts in Sri Lanka

Bandara Bandaranayake, PhD

Proposed Reference:

Bandaranayake, Bandara. (2022). *Immigrants from Madurapura: A Collection of Ola-leaf Manuscripts in Sri Lanka*. Melbourne, Australia.

බණ්ඩාරනායක, බණ්ඩාර. (2022). *මදුරාපුර සංක්‍රමණ: සත් කෝරලේ විත්ති පොත් එකතුවක්.* මෙල්බර්න්, ඕස්ට්‍රේලියාව.

ISBN: 978-0-6452133-2-4

Bandaranayake Consulting Services

Melbourne, Australia

පිළිගැන්වීම

Dedication

To my wife Chandra

විත්ති පොතකින්
උපුටා ගත් සටහනක්

"...ඉතා මුල් කාලයේ සිටම ලංකාව ජාති, දේශ භේදයකින් තොරව ඉන්දියාවේ සෑම ප්‍රදේශයකින්ම පැමිණි මිනිසුන් විසින් යටත් විජිතයක් බවට පත් කර ගත්හ. ඔවුන් නිදහසේ මිශ්‍ර වී එක් ජාතියක් පිහිටුවා ගත්හ. ..... එබැවින් මෙම සිහලෙහි වසන අය තමන් කිසියම් පවුලකට හෝ ජාතියකට අයත් යැයි නොකිව යුතුය..."

(නිර්නාමික විත්ති පොත් කතුවරයෙකු විසිනි)

"..... from very early times Lanka was colonised by people who migrated from different parts of India; they mixed freely with one another irrespective of their race and the region from where they migrated and grew into one community. Those who live in the Sinhale, therefore, should not claim that they belong to a particular family or race........ ".

(By an anonymous author of a Viththi book)

Introduction

This publication contains a collection of eleven Sri Lankan historical ola-leaf (palm-leaf) manuscripts known as *Viththi* (events) and *Kadayim* (demarcation of divisional boundaries) books. Most of them are rare and have never been published.

They describe waves of migrations from South India, particularly from the regions of Kerala and Madurapura (Madurai) to Sath Korale and Kandyan regions in Sri Lanka, that took place during the medieval period. This information provides a fresh perspective on the evolution and the current ethnic composition of Sri Lanka, in contrast to the traditional historical records.

I collected these manuscripts for my anthropological research that resulted in the publication "South Indian Brāhmins in Sri Lankan Culture: Assimilation in Sath Korale & Kandyan Regions" in 2021.

I package these historical manuscripts herewith providing readers with some guidance to navigate easily through them. I start with the sources of these manuscripts. Then I provide a general introduction to the nature and tradition of ola-leaf manuscripts and finally, go into an account of the contents and common characteristics of them all.

However, these manuscripts contain multifaceted historical information given in diverse narrative styles. I made an effort to summarise each manuscript to help readers despite the difficulties that arose from array of extensive information extending across many historical eras, a lack of consistent chronology, and excessive repetitions.

In any event, I strongly believe that the readers and researchers in future will welcome this publication.

හැඳින්වීම

මෙම ප්‍රකාශනයේ අඩංගු වන්නේ ශ්‍රී ලංකාවේ ඓතිහාසික විත්ති සහ කඩයිම් පිළිබඳ තොරතුරු සඳහන් පුස්කොළ පොත් එකොළහක එකතුවකි. ඒවායින් බොහොමයක් දුර්ලභ වන අතර මීට පෙර කිසි දිනෙක ප්‍රකාශයට පත් කර නොමැත.

විශේෂයෙන්ම මෙම පුස්කොළ පොත් වල මධ්‍යකාලීන යුගයේ සිට දකුණු ඉන්දියාවේ කේරළ සහ මදුරාපුර ප්‍රදේශවලින් ශ්‍රී ලංකාවේ සත් කෝරළය සහ උඩරට ප්‍රදේශවලට සංක්‍රමණය වූ ජන කණ්ඩායම් රාශියක් පිළිබඳ විස්තර සඳහන් වේ. මෙම තොරතුරු ඇසුරෙන් සාම්ප්‍රදායික ඓතිහාසික වාර්තාවලට වඩා වෙනස්ව ශ්‍රී ලාංකීය සමාජයේ පරිණාමය සහ වර්තමාන ජන වාර්ගික සංයුතිය පිළිබඳ නැවුම් ඉදිරිදර්ශනයක් ලබාගැනීමට හැකි වන බව පෙනේ.

මම මෙම අත්පිටපත් එකතු කළේ මාගේ මානව විද්‍යාත්මක පර්යේෂණයක් සඳහා වන අතර එම පර්යේෂණයේ ප්‍රතිපලයක් හැටියට මට "දකුණු ඉන්දියානු බ්‍රාහ්මීන්ගේ ශ්‍රී ලාංකීකරණය: සත් කෝරලයේ සහ කන්ද උඩරට සංක්‍රමණය" යන ග්‍රන්ථය 2021 වර්ෂයේදී එළි දැක්වීමට ඉඩ ලැබුණි.

මෙම ඓතිහාසික අත්පිටපත් එකතුව ප්‍රකාශයට පත් කිරීමටත් පාඨකයන්ට ඒවා පහසුවෙන් භාවිතා කිරීමට හැකිවන ආකාරයට යම් මඟ පෙන්වීමක් කිරීමටත් මම අදහස් කළෙමි. මේ සඳහා මම ප්‍රථමයෙන් මෙම පුස්කොළ පොත් වල මූලාශ හඳුන්වා දෙමි. ඉන් අනතුරුව මෙම පුස්කොළ පොත් වල ස්වභාවය සහ සම්ප්‍රදාය පිළිබඳ සාමාන්‍ය හැඳින්වීමක් කරමි. අවසාන වශයෙන් එම සියල්ලේ අන්තර්ගතය සහ පොදු ලක්ෂණ පිළිබඳ විශ්ලේෂණයක් ඉදිරිපත් කරමි.

කෙසේ වෙතත් මෙම අත්පිටපත්වල සංයුතිය බහුවිධ ශෛලීන්ගෙන් සහ ආඛ්‍යාණයන්ගෙන් සමන්විත වේ. පාඨකයන්ගේ පහසුව සඳහා මම සෑම අත්පිටපතක්ම සාරාංශ කළෙමි. නමුත් එම කාර්යය තරමක් අසීරු වුයේ මෙම අත්පිටපත්වල සඳහන් තොරතුරු ඓතිහාසික යුග රාශියක් පුරා විහිදීම, විස්තීරණ තොරතුරු ඇතුලත් වීම, ස්ථාවර කාල නිර්ණයක් නොමැති වීම, සහ පුනරාවර්තන තොරතුරු වලින් ගහණ වීම යන හේතු නිසාය.

කෙසේ වෙතත්, පාඨකයන් සහ අනාගත පර්යේෂකයන් මෙම ප්‍රකාශනය ධනාත්මකව පිළිගනු ඇතැයි මම තරයේ විශ්වාස කරමි.

පටුන – Contents

Acknowledgements

In the writing of this book, I was greatly assisted by several persons. If not for their kind assistance, this book would not have been a reality.

I am thankful to Udula Bandara Oushadahami for the encouragement and guidance he gave me from the beginning. His valuable comments and suggestions helped me greatly in making this book more useful and informative. He designed the cover of the book.

I would like to thank R.S.W.M. Kumara Bandara who kindly read through the manuscript of the book. He also helped me in my hunt for ola – leaf manuscripts. I would like to thank Chandra Galapitage who also kindly read through the manuscript.

My thanks are due to Hasitha Chamikara Gunasinghe (Kelaniya University) who provided me with a copy of the *Sath Korale Kadayim* manuscript, Late RM Tikiri Banda (Wathuwattegama), E.M. Sunil Bandara (Dembatogama), Udaya Galagoda, Y.M. Dharmasena Bandara (Nikawewa), Rangana Kuruwita, R. Maheshwaran (Librarian, Peradeniya University library), Premaratne Eriyawa and A.M. Herath Banda (Pohorawatte).

I regret that I have been unable to mention all those who helped me by their names. My thanks are due to them all.

Bandara Bandaranayake
Melbourne, Australia. 2022

ස්තුතිය

මේ පොත ලිවීමේදී මට බොහෝ දෙනෙකුගෙන් නිබඳ සහයෝගයක් ලැබුණේය. ඔවුන්ගේ කාරුණික සහාය නොවන්නට මේ පොත යථාර්ථයක් නොවනු ඇත.

උදුල බණ්ඩාර අවිසදහාමි ආරම්භයේ සිටම මට ලබාදුන් දිරිගැන්වීම් සහ මගපෙන්වීම පිළිබඳව මම ඔහුට ස්තුතිවන්ත වෙමි. ඔහුගේ වටිනා අදහස් සහ යෝජනා මෙම පොත වඩාත් ප්‍රයෝජනවත් ග්‍රන්ථයක් කිරීමට බෙහෙවින්ම උපකාරී විය. ඔහු පොතේ කවරයද නිර්මාණය කළේය.

මෙම පොතේ අත්පිටපත කාරුණිකව කියවූ ආර්.එස්.ඩබ්ලිව්.එම් කුමාර බණ්ඩාරට මම ස්තුතිවන්ත වෙමි. ඔහු පුස්කොළ අත්පිටපත් සෙවීමේ කාර්යයේදීද මට උදව් කළේය. මේ හැර මෙම පොතේ අත්පිටපත කාරුණිකව කියවූ චන්ද්‍රා ගලපිටගේටද මම ස්තුතිවන්ත වෙමි.

සත් කෝරලේ කඩයිම් පුස්කොළ පොතේ පිටපතක් මා වෙත ලබාදුන් හසිත චාමිකර ගුණසිංහ (කැලණිය විශ්වවිද්‍යාලය), දිවංගත ආර්.එම්.ටිකිරි බණ්ඩා (වතුවත්තේගම), ඊ.එම්. සුනිල් බණ්ඩාර (දෙඹටෝගම), උදය ගලගොඩ, වයි.එම්. ධර්මසේන බණ්ඩාර (නිකවැව), රංගන කුරුවිට, ආර්. මහේෂ්වරන් (පුස්තකාලයාධිපති, පේරාදෙණිය විශ්වවිද්‍යාල පුස්තකාලය), ප්‍රේමරත්න එරියාව සහ ඒ.එම්. හේරත් බණ්ඩා (පොහොරවත්ත) මට බෙහෙවින්ම උපකාරී වූහ.

මට සහාය දුන් හැම දෙනාගේම නම් මෙහි සඳහන් නොවෙන්නේ නම් මම ඒ ගැන කනගාටු වෙමි. ඒ සියලු දෙනාටම මගේ ස්තුතිය හිමි වේ.

බණ්ඩාර බණ්ඩාරනායක,

මෙල්බර්න්, ඕස්ට්‍රේලියාව. 2022

Sources of the Manuscripts

Nikawagampaha Brahmanawaliya (Brahmi migrants to Nikawagampaha Division). This is also known as "Nikawagampaha Korale Mayim Wattoru saha Korale Viththi Potha". This is an original and not been published anywhere before. This manuscript was copied from a paper copy kept by R M Tikiri Banda, Wathuwaththegama. The original ola-leaf copy is not traceable.

Maha Sammatha Upatha Viththi Potha (Origin of the Buddhist Royal Universe). This copy also original and has not been published anywhere before. This was copied from a paper copy kept by A M Herath Banda, Pohorawththa. The original ola-leaf copy is not traceable.

Sath Korale Kadayim Potha (Boundary Demarcations of Sath Korale). This copy is also original and has not been published anywhere before. The paper copy of this manuscript was obtained from Mr. D.M. Amaratunga of Kallanchiya, Anuradhapura. The original ola-leaf copy is not traceable.

Madurapuren ā Viththiya (Immigrants from Madurapura). This is also known as Vanni Viththiya. This copy was obtained from the Peradeniya University ola-leaf collection (Record Number 277674). This manuscript has been published by Gananatha Obeyesekere in

2005 in his collection called "Vanni Upatha, Vanni Viththiya saha Vanni Kadayim Potha" (pages 31 to 46). It was also published by A J W Marambe in 1926 in his puskola poth collection "Three Sinhale Kadayim saha Viththi" (pages 24 to 37)

Kandure Bandarawaliya. This is from records of the National Museum ola-leaf collection (No OR 6606 (77e). This manuscript has been also published by Gananatha Obeyesekere in 2005 in his ola-leaf manuscripts collection called "Bandarawali saha Kadayim Poth" (pages 45 to 51).

Malala Bandarawaliya. This was obtained from records of the National Museum ola-leaf manuscripts collection (Record No 22). This manuscript has been also published by Gananatha Obeyesekere in 2005 in his ola-lease manuscripts collection called "Bandarawali saha Kadayim Poth" (pages 52 to 56).

Madurapura Rajaparampara Rajawaliya. This ola-leaf manuscript was obtained from Peradeniya University Library collection, Record Number 277456. This has been also published by A J W Marambe in 1926 in his puskola poth collection "Three Sinhale Kadayim saha Viththi" (pages 67 to 73).

Madurapura Rajawasalata Giya Gaman Wistharayak. This was not published before. It was obtained from National Archives records collection No 5/63/99(4). .

Kurunegala Vistharaya. Copies of this manuscript available at the ola-leaf manuscripts collection at Dalada Maligawa Library, National Archives and Colombo National Museum. It has been translated to English and published by F Modder (1893), "Kurunegala Wistharaya with Notes on Kurunegala ancient and Modern", No. 44 Journal of Royal Asiatic Society Vol XIII. It was also published by A J W Marambe in 1926 in his puskola poth collection "Three Sinhale Kadayim saha Viththi" (pages 73 to 87). In addition Rangana Kuruwita (2015) and Nimesha Thiwankara Senewipala (2019) published this manuscript with extensive clarifications and interpretations of its content.

Mukkara Hatana. This manuscript is available at Hugh Nevill collection stored at the British Museum. This manuscript was obtained from the book "The Karawa of Ceylon: Society and Culture" published by MD Raghavan in 1961 (Appendix 1, pages 75 to 79).

Dambadeni Ashna. This manuscript was a copy from "Dambadeni Ashna" book published by D Ranasinghe, in 1917 (Pages 1 to 9).

පුස්කොල පොත් එකතුවේ මූලාශ

නිකවාගම්පහ බ්‍රාහ්මණවලිය. මෙය "නිකවගම්පහ කෝරළේ මයිම් වට්ටෝරු සහ කෝරලේ විත්ති" ලෙසද හැඳින්වේ. මෙය මීට පෙර ප්‍රකාශයට පත් කර නොමැත. මෙම අත්පිටපත වතුවත්තේගම ආර් එම් ටිකිරි බණ්ඩා ළඟ තබාගත් කඩදාසි පිටපතකින් පිටපත් කර ගන්නා ලදී. මෙම පුස්කොල පොතේ මුල් පිටපත සොයා ගත නොහැක.

මහා සම්මත උපත විත්ති පොත. මෙය මීට පෙර ප්‍රකාශයට පත් කර නොමැත. මෙය පිටපත් කළේ පොහොරවත්තේ, ඒ එම් හේරත් බණ්ඩා ළඟ තබාගත් කඩදාසි පිටපතකිනි. එහි මුල් පුස්කොල පොත් පිටපතක් තිබිය හැකි නමුත් එය තවම සොයා ගෙන නොමැත.

සත් කෝරළේ කඩයිම් පොත. මෙයද මීට පෙර ප්‍රකාශයට පත් කර නොමැත. මෙම අත්පිටපතේ කඩදාසි පිටපත තිබුනේ අනුරාධපුර කල්ලන්චියේ. ඩී. එම්. අමරතුංග මහතා සතුවය. එහි මුල් පුස්කොල පොත් පිටපතක් තිබිය හැකි නමුත් එය තවම සොයා ගෙන නොමැත.

මදුරාපුරෙන් ආ විත්තිය. මෙය වන්නි විත්තිය ලෙසද හැඳින්වේ. මෙම පුස්කොල පිටපත පේරාදෙණිය විශ්වවිද්‍යාලයේ පුස්කොල පොත එකතුවෙන් (වාර්තා අංකය 277674) ලබා ගන්නා ලදී. මෙම අත්පිටපත 2005 දී ගණනාථ ඔබේසේකර විසින් ඔහුගේ "වන්නි උපත, වන්නි විත්තිය සහ වන්නි කඩයිම් පොත" (පිටු 31 සිට 46 දක්වා) නම් එකතුවේ වන්නි විත්තිය නමින් ප්‍රකාශයට පත් කර ඇත. එය 1926 දී ඒ ජේ ඩබ්ලිව් මාරම්බේ විසින්ද ඔහුගේ "තුන් සිංහලේ කඩයිම් සහ විත්ති" පුස්කොළ පොත් එකතුවේද වන්නි විත්තිය නමින ප්‍රකාශයට පත් කර ඇත (පිටු 24 සිට 37 දක්වා).

කඳුරේ බණ්ඩාරාවලිය. මෙය ජාතික කෞතුකාගාරයේ පුස්කොල පොත එකතුවේ (අංක OR 6606 77e) වාර්තා වලින් ලබා ගන්නා ලදී. මෙම අත්පිටපත 2005 දී ගණනාථ ඔබේසේකර විසින් ඔහුගේ "බණ්ඩාරාවලිය

සහ කඩයිම් පොත්" නම් වූ පුස්කොල පොත් අත්පිටපත් එකතුවේද (පිටු 45 සිට 51) ප්‍රකාශයට පත් කර ඇත.

මලල බණ්ඩාරවාලිය. මෙය ජාතික කෞතුකාගාරයේ පුස්කොල පොත් අත්පිටපත් එකතුවේ වාර්තා වලින් ලබා ගන්නා ලදී (වාර්තා අංක (22). මෙම අත්පිටපත 2005 දී ගණනාථ ඔබේසේකර විසින් ඔහුගේ " බණ්ඩාරාවලිය සහ කඩයිම් පොත්" නම් වූ පුස්කොල පොත් අත්පිටපත් එකතුවේද (පිටු (52) සිට (56) දක්වා) ප්‍රකාශයට පත් කර ඇත.

මධුරාපුර රාජපරම්පරා රාජාවලිය. මෙම පුස්කොල පොත ලබා ගත්තේ පේරාදෙණිය විශ්වවිද්‍යාල පුස්තකාලයෙන්ය (වාර්තා අංක 277456). මෙය A J W මාරඹේ විසින් 1926 දී ඔහුගේ "තුන් සිංහලේ කඩයිම් සහ විත්ති" (පිටු 67 සිට 73 දක්වා) පුස්කොළපොත් එකතුවේ ද ප්‍රකාශයට පත් කර ඇත.

මධුරාපුර රජවාසලට ගිය ගමන් විස්තරයක්. මෙය මීට පෙර ප්‍රකාශයට පත් කර නොමැත. මෙය ජාතික ලේඛනාරක්ෂක වාර්තා එකතුවෙන් (අංක 5/63/99 (4)) ලබා ගන්නා ලදී.

කුරුණෑගල විස්තරය. මෙම අත්පිටපතේ පිටපත් දළදා මාලිගාවේ පුස්තකාලය, ජාතික ලේඛනාරක්ෂකාගාරය, කොළඹ ජාතික කෞතුකාගාරය, බ්‍රිතාන්‍ය කෞතුකාගාරය (76A i) යන ස්ථාන වල තිබේ. එය ඉංග්‍රීසියට පරිවර්තනය කර F Modder විසින් 1893 දී ප්‍රකාශයට පත් කර ඇත. මෙය A J W මාරඹේ විසින් 1926 දී ඔහුගේ "තුන් සිංහලේ කඩයිම් සහ විත්ති" (පිටු 73 සිට 87 දක්වා) පුස්කොළපොත් එකතුවේ ද ප්‍රකාශයට පත් කර ඇත. ඊට අමතරව නිමේෂ තිවංකර සෙනෙවිපාල (2019) සහ රංගන කුරුවිට (2015) විසින් මෙම අත්පිටපත සහ එහි අන්තර්ගතය පිළිබඳ පුළුල් පැහැදිලි කිරීම් සහ අර්ථකථන සමගින් ප්‍රකාශයට පත් කර ඇත.

මුක්කර හටන. මෙම අත් පිටපත දැනට බ්‍රිතාන්‍ය කෞතුකාගාරයේ හියු නෙවිල් එකතුවේ සංරක්ෂණය කර ඇත. මේ හැර මෙම අත්පිටපත 1961 දී M D Raghavan විසින් ප්‍රකාශයට පත් කරන ලද The Karawa of Ceylon: Society and Culture නම් ග්‍රන්ථයේ අඩංගු විය (පිටු 75 සිට 79).

දඹදෙණි අශ්න. මෙය 1917 දී ඩී රණසිංහ විසින් ප්‍රකාශයට පත් කරන ලද "දඹදෙණි අශ්න" නම් පොතෙන් (පිටු 1-9) ලබා ගන්නා ලද පිටපතකි.

Introduction to Sri Lankan Ola-Leaf Manuscripts

Sri Lankan ola-leaf manuscripts belong to a historical writing and record keeping tradition. These manuscripts have not been adequately researched and analysed to date mostly due to the sheer volume, variation, and accessibility.

This chapter presents a general introduction to the nature and tradition of ola-leaf (or palm leaf) manuscripts together with an account of the contents and common characteristics of the manuscripts that capture historical events.

The Nature and Tradition

The ola leaf is a leaf from the Talipot (*thala*) tree, a type of palm. The word *ola* derives from the Tamil word *Ōlai*. The Sinhalese term for the documents written on ola leaf is *"Puskola Potha[1]"* which means *the book of ola leaves.*

Ola leaves are conditioned and methodically prepared as rectangular sheets for inscription. The text is inscribed using a sharp pointy pen like instrument. Then colour is applied to the surface and wiped off allowing the ink in the incised grooves to highlight the text. Each sheet has a hole through which a string could pass, and with these the sheets are tied together to bind like a long rectangular book. Normally, manuscripts measure 4 - 6 cm × 33 - 36 cm.

---

[1] Pusthaka (පුස්තක) or grantha (ග්‍රන්ථ) – books created with leaves

Ola leaf manuscripts are largely found in countries of the Indian sub-continent and also in South East Asia. The oldest palm-leaf manuscript, which was found in India, goes back to the 5th century BC (Ghosh, 1991).

Early Manuscripts in Sri Lanka

The intellectuals in early days were the people who had the ability to memorise religious teaching and worldly subjects off by heart. They were named as "Granthadhura[2]".

Mahawansa Chronicle refers to an earliest written book titled "Pinpotha" which recorded meritorious acts of people during the era of King Dutugamunu (161 BC to 137 BC). However, during the King Walagambahu (103 BC to 77 BC) commenced the systematic creation of written books. This initiations was mainly due to a deadly famine known as Baminitiyasaya which killed many people. It posed the risk of eliminating intellectual Granthaduras and thereby disrupting the passing of knowledge from one generation to another. In addition there was an increased Mahayana Buddhism influence during Walagambahu time which was perceived as a risk of distorting the original form of Theravada Buddhism in Sri Lanka. The scholars wanted to preserve Theravada Buddhism in durable means.

The earliest form of writing materials were not palm leaves. Skinned barks from a particular tree and/or leaves of *Watake[3]* plant had been used as the material for inscribing (Mahawansa, chapter 33, page 133).

The original inscriptions were dominated by Buddhist literature like Atuwa (the commentary for the doctrine of the Buddha) in Sinhala language (later they were translated into Pali language and then back to Sinhala). Other popular written books were on astrology and indigenous medicine. In addition many prevailing sciences had written records as source books for the precise explanations and applications.

---

[2] Able people who memorised and communicated subject matter off by heart.
[3] A long leave tree in mangrove bushes.

Eventually by Kandyan era (1468 to 1815 AD) we find a number of written books (Puskola poth) on various subjects as source books (Sannasgala, 1961, page 500). Among them included Hesajjamanjusawa (Pali source book on medicine for bhikkhus), Dashasangrahaya (source book on Astrology), Sariputhraya (on Buddhist sculpture), Maimathaya (source book on building houses), Vasthu Vidya Shasthra[4] (on religious architecture), Supashasthra (source book on cookery and home science), Jalanandaniya (on building water tanks), and Vadankusarathnamalaya (on musicology). Also there were source books on Ayurvedic medicine, indigenous magical practices for healing, gods worship and rituals, and wadulu (records of hidden treasure) books. Original Sinhala version of Catholic religious texts were also written ola-leaf manuscripts[5] during the Kandyan era.

Manuscripts with Historical Records

A widely-kept historical records were termed Viththi and Kadayim books.

A large number of Sri Lankan historical palm leaf manuscripts (Viththi and Kadayim) are found in the villages of North-Western province which includes Sath Korale[6] and of North-Central Province which includes Nuwarakalaviya. They had been preserved by individuals and families as valuable objects that demonstrate their former prosperity, ancestry and the elite status held by their ancestors. Obeyesekere (2019, pages 8-9) believes that the authors of these manuscripts were "popular literati" or "village intellectuals". However, Sannasgala (1961) reveals that most of them were royal appointees like

---

[4] Initially written by the famous Indian scholar Manjusri.
[5] Reverand Jacome Gonsalvez, known as the "Father of Catholic Literature of Sri Lanka", wrote many religious texts in Sinhala. The original book of "Deva Vedha Puranaya", was written on Ola leaves and it is currently kept at Ampitiya Seminary.
[6] Sath Korale is a historical name given to Kurunegala District. Korale term is also used to introduce a division or a collection of villages.

Mohottalas[7] to keep functional ola-leaf records at village or divisional level.

These writers were trained literates. They also used well preserved folklore or stories which were traditionally in oral form and had been accumulated as legends about individuals, families, clans, wars and important events. The writers were customary to familiarise and document past events which belong to a genre of popular literature. They knew how the ordinary people received and represented their past. Therefore, a unique style for Viththi and Kadayim books was evolved.

Types of Manuscripts that Record Historical Events

There are at least four types of popular palm leaf manuscripts that help us to trace historical information in Sri Lanka. They include:

a) *Viththi poth*, these are the books on past events,

b) *Kadaim poth*, these are the books of boundaries, written for the purpose of describing boundaries of the main divisions and villages of the island,

c) *Bandaravaliya*, these manuscripts contain histories of aristocratic families and their Indian origins. Bandarawaliyas are simply a Sri Lankan version of family genealogies that are found in many cultures. *Brahmanawaliyas* are also similar but focus on Brahmi ancestry.

d) *Lekam Miti*, these are the Viththi records kept and updated by Mohottalas.

During the medieval times, the government records were prepared by Mohottalas and successive Mohottalas had the responsibility to update them (Sanasgala, 1961, p 707). As a result, many manuscripts find added sheets with different hand writings, inserted words in the existing sheets, and copies with repetitive or borrowed information. Since the middle of Kandyan period some Viththi and Kadayim

---

[7] Mohottalas were high ranking officials at divisional level and they had the added responsibility to perform as royal lekam or registrars.

manuscripts were written on "kadadasi" papers (Sannasgala, 1961, p712).

Collection of Manuscripts

The main collections of ola-leaf manuscripts including some paper manuscripts are stored at the Sri Lankan National Museum, National Archives, Peradeniya University library, Dalada Maligawa library and the British Museum. Numerous manuscripts kept by villagers in the North Western Province and North Central Province are unaccounted for. Also many had been destroyed by natural hazards and a lack of safe keeping. Hugh Nevill collection stored at the British Museum is regarded as the largest collection of Sri Lankan ola-leaf manuscripts totaling over 4,000 (Street, 2014, p 232).

Contents of Ola-leaf Manuscripts

The Viththi books selected for this publication contains multifaceted historical information with compound styles and narratives. The language forms used vary from colloquial to the mixed old classical and to the poetical (verse) styles.

An analysis of common patterns of contents and styles will help the readers to navigate through an array of varied, inconsistent and repetitive information. I acknowledge De Silva (1927) as a scholar who made an initial effort to identify and analyse the common contents and themes found across many historical ola-leaf manuscripts. I used his publication as a guide for the analysis.

Main Divisions of the Island

The manuscripts give line of kings and the divisions to which the Island had been divided from time to time, e.g. districts, towns, villages, and the origin of divisions, with the natural features and the character of inhabitants living in such divisions, and an account of boundaries and landmarks.

The Kadayim books always give the number of grand provinces in the island as three (*Three Sinhalē*): Ruhunu, Maya and Pihiti. Each province is divided into divisions or Ratas. Ruhunu was divided into 47 Rata divisions, Maya into 28 Ratas and Pihiti into 41 Ratas. Each Rata was administered by a chieftain, e.g. Disawa.

Each Rata or division is consistent of a number of towns and villages of various types. Readers will come across such names as Nagara (cities and towns), Patuna (ports), Patunugam (seaport villages), Bamunugam (villages of Brahmins), Baminigam (villages of Brahmi women), Hewagam (Villages of servicemen), Dewalagam (Villages allocated to shrines that venerate supreme souls), Nindagam (villages allocated to private individuals), Gabadagam (villages belong to king's treasury) Viharagam (allocated to temples), Mahagam (large villages), Mudalgam (villages pay taxes in money), Galawalgam (villages with quarries), Malabulathgam (villages grow betel leaves), Butgam (Kings property), Bisogam (queens property), and Olagam (empty villages).

Ports of Arrival

The migrants referred to in this collection of ola-leaf manuscripts landed at ports in the North Western coastal area stretching from Mannar to estuaries of the Kelani river. Prince Vijaya landed at Thammanna which was also known as Manthai, Mahathiththa or Manthota during ancient times. It was situated in the north of the mouth of the Malvathu River (Aruvi Aru) close to Mannar. Malala Bandaras and Brahmanawaliyas landed at two separate ports of Muthupanthiya (between Chilaw and Puthalama) and Karaduwa (Karaithivu or Kudiramalai). They all joined together at Velparappu or Ponparappu (North of Puththalam). Kandure Bandara and his contingent also landed at Karaduwa. Mukkara invaders landed at Puthalama and Nagapattana. However, Karaiyars mercenaries whom were brought to fight Mukkaras landed at the mouth of Kelani river (Kalani Modara).

During the very ancient times Jambukola Pattana (a northern port of Jaffna Peninsula) and Gokanna (Trincomalee) were popular as international ports for travel and trade. Mahawamsa chronicle records that Sangamiththa who brought the sacred Bodhi tree sapling landed at Jambukola Pattana.

Volume of Irrigation Tanks and Canals[8]

Ola-leaf manuscripts divides irrigation tanks into two classes, those with water over eight cubits were named Mahavew (large tanks) and under eight cubits Kudavew (small tanks) (De Silva, 1927). The lists so far available give the depths, number of sluices, canals, sowing extents of several hundreds of tanks in the North - western and North - Central Provinces.

A few quotations from this descriptive list is provided below to indicate the manner in which the lists are compiled.

රන්පත්විල මුල් බිජු දෙසියපනස් අමුණයි. වතුර උස දොළොස් රියනයි. ඔලගන් අමුණු වැටි පොටා පහයි ආරාමයයි. මැටිගන්පතහේ මුල්වක්කඩෙන් මෙපිට බිසෝ කොටු හොරොව්වුයි. (මදුරාපුරෙන් ආ විත්තිය)

"Ranpativila has 250 amunas (200 acres) in extent. Height of water 12 cubits (Riyana). Below the main sluice of Matiganpathaha (an area of land excavated for the excavation for earth) was one bisokotuwa horowwa (slucies)" (Madurapuren A Viththiya)

මහ සියඹලංගොමුව මුල් බිජු තුන්සිය පනස් අමුණයි. වතුර උස පහළොස් රියනයි. හොරොවු දෙකයි කානු හොරොව්වයි. විහාර දෙකයි. නටබුන් වෙහෙර දෙකයි. බණ මඩු දෙකයි. ටැම් පිට ලැගුන් ගෙවල් දෙකයි. වී ගුළු තුනයි. යෝධ ළින් තුනයි. වැවට දිය නැමුණු අත ඔලගම් මාගන් අමුණු වැටි පෝටා පනස් අටයි. (මදුරාපුරෙන් ආ විත්තිය)

"Maha Siyambalangomuwa irrigates 350 amunas in extent (280 acres) height of water 15 cubits. Two sluices, one drain sluice. In the area served by the tank there were 58 small sluices to serve 58 small and large villages" (Madurapuren A Viththiya).

---

[8] Acknowledge De Silva (1927) for this information

Episodes of the Inhabitancy of the Island

Episodes of inhabitation of the island is presented with reference to cosmological events, legends, and divine interventions. The legends glorify and venerate the land of Lanka, its past residents and their heritage. However, the inhabitation segment of recent millennium carry factual historical events which were out of place in the popular chronicles (e. g. Chulawansa).

The readers can anticipate at least nine identifiable episodes of inhabitation. These segments are not necessarily fully reflected in the manuscripts collected for this publication.

Origin of the Buddhist Royal Universe in Sri Lanka. The period of this cosmological segment is "Maha Sammatha", the first monarch of the world according to Buddhist tradition. It covers the evolution of the earth and its inhabitants, the division of the surface of the earth and oceans and descriptions of rivers, mountains and lakes. They are connected with the origin of kingship and the lines of kings from pre-historic times leading to incidents and origin of the people of this Island. An account of four maha sammatha Buddha[9] periods and a reference to the existence of the land of Lanka during those periods is also empahasised to reserve the non-negotiable Buddhist affiliation to Sri Lanka.

Period of Vararaja Race. Approx. 2000 BC to 1500 BC. This episode belongs to the first royal house of the islands occupants. Three descendants named Malayawat, Sumalin and Malin of Vararaja race founded a city known as Lanka. They brought various chiefs from the kingdom called Vanaga and settled in this land. Among them were those belonged to the races of Asura, Yaksha, Naga and Nara who made Lanka home.

Ravana occupation. Approx. 1500 BC to 1000 BC. Rāvaṇā descends from Brahma[10]. The son of Brahma was Vijuruvan who had three sons

---

[9] Kakusanda, Konagama, Kashyapa and Gouthama
[10] Supreme God

of his own, Ravana, Kumbakarna and Vibhisana and a daughter called Suparnaka. Ravana became the king of Lanka and enjoyed superior powers and possessions. Ravana abducted Sita, the wife of lord Rama[11] and consequently Rama defeated Ravana in a battle and slew him. Subsequently, Ravana's brother Vibishana succeeded as the king of Lanka. The residents of Lanka during the Ravana and Vbhisana times were Raksas and Yakshas who spoke Andra (Telingu) language (De Silva, 1927, 319).

Manurajawansa occupation. From 6th century BC. This house of royals descend from the King Sinhabahu and the queen Sinhasivali of India. Sinhabahu's son Vijaya reached Sri Lanka with 700 of his men and married Kuveni, a local Yaksha Princess. Vijaya defeated Jatindara, the local Yaksha king, with the help of Kuveni and conquered the entire land. Later he expanded his power further forming an alliance with the King of Madura (in South India). Another influx of migrants from India occurred after the formation of this alliance. The manuscripts provide legendary information about the knowledge of Gauthama Buddha of the arrival of Vijaya in Sri Lanka. The Buddha requested supreme gods of Brahma and Shakra to protect Vijaya and provide him with safe passage. Anuradhapura monarchs appeared to be descendants of Manuraja.

Arrival of Danduba Maharaja and Vanni Chieftains. During the reign of Pandukabahaya (474 BC – 367 BC), a Chief named Danduba Maharaja with his followers sailed to Sri Lanka and occupied the country near the banks of Deduruoya (currently Nikaweratiya area). He built Magalla Wewa, a large reservoir, and linked it with Deduruoya by means of an irrigation canal. He also built Randeni Wewa and Sulugalla Wewa, two small tanks, and a city called lhala Danduba Nuwara from where he reigned the country. He cultivated many fields and stored grain at Budumuttäva. Similar chieftains later known as

---

[11] Lord Rama is one of the most widely worshipped Hindu deities, the seventh incarnation (avatar) of Lord Vishnu.

Vanni kings, and Vanniwaru/Vanniars also arrived in Sri Lanka (between 11 and 17 century) and obtained mayoral positions of regional and remote principalities.

Settlement of South Indian prisoners of war. During the King Vankanasika Thissa (2nd century AD), Chola king Karikalan invaded Sri Lanka and took 12,000 young men as prisoners to India to be employed as slaves near the Kaveri river. King Gajabahu who succeeded Vankanasika Thissa invaded Chola Kingdom and brought back 24,000 young men in retaliation for the Chola invasion and settled them in various parts of Sri Lanka. The manuscripts provide details of where they were settled and how some names were given to these settlements so as to denote the number of people sent to each (e. g. *Hewawissa* – the place settled by 20 soldiers, *Harasiya Paththuwa* – the division settled by 400 soldiers, *Sath Korale* – the area settled by seven people etc..).

South Indian Migrants (Brahmins, Malala Bandara and Hettis) **During Sithawaka and Kotte Kingdoms.** A majority of Viththi and Kadayim manuscripts refer to waves of South Indian migrations (from Kerala[12] and Tamil Nādu) during Sithawaka and Kotte kingdoms from 14th to 17th Century. Brahmins settled in Sath Korale and Sathara Korale[13] (Matale District); South Indian Princes or Malala Bandaras settled in Sath Korale and Nuwarakalaviya; and South Indian Hetties (merchants) who also followed the above two groups also settled in similar areas. All three groups came in ships and offered gifts to local kings (e. g. the king at Mundukondapola Palace of Sath Korale) and obtained land, honorary names, and chieftain positions in return.

South Indian Mercenaries. South Indian mercenaries came to Sri Lanka throughout the history when internal conflicts erupted and foreign invasions occurred. They eventually settled together with many

[12] Devaraja (1972) believes that Malala Bandaras were from Kerala. Bandara is derived from the Tamil name Pantaram
[13] Matale Vitti and Kadayim books provide extensive details about elite Brahmi settlements in Sathara Korale.

defeated invaders throughout the country, including the areas in the north, south and coastal areas. Ola-leaf manuscripts also refer to a story of Kāka Mukkaras invasion to the North-Western Districts under Nila Mudali (or Nala Mudali) who gave much trouble to the Kings of Anuradhapura. The followers of Danduba Maharaja were apparently involved in battles against these invaders. The foreigners, however, could not be dislodged entirely and later settled and assimilated into the Sri Lankan community.

Madurapura Royals. The next group of popular migration was the South Indian princesses and princes during the Kandyan Kingdom (17th to 18th century). The last kings of Kandy belonged to the royals of this influx. In addition, "Madurapura Rajaparampara Rajawaliya" lists many royals, royal brides and their entourages who settled in Kandyan regions. They held elite administrative positions in the royal palace and ruled many Divisions in the Kandyan Regions. They became an elite class together with Brahmins and Malala Bandaras.

Representation of Community Groups in Viththi Books

Ola-leaf manuscripts glorify Sinhalese kings, chieftains, successive generations, and their heritage. Their Indian origin or heritage are very much celebrated. The manuscripts also refer to the Indian migrants who settled in the North and assimilated into local communities and continued to speak the dominant local languages.

Dambadeni Ashna is a classic manuscript that portrays medieval Sri Lankan society and culture during the time of King Panditha Parakramabahu of Dambadeniya (14th century). Among the soldiers who joined the King's army and the citizens who joined the victory celebrations included the people from many countries and regions in South Asia and South East Asia. They included peoples from Nepal, Malaya, Cambodia, Burma (Myanmar), Jawaka (Indonesia) and from many other regions in India e.g. Kalinga Deasha, Kashmir, Malayala, Marawara, Parawara, Mukkara, Wadiga, Gujarati etc. These people eventually made Sri Lanka home. Sath Korale Kadayim manuscript also refers to Sri Lankan community groups which included Mukkarus, Parawarus, Marawarus, Andis and Marakkalas who settled in Sath Korale during the Kandyan Kingdom.

However, Viththi manuscripts in Sath Korale and Vanni regions have over-represented Brahmins, Malala Bandaras, Hettis, Vanniwaru, Vanniyars and Vaddha chiefs.

These manuscripts (e.g. Madurapuren ā Viththiya) also give accounts of many professional or skilled migrant categories who were accompanied Brahmins, Malala Bandaras and Hettis. They include Koṭṭa Vaḍuva (ship builders), Palingu Irugal Vaḍuva (crystal–workers), Samukka Vaḍuva (spyglass makers), Abharana Badala (goldsmiths), Kapuru Heṭṭiya (camphor merchants), Vettila Heṭṭiya (betel merchants), Pakku Heṭṭiya (Areca nut merchants), Sunnambu Heṭṭiya (lime merchants), Adu Heṭṭiya (makers of shackles), Mati Liyana Panḍita (the craftsman who decorates pots), Sankhanada Guruva (conch blower), Tala Viridu Suddanavali Viriduva (bard of melody, eulogy, and praises) Nadagam Panikkiya (makers of plays), Dali Samanna Cakravartiya (specialist barber in trimming and shaping of beards), Suddahaluva (washermen), and Madinnos (toddy tappers).

Therefore, ola-leaf manuscripts provide information to support how Sri Lankan society became rich and expanded with multi ethnic and multi religious groups and skilled migrants from India.

Apparently ola leaf manuscripts document a history of humankinds in Sri Lanka without prejudice. One Viththi book[14] firmly advocates that "from very early times Lanka was colonised by people from all parts of India irrespective of race and country, they mixed freely and formed one nation" and the writer adds "… therefore those inhabiting this Siṇhale should not say that they belong to some particular family or race".

---

[14] As quoted by WA De Silva (1927). I have been unable to identify this Vitti book at the time of this publication.

Ola-leaf manuscripts present a human history, even though they are navigating through legends and myths. The underlined vision is the communal accord and harmony.

Challenges Presented by Ola-leaf Manuscripts

The use of Viththi books for methodical analysis of historical events presents the issues of consistency, accuracy, and credibility. Obeyesekere (2005 and 2013) found that, "all historical chronicles pose problems of interpretation, and the Viththi poth are no exception. Thus, they deal with stories or narratives of migration, and these are in the form of myths. But myths can and do express historical realities that invite interpretation." According to him, one methodological problem that emerges in these texts (and indeed in all historical chronicles) is that distinction between the time period in which a particular text was written and the period to which it refers.

Recent research efforts have shown the practicalities of developing conceptual frameworks, hypotheses, and themes before examining or analysing an array of contents in these manuscripts for interpretation (Bandaranayake, 2021).

Sannasgala (1961, p 715) notes that these manuscripts carry historical information that does not appear in the traditional chronicles which failed to capture large or small scale migrations (silent or otherwise) from India which formed the current Sri Lankan community character. The manuscripts provide supplementary historical resources for a fuller understanding of events mentioned in traditional chronicles. Ola-leaf manuscripts lacked the chronology that exemplifies the chronicles like Chulawansa and Rajawaliya. However, Viththi books help us reorient our historical thinking and realise that history is not about kings and wars but also about places and peoples (Obesekere, 2019, p 9).

Our forefathers took time to prepare ola-leaves in a precise manner, write manuscripts to record historical events, territorial boundaries, and successive generations (i.e., genealogical information) with such a difficult medium. They were foresighted scholars, intellectuals, and responsible citizens. They recollected past events, maintained institutional memory, observed events happening around them, and recorded them with a professional discipline, duty, and conviction. They found the time and a discipline to write the manuscripts the way they did explicitly to draw the attention of future generations.

ඓතිහාසික පුස්කොළ පොත් පිළිබඳ හැඳින්වීමක්

ශ්‍රී ලංකාවේ පුස්කොළ පොත් අයත් වන්නේ ඓතිහාසික ලේඛන සහ වාර්තා තබා ගැනීමේ සම්ප්‍රදායකටය. මෙම අත්පිටපත් මේ දක්වා ප්‍රමාණවත් ලෙස පර්යේෂණය කර විශ්ලේෂණය කර නොමැත. බොහෝ දුරට එයට හේතු වී ඇත්තේ එවායේ පරිමාව, විවිධාකාරිත්වය සහ පර්යේෂණ සඳහා ලබා ගැනීමේ අපහසු තාවය නිසාය.

මෙම පරිච්ඡේදයේ මෙම පුස්කොළ පොත් වල ස්වභාවය, අන්තර්ගතය, පොදු ලක්ෂණ සහ සම්ප්‍රදාය පිළිබඳ සාමාන්‍ය හැඳින්වීමක් ඉදිරිපත් කෙරේ .

ස්වභාවය සහ සම්ප්‍රදාය

තල් නැමැති තාල වර්ගයේ ගසේ පත්‍ර වලින් පුස්කොළ පොත් සකසා ගනු ලැබේ. "පුස්කොළ පොත" යන සිංහල යෙදුම සෑදී ඇත්තේ පත්‍ර වලින් සාදා ගන්නා ලද පුස්තක හෝ ග්‍රන්ථ යන අර්ථයෙනි.

තල් පත්‍ර ලේඛන ගත කිරීම සඳහා පදම් කර සෘජුකෝණාස්‍රාකාර පත්තිරු ලෙස ක්‍රමානුකූලව සකස් කර ඇත. ඉන් පසු තියුණු උල් පෑනක් හා සමාන උපකරණයක් භාවිතයෙන් අක්ෂර සටහන් කරනු ලැබේ. ඉන්පසුව මතුපිටට වර්ණයක් ආලේප කර අකුරු උද්දීපනය කිරීමට ඉඩ සලසමින් පිස දමනු ලැබේ. සෑම පත්‍රයකම නූලක් ගමන් කළ හැකි සිදුරක් සකසා ඇති අතර මෙම පත්‍ර සියල්ල එම නූල මගින් එකට බැඳී දිගු සෘජුකෝණාස්‍රාකාර පොතක් ලෙස නිර්මාණය කරනු ලැබේ. සාමාන්‍යයෙන් මෙම අත්පිටපත් සෙ.මී 33-36 පමණ දිගකින් සහ සෙ.මී

4-6 පමණ පළලකින් යුක්ත වේ.

පුස්කොළ පොත් අත්පිටපත් බොහෝ දුරට ඉන්දියානු උප මහාද්වීපයේ රටවල සහ අග්නිදිග ආසියාවේ රටවල දක්නට ලැබේ. ඉන්දියාවෙන් හමු වූ පැරණිතම පුස්කොළ අත්පිටපත ක්‍රි.පූ. 5 වැනි සියවස දක්වා අතීතයකට අයිති වේ (Ghosh, 1991).

ශ්‍රී ලංකාවේ මුල් පුස්කොළ පොත් පිටපත්

ආගමික සහ ලෞකික විෂයයන් කටපාඩම් කර ගැනීමේ හැකියාව තිබූ මුල් යුගයේ බුද්ධිමතුන් "ග්‍රන්ථධුර" ලෙස නම් කරන ලදී. ලේඛන කලාව ආරම්භ වූයේ පසු කාලයකදීය.

දුටුගැමුණු රජුගේ කාලයේ (ක්‍රි.පූ. 161 සිට ක්‍රි.පූ. 137 දක්වා) පැවති පුරවැසියන්ගේ පුණ්‍ය ක්‍රියා වාර්තා කළ "පින්පොත" නම් වූ පැරණිතම ලිඛිත ග්‍රන්ථයක් පිළිබඳ තොරතුරු මහාවංශ වංශකථාවේ සඳහන් වේ. කෙසේ වෙතත් වළගම්බාහු රජු සමයේදී (ක්‍රි.පූ. 103 සිට ක්‍රි.පූ. 77) ලේඛන කලාව සහ ලිඛිත පොත්පත් ක්‍රමානුකූලව නිර්මාණය කිරීම ආරම්භ වී ඇති බව පෙනේ. මෙම ආරම්භයට ප්‍රධාන වශයෙන් හේතු වූයේ බොහෝ මිනිසුන් මිය ගිය බැමිණිටියාසාය නම් මාරාන්තික සාගතයකි. එමගින් බුද්ධිමත් ග්‍රන්ථධූර පුද්ගලයන් තුරන් වීමෙන් අවදානමක් මතු කළ අතර පරම්පරාවකින් තවත් පරම්පරාවකට දැනුම ලබා දීමේ පුරාන සම්ප්‍රදාය අඩාල විය හැති බව පෙනී ගියේය. මීට අමතරව වළගම්බා සමයේදී ශ්‍රී ලංකාවේ ථේරවාදී බුදුදහමේ මුල් ස්වරූපය විකෘති කිරීමේ අවදානමක් ඇති විය හැකි මහායාන බුද්ධාගමේ බලපෑම වැඩි විය. විද්වතුන්ට අවශ්‍ය වූයේ ථෙරවාද බුද්ධාගම කල් පවත්නා ආකාරයෙන් ස්ථිරව ආරක්ෂා කර ගැනීමට ය.

ලිවීමේ මුල්ම මාධ්‍යය වූයේ තල් කොළ නොවේ. කිසියම් ගසක පොතු හෝ වැටකේ ශාකයේ පත්‍ර ලියා තැබීමේ මාධ්‍ය ලෙස භාවිත කර ඇත (මහාවංශය, පරිච්ඡේදය 33, පිටුව 133).

මුල් ලේඛන නම් සිංහල භාෂාවෙන් ලියූ අටුවාය (පසුව ඒවා පාලි භාෂාවට පරිවර්තනය කර පසුව නැවත සිංහලට පරිවර්තනය කර ඇත). අනෙකුත් ජනප්‍රිය ලිඛිත පොත් වූයේ ජ්‍යොතිෂ්‍යය සහ දේශීය වෛද්‍ය විද්‍යාවය. මීට අමතරව, පවතින බොහෝ විද්‍යාවන් නිරවද්‍ය ලෙස පැහැදිලි කිරීම සඳහා සහ ප්‍රායෝගික පුහුණු කටයුතු සඳහා යොදා ගැනීමට මූලාශ්‍ර පොත් පත් ලියා ඇත. මහනුවර යුගය වන විට (ක්‍රි.ව. 1468 සිට 1815 දක්වා) මූලාශ්‍ර ග්‍රන්ථ ලෙස විවිධ විෂයයන් සම්බන්ධයෙන් ලිඛිත මෙවැනි ග්‍රන්ථ (පුස්කොළ පොත්) ගණනාවක් අපට හමු වේ

(සන්නස්ගල, 1961, පිටුව 500). ඒවා අතර භේසජ්ජමංජුසාව (භික්ෂූන් සඳහා වන වෛද්‍ය විද්‍යාව පිළිබඳ පාලි මූලාශ්‍ර ග්‍රන්ථය), දශසංග්‍රහය (ජ්‍යෝතිෂය පිළිබඳ මූලාශ්‍ර ග්‍රන්ථය), සාරිපුත්‍රය (බෞද්ධ මූර්ති පිළිබඳ මූලාශ්‍ර ග්‍රන්ථය), මයිමතය (නිවාස තැනීමේ මූලාශ්‍ර ග්‍රන්ථය), වස්තු විද්‍යා ශාස්ත්‍රය (ආගමික ගෘහ නිර්මාණ ශිල්පය පිළිබඳ මූලාශ්‍ර ග්‍රන්ථය), සුපශාස්ත්‍රය (ඉවුම් පිහුම් සහ ගෘහ විද්‍යාව පිළිබඳ මූලාශ්‍ර ග්‍රන්ථය) ජලනන්දනිය (වැව් තැනීම පිළිබඳ මූලාශ්‍ර ග්‍රන්ථය), සහ වාදන්කුසරත්නමාලය (සංගීත විද්‍යාව පිළිබඳ මූලාශ්‍ර ග්‍රන්ථය) ඇතුළත් විය. එසේම ආයුර්වේද වෛද්‍ය විද්‍යාව පිළිබඳ මූලාශ්‍ර ග්‍රන්ථ, දේශීය ඉන්ද්‍රජාලික උපක්‍රම, දේව වන්දනා සහ චාරිත්‍ර වාරිත්‍ර, වදුලු පොත් (සැඟවුණු නිධාන වාර්තා) ද විය. කතෝලික ආගමික ග්‍රන්ථවල මුල් සිංහල පිටපත "දේව වේද පුරාණය"[15] මහනුවර යුගයේදී ලියා ඇත්තේ පුස්කොළ පොත් අත්පිටපතක් හැටියටය.

ඓතිහාසික තොරතුරු ඇතුලත් පුස්කොළ පොත්

ශ්‍රී ලාංකාවේ පුළුල් ලෙස ව්‍යාප්තවී ඇති ඓතිහාසික පුස්කොළ පොත් වාර්තා විත්ති සහ කඩයිම් පොත් ලෙස හැඳින්වේ.

මෙම විත්ති සහ කඩයිම් පුස්කොළ පොත් අත්පිටපත් විශාල ප්‍රමාණයක් සත් කෝරළය ඇතුළත් වයඹ පළාතේ සහ නුවරකලාවිය ඇතුළත් උතුරු මැද පළාතේ ගම්මානවල ප්‍රධාන වසයෙන් දක්නට ලැබේ. මෙම පළාත්වල වැසියන්ගේ පැරණි සමෘද්ධිය, ඔවුන්ගේ මුතුන් මිත්තන් විසින් දැරූ ප්‍රභූ තනතුරු පෙන්නුම් කරන වටිනා වස්තූන් ලෙස ඒවා සංරක්ෂණය කර ඇත. ඔබේසේකර (2019, පිටු 8-9) විශ්වාස කරන්නේ මෙම අත්පිටපත්වල කතුවරුන් "ජනප්‍රිය සාහිත්‍යකරුවන්" හෝ "ග්‍රාමීය බුද්ධිමතුන්" වූ බවයි. කෙසේ වෙතත්, සන්නස්ගල (1961) හෙළි කරන්නේ ඔවුන්ගෙන් වැඩි දෙනෙක් ග්‍රාමීය හෝ ප්‍රාදේශීය මට්ටමින් ක්‍රියාකාරී වාර්තා තබා ගැනීමට පත් කළ මොහොට්ටාල වැනි රාජකීය තනතුරු දැරූ අය බවයි.

මෙම ලේඛකයින් සාක්ෂරතාව පුහුණු කළ අය විය. ජනප්‍රිය සාහිත්‍ය ප්‍රභේදයකට අයත් අතීත සිදුවීම් ලේඛනගත කිරීම ලේඛකයන්ගේ සාමාන්‍ය සිරිත විය. සාම්ප්‍රදායිකව වාචික ස්වරූපයෙන් පැවැති පුද්ගලයන්, පවුල්, ගෝත්‍ර, යුද්ධ සහ වැදගත් සිදුවීම් සම්බන්ධ සත්‍ය හෝ ජනප්‍රවාද හෝ කථාන්තර ඔවුහු පුස්කොළ පොත් සඳහා භාවිතා කළහ.

[15] ශ්‍රී ලංකාවේ කතෝලික සාහිත්‍යයේ පියා ලෙස හැඳින්වෙන පූජ්‍ය ජාකොම් ගොන්සාල්වේස් සිංහල භාෂාවෙන් ආගමික ග්‍රන්ථ රාශියක් ලිවීය. ඔහුගේ මුල් ග්‍රන්ථය මෙයයි.

සාමාන්‍ය ජනතාව ඔවුන්ගේ අතීතය පිළිගන්නා ආකාරය සහ නියෝජනය කරන ආකාරය ඔවුහු හොඳාකාරව දැන සිටියහ. එබැවින් විත්ති සහ කඩඉම් පොත් සඳහා අනන්‍ය වූ ශෛලියක් නිර්මාණයන් කිරීමට ඔවුන්ට හැකි විය.

ඓතිහාසික සිදුවීම් වාර්තා කරන අත්පිටපත් වර්ග

ශ්‍රී ලංකාවේ ඓතිහාසික තොරතුරු සොයා ගැනීමට උපකාර වන ජනප්‍රිය පුස්කොළ අත්පිටපත් වර්ග හතරක්වත් තිබේ. ඒවා නම්:

අ) **විත්ති පොත්**, මේවා අතීත සිදුවීම් පිළිබඳ පුස්කොළ පොත් ය.

ආ) **කඩයිම් පොත්**, මේවා දිවයිනේ ප්‍රධාන කොට්ඨාශ සහ ගම්මානවල මායිම් විස්තර කිරීම සඳහා ලියා ඇති මායිම් පොත් වේ.

ඇ) **බණ්ඩාරාවලි සහ බ්‍රාහ්මනවලි**, මෙම අත්පිටපත් වල රදල පවුල් සහ ඔවුන්ගේ ඉන්දියානු සම්භවය පිළිබඳ ඉතිහාසයන් අඩංගු වේ. මේවා බොහෝ සංස්කෘතීන්හි දක්නට ලැබෙන පවුල් පෙළපත් වාර්ථා සම්ප්‍රදායේ ශ්‍රී ලාංකික අනුවාදයකි.

ඈ) **ලේකම් මිටි**, මේවා මොහොට්ටාලලා විසින් තබා ඇති සහ දිගින් දිගට යාවත්කාලීන කරන ලද විත්ති සහ කඩයිම් වාර්තා වේ.

මධ්‍යතන යුගයේදී, රජයේ වාර්තා සකස් කරන ලද්දේ මොහොට්ටාලයන් විසින් වන අතර ඒවා යාවත්කාලීන කිරීමේ වගකීම සෑම අනුප්‍රාප්තික මොහොට්ටාලවරුන්ගේ කාර්යභාරය වි තිබුණි (සනස්ගල, 1961, පි 707). එහි ප්‍රතිඵලයක් වශයෙන් බොහෝ අත්පිටපත්වල විවිධ අත් අකුරු සහිත නවතම පත්‍ර ඇතුළත් කිරීම, පවතින පත්‍රවල අලුත් වචන ඇතුළත් කිරීම, සහ පුනරාවර්තන තොරතුරු ඇතුළත් කිරීම සිදු විය. මහනුවර යුගයේ මැද භාගයේ සිට සමහර විත්ති සහ කඩයිම් අත්පිටපත් "කඩදාසි" පත්‍රවල ලියා ඇත (සන්නස්ගල, 1961, 712)

පුස්කොළ පොත් එකතුවන්

පුස්කොළ පොත් අත්පිටපත් වල ප්‍රධාන එකතුවන් ගබඩා කර ඇත්තේ ශ්‍රී ලංකා ජාතික කෞතුකාගාරය, ජාතික ලේඛනාගාරය, පේරාදෙණිය විශ්වවිද්‍යාල පුස්තකාලය, දළදා මාලිගාව පුස්තකාලය සහ බ්‍රිතාන්‍ය කෞතුකාගාරයේය. වයඹ පළාතේ සහ උතුරුමැද පළාතේ ගම්වාසීන් විසින් තබා ගෙන ඇති අත්පිටපත් රාශියක් මෙම එකතුවන්ට අයත් නොවේ. ඒ වගේම බොහෝමයක් ස්වභාවික උවදුරු නිසාත් ක්‍රමානුකූලව ආරක්ෂිතව තබා නොගැනීම නිසාත් විනාශ වි තිබේ. බ්‍රිතාන්‍ය කෞතුකාගාරයේ ගබඩා කර ඇති, පිටපත් 4,000 කට වඩා අදික හියු නෙවිල් එකතුව, විශාලතම ශ්‍රී ලංකික පුස්කොළ පොත් අත්පිටපත් එකතුව

ලෙස සැලකේ (Street, 2014, පි 232).

පුස්කොළ පොත් වල අන්තර්ගතය

මෙම ප්‍රකාශනය සඳහා තෝරාගෙන ඇති විත්ති පොත්වල සංකීර්ණ ශෛලීන් සහ ආඛ්‍යාන සහිත බහුවිධ ඓතිහාසික තොරතුරු අඩංගු වේ. භාවිතා කරන භාෂා ව්‍යවහාරය පැරණි සම්භාව්‍ය සම්ප්‍රදායේ සිට කාව්‍ය (පද්‍ය) ශෛලීන් දක්වා වෙනස් වේ.

පුස්කොළ පොත්වල අන්තර්ගතයේ සහ විලාශයන්ගේ පොදු රටා විශ්ලේෂණය කර ඉදිරිපත් කරන්නේ නම් එමගින් පාඨකයින්ට පහසුවෙන් විවිධාකාර සහ පුනරාවර්තන තොරතුරු මාලාවක් ඔස්සේ අවධාරණය පවත්වාගෙන යාමට උපකාරී වේ. මෙම හැඳින්වීමේ ඉදිරි කොටස් එවැනි විශ්ලේෂණයකට යොමු වේ. ද සිල්වා (1927) බොහෝ පුස්කොළ පොත් අත්පිටපත්වල ඇති පොදු අන්තර්ගතයන් සහ තේමා හඳුනාගෙන විශ්ලේෂණය කිරීමට මූලික උත්සාහයක් කල විද්වතෙක් ලෙස මම පිළිගනිමි. ඔහුගේ විශ්ලේෂණය පහත සඳහන් කොටස සකස් කිරීමට උපකාරී විය.

පුස්කොළ පොත් වල සඳහන් දිවයිනේ ප්‍රධාන කොට්ඨාශ

කඩයිම් පොත්වල සෑම විටම දිවයිනේ මහා පළාත් සංඛ්‍යාව තුනක් (ත්‍රී සිංහලේ) ලෙස දැක්වේ. එනම් රුහුණු රට , මායාරට සහ පිහිටිරට යන පළාත්ය. සෑම පළාතක්ම කොට්ඨාශ හෝ රටවල් ගනනාවකට බෙදා ඇත. රුහුණුරට කොට්ඨාශ 47 කට ද, මායාරට කොට්ඨාශ 28 කට ද, පිහිටිරට කොට්ඨාශ 41 කට ද බෙදී තිබේ. එක් කොට්ඨාශ දිසාව නම් ප්‍රධානියෙකු විසින් පාලනය කර ඇත.

එක් රට හෝ කොට්ඨාශය විවිධ වර්ගයේ නගර සහ ගම් ගණනාවකින් සමන්විත වේ. මෙම වර්ග අතර නගර, පටුනු (වරායන්), පටුනුගම් (මුහුදු බඩ ගම්මාන), බමුණුගම් (බ්‍රාහ්මණ ගම්මාන), බැමිණිගම් (බැමිණියන් විසූ ගම්මාන), හේවාගම් (හමුදා සේවකයන්ගේ ගම්මාන), දේවාලගම් (උත්තම ආත්මයන් වන්දනා කරන සිද්ධස්ථාන සඳහා වෙන් කරන ලද ගම්), නින්දගම් (පුද්ගලයින්ට වෙන් කරන ලද ගම්), ගබඩාගම් (රජුගේ භාණ්ඩාගාරයට අයත් ගම්) විහාරගම් (පන්සල් සඳහා වෙන් කර ඇති ගම්), මහගම් (විශාල ගම්මාන), මුදල්ගම් (ගම්මු මුදලින් බදු ගෙවන ගම්), ගලවල්ගම් (ගලවලවල් සහිත ගම්), මලබුලත්ගම් (බුලත් වවන ගම්), බත්ගම් (රජුගේ දේපළ), බිසෝගම් (රැජිනගේ දේපළ) සහ ඔලගම් (හිස් ගම්මාන) වැනි නම් පාඨකයන්ට හමුවනු ඇත.

සංක්‍රමනිකයන් පැමිණි වරායන්

මෙම පුස්කොළ පොත් අත්පිටපත් එකතුවේ සඳහන් වන සංක්‍රමණිකයන් ගොඩ බැස්සේ මන්නාරමේ සිට කැළණි ගං මෝය දක්වා විහිදෙන වයඹ වෙරළබඩ ප්‍රදේශයේ වරායන් වෙතය. විජය කුමාරයා ගොඩ බැස්සේ පුරාණ කාලයේ මාන්තෙයි, මහාතිත්ත හෝ මාන්තොට නම් වූ තම්මැන්නා තොටුපලටය. එය මන්නාරමට ආසන්නව මල්වතු ගං මෝය (අරුවි ආරු) ට උතුරින් පිහිටා තිබුණි. මලල බණ්ඩාර සහ බ්‍රාහ්මණාවලි ගොඩ බැස්සේ මුතුපන්තිය (හලාවත සහ පුත්තලම අතර) සහ කරදූව (කරයිතිව් හෝ කුදිරමලේ) යන වරායන් දෙකකටය. ඔවුන් සියල්ලෝම වෙල්පරප්පු හෝ පොන්පරප්පු (පුත්තලමට උතුරින්) යන ස්ථානයට එකතු වූහ. කඳුරේ බණ්ඩාර ඇතුළු පිරිසද කාරදූවට ගොඩ බැස්සේය. මුක්කර ආක්‍රමණිකයෝ පුත්තලම හා නාගපට්ඨන ප්‍රදේශයට ගොඩ බැස්සාහ. කෙසේ වෙතත්, මුක්කරයින් සමඟ සටන් කිරීමට ගෙන එන ලද කරයියාර් කුලී හේවායෝ කැළණි ගං මෝදර තොටකට ගොඩ බැස්සෝය.

ඉතා පුරාණ කාලයේ ජම්බුකෝල පට්ටන (යාපනය අර්ධද්වීපයේ උතුරු වරායක්) සහ ගෝකන්න (ත්‍රිකුණාමලය) සංචාරක හා වෙළඳාම සඳහා ජාත්‍යන්තර වරායන් ලෙස ජනප්‍රිය විය. ශ්‍රී මහා බෝධි අංකුරය රැගෙන ආ සංඝමිත්තා කුමරිය ජම්බුකෝල පට්ඨනයට ගොඩ බැසූ බව මහාවංශ වංශකථාවේ සඳහන් වේ.

වාරිමාර්ග, වැව් සහ ඇලවල පරිමාව

පුස්කොළ පොත් අත්පිටපත් වාරිමාර්ග වැව් කාණ්ඩ දෙකකට බෙදා ඇත, රියන් අටකට වඩා උස ජලය ඇති ඒවා මහවැව් සහ රියන් අටක් අඩු ඒවා කුඩාවැව් (ද සිල්වා, 1927) ලෙස නම් කර ඇත. වයඹ සහ උතුරු-මැද පළාත්වල වැව් සිය ගණනක ගැඹුරු, සොරොව් ගණන, ඇළ මාර්ග, වැපිරීමේ ප්‍රමාණයන් මෙම පුස්කොළ පොත් වල සඳහන් වේ.

දිවයිනේ ජනාවාස වීම පිළිබඳ කථාංග

මෙම දිවයින විවිධ කාලවල ජනාවාස වූ ආකාරය පිළිබඳ පුරාවෘත්තයන්, අතීත පදිංචිකරුවන් සහ ඔවුන්ගේ උරුමය, සහ ඓතිහාසික සිදුවීම් වාර්තාවන් පුස්කොළ පොත් වල සඳහන් වේ. චූලවංශය වැනි ජනප්‍රිය වංශකතාවල සඳහන් නොවන මෑත සහස්‍රයේ සත්‍ය ඓතිහාසික ජනාවාස පිළිබඳ තොරතුරු විශේෂයෙන් මෙම පුස්කොළ පොත් වල සඳහන් වේ.

පාඨකයන්ට අවම වශයෙන් හඳුනාගත හැකි දිවයිනේ විවිධ කාලවල ජනාවාස වූ අදියර නවයක්වත් මෙම පුස්කොළ පොත් වලින් අපේක්ෂා

කළ හැකිය. මෙම ප්‍රකාශනය සඳහා එකතු කරන ලද අත්පිටපත්වල මෙම අදියර නවයම සම්පූර්ණයෙන්ම පිළිබිඹු විය නොහැකිය.

ශ්‍රී ලංකා බෞද්ධ රාජ්‍ය විශ්වයේ සම්භවය බෞද්ධ සම්ප්‍රදායට අනුව ලොව ප්‍රථම රාජාණ්ඩුව වන "මහා සම්මත" කාල මෙම අදියරයේ පිළිබිඹු කෙරේ. එහි පෘථිවියේ සහ එහි වැසියන්ගේ පරිණාමය, පෘථිවියේ හා සාගරවල බෙදීම සහ ගංගා, කඳු සහ විල් නිර්මාණය පිළිබඳ පුරාවෘත්තයන් සඳහන් වේ. මෙම දිවයිනේ සම්භවයට තුඩු දුන් ප්‍රාග් ඓතිහාසික යුගයේ සිට රජ පෙළපත් එයට අයත් වේ. මහා සම්මත බුද්ධ කාල හතරක් පිළිබඳ වාර්තාවක් සහ එම කාලවලදී ලංකා භූමියේ පැවැත්ම පිළිබඳ සඳහනක් ද අඩංගු වේ. ශ්‍රී ලංකාව සහජයෙන්ම බෞද්ධ උරුමයක් ඇති රටක් බව අවධාරණය කිරීමට අවශ්‍ය තොරතුරු මෙවායේ ඇතුලත් වේ.

වරරාජ රාජ්‍ය කාලය. ආසන්න වශයෙන් ක්‍රි.පූ. 2000 සිට ක්‍රි.පූ. 1500 දක්වා. මෙම කථාංගය මෙම දූපත් වැසියන්ගේ පළමු රාජකීය සම්භවය ලෙස හැඳින් වේ. වරරාජ රාජ වංශයේ මලයවත්, සුමලින් සහ මලින් නමින් පැවත එන්නන් තිදෙනෙක් ලංකා නමින් නගරයක් ආරම්භ කළහ. ඔවුහු වනග නම් රාජධානියෙන් විවිධ ප්‍රධානීන් ගෙන්වාගෙන මේ භූමියේ පදිංචි කරවූහ. ඔවුන් අතර අසුර, යක්ෂ, නාග, නර යන ජාතීන්ට අයත් වූ අය පුද්ගලයන් සිටි අතර ඔවුන් සියල්ලෝම ලක්දිව නිවහනක් බවට පත් කර ගත්හ.

රාවණා රාජ්‍ය කාලය. ආසන්න වශයෙන් ක්‍රි.පූ. 1500 සිට ක්‍රි.පූ. 1000 දක්වා කාලය. රාවණා යනු බ්‍රහ්මයාගෙන් පැවත එන්නෙකි. බ්‍රහ්මයාගේ පුත්‍රයා විශ්‍රුැවන් වූ අතර ඔහුට රාවණා, කුම්භකර්ණ සහ විභීෂණන යන නමින් පුතුන් තිදෙනෙකුද සුපර්ණකා නම් දියණියක්ද සිටියහ. රාවණා ලංකාවේ රජු බවට පත්වී උසස් මහානුභාව සම්පන්න බලතල භුක්ති වින්දේය. රාවණා විසින් රාම දෙවියන්ගේ බිරිඳ වූ සීතා ඉන්දියාවෙන් පැහැරගෙන එන ලදී. එහි ප්‍රතිඵලයක් ලෙස රාම විසින් රාවණාව පරාජය කර මරා දමන ලදී. ඉන් අනතුරුව රාවණාගේ සොහොයුරු විභීෂණ ලංකාවේ රජ බවට පත් විය. රාවණා සහ විභීෂණ යුගයේ ලංකාවේ පදිංචිකරුවන් වූයේ අන්ද්‍රා (තෙලිගු) භාෂාව කතා කළ රාක්ෂ සහ යක්ෂ ජාතීන්ය (ද සිල්වා, 1927, 319)

මදුරාජවංශ රාජ්‍ය කාලය. ක්‍රි.පූ. හය වැනි සියවසේ සිට කාලය. මෙම රාජකීය පරපුර ඉන්දියාවේ සිංහබාහු රජුගෙන් සහ සිංහසීවලී රැජිනගෙන් පැවත එන්නවුන්ය. සිංහබාහුගේ පුත් විජය ඔහුගේ මිනිසුන් 700 ක් සමඟ ලංකාවට පැමිණ යක්ෂ කුමරියක් වූ කුවේණිය සමඟ විවාහ විය. විජය

කුවේණියගේ උදව්වෙන් ප්‍රාදේශීය යක්ෂ රජු වූ ජතින්දර පරාජය කර මුළු දේශයම යටත් කර ගත් අතර, දකුණු ඉන්දියාවේ මධුරපුර රජු සමඟ මිත්‍රත්වයක් ඇති කර ගනිමින් තම බලය තවදුරටත් පුළුල් කළේය. මෙම සන්ධානය පිහිටුවීමෙන් පසු ඉන්දියාවෙන් තවත් සංක්‍රමණිකයන් ගලා ඒමක් සිදු විය. විජයගේ ලංකාවට පැමිණීම පිළිබඳව ගෞතම බුදු රජානන් වහන්සේ දැන සිටි බව මෙම අත්පිටපත් සඳහන් වේ. බුදුන් වහන්සේ බ්‍රහ්ම සහ ශක්‍ර යන දෙවියන්ගෙන් ඉල්ලා සිටියේ විජය ආරක්ෂා කර දෙන ලෙසයි. අනුරාධපුර රජවරු මෙම මනුරාජවංශ උරුමයෙන් පැවත එන බව පෙනී යයි.

දඹුබ මහාරාජ සහ වන්නි නායකයන්ගේ ආගමනය. පණ්ඩුකාභය රාජ්‍ය සමයේදී (ක්‍රි.පූ. 474 සිට ක්‍රි.පූ. 367 දක්වා) දඹුබ මහාරාජ නම් ප්‍රධානියා සිය අනුගාමිකයින් සමඟ ශ්‍රී ලංකාවට නැව් නැඟී පැමිණ දැදුරුඔය ඉවුර (දැනට නිකවැරටිය ප්‍රදේශය) ආසන්නයේ රටක් ජනාවාස කර ගත්තේය. ඔහු දැදුරුඔයෙන් ඇළක් කපා මාගල්ල වැව ද රන්දෙණි සහ සුළුගල්ල වැව් ද ඉහල දඹුබ නුවර නමින් නගරයක් ද ඉදි කළේය. ඔහු බොහෝ කෙත්වතු වගා කර බුදුමුත්තාවේ ධාන්‍ය ගබඩාවක් ඉදි කළේය. පසුකාලීනව වන්නි රජවරුන් ලෙසින් හඳුන්වනු ලැබූ නායකයන් සහ වන්නිවරු/ වන්නියාර්වරු ද (11 වැනි සියවසේ සිට 17 වන සියවස දක්වා) ශ්‍රී ලංකාවට පැමිණ ප්‍රාදේශීය සහ දුරස්ථ ප්‍රාන්තවල පාලක තනතුරු ලබා ගත්හ.

දකුණු ඉන්දීය යුද සිරකරුවන් පදිංචි කිරීම. වන්කනාසික තිස්ස රජු සමයේ (ක්‍රි.ව. දෙවැනි සියවස) කරිකාලන් නම් චෝළ රජු ශ්‍රී ලංකාව ආක්‍රමණය කර සිරකරුවන් 12,000ක් ඉන්දියාවට රැගෙන ගොස් කාවේරි නදිය අසල වහලුන් ලෙස සේවයේ යොදවා ඇත. වන්කනාසික තිස්සගෙන් පසු රජ වූ ගජබාහු රජු චෝළ රාජධානිය ආක්‍රමණය කර පළිගැනීම සඳහා ලාංකික සිරකරුවන් ඇතුළු මිනිසුන් 24,000 ක් ගෙන්වා ශ්‍රී ලංකාවේ විවිධ ප්‍රදේශවල පදිංචි කළේය. ඔවුන් පදිංචි කළේ කොතැනද යන්න සහ යවන ලද පුද්ගලයින් සංඛ්‍යාව හඳුනා ගනිමින් මෙම ජනාවාසවලට සමහර නම් ලබා දී ඇති ආකාරය පිළිබඳ විස්තර අත්පිටපත් මගින් සපයයි (උදා: හේවාවිස්ස නම් සෙබළුන් 20 ක් යැවූ ස්ථානයය, හරසිය පත්තුව නම් සෙබළුන් 400 ක් පදිංචි වූ ස්ථානයය, සත් කෝරළේ නම් සෙබළුන් හත් දෙනෙක් යැවූ ස්ථානයය.)

සීතාවක සහ කෝට්ටේ රාජධානි සමයේ දකුණු ඉන්දීය සංක්‍රමණිකයන් (බ්‍රාහ්මී සහ මලල බණ්ඩාර වරු). විත්ති සහ කඩයිම් අත්පිටපත්වල බහුතරයක් ක්‍රි.ව. 14 සියවසේ සිට 17 වන සියවස දක්වා සීතාවක සහ

කෝට්ටේ රාජධානි සමයේ සිට දකුණු ඉන්දීය කේරළ සහ තමිල්නාඩු ප්‍රදේශ වල සිට සංක්‍රමණයවූ බ්‍රාහ්මී සහ මලල බණ්ඩාරවරු ගැන සඳහන් වේ. බමුණන් සත් කෝරළයේ සහ සතර කෝරළයේ[16] (මාතලේ දිස්ත්‍රික්කයේ) පදිංචි විය. දකුණු ඉන්දීය කුමාරවරු නොහොත් මලල බණ්ඩාර වරු සත් කෝරළයේ සහ නුවරකලාවියේ පදිංචි වූහ. ඉහත කණ්ඩායම් දෙක අනුගමනය කළ දකුණු ඉන්දීය හෙට්ටි (වෙළෙන්දෝ) ද මෙම ප්‍රදේශවලම පදිංචි වූහ. මෙම කණ්ඩායම් තුනම නැව්වලින් පැමිණ ප්‍රාදේශීය රජවරුන්ට (උදාඃ සත් කෝරළයේ මුංඩුකොණ්ඩපොල මාලිගයේ රජුට) ත්‍යාග පිරිනමා ඉඩම්, ගෞරව නාම සහ ප්‍රධාන තනතුරු ලබා ගත්හ.

දකුණු ඉන්දීය කුලී හේවායන්. දකුණු ඉන්දීය කුලී හේවායන් ඉතිහාසය පුරාම ශ්‍රී ලංකාවට පැමිණියේ අභ්‍යන්තර ගැටුම් ඇති වූ විට සහ විදේශ ආක්‍රමණ ඇති වූ විටය. ඔවුන්ද පරාජිත ආක්‍රමණිකයන්ද අවසානයේ උතුර, දකුණ සහ වෙරළබඩ ප්‍රදේශ ඇතුළුව රට පුරා පදිංචි විය. පුස්කොළ පොත් වල (මුක්කර හටන) අනුරාධපුරයේ රජවරුන්ට බොහෝ කරදර කළ නල මුදලි යටතේ වයඹ දිසාවට කාක මුක්කර ආක්‍රමණය කිරීම පිළිබඳ කතාවක් සඳහන් වේ. දඹුබ මහාරාජාගේ අනුගාමිකයෝ මෙම ආක්‍රමණිකයන්ට එරෙහිව සටන්වලට සම්බන්ධ වී ඇත. කෙසේ වෙතත්, මෙම විදේශිකයන් ඉවත් කිරීමට නොහැකි වූ අතර පසුව ඔවුන් ශ්‍රී ලාංකීය ප්‍රජාවට එකතු විය.

මදුරාපුර රාජ පරම්පරා සංක්‍රමණය. මීළඟ ජනප්‍රිය සංක්‍රමණ කණ්ඩායම වූයේ උඩරට රාජධානිය (17 සිට 18 වන සියවස දක්වා) සමයේ පැමිණි දකුණු ඉන්දීය කුමාරිකාවන් සහ කුමාරවරුන්ය. මහනුවර අවසන් රජවරු මෙම ගලා එන රාජකීයය සංක්‍රමණ කණ්ඩායමකට අයත් වූහ. මීට අමතරව " මදුරාපුර රාජපරම්පරා රාජාවලිය" උඩරට ප්‍රදේශවල පදිංචි වූ බොහෝ රාජකීයයන්, රාජකීය මනාලියන් සහ ඔවුන්ගේ පිරිවර ලැයිස්තුගත කරයි. ඔවුහු මහනුවර රජ මාලිගයේ ප්‍රභූ පරිපාලන තනතුරු දැරූ අතර උඩරට ප්‍රදේශයේ බොහෝ කොට්ඨාශ පාලනය කළහ. ඔවුහු බ්‍රාහ්මණයන් සහ මලල බණ්ඩාරයන් සමඟ ප්‍රභූ පන්තියක් බවට පත් වූහ.

ප්‍රජා කණ්ඩායම් නියෝජනය කිරීම

පුස්කොළ පොත් අත්පිටපත් සිංහල රජවරුන්, අධිපතීන්, ඔවුන්ගේ අනුප්‍රාප්තික පරම්පරාවන් සහ උරුමය වර්ණනා කරයි. මෙම පුස්කොළ

---

[16] මාතලේ විත්ති සහ කඩයිම් පොත්වල මෙම බ්‍රාහ්මී ජනාවාස පිළිබඳ විස්තර සැපයේ.

පොත් සංක්‍රමණයන් සියලු දෙනාගේ ඉන්දියානු සම්භවය හෝ උරුමය බොහෝ සෙයින් සමරනු ලැබේ. මෙම අත්පිටපත් උතුරේ පදිංචි වූ සහ ප්‍රාදේශීය ප්‍රජාවන්ට උකහා ගෙන ප්‍රමුඛ දේශීය භාෂා දිගටම කතා කළ සංක්‍රමණිකයන් ගැන ද සඳහන් කරයි.

දඹදෙණි අශ්න යනු දඹදෙණියේ (14 වැනි සියවසේ) පන්ඩිත පරාක්‍රමබාහු රජුගේ කාලයේ මධ්‍යකාලීන ශ්‍රී ලාංකීය සමාජය සහ සංස්කෘතිය නිරූපණය කරන සම්භාව්‍ය අත්පිටපතකි. එහි රජුගේ හමුදාවට බැඳුණු සොල්දාදුවන් සහ විජයග්‍රහණ සැමරුමට එක් වූ පුරවැසියන් අතර දකුණු ආසියාවේ සහ අග්නිදිග ආසියාවේ බොහෝ රටවල් සහ කලාපවලට අයත් ජනතාව ගැන සඳහන් කරයි. ඔවුන් නේපාලය, මලයාව, කාම්බෝජය, බුරුමය ඉන්දුනීසියාව යන රට වලින්ද ඉන්දියාවේ තවත් බොහෝ ප්‍රදේශවලින් පැමිණි අය විය. ඉන්දියාවේ කාලිංග දේශය, කාශ්මීරය, මලයාල, මරවර, පරවර, මුක්කර, වඩිග, ගුජරාටි ආදී ප්‍රදේශවලින් පැමිණි අය ගැන සඳහන් වේ. අවසානයේ ඔවුන් සියල්ලම ශ්‍රී ලංකාව ඔවුන්ගේ නිවහන කර ගත්තේය. සත් කෝරළේ කඩයිම් අත්පිටපත පවා උඩරට රාජධානි සමයේ සත් කෝරළයේ පදිංචි වූ මුක්කරු, පරවරු, මරවරු, ආඬීන් සහ මරක්කල ඇතුළු ශ්‍රී ලාංකීය ප්‍රජා කණ්ඩායම් ගැන සඳහන් කරයි.

කෙසේ වෙතත්, වන්නි ප්‍රදේශවල ලියවුන විත්ති අත්පිටපත්වල බ්‍රාහ්මණ, මලල බණ්ඩාර, හෙට්ටි, වන්නිවරු, වන්නියාර් සහ වැද්දා ප්‍රධානීන් වැඩි වශයෙන් නියෝජනය කරන බව පෙනේ.

මෙම අත්පිටපත් මගින් බ්‍රාහ්මණ, මලල බණ්ඩාර සහ හෙට්ටි කණ්ඩායම් සමඟ පැමිණි බොහෝ වෘත්තීය හෝ දක්ෂ සංක්‍රමණික කාණ්ඩ පිළිබඳ තොරතුරුද ලබා දේ. එම කාන්ඩ වලට කොට්ට වඩුවා (නැව් සාදන්නා), පාලිංගු ඉරුගල් වඩුවා (විදුරු බඩු සාදන්නා), සමුක්ක වඩුවා (දුර බලන දුරේක්ෂ සාදන්නා), ආභරණ බදල (රත්රන් වැඩ කරන්නා), කපුරු හෙට්ටියා (සුවඳ විලවුන් වෙළෙන්දා), වෙත්තිල හෙට්ටියා (බුලත් වෙළෙන්දා), පාක්කු හෙට්ටියා (පුවක් ගෙඩි වෙළෙන්දා), සුන්නම්බු හෙට්ටියා (හුණු වෙළෙන්දා), අයුධ හෙට්ටියා (විලංගු සාදන්නා), මැටි ලියන පණ්ඩිත (භාජන අලංකාර කරන ශිල්පියා), සංඛනදා ගුරු (හක් පිඹින ශිල්පියා), තාල විරිදු සුදානාවලි විරිදුවා (තනු නිර්මාණය කරන්නා), නාඩගම් පනික්කියා (නාට්‍ය සාදන්නා), ඩාලි සමන්න චක්‍රවර්තිය (රැවුල කැපීමට හා හැඩ ගැස්වීමේ විශේෂ බාබර්) සුඩ්ඩාලුවා (සේදුම්කරු, රජක) සහ මැදින්නෝ (රා මදින්නන්) ඇතුලත් වේ.

එබැවින්, බහු වාර්ගික සහ බහු ආගමික කණ්ඩායම් සහ ඉන්දියාවෙන්

පැමිණි නිපුණ සංක්‍රමණිකයන් සමඟ ශ්‍රී ලාංකීය සමාජය පොහොසත් වූ ආකාරය පිළිබඳ තොරතුරු පුස්කොළ පොත් අත්පිටපත් එළි දරවු කරයි.

මෙම පුස්කොළ පොත් අගති දෘෂ්ටි කෝණයකින් තොරව ශ්‍රී ලංකාවේ මානව වර්ගයාගේ ඉතිහාසය ලේඛනගත කරයි. එක් විත්ති ග්‍රන්ථයක කතෘ තරයේ ප්‍රකාශ කරන්නේ "ශ්‍රී ලංකාව ඉතා මුල් කාලයේ සිටම ඉන්දියාවේ සෑම ප්‍රදේශයකින්ම පැමිණි අයගෙන් ජාති, දේශ භේදයකින් තොරව යටත් විජිතයක් බවට පත් වූ අතර, ඔවුන් නිදහසේ මිශ්‍ර වී එක ජාතියක් ගොඩනඟා ගත්" බවයි. මෙම, ලේඛකයා වැඩිදුරටත් පවසන්නේ " ...එබැවින් මෙම සිංහලයේ වෙසෙන අය ඔවුන් යම් නිශ්චිත පවුලකට හෝ ජාතියකට අයත් වේ යයි නොපැවසිය යුතුය". මේ අනුව පෙනී යන්නේ ජනවාර්ගික එකඟතාවය සහ සහජීවනය පිළිබඳ දැක්මක් අවධාරණය කරමින් පුස්කොළ පොත් අව්‍යාජ මානව ඉතිහාසයක් ඉදිරිපත් කිරීමට උත්සාහයක් දරා ඇති බවයි.

පුස්කොළ පොත් පරිශීලනයේ අභියෝග

ඓතිහාසික සිදුවීම් ක්‍රමානුකූලව විශ්ලේෂණය කිරීම සඳහා විත්ති පොත් භාවිතා කිරීමේ දී අනුකූලතාව, නිරවද්‍යතාවය සහ විශ්වසනීයත්වය පිළිබඳ ගැටළු ඉදිරිපත් වේ. ඔබේසේකර (2005 සහ 2013) සොයාගත්තේ, "සියලු ඓතිහාසික වංශකතා, අර්ථකථනය කිරීමේ ගැටළු මතු කරන අතර, විත්ති පොත්ද වියතිරේකයක් නොවේ. මේ අනුව, මෙම පොත් සංක්‍රමණ පිළිබඳ කථා සහ ජනප්‍රවාද සමඟ සම්බන්ධ වන අතර එම නිසා ඒවා මිථ්‍යාවන්ගේ ස්වරූපයෙන් පවතී. නමුත් මිථ්‍යාවන්ටද අර්ථ නිරූපණයට ලක් කල පසු ඓතිහාසික යථාර්ථයන් හඳුනාගැනීමට උපයෝගි කර ගත හැකිය". ඔහුට අනුව මෙම ග්‍රන්ථවල (සහ ඇත්ත වශයෙන්ම සියලුම ඉතිහාස වංශකතාවල) පවතින එක් ක්‍රමවේද ගැටලුවක් නම්, යම් පොතක් ලියා ඇති කාල සීමාව සහ එහි සඳහන් කරන කාල සීමාව අතර වෙනසක් පැවතිමයි.

එම නිසා පුස්කොළ පොත් වල අන්තර්ගතය පරීක්ෂා කිරීමට, විශ්ලේෂණය කිරීමට සහ අර්ථ නිරූපණය කිරිමට පෙර, සංකල්පීය රාමු, උපකල්පන සහ තේමා සංවර්ධනය කිරීමේ ඇති ප්‍රායෝගික බව මෑත කාලීන පර්යේෂණ ප්‍රයත්නයන් මගින් පෙන්වා දී ඇත (බණ්ඩාරනායක, 2021).

සන්නස්ගල (1961, පි 715) සඳහන් කරන්නේ සාම්ප්‍රදායික වංශකතා වත්මන් ශ්‍රී ලාංකීය ප්‍රජා සංචිතය ගොඩනැගි ඇති ඉන්දියාවෙන් පැමිණි විශාල හෝ කුඩා පරිමාණයේ සංක්‍රමණ (නිහඬ හෝ වෙනත්) ග්‍රහණය

කර ගැනීමට අපොහොසත් වූ බවයි. එවායේ දක්නට නොලැබෙන ඓතිහාසික තොරතුරු මෙම අත්පිටපත්වල ඇති බවයි. සාම්ප්‍රදායික වංශකතාවල සඳහන් සිදුවීම් පිළිබඳ පූර්ණ අවබෝධයක් ලබා ගැනීම සඳහා පුස්කොළ පොත් පරිපූරක සම්පත් ලෙස භාවිතා කල හැකිය. නමුත් චූලවංශය, රාජාවලිය වැනි වංශකතාවල අනුප්‍රාප්තික කාල නිර්ණයන් තිබෙන අතර විත්ති අත්පිටපත්වල එවැනි කාල නිර්ණයක් නැත. කෙසේ වෙතත් විත්ති පොත් අපට අපගේ ඓතිහාසික චින්තනය පිළිබඳ නව යොමු කිරීමකට ඉඩ සලසා ඇත. එසේම ඉතිහාසය යනු රජවරුන් සහ යුද්ධ ගැන පමණක් නොව ස්ථාන සහ මිනිසුන් ගැන අවබෝධයක් ලබා දෙන මාධ්‍යයන් විය යුතු බවද පුස්කොළ පොත් පෙන්වාදී ඇත (ඔබේසේකර, 2019, පි 9).

අපේ මුතුන් මිත්තෝ නිවැරදිව පුස්කොළ පොත් සැකසීමට, ඓතිහාසික සිදුවීම්, භෞමික මායිම් සහ අනුප්‍රාප්තික පරම්පරාවන් වාර්තා කිරීමට ඔවුනගේ වටිනා කාලය වෙන් කළහ. ඔවහු දූරදර්ශී උගතුන්, බුද්ධිමතුන් සහ වගකිවයුතු පුරවැසියන් වූහ. ඔවුහු අතීත සිදුවීම් සිහිපත් කළහ. ආයතනික මතකය පවත්වා ගෙන ගියහ. ඔවුන් වටා සිදුවන සිදුවීම් නිරීක්ෂණය කළහ. වෘත්තීය විනයක් පවත්වා ගනිමින් යුතුකමක් ඉටු කරමින් විශ්වාසයෙන් යුතුව ඒවා ලේඛන ගත කළහ. ඉතාමත් විනය ගරුක වෙමින් අනාගත පරපුරේ අවධානය, ආකර්ෂණය සහ ප්‍රයෝජනය සඳහා ඔවහු විත්ති පොත් ලිවීමට ඔවුන්ගේ කාලය කැප කළහ.

නිකවාගම්පහ බ්‍රාහ්මණවලිය

Nikawagampaha Brahmanawaliya

(Brahmi Migrants in Nikawagampaha Division)

A brief introduction

This manuscript contains information about the seven families of South Indian Brahmins in Nikawagampaha Korale (division) in Sath Korale (Kurunegala District). They migrated from "Rakkandu Desha[17]" during the time of Sithawaka/Kotte Kingdom (1412 to 1597 AD). Their legacy is outlined in this manuscript. The manuscript also contains Kadayim or clarifications of boundaries of this Nikawagampaha Korale. This manuscript is original, and has not been published anywhere else.

As mentioned elsewhere this is the manuscript that inspired me to conduct further research and publish the results in my publication "South Indian Brahmins in Sri Lankan Culture: Assimilation in Sath Korale and Kandyan Regions" in 2021.

---

[17] This territory is not been identified. It is potentially located in Kerala or Tamil Nādu.

As per language style it was potentially written during the early period of the Kandyan kingdom by an author named Dembatogama Rajakaruna Mohottala (Lekam or Registrar). This manuscript has at least two different versions and styles due to updates done by Mohottalas or local intellectuals.

Briefly, the manuscript contains information about:

- Seven Brāhmi contingent and their names and the villages they settled in,
- Honorary names awarded to those new migrants,
- Villages and divisions allocated for these migrants to oversee as chieftains,
- Boundaries of Dembatogama country which was awarded to the leader of the group Purohit Brahmana Rala,
- Adjacent villages and village title holders, and village boundaries,
- Early and prominent marriages of these Brahmin families,
- Names of at least three generations,
- Boundary disputes with Malala Bandaras (another group of South Indian migrants in Sath Korale),
- Previous settlers and other contemporary settlers in Nikawagampaha Korale.

This manuscript provides intimate details about the seven Brāhmins including the details about their visit to the royal palace at Mundukondapola in Sath Korale. They offered gifts to the king and received land awards and honorary names in return. The original Indian names of the seven Brāhmins and the villages they were offered by the king were:

- *Kiri* Brāhmana Rāla – Kiribamuna village,
- *Kandulassa* Brāhmaṇa Rāla – Kandulawa Village,
- *Rakkandu Bandi* Brāhmaṇa Rāla – Rakwana Village,
- *Mahipala* Brāhmaṇa Rāla – Borawewa Village,

- *Jothipala* Brāhmaṇa Rāla – Mataluwawa Village,
- (another) Brāhmaṇa Rāla – Matale Dunuwila Village (in Sathara Korale) and
- Purohit Brāhmaṇa Rāla (Kings spiritual adviser) – Dembatogama village and the Dembatogama country.

It appears that the villages awarded to each Brahmin was not just a hamlet. They included a small division which comprised several villages. However, the senior Brahmin, the Purohit was given a "rata" or a country called Dembatogama which included a number of divisions. Two Brahmins (Kandulawa and Kiribamuna) settled outside this country.

This manuscript provides details of how the Dembatogama country was constituted, how the name was changed to Nikawagampaha Korale, and the successive chieftains who were in charge of this country.

This manuscript also provides information about other chieftains (e.g. Malala Bandaras) who had migrated from South India and were already living in adjoining territories and their interactions with the Brahmin group. Further, marriage relationships established for centuries among the seven Brahmi families and other local elites are described.

This manuscript also provides an account of early settlers and other internal migrants including royal servicemen who came to settle and made Nikawagampaha Korale multicultural.

There are factual evidence that these South Indian Brahmi migrants assimilated into the local society over time, and became Sinhalese Buddhists. Their legacy is still identifiable (Bandaranayake, 2021).

This manuscript together with other ola-leaf manuscripts collected present themselves as useful historical sources for studying human history during and from the medieval times in Sath Korale.

නිකවාගම්පහ බ්‍රාහ්මණවලිය - කෙටි හැඳින්වීමක්

මෙම අත්පිටපතෙහි සත් කෝරළයේ (කුරුණෑගල දිස්ත්‍රික්කයේ) නිකවගම්පහ කෝරලේ පදිංචි වූ දකුණු ඉන්දීය බ්‍රාහ්මී සංක්‍රමණික පවුල් හතක් සහ ඔවුන්ගේ උරුමය පිළිබඳ තොරතුරු අඩංගු වේ. ඔවුන් සීතාවක/කෝට්ටේ රාජධානි (ක්‍රි.ව. 1412 සිට 1597 දක්වා) සමයේ " රක්කන්ඩු දේශයෙන්" සංක්‍රමණය විය. ඔවුන්ගේ මෑත දක්වා උරුමය එහි සඳහන් කෙරේ. මෙම කෝරළයේ කඩයිම් හෝ මායිම් පැහැදිලි කිරීම් ද මෙම අත්පිටපතේ අඩංගු වේ.

මෙම අත්පිටපත මුල් පිටපතක් වන අතර මීට පෙර කොතැනකවත් ප්‍රකාශයට පත් කර නොමැත.

භාෂා ශෛලියට අනුව එය උඩරට රාජධානියේ මුල් යුගයට අයත්වන අතර දෙඹටෝගම රාජකරුණා මොහොට්ටාල (ලේකම් හෝ රෙජිස්ට්‍රාර්) නම් කතුවරයකු විසින් රචනා කර ඇත. අනෙකුත් මොහොට්ටාලයන් විසින හෝ ප්‍රාදේශීය බුද්ධිමතුන්ගේ විසින් යාවත්කාලීන කිරීම් හේතුවෙන් මෙම අත්පිටපතේ අවම වශයෙන් වෙනස් අනුවාද දෙකක් තිබෙන බව පෙනේ.

වෙනත් තැනක සඳහන් කර ඇති පරිදි, 2021 දී මම ප්‍රකාශයට පත්කළ "දකුණු ඉන්දියානු බ්‍රාහ්මීන්ගේ ශ්‍රී ලාංකීකරණය සත් කෝරලේ සහ කන්ද උඩරට සංක්‍රමණය" යන ප්‍රකාශනයට පදනම් වූ පර්යේෂණය සඳහා මා පෙලඹවූනේ මෙම අත්පිටපත කියවීමෙන් අනතුරුවය.

කෙටියෙන් පහත සඳහන් තොරතුරු මෙම අත්පිටපතේ අඩංගු වේ:

- බ්‍රාහ්මී කන්ඩායම් හත, ඔවුන්ගේ නම් සහ ඔවුන් පදිංචි වූ ගම්,
- එම නව සංක්‍රමණිකයන් සඳහා පිරිනමන ලද ගෞරවනීය නම්,
- මෙම සංක්‍රමණිකයන් ප්‍රධානීන් ලෙස පත්කොට අධීක්ෂණය කිරීම සඳහා වෙන් කර ඇති ගම් සහ කොට්ඨාශ,
- කණ්ඩායමේ නායක පුරෝහිත බ්‍රාහ්මණ රාළට පිරිනැමුණු දෙඹටෝගම රට සහ එහි දේශ සීමා,
- යාබඳ ගම්, ගම් හිමියන් සහ ගම් මායිම්,
- මෙම බ්‍රාහ්මණ පවුල්වල මුල් සහ ප්‍රමුඛ විවාහ,
- අවම වශයෙන් පරම්පරා තුනක නම්,
- සත් කෝරළයේ තවත් දකුණු ඉන්දීය සංක්‍රමණික කණ්ඩායමක් වන මලල බණ්ඩාරවරු සමග ඇතිවූ මායිම් ආරවුල්

- නිකවගම්පහ කෝරළයේ කලින් පදිංචි වූවන් සහ අනෙකුත් සමකාලීන පදිංචිකරුවන්.

මෙම අත්පිටපතෙහි මෙම බ්‍රාහ්මණයන් හත්දෙනා සත් කෝරළයේ මුන්ඩුකොණ්ඩපොල රජ මාලිගයට බැහැ දැකීමට ගිය අයුරු පිළිබඳ සමීප තොරතුරු ඇතුළත් වේ. ඔවුහු රජුට ත්‍යාග (දැකුම්) පිරිනැමූ අතර රජුගෙන් ඉඩම් සම්මාන සහ ගෞරව නාම ද ලබා ගත්හ. බ්‍රාහ්මණයන් හත්දෙනාගේ මුල් ඉන්දියානු නම් සහ රජු විසින් ඔවුන්ට පිරිනැමූ ගම් මෙසේය:

- කිරි බ්‍රාහ්මණ රාල - කිරිබමුණ ගම,
- කඳුලැස්ස බ්‍රාහ්මණ රාළ - කඳුලව ගම්මානය,
- රක්කණ්ඩු බැදි බ්‍රාහ්මණ රාල - රක්වාන ගම්මානය,
- මහීපාල බ්‍රාහ්මණ රාල - බොරවැව ගම්මානය,
- ජෝතිපාල බ්‍රාහ්මණ රාළ - මාටළුවාව ගම්මානය,
- තවත් බ්‍රාහ්මණ රාළ කෙනෙක් - මාතලේ දුනුවිල ගම්මානය (සතර කෝරළයේ) සහ
- පුරෝහිත බ්‍රාහ්මණ රාළ (රජවරුන්ගේ අධ්‍යාත්මික උපදේශක) - දෙඹටෝගම ගම සහ දෙඹටෝගම රට.

සෑම බ්‍රාහ්මණයෙකුටම ප්‍රදානය කරන ලද ගම් හුදෙක් ගම්මානයක් නොවන බව පෙනී යන අතර එයට ගම් කිහිපයක් ඇතුළත් වූ කුඩා කොට්ඨාශයක් අඩංගු විය. කෙසේ වෙතත්, ජ්‍යෙෂ්ඨ බ්‍රාහ්මණයා වූ පුරෝහිතට "රට" හෙවත් දෙඹටෝගම නම් කොට්ඨාශ ගණනාවක් ඇතුළත් ප්‍රදේශයක් ලබා දෙන ලදී. එසේම බ්‍රාහ්මණයන් දෙදෙනෙක් (කඳුලව සහ කිරිබමුණ) මෙරටින් පිටත පදිංචි වූහ.

මේ අත්පිටපතේ දෙඹටෝගම රට පිහිටවූ ආකාරය, නිකවගම්පහ කෝරළය යන නමට එය වෙනස් කිරීම සහ මේ රට භාරව පත් වූ ප්‍රධානීන් පිළිබඳ විස්තර සපයයි.

මෙම අත්පිටපත දකුණු ඉන්දියාවෙන් සංක්‍රමණය වූ සහ ඒ වන විටත් යාබද ප්‍රදේශවල ජීවත් වූ අනෙකුත් නායකයින් (උදාඃ මලල බණ්ඩාර) සහ බ්‍රාහ්මණ කණ්ඩායම සමඟ ඔවුන් පැවැත්වූ අන්තර්ක්‍රියා පිළිබඳ තොරතුරුද අඩංගු වේ. තවද, බ්‍රාහ්මී පවුල් හත සහ අනෙකුත් ප්‍රාදේශීය ප්‍රභූන් අතර සියවස් ගණනාවක් තිස්සේ ස්ථාපිත වූ විවාහ සබඳතා විස්තරද ඉදිරිපත් කෙරේ.

නිකවාගම්පහ කෝරළය බහු සංස්කෘතික සමාජයක් බවට පත් කළ මුල් පදිංචිකරුවන් සහ රාජකීය හමුදා සාමාජිකයන් ඇතුළු අනෙකුත්

අභ්‍යන්තර සංක්‍රමණිකයන් පිළිබඳ වාර්තාවක් ද මෙම අත්පිටපතේ සඳහන් වේ.

මෙම දකුණු ඉන්දීය බ්‍රාහ්මී සංක්‍රමණිකයන් කාලයාගේ ඇවෑමෙන් දේශීය සමාජයට එකතු වී, සිංහල බෞද්ධයන් බවට පත් වූ බවට සත්‍ය සාක්ෂි ඇත. ඔවුන්ගේ උරුමය තවමත් හඳුනාගත හැකිය (බණ්ඩාරනායක, 2021).

මෙම අත්පිටපත සහ එකතු කරන ලද අනෙකුත් පුස්කොල පොත් මධ්‍යතන යුගයේ සිට සත් කෝරළයේ මානව ඉතිහාසය අධ්‍යයනය කිරීම සඳහා ප්‍රයෝජනවත් ඓතිහාසික මූලාශ්‍රයක් ලෙස හඳුන්වා දිය හැකිය.

මුල් පිටපත

නිකවාගම්පහ බ්‍රාහ්මණවලිය: මායිම් වට්ටෝරු සහ කෝරලේ විත්ති

(දෙමටෝගම රාජකරුණා මොහොට්ටාල (ලේකම) විසින් ලියා ඇත)

සමස්ත ශ්‍රී රන්ජිත ප්‍රමානී නරේන්‍ද්‍ර නිඛිලනයක විනාසනාහී සකල භූමිකාර්ථ ප්‍රදය නරේන්ද්‍ර මේනද්‍රකාර් ශ්‍රීසණ ශ්‍රීමන්ඩල සාසනාධාර නායික තේජෝ බල ප්‍රකාම්න්වීත ශ්‍රී වික්‍රමසිංහ භූවනෙකාධි මහරාජෝත්තමයානන් වහන්සේ සීතාවක පුරවරයෙහි ශක්‍ර දේවේන්ද්‍ර විලාශයෙන් රාජ්‍ය ශ්‍රී විඳිමින් වැඩ වසන සමයේහි දඹදිව රක්කන්ඩු දේශයෙන් මල් බෑයන් සත්දෙනෙකුත් සමග තොවිල්පතේ මිනිසකුත් සමග නැවු නැගී විත් මෙතෙර ගොඩබැස මුණ්ඩකොණ්ඩාපොළ මහවසලට මිරිවැඩි සන්ගලකුත් තිස් රියන් රන්පට මුන්ඩාසනයකුත් දැකුම් තියා සත් කෝරලේ දිසාවෙන් රටක් අතුවන් කඩා හිරක බාගන්ඩ ඕනැයි කියා සැලකර හිටිය නිසා යම්කෙනෙක් විසින් ශ්‍රී සන්නස් නොලැබූ රටක් ගමක් බලා අතුවන් කඩා එන්ඩෙයි කියා යේදී පනත් දුන් නිසා කිරි බ්‍රාහ්මණ රාල කිරිබමුන ලබාගතාහ. කඳුලැස්ස යන බ්‍රාහ්මණ රාල කඳුලව ලබා ගත්තාහ. රක්කන්ඩු බැඳී බ්‍රාහ්මණ රාල රක්වාන ලබා ගත්තාහ. මහීපාල බ්‍රාහ්මණ රාල බොරවැව ලබා ගත්තාහ. ජෝතිපාල බ්‍රාහ්මණ රාල මටලුවැව ලබා ගත්තාහ එක්කෙනෙක් මාතලේ දුනුවිල ලබා ගත්තාහ. මෙම හැමටම වැඩිමහලු පුරෝහිත බ්‍රාහ්මණ රාල දෙමඹටෝගම කී දැවපත් ඇතුළුව අතුවන් කඩා ලබා ගත්තාහ.

එම පුරෝහිත බ්‍රාහ්මණ රාල එම කෝට්ටේ භුවනේකබාහු මහවාසලට

තිස්රියන් නිලවර්ණ රන්පට මුන්ඩාසනයකුත් මිරිවැඩි කුට්ටමකුත් සැලකර සිටින තැනේදී රත්රන් බොත්තම් හට්ටේත්, රන් පන්හිඳත්, පුනුපොත් ගෙඩියත්, සිත්තරා කියන අලියත් ලැබී මෙරට කටුපිටි මාදම්පේ ඇත්තෙන් ඇවිත් බලා ඇලක් ඔයක් හොරෝව්වක් නැති නිසා මෙහි සිට ජීවත් වෙන්න බැරි නිසා අපරලා ගිය මෙරට කඩයිම් නැගෙනහිර දිසාවෙන් කිරිවල්හීන්නත් පහලත්, උතුරු දිසාවෙන් කුරුඳු ගලෙන් ඔයේ ගල් වක්කඩෙන් ගල්කැටිය වලෙන් ගල්ටම්බෙන් කන්තොල්ල වලෙන් පහලත්, බස්නාහිර දිසාවෙන් ගල්ගිරිය කන්දත් පලිහ කෙටු ගලෙන් මිඔයේ ඇත්දත් වැටුන වලෙන් ඉපිටත් දකුණු දිසාවෙන් නයිපෙන ඇල්ලත් කොරකහ වලෙන් යොන් පාලියෙන් ගලපිට ගලෙන් පොතුවිල කඳවලේත පහලත්, මැදිවූ රටත් හිත්තරා කියන අලියත් පුහුපොත් ගෙඩියත්, රන් පන්හිඳත්, රත්රන් බොත්තම් හට්ටේත් ලැබුණාය.

නවගත්තේ මුදියන්සේලා දෙන්නාගෙන් ඒක් කෙනෙක් රාජ අපස්වාදිකම් කල නිසා ඔහු මරා ඔහුගේ බාගේ ගත්තරු නවදෙන්නකුට ලැබුන නිසා ගත්තරුන් එක්ක මුදියන්සේට ගම කන්ට බැරි සෙයින් පුත්තලම ගාව නවගත්තේගම හිටලා කෑලෑ රට නිසා මෙම දෙමටෝගම්පහට විත් උඩුවේරියේ බණ්ඩාර නික අත්ත කඩවලට කඩා දමා මේ ගම මට ඕනැය කියා හිර කර තිබුණු නිකවැව බලාවිත් එම නවගත්තේ මුදියන්සේ මහවසලට සැලකරමින් ගම ලබාගෙන සිටින විට ගෝනලාගම කුල හබේ අහන්ඩ දෙඹටෝගම මුදියන්සේත්, බොරවැව මුදියන්සේත්, හේරත්ගම මුදියන්සේත්, පොහොරවත්තේ ලියන රාලත්, වෙනත් රටපට බැන්දොත් සමග හබේ අහන තැනට එම නවගත්තේ මුදියන්සේගේ බෑනා වන සමරක්කොඩි රාල එම හබේ අහන තැනට ගියාම ඇද ඇතිරිල්ලේ ඉඳ ගන්නට නුදුන් කරනාව ඔහුගේ මමා වන මුදියන්සේට කියා ඒ ලජ්ජාව කරන කොට ගෙන සොලි දෙසේට ගොසින් කපුරුනාද හෙට්ටියාට එකතිවී හත් අවුරුද්දකින් පසුව මහවාසලට සැලකර රන්ගිරවු දෙන්නයි යබදවන් දෙන්නේකත් ලබාගෙන ඇවිත් දේවමැද්දේ මහ වාසලට දකුම් තියා දෙඹටෝගම්පහේ මුදියන්සේලා වතාවට නොගෙන බදුම් හෙලුම් නොවන කාරනවා සැලකර සිටිය නිසාත් උතුම් දැකුම් නිසාත් දෙඹටෝගම් පෙරලා නිකවා ගම්පහ යන නමින් රට සහ මුන්තිලකම් ලැබී දෙඹටෝගම් පහේ මුත්තලයෝ සමග බැදුම් හෙලුන් සහ කුලපාලි නැතිමටද ලැබුනයින් පසු නිකවා ගම්පහයි දත යුතයි.

නිකවා ගම්පහ නම් නිකවැව දෙමටෝගම බොරවැව රක්වාන හේරත්ගම යි දත යුතුයි . දෙමටෝගම්පහ නම් රක්වාන බොරවැව හේරත්ගම වල්පාලුව යි දත යුතයි.. වලපාලුව ගම්පහට අතුලු වුනේ

දෙඹටෝගම රාල ගොඩ බැසපු නැවේ ආ දෙමල නැකතියාට වල්පාලුව ලබා දෙමින් මහවාසලට සැලකර සිංහල විරිඳුවා යන නමින් මෙවරදවුල සහ කඩුප්පුවත් දෙඹටෝගම මුදියන්සේ විසින් ලබාදුන්න නිසා ගම්පහට අතුලුයි. දෙඹටෝගම ලබාගන්න පළමුවෙන් කටුපිටි මාදම්පේ රාලලා රට බලා කටුසර නිසා රට ලබා ගත්තේ නැත. එහි හිස්ව තිබෙන කොට පරවහ මාපා මීගම් වීකුණා ගත්තාය. උඩුවෙරියේ බණ්ඩාරලාත් පලින් පල ගම් විකුනා ගත්තා මිස දෙඹටෝගම මුදියන්සේ දැකුම් දක්වා කඩයිම් මායිම් කර දෙමටෝගමපහ යනනමින් රට ලබාගත්තට පසු විකුනගතු කෙනෙක් නැත.

දෙමටෝගම්පහටත් නිකවගම්පහටත් මුදලි පටබන්දගත් සන්නස ලබාගත්තු ගම් නම් දෙඹටෝගම රම්බෑව රක්වාන ගල්ගිරියාව බොරවැව කරගස්වැව පොතානේගම තලාදපිටිය පොහොරවත්ත නිකවැව හේරත්ගම කිරිබමුන මටලුවැව මේ ගම්වලට සන්නස් මුදලි පටබන්දාය.

මඩගල්ලේ මුරදෙකද තිබ්බටුවැවද ගෝනලාගම රණමුක්ක්ගම රාජසිංහ මහාවාසලින් හෙවාදස්සයින්ට ලැබුණු ගම් බව දත යුතයි.

දෙඹටෝගම මුදියන්සේ රට මැද්දේ ගමක නොසිට දෙඹටෝගම ලබාගෙන හිටියේ උඩුවේරිය බණ්ඩාර මිනි කපමින් පෙරළියට රට වල්වල ගම් විකුණා ගත් නිසාත් අනිත් තුන් දිසාවෙන් ඉඩමට ආරාවුල් නැති නිසාත් දත යුතයි.

රක්වානේ රාලත් බොරවැවේ රාලත් දෙඹටෝගම රාලත් සහෝදරයෝය. මේ තුන්දෙනාගේ මස්සිනා මාතලේ උනුවිල සිටියාය. එක් කෙනෙක් කඳුලව අනෙක් අය කිරිබමුනේද අනිත් අය නෑබිලිකුඹුරේද සිටියාය දත යුනුයි. කෝරලේ මායිම් වට්ටෝරුවයි.

ශක වර්ශ 1316 ට පැමිණි මෙම වර්ෂයේදී අඥා තේජස්පත ලැබූ සූර්යවන්සොත් බුවනෙකවු කලිගු නුවර මහවාසලට රට වලගුවන අවදියේදී රක්වානේ යාපාමිත් පොහොරවත්තේ උඩගෙදර රාලත් මෙම දේන්නා ගම් කඩයිමට අවුල් උන නිසා ශ්‍රී සිංහරජාධිපතිවු උතුම්වු මහවාසලට ඔප්පු කල තැනේදී හොදින් ඇහුම් බැලුම් කරමින් පළමු හිරියාලයට ඉන් නියමකළ අයකුවුද කියා අහාවදාල තැනේදී මඩහපොල දහනකහාමිගේ පස්වන මුනුබුරාවන පළලගොම හිටිහාමිට ඉන් නියමකර දෙන්න කියා යෙදි පනත්වුන නිසා රක්වානට ඇවිත් නැගෙනහිරින් ලින්වල නිලව්වේ දියබස්නාවෙන් හා උනපඳුර නිලව්වේ ඔලුකොල පත හිටියා ගල්ගොඩ නිලව්වේ නුග ගහට හා උතුරු දිසාවෙන් කඳුරගස්යාගල නිලව්වේ පෙතන්හින්නට හා ඉනගහ නිලව්වේ දියගිලුමේ ගොඩපල්ලට හා දියබස්නාවේ පතහ නිලව්වේ තුන් මායිමට හා බස්නාහිරෙන්

කුරුන්දුපහ නිලව්වේ හැලඹ ගහමුල ගොඩපතහට හා තඩවල නිලව්වේ දියබස්නාවට සහ හීන් ඇල නිලව්වේ මහගලට සහ සමනල දිගින් ගලපිටගල නිලව්වේ මිද්දෙල්ල පහතට හා උස්ගල නිලව්වේ පහතට හා මුදුනපිට පලුගහ නිලව්වේ පහතට හා මිල්ලගල නිලව්වේ ගල්ගොඩට හා දිය බස්නාව නිලව්වේ කන්දට හා මෙකී ගාපු ඉම නියමකර රක්වානේ යාපාමිගෙන් පැවතෙන කෙනෙකුට මේකියාපු බලදේ ඉම නියම කරන්නට දොස් නැත කියා සලකුන් ලියා දුන්නා ඇත.

රක්කන්ඩු දේශයෙන් රක්කන්ඩු බ්‍රහ්මන රාලලා සත් දෙනෙක් රතරන් සත්කපාට පුනඤුල් කරලා ගෙන තොවිල්පත ඇතිව නැව් නැගී ඇවිත් මෙතරට ගොඩබැස මුඩකොණ්ඩපොළ මහවාසලට මුනපාලා සිටියේය. ඒ සත්දෙනා වෙන වෙනම දකුම් දක්වා මිමස්ති ඕනැ කියා ඉල්ලා සිටියෝය. ඒ රජ කරුණාවෙන් තමාලට සිටින්නට ගම් අතුහන් කඩා ගන්නට කියා යෙදිපත් උනාය. රක්කනඩු බැඳි බ්‍රාහ්මණ රාල රක්වාන අතුහන් කඩා ගත්තාය. ඒ අයගේ මහීපාල බ්‍රාහ්මණ රාල ඒ අයගේ පුතා බණ්ඩාරි බ්‍රාහ්මණ රාළ. ඒ අයගේ දරුවෝ තුනදෙනයි. මහායාපා මුදියන්සේ, උන්ඩියේ රාළ සහ මඩියා මහගේ දරුවෝ එච්චරයි.

එම බණ්ඩාරි බ්‍රාහ්මණ රාළ මහායාපා මුදියන්සේට නම ගම බාරදෙමින් නැහුනාය. එම යාපා මුදියන්සේ අවදියේ කඩපත වැවටත් මොරගොල්ලාගමටත් අතර කඩඉමට ආරාවුල් වෙමින් කහවතතේ රාළ උඩ ගෙදර රාළත් රක්වානේ මහායාපා මුදීයන්සේත් මේදෙගොල්ල රටවෙද දිසාවේ හබ කියා බැරුව කළිඟු නුවර මහවාසලට ඔප්පු කරමින් එම මහවාසලේ මහ නඩුවට ඇහී, රක්වානේ යාපා මුදියන්සේට එම මහ වාසලින් රක්වානට ඉන්කර දෙන ලෙස මඩහපොල දහනක බණ්ඩාරගේ පස්වැනි මුනුබුරා වන පළලගොහිටිහාමිට එම මහා වාසලින් යෙදි වදාළය. නැගෙනහිරෙන් ලින් වලින් මෙපිටත් ඔලුකොලවලින් මෙපිටත් උතුරු දිගින් පෙතන් හින්නෙන් මෙපිටත් හැලබගහ ගොඩවලින් මෙපිටත් බස්නාහිරින් වේල්ගල්වලින් මෙපිටත් ගලපිටගලින් මෙපිටත් සමනල දිගින් මිදෙල්ල පතහායෙන් මෙපිටත් මහාගොඩ වලෙන් මෙපිටත් රස්සා ගලේ ගල් කන්දෙන් මෙපිටත් මේ මැදිවූ බිම රක්වානේ මහා යාපා මුදියන්සේට කළිඟු ණුවර වැඩසිටි රජ්ජුරුවන්ගෙන් ලබාගන්න නියමකර යෙදුනාය. එම ලෙසම මහවාසලින් යාපා මුදියන්සේට ලැබුණාය.

එම මුදියන්සේට දෙමටෝගමින් ගෙනා මහත්මී කෙනා පුතණු කඩුමුළුවේ රාළ සහ පිස්සි රාල ඒ මගුලේ දරුවෝ එච්චරයි. එම මහත්මින් නැසිගියා. ඉන් පසුව එම යාපා මුදීයන්සේට වලස්වැවෙන් ගෙනා මහත්මිට තෙත දුවයි. අනිත් දුව උඳුරවට දුන්නා දරුවෝ එච්චරයි.

කටුමුලුරාලට ගෙනා මහත්මි නෙත් බඩදුකින් ඉන්න විට මරුනා. පිස්සිරාලට දරුවෝ නැහැ. එම යාපා මුදියන්සේට වලස් වැවෙන් ගෙනා මහත්මින්නෙ දුවක් ගල්ගිරියාවේ මහායාපා මුදීයන්සේගේ පුතා ගමගේ රාලට දුන්නාය. එම මහත්මිගේ දරුවෝ නෙත්තිපොල රාළ උඳුරව රාළ ලියන රාළ ගොකරල්ලේ මහගේ පෝරාපොල මහගේ හන්වල්ලේ මහගේ ඒ මහත්මිගේ දරුවෝ එච්චරයි. ඒ ගමරාළට අයිතිවු බීමෙන් රක්වානේ කඩයිම ළග වී දැමුනක්ද ඉහල හොඩරවැව කුඹුර වී අමුණක්ද ගමගේ රාළ කියන පියාණන්දැ නෙත්තිපොළ රාළට දුන්නා. නේත්තිපොල රාළ තුන් කුලුදුල් එක් වුන නිසා රක්වානේ මහායාපා මුදියන්සේ කියන කිරි අප්පා විසින් තනාගෙන වෙන කිසිම හපනෙක් නැතිනිසා ගම නම බාරදෙමින් කිරිඅප්පා විසින් වී හතමුණක් දුන්නාය.

කෝරලේ විත්ති

වල්පාලු වත්ත කොන්ගම රණමුක්ගම විචාරනගම අච්රිගම හෙට්ටිගම මාවිදලුපොත යන මෙකී දලු පත්කොට දෙමටගම මුල්ගම විජයසුන්දර භූමිපාල අධිසේව සීතාවක භුවනෙක මහ රජ්ජුරුවන්ගෙන් ලැබුණාය. ඉන්පසු රණමුක්ක්ගම රණමුක්බ රාළ තරමක් රාජසිංහ රජ්ජුරුවන්ට මුනපාල සිටි නිසා හේවාවසම ලැබුණාය. වල්පාලුව සිංහල විරිදු පනික්කියාට දුන්නාය. දෙමටොගම රාළ අලුත්ගම වම්බටු වැව කැතිකඳ වැව දළුපත් කොට ගල්ගිරියාව බෝගොඩ මහා තේරුන් වහන්සේට ලැබුණාය. උන්නාන්සේගේ මුණු පුරා යාපාමි කියා පටබන්දාය. වතවන්තේගම හේරත්හාමිට ලැබුණාය. කරගස්වැව රත්නායක මුදියන්සේට ලැබුණාය. රක්වාන රක්කන්දු දේශයෙන් ගොඩබැසපු බ්‍රාහ්මණ රාළට ලැබුණාය.

කම්බුවටවන කුබුක්කඩවල කඳුරුවැව නිපුනාගම එළිබිච්චේගම ඉන්දිපිටිය වත්තේගාල කඩහතවැව ආච්රිගම දික්වැහැරගම කරගස්වැව ඇතුළුව බොරවැව මුල්ගම මහීපාල බ්‍රාහ්මණ රාළට ලැබුණාය. ඒ අයගේ පුතා බස්නායක මුදියන්සේ කියා පටබන්දාය.

ගැටිලෑව මාප්පුව හෙවාවසමට ලැබුණාය. ජාලජ්ගම හේවාවසමට පාතරටින් ආ ජාලප්ජගේ රාළට ලැබුණාය. ගල්ගිරියා කෝන්වැව දේවමැද්දේ වාසල ගනෙල්රාළට අතපත්තු මුරේට ලැබුණාය. කලව්ටි ගෙදර පොතානේගම දේවමැද්දේ වාසලින් ලැබුණාය. පලුගස්වැව බාලසූරිය ගම වීරසන්ගිලියාගම කට්ටකඩුව හම්බන්කාරයාගම ඇතුළුව තලාදපිටිය සීතාවක වාසලින් බ්‍රාහ්මණ රාළට ලැබුණාය. ඒ අයගේ පුතා ජයසුන්දර මුදියන්සේ කියා පටබැන්දය. තරනගොල්ලාගම අදිකාරී මුදියන්සේට ලැබුණාය. කටුපත්වැව රාජපක්ෂ මුදියන්සේට ලැබුණාය.

හොරොව්වැව අඩුනේවැව කිරලබොක්කාගම ඇතුළුව තලාව විජයකෝන් මුදියන්සේට සිතාවකින් ලැබුණාය. මාපේගමුව පරවාමාපාමී විසින් පාතරටින් ආ මුඩප්පු ආරච්චිට අත්මුදලට දුන්නාය. සියඹලාව ඒ මාපමි විසින් විකුනා ගත්තාය. හටන්ගොම පත්තිනිගම ඇතුළුව තිබ්බටුවැව ඒකනායක මුදියන්සේට ලැබුණාය.

ගෝනලාගම මොරගොල්ලාගම ඇතුළුව පොහොරවත්ත සිතාවකින් මාපා රාළට ලැබුණාය. මොරගොල්ලාගම එම මාපා රාලගෙන් රාජපක්ෂ විජයසූරිය කුරුවිට නවරත්න මුදියන්සේට අත්මුදලට දුන්නාය. නිකවැව නවගත්තේ අදිකාරී මුදියන්සේට දේවමැද්දේ මහවාසලින් ශ්‍රී සන්නස් ලැබුණාය. ගලහිටියාගම පරවා මාපාමි විසින් පොලවත්තේ රාළට අත්මුදලට දුන්නාය. අතාවුදගම පහතරටින් ආ අතාවුද රාළට රාසිහ වාසලින් හේවාවසමට ලැබුණාය. හේරජ්ගම සීතාවක වාසලින් රණසිංහ කුමාරයා කියා හේරත් බණ්ඩාරට ලැබුණය. එම බන්ඩාර හල්මිල්ලවැව විකුණා ගත්තාය. නඹඩෑව දෙවමද්දේ මහාවාසලින් රත්නායක මුදියන්සේට ලැබුණාය. රම්බෑව නිකවැවේ නවගත්තේ රාලගේ මුනුපුරාවන මනම්පේඩි ආරච්චිල විසින් විකුණා ගත්තාය. දඹේ සියඹලාව ඇතුළු කිරිඋල රාජගුරු මුදියන්සේට ලැබුණය. පඹදෙනිගම දෙවමැද්දේ මහවාසලට කවි දැක්වූ නිසා ගම ලැබී විජයසූරිය මුදියන්සේ කියා පටබැන්දය.

අමුනකොලේ ගල්කන්දේගම කුඹල් පෝරුගම හේනවගම ඇතුළුව මටලුවාව දේවමද්දේ මහවසලින් ඒකනායක මුදියන්සේට ලැබුණාය. උල්පොත සහ නාගොල්ලාගම විජයසුන්දර මුදියන්සේට දේවමැද්දේ මහවාසලින් ලැබුණාය. බමුණුගම පතිරන්නේගම ඇතුළුව පහලවැව රාසිහ වාසලින් වත්තේසේද ආරච්චිට හේවාවසමට ලැබුණාය. මඩගල්ලේ මුරදෙකම මුතුකුට්ටි ආරච්චිටත් එදිරිසිංහ ආරච්චිටත් රාසිංහ වාසලින් හේවාවසමට ලැබුණාය. පහළකැලේ ඇතුළු මාමුණුගම උඩුවෙරිය බන්ඩාර බලේට කෝරලේගම රාලාටත් මාමුනුගම වෙද රාලටත් විකුන්නාය. එම කෝරලේගම රාලගේ පුතා හිටිහාමි කියා පටබන්දාය.

ඉහල තිඹිරියා වැව ඇතුළුව කඳුබොඩගම එම උඩුවෙරියේ බණ්ඩාර විසින් කඳුබොඩගම රාළට විකුණමින් මුදල් ගත්තාය. එම කඳුබොඩගම රාලගේ පුතා රත්නායක මුදියන්සේ කියා පටබැන්දය. පාලු රම්බෑව මහා හල්මිල්ලවැව ඇතුළුව දිවාකර මොහොට්ටාලට රාසිංහ මහරජ්ජුරුවන්ගෙන් ලැබුණාය. එම මොහොට්ටාලගේ පුතා බස්නායක මුදියන්සේ කියා පට බැන්දය. පහළ තිඹිරිවැව දෙමටෝගම විජයසුන්දර භූමිපාල රාජකරුණා මුදියන්සේට සීතාවක භුවනෙක මහවාසලින්

ලැබුණය. එම මුදියන්සේගේ මුනුබුරා දෙමටෝගම රාජකරුණා මොහොට්ටාල. එම අයගේ මොහොට්ටාල සහ කුඩා මොහොට්ටාල මේ දෙදෙනාට වේදබාගේ තිබෙනවාය. පසුව ඒ දෙදෙනාට කම්බුවටවන ඒකනායක මුදියන්සේ සහ කම්බුවටවන බස්නායක මුදියන්සේ කියා දෙන්නෙක් පටබැන්දාය.

රාසිංහ මහා රජ්ජුරුවෝ කොටුදත අට පුරවාගත් සීහයාවන සොප්පුකොලෙදින් තෙන්නකෝනා විචාරන්නා රණමුබයා අතාදිද සකිසා පාත රටින් ආ මිනිස්සු හතර දෙනා එම රජ්ජුරුවෝ සමග හේවාකම් කොට ලබාගත් ගම්. එනම් පවතින ආතාවුදගම විචාරන්නට ලැබුන විචාරණගම රණමුකයාට ලැබුණු රණමුක්ගම තෙන්නකෝනයාට ලැබුණ තෙන්නකෝන් ගමද දත යුතු. මීට පළමුවෙන් මේ ගම් වලින් තේන්නකොන්ගමයි රනමුක්ගමයි විචරන්නගොමත් මේ ගන්තුන දෙමටෝගම පුරෝහිත බ්‍රාහ්මණ රාළට ලැබ් තිබුනට පසුව රාසිංහ මහාවාසලින් තමයි ඉහතකී හතර දෙනාට හේවාවසමට ලැබුණේ. ඒ අතාවුද ගමට ඉහල තිඹිරි වැවට ඇතුලත්ව තිබුණාය. එවකට මෙම ගම නම් දෙකඳුවලයි. අතාවුදයා සිටින හෙයින් අතාවුදගමයි එවකට විචාරනගම පලලගොමයි රණමුක්ගම දෙමැද්දේ ගමයි.

පරවාමාපාමී විසින් ගල්ගිරියාගොමත් හටන්ගොමත් සියඹලෑවත් මපේගමුවත් විකුණා ගත්තා. බස්නාහිරින් උඩුවේරියේ මලල බණ්ඩාරලා විසින් මාමුනුගොමත් කඳුබොඩගමත් පහලවැව පහලකැලේ බමුනුගම පතිරන්නැගම මේගම් විකුනගත්තාය.

පරවාමාපි මගේ රට කියනවා මලල බණ්ඩාර අපේ රට කියා කැලැ රටට ආරවුල් කොට සිටින අතර මලයාල දේශයෙන් බ්‍රාහ්මණ රාලලා හත් දෙනෙකු සිංහල විරිදුවා කියන දෙමල නැකතියා එක්ව මෙරටට ගොඩබැස මෙරට රජකරන කෝට්ටේ භුවනෙකබාහු මහවාසලට මහා රජ්ජුරුවන්ට මුහුණපා යම්කෙනෙක් විසින් ශ්‍රී සන්නස් නොලැබූ රටක් ගමක් බලා ඇතුවන් කඩා ගන්නයි කියා පණත් දුන්නේ.

නයි පෙන ඇල්ළෙන් ඇතා වැටුන වලෙන් රන් ගැටිය වලෙන් රංචාගොඩ ගම හින්නෙන් ගල්ටැඹෙන් වලත්වාලේ ගල්ගොඩන් ඔරුගලෙන් තම්මැන්නා හීන්නට කඩයිම අතුහන් කඩා ලබාගෙන සිටිනකොට නැඹඩෑවේ පණ්ඩිත මුදියන්සේට රන්පත්විල ශ්‍රී සන්නස් ලැබුණාය.

වලත්වැව හිටිහාමිට ශ්‍රී සන්නස් ලැබුනාට පසු උඩුවේරිය බණ්ඩාර විසින් පණ්ඩිත මුදියන්සේත් හිටිහාමිත් එකතුකරගත් නිසා හබ වෙමින් දිවි දිවුරන් අවුලෙන් එම බුවනෙක මහවාසල මහනඩුව අසා වලත්වැවත්

රන්පත්විලත් උඩුවෙරිය බණ්ඩාර සිටින කොරලේටම නඩුවෙන් වෙන් නිසා එදා තමයි නෙහිපෙන ඇල්ලෙන් රන්පත්විල දිය ගිලුමෙන් උඩ වැඩි ගලෙන් පළිහ කෙටු ගලෙන් ගල්ගිරියා කන්දට ඉම නියම වුනේ දත යුතුයි

මෙමම ඉහත කී ලැබිච්ච බඩුත් දෙමටෝගම්පහ යන නමින් රටත් කරගෙන එන කොට එම වහල පටන් රාජසිංහ වහල දක්වා මෙරට ගම් අතුහන්කොට ලබාගත්තා දත යුතුයි. මෙසේ සිටිනවිට නවගත්තේ මුදියන්සේලා දෙදෙනාගේ ඉහල බාගේ මුදියන්සේ දේව මැද්දේ මහා වාසලට රාජ හලුස්වා කම් කල නිසා එම අයගේ බාගේ ගතතරු නවදෙනකුට ලැබුන නිසා ගත්තරු නවදෙනකු සමග ගමකන්න බැරිනිසා පුත්තලම නවගතේගම සිට දෙමටෝගම් පහේ නිකවැය කියන මේ ගම උඩුවේරිය බණ්ඩාරලා නික අත්ත කඩවලට කඩා දමා හිරකරගෙන සිටිය නිසා යම් කෙනෙක් එය ලබාගන්න වත් විකුණා ගන්නවත් බැරිව තිබුනා. මේගම බණ්ඩාරලා මරුන බවත් ගම හිස්වී තිබුන බවත් දැන නවගත්තේ මුදියන්සේ එම දේව මැද්දේ මහා වාසලට දැකුම් දක්වා හතර මායිම් ඇතුළු ගමක් ලබාගෙන අදිකාරී මුදියන්සේ කියා පට බැන්ද ගෙන ගමටවිත් සිටියාය.

මෙමම දෙඹටෝගම්පහ ලබාගෙන පුරෝහිත බ්‍රාහ්මණ රාලගේ පුතාට ශ්‍රී මහා ගබඩාවේ වාහල්කඩ ඔප්පු දෙමින් නඹඩෑවේ ලේකම ලැබී රාජකරුණා මොහොට්ටාල කියා යෙදී යටත් උනාය. මේ අයගේ පුතා රාජකරුණා මොහොට්ටි මුදියන්සේ කියා පට බැන්දාය. ඒ අයගේ පුතා විජේසුන්දර හුම්පල මුදියන්සේ කියා පට බැන්දාය. ඒ අයගේ පුත් බස්නායක මුදියන්සේ කියා පට බැන්දාය. ඒ අයගේ පුතා මහා මොහොට්ටාල කියා ලේකම ලැබී කලාය. පුරෝහිත බ්‍රාහ්මණ රාලටත් මහා මොහොට්ටලගේ දරු මුනුබුරු කෙනෙක් විසින් මෙරට කඩයිම මායිම කොට දිවුරන්නට යෝග්‍ය කාරයෝය.

පසුව උඩුවෙරිය බාල මළල බණ්ඩාරත් එක්ක රන්පත්විලට සහ වලත්වැවටත් උනු හබ අවුලෙන් දේව මැද්දේ මහා වාසල මහා නඩුවෙන් ඇහුම් බැලුම් වෙමින් නයිපෙන ඇල්ලෙන් රන්පත් විලේ දිය ගිල්මෙන් උඩබද ගලින් පලිහ කෙටු ගලින් පටන් කඩයිම් වෙමින් දෙමටෝගම් පහට දිවුරන්න යෙදී පනත්වුණා ඇත. එම සෙයිනුත් දෙමටෝගම රාළගේ සහජ මුණුබුරෝ ඇර මෙරට කඩයිම දිවුරන්න යෝග්‍ය කාරයෝ නැත. දිවාකර රඹුක්පහ දිවුල්ගස්පිටිය බමුණා කොටුවේ රුක්අත්තන නවවින්නේ මහර යන මොහොට්ටාල හාවේ තමයි දෙමටෝගම රාජකරුණා මොහොට්ටාල ලේකම ලැබුනේ දත යුතුයි.

කෝට්ටේ බුවනෙක මහා වාසල වෙලාවේදී රටවල් කඩයිම් කරන්න

කැත්ත පට කඩ ලැබී සිටියන් අතරින් පලලගොඩ හිටිහාමි යෙදී පනත් වුන නිසා මෙරට දෙමටෝගම හිටිය පුරෝහිත බ්‍රාහ්මණ රාළට දෙමටෝගම්පහ කියා කඩයිම්කර දුන්නේ පලලගොම හිටිහාමි යයි දත යුතුයි. එම මහා වාසලේ තමයි කලුගල්ලේ අදිකාරී මුදියන්සේට වරිගත් අත්ත කඩයිම් කර දුන්නේ දත යුතුයි. නැවත දේව මැද්දේ මහා වාසලින් තමයි කලුගල්ලේ රාලගේ යටතේ සිටිය වැද්දා විසින් දැක්වූ දිවි පැටියන්ගේ හුරතල් බලා වදාරමින් ඔහුට දිවිගුමත් දිවිගම්දහ යන නමින් රටත් ලැබුනේ දත යුතුයි.

මෙම පොත ලීවේ ශක වර්ෂයෙන් එකවාදහස් හත්වෙනි අවුරුද්දේ දෙමටෝගම රාජකරුණා මොහොට්ටාල යන මා විසින්ය. රාජකරුණා මොහොට්ටාල කියා පට බැඳ ලේකම ලැබුණේ සීතාවක රාජසිංහ මහරජ තුමාගෙන් බව දත යුතුයි.

බොරවැවේ ශ්‍රී සන්නස් ලැබූ චන්ද්‍රසේකර මහා බස්නායක මුදියන්සේගේ නගා සතර කෝරලේ පරකුඹුරේ ඒකනායක මුදියන්සේට දුන්නට පසු බිඟුමල් එතනා යන ගැණු දරුවෙකුත් සිරිමල්හාමී කියන පිරිමි පුතෙකුත් උපන්නට පසු ඔවුන් දෙදෙනාගේම මවුපිය දෙන්නා නැසීගිය බව බොරවැවේ මහීපාල බ්‍රාහ්මණ රාළට ආරංචි වෙනකොට ඒ බ්‍රාහ්මණ රාළ වයසපිරි රෝගාතුරව වුන් තැනින් නැගිට ගන්නට බැරිනිසා ඒ බ්‍රාහ්මණ රාළගේ පුත්වූ කම්බුවටවන මහා බස්නායක මුදියන්සේට අඬ ගසා පලයන් හතර කෝරලේ පරකුඹුරට දීපු මගේ නගාත් මස්සිනා වන ඒකනායක මුදියන්සේත් නැසිගොසින් දරු දෙන්නෙක් සිටිනවාය කියා ආරංචි ඇත. එම දරුදෙන්නා අඬ ගසාගෙන වරෙන් කියූ නිසා ඒ බස්නායක මුදියන්සේ සතර කෝරලයට ගොසින් එම දරුවෝ දෙන්නා අඬ ගසාගෙන විත් පෙනනුවිට මහ බස්නයක සිටින තැන බ්‍රාහ්මණ රාළ විසින් බිඟුමල් එතනා කියන මිනිපිරියට කම්බුවටවනත් සිරිමල්හාමි මුණුපුරාට ඇහැටුගහ දළුපොතත් දෙමින් මිනිපිරිත් මුනුබුරත් දෙදෙනා මහා බස්නායක මුදියන්සේට බාරදුන්නට පසුව බ්‍රාහ්මණ රාළ කලුරිය කළේය.

ඔහු මැරුනට පසු සිරිමල්හාමි ඇහැටුගහ දලුපොත ගෙදර තනාගෙන කරවිලගල ගාව කිඹුලගලින් මගුලක් ගෙනැවිත් සිට නැවත කිඹුලාගලට ගියාට පසුව පහල දොලෝස්පත්තුවේ සිටිය රත්නායක මුදියන්සේට රාජසිංහ වාසලින් ශ්‍රී සන්නස් ලබාගෙන ගමේ සිටිය නිසා කරගස්වැව යයි දත යුතුයි. බිඟුමල් එතනා ගල්ගිරියාවේ යාපාමිට හත්වැල්ලේ විජේපාල මුදියන්සේගේ දුව කැඳවා ගෙන ආවාය. මේ අයගේ සහෝදරයෝ වන අප්පුහාමි රාළට බිඟුමල් එතනා දුන්පසු උපන්

දරුවෝනම් පොතු වෑ මහගේත් බොරවැවේ උන්නැස්ස රාළට දුන් උන්නැස්ස මහගේත් මහප්පු කියන මහා කෝරාලත්ය. කම්බුවටවන ගම මහප්පු කියන මහා කෝරාලට දුන්නාය. ඒ මහා කෝරාලට මගුල ගෙනාවේ බොරවැවේ මහා බස්නායක මුදීයන්සේගේ පුතාවන හේරත් මුදියන්සේගේ දරුවා කපුමහගේය. උන්නැස්ස රාළට කපුරාලගේ නගා උන්ඩිය රාළට දුන්නාය. උන්ඩිය රාළට ඕවිලෙන් ගෙනා මහත්මීන්ගෙන් නගා කපුරාලට දුන්නාය.

කපුරාලගේ දරුවෝ නම් දම්බගහ මහගේ කියන හීන් කෙන්ද හාමිත් යම් මෙපලා මහගේත් බොරවැවේ ආරච්චිලත්ය. එයින් කපුරාල දඹගහ මහගේට කම්බුවටවන දුන්නාය. ඒ දමබගහ මහගේගේ දරුවෝ නම් සේපලහාමි කියන බස්නායක මුදියන්සේත් සූර්යහාමි කියන ගම්තිත රාලත් අප්පුහාමි අරච්චිලත් කොන් වෑවට දුන්නු මහගේත්ය.

බස්නායක මුදියන්සේගේ දරුවෝ නම් කුඩා වැවේ මහගේත් කරගස්සෑ මහගේත් මහා කොරලත්ය. ගම්තිත රාළගේ දරුවෝ දූනුමැනී රාලය. අප්පුහාමි අරචිලගේ දරුවෝ අලුත්වැ රාල සහ ලොකු රාලය. ඒකනායක මුදියන්සේගේ දරුවෝ නම් නිකවැරාල මුහන්දිරම නැකත්රාල මහ කෝරලය ගල්ගිරියාවට දුන්නු මහගේ. නිකවැරාළගේ දරුවෝ හැලඹැ රාළ රැඹැරාල. මුහන්දිරමගේ දරුවෝ කම්බුවටවන රාල පොතානේගම රාල කඳුබඩගම රාල තලාකොල වැවේ මහගේ සහ රක්වානට දුන් මහත්මයෝ. මහා කෝරලගේ දරුවෝ කුඩා කොරාළ කුඩා හෙරත්ගම මහත්මයෝ නිකවා රාල හේරත්ගමට දුන් මහගේ රක්වානට දුන් මහත්මයොත්ය. විත්ති පොත ඉවරයි.

මහා සම්මත උපත

Maha Sammatha Upatha
(Origin of the Buddhist Royal Universe)

A brief introduction

This is also an original and previously unpublished manuscript. A couple of first pages of the document had been ruined[18] and therefore, they were missing from the current text.

"Maha Sammatha" term is used to introduce the periods of first monarchs of the world according to Buddhist tradition.

The manuscript uplifts the clan originated from another South Indian Brāhmi chieftain, Sri Chandrasekara Purohitha Brāhmana Rankadu Bandi Wijesingha Senewirathna Mudiyanse, who settled at Pohorawaththa village of Dembatogama country, and his legacy. Senevirathna Mudiyanse was a military commander of the King Rajasinghe of Sithawaka.

It appears that it was written during the Kandyan Kingdom but updated several times. A substantial part of the manuscript contains

---

[18] The missing pages appear to describe the Buddhist cosmological events and the origin of the earth.

events and boundaries similar to *Kurunegala Vistharaya*. Authorship is not clear but it could be a person from Pohorawaththa lineage.

The first part of this manuscript starts with legendary Buddhist historical events in India. Next it describes the arrival of Prince Vijaya who claimed to have established the Sri Lankan nation. Then it goes to the details about the establishment of a Kurunegala ancient capital city at the center of three supreme principalities of Ruhunu, Maya and Pihiti which formed the entire nation. This narrative is followed by names of successive kings of Sri Lanka and legendary kings who ruled from Kurunegala ancient capital city. It also provides the names of villages established to render various services to Kurunegala royal palace, names of local chieftains who provided military security to the kingdom, and how the names of three grand principalities, main cities, countries and numerous villages of Sri Lanka originated.

The manuscript also includes information about the settlement of Skakya princes of Dadumba in Sath Korale near Daduru Oya and the regional kingdom built by him. This local king built Magalla and Sulugalla tanks.

The manuscript provides legendary information about the origin and creation of renowned cities of Anuradhapura, Paduwasnuwara, Yapahuwa and Siriwardanapura. A brief description about Mundukondapola regional kingdom in Sath Korale and its demise is also provided.

This information is followed by Sath Korale Brahmanawaliya, Malala Bandara Viththiya, and the composition of villages and boundaries of Nikawagampaha Korale.

The final part of the manuscript captures the information about the legacy of Senewirathna Mudiyanse. The manuscript concludes with the information relating to Brahmanawaliyas in Nikawagampaha, various other settlers in Nikawagampaha Korale, and the demise of Pohorawaththa legacy and its inheritance.

මහා සම්මත උපත - කෙටි හැඳින්වීමක්

මෙයද මීට ප්‍රථම ප්‍රකාශයට පත් නොකළ අත්පිටපතකි. මෙම ලේඛනයේ මුල් පිටු කිහිපයක් විනාශ වී ඇති අතර එම නිසා එම පිටු වත්මන් පිටපතට ඇතුලත් නොවේ.

"මහා සම්මත" යන පදය බෞද්ධ සම්ප්‍රදායට අනුව ලෝකයේ පළමු රජවරුන්ගේ කාල පරිච්ඡේදයයි.

දෙඹටෝගම රටේ පොහොරවත්ත ගම්මානයේ පදිංචි වූ තවත් දකුණු ඉන්දීය බ්‍රාහ්මණ අධිපතියකු වූ ශ්‍රී චන්ද්‍රසේකර පුරෝහිත බ්‍රාහ්මණ රත්කන්ඩු බැදි විජේසිංහ සෙනෙවිරත්න මුදියන්සේගේ සහ ඔහුගේ වංශය නගා සිටුවීමට මෙම අත්පිටපත කැප වී ඇති බව පෙනේ. සෙනෙවිරත්න මුදියන්සේ යනු සීතාවක රාජසිංහ රජුගේ හමුදාපතිවරයෙකි.

මෙම පිටපත උඩරට රාජධානි සමයේදී ලියා ඇති බව පෙනේ. නමුත් එය කිහිප වතාවක් යාවත්කාලීන කර ඇත. අත්පිටපතේ සැලකිය යුතු කොටසක කුරුණෑගල විස්තරයට සමාන සිදුවීම් සහ මායිම් පිළිබඳ තොරතුරු අඩංගු වේ. කර්තෘත්වය පැහැදිලි නැතත්, ඔහු පොහොරවත්ත පරපුරේ අයෙක් විය හැක.

මෙම අත්පිටපතේ පළමු කොටස ඉන්දියාවේ පුරාවෘත්ත සහ බෞද්ධ ඓතිහාසික සිදුවීම් වලින් ආරම්භ වේ. ඉන්පසුව ශ්‍රී ලාංකීය ජාතිය ආරම්භ කලේ යයි සැලකෙන විජය කුමරුගේ ආගමනය හා සම්බන්ධ තොරතුරු සඳහන් වේ. ඉන්පසුව මුළු දේශයටම අයත් රුහුණු, මායා, පිහිටි යන උත්තරීතර පලාත් තුන කේන්ද්‍ර කරගනිමින් කුරුණෑගල පුරාණ අගනුවරක් පිහිටුවීම පිළිබඳ විස්තරය ගෙන එයි.

මෙම ආඛ්‍යානයේ ශ්‍රී ලංකාවේ අනුප්‍රාප්තික රජවරුන්ගේ නම් සහ කුරුණෑගල පුරාණ අගනුවර පාලනය කළ රජවරුන්ගේ නම් සඳහන් වේ. කුරුණෑගල රජ මාලිගයට විවිධ සේවාවන් සැපයීම සඳහා පිහිටුවා ඇති ගම්මානවල නම්, රාජධානියට හමුදා ආරක්ෂාව සැපයූ ප්‍රාදේශීය නායකයින්ගේ නම් සහ ශ්‍රී ලංකාවේ ප්‍රධාන නගර, රටවල් සහ ගම් රැසක නම් ඇති වූ ආකාරය ද මෙහි දැක්වේ.

දදුරුඔය අසල ශාක්‍ය වංශයට අයත් දඩුම්බ කුමරුන් පදිංචි වීම සහ ඔහු විසින් නිර්මාණය කරන ලද ප්‍රාදේශීය රාජධානිය පිළිබඳ තොරතුරු ද මෙම අත්පිටපතට ඇතුළත් වේ. මේ ප්‍රාදේශීය රජතුමා මාගල්ල සහ සුළුගල්ල වැව් නිර්මාණය කලේය.

අනුරාධපුර, පඩුවස්නුවර, යාපහුව සහ සිරිවර්ධනපුර යන සුප්‍රසිද්ධ නගරවල ආරම්භය සහ නිර්මාණය පිළිබඳ පුරාවෘත්තද මෙම අත්පිටපතට

අඩංගු වේ. සත් කෝරළයේ මුන්ඩුකොන්ඩපොල ප්‍රාදේශීය රාජධානිය සහ එහි අභාවය පිළිබඳ කෙටි විස්තරයක් ද ඇතුලත් වේ.

මෙම අත්පිටපතේ සත් කෝරළේ වෙනත් බ්‍රාහ්මණාවලි, මලල බණ්ඩාර විත්තිය සහ නිකවගම්පහ කෝරළයේ ගම් හා මායිම් සංයුතිය ගැනද තොරතුරු දැක්වේ.

අත්පිටපතේ අවසාන කොටසේ සෙනෙවිරත්න මුදියන්සේගේ උරුමය පිළිබඳ තොරතුරු ග්‍රහණය කර ඇත. නිකවගම්පහ ප්‍රදේශයේ බ්‍රාහ්මණාවලිය, නිකවගම්පහ කෝරළයේ සිටි වෙනත් විවිධ පදිංචිකරුවන්, පොහොරවත්තගේ උරුමය සහ එහි අභාවය පිළිබඳ තොරතුරු සමඟ මෙම අත්පිටපත අවසන් වේ.

මුල් පිටපත

මහා සම්මත උපත

.... බුදුහු හතලිස් පස් අවුරුද්දක් වැඩ සිට කුසිනාර නුවර හල්දේ රැකට මැද පනවන ලද ශ්‍රී යහන් මස්තකයෙහි වැඩ වදාරන ලද මෙම ගව්තම නම් බුදුරජාණන් වහන්සේ සක්‍ර දෙවි මහා රජතුමා ලඟට අඬගසා වදාරා මගේ සක්‍රය මෙම ලංකා ද්වීපය අප්‍රමාදව රක්ෂා කරවයි වදාරා පිරිනිවන්පෑ වදාල සේක. එයින් පසුව වගුරට වගුරජුගේ දෝනියක් සෙවාකරිකව නොහොත් මල්වර වෙන දවස ලාඩ දේශයෙහි සිංහයෙකු හා වලබයට අසුව එහිම සිංහපුරයක් කර විසුහ. මෙසේ සිංහයාට ජාතක පරංපරාව නොහැර ආ රජකුමරුවන් දෙතිස් දෙනෙකු ලදේ දේශය. ඒ දෙතිස් දෙන අතුරෙන් ප්‍රධාන ගුණ පවිත්‍ර ඇති විජය නම් රජ තුමා යෝදයින් සත් සියයක් පිරිවරාගෙන ලංකාද්වීපයට ගොඩ බස්සින්න එන දවස සක්‍ර දෙවි රජාණන් වහන්සේට පෙනී උන්වහන්සේගේ සත්වෙති දොරටුවේ වෛකුන්ටරම ගෙහි වැඩ සිටි මහවිත්‍ර දෙවියන් වහන්සේ ලඟට ගෙන්න ගෙන කියන්නේ මගේ ගව්තම ස්රවජ්ජ්යන් වහන්සේ විසින් කුසිනාර නුවර හල්දේ රැකට මැද පනවන ලද ශ්‍රී යහන් මස්තකයෙහි වැඩ වදාරා අපට අඬගසා වදාරන්නේ මෙම ලංකාද්වීපයෙහි මෙයට පසු යක්ෂ විමානයක් වන්නේ එම කාලයෙහි විජය නමින් රජකෙනෙක් ගොඩබසිනාවය කියා වදාල සේක. බුදුහු වදාරති මාගේ ශක්‍රය මෙම විජය නම් රජ මෙපමණක් නොවයි මෙයින් පෙර කකුසද බුදුහු සමයේදී විජය රජ නමින් මෙම හස්ති පුර නුවර නොහොත් කුරුණෑගල නුවර කුහාර නම් නුවරක් කරවා අසංකය අවුරුද්දක් රාජ්‍යය කළාහුය. කෝනාගම නම් බුදුහු සමයෙහිත් මෙම විජය නම් රජ මෙම හස්තිපුර නුවර කුවේණි

නම් නුවරක් කරවා අසන්කයක් අවුරුදු රාජ්‍ය කළාහුය. කාශ්‍යප නම් බුදුහු සමයෙහිත් මෙම විජය නම් රජ මෙම ලංකාද්වීපයෙහි හස්තිපුර නුවර දසමහ නුවරක් කරවා අසන්කයක් අවුරුදු රාජ්‍ය කළාහුය. මෙම ගවීතම නම් බුදුහු සමයෙහි ත් විජය රජ නමින් හස්ති පුර නුවරක් කරවා රාජ්ජය කරනවාය කියා වදාල සේක. මෙම ලංකාද්වීපය අපට බාර කරන ලැබුණාය.

මෙම විජය නම් රජ හතර බුධාන්තරහිම විජය යන නමින් රජ කරන නිසාත් මෙම මහා විෂ්ණු දෙවියන්ගේත් කකුසඳ බුදුහු සමයෙහි සුදු වත්තකයන් මෙම මහා විෂ්ණු නමින් ශ්‍රී ධර්මස්කන්ද යන් වහන්සේලා බාර කළාය. කෝනාගම නම් බුදුහු සමයේත් මෙම මහා විෂ්ණු දෙවියන් රක්ත වර්ණයෙන් වැඩසිට මෙම ධර්මස්කන්ධයන් බලා සිටියාය. කාශ්‍යප බුදු සමයෙහිත් මෙම මහා විෂ්ණු නමෙන් කහ වස්ත්‍රයෙන් වැඩ සිට ධර්මස්කන්ධය බලා වැඩ සිටියාය. මෙම ගොවීතම නම් බුදුහු සමයේත් නිලවරණයෙන් මෙම ධර්මස්කන්ධය බලා වැඩ සිටින නිසාත් මේ දෙන්නට හතර බුධාන්කරෙහිම නොවරදවා එන ගමන නිසා සක්‍ර දිව්‍යය රාජයන් වහන්සේ මෙම ලංකාද්වීපය මහා ශක්‍ර දෙවියන්ට බාර කර විජය නම් රජහු යෝදයන් සත් සියයක් පිරිවර ගෙන මෙම ලංකාද්වීපයට ගොඩ බසින්න එනවාය කියා දැනට ලංකාද්වීපයේ යක්ෂ විමානයක් ව ඇත එම නිසා මහා විෂ්නු දෙවියන් වහන්සේ තපස් වෙස් මවාගෙන විත් විජය නම් රජහු තම්මැන්න තොටින් ගොඩබැස එන මගබලා සිට නුල් පිරිත්තුවක් ඉතිපියන ගාතාවෙන් කරලාවන කල්හි විජය රජහු ඉස්කියා අතගා බැලුකල ශබ්රයම නුල් පිරිත්තුව ගිම්නාය. එයින් පසුව මහා විෂ්නු මමයි කියා උන්වහන්සේ දිවපුරට වැඩ සේක.

මෙම විජය රජ යෝදයින් කැටුව සිටින අතර කුවේණිය නම් යක්ෂනිය බැල්ලියක් වේශයෙන් ඉදිරියට ආවය. එය දැක විජය රජ්ජුරුවන් වහන්සේ එම බැල්ලිය යන පාරේ ගොස් ගින්දර නොවෙයි කියා යොදයෙක් යවන සේක. එම යොදයා ගොස් නාපු නිසා තව එක යොදයෙක් යන්නට නියම කරන සේක. මෙසේ යෝදයින් සත් සියයක් ගියහ එයින් පසු විජය රජ්ජුරුවන් වහන්සේ යෝදයින් නැති නිසා එතුමා යන වෙලාවේ කුවේණි යක්ෂණියෝ යෝදයින් සත් සියයම විලේ නෙලුම්කොල යට සඟවා තබා යක්ශනී රජ්ජුරුවන් වහන්සේ එනවා දැක ඒ කුවේණි යක්ශනී සැරසුණු සැටිනම් සුදු සළු ඇඳ පොරවාගෙන රන්පත් රුවන් තෝඩු පාසලඹ ගිගිරි වළලු අතලා දෑත දසැගිලි මුදු පුරා බුලත් කා යටසින් බලා මදවලු කෙටිනවා දැක ඒ යක්ශනී ලඟට විජය නම් රජුහු ගොසින් කියන්නේ ම විසින් එවූ යෝදයින් සත් සියය ගෙනවයි කී කල්හි අනේ ස්වාමීනි ඒ

කිසිදෙනෙක් නුදුටුවෙමි කියල ලැයේ බඩේ ගසා දිවුලාහ. එවිට විජය නම් රජු කියන්නේ තෝ විසින් සැගේව්වාය කියා තිරිමද හස්තියකු ගේ සොඬසේ ම දකුණු හස්තයෙන් කඩුව ගෙන වන් අතින් ඇගේ හිරස කෙස් වැටිය අතවට පටලවාගෙන විජ්ජුත් ලතාවෙන් මෙන් ගෙන කඩුව ලෙලවා අඩුව තිට සලස්සමි කි නිසා යක්ශනී බියෙන් වෙවුලා වැඳ සිටියාහ. එවිට යක්ශනී වැඳ වැඳ කියන්නේ ඔබතුමා මම සරණපාවා ගන්නවා නම් මම යෝදයින් හත්සියයම දෙනවා කියා වැඳ වැටි දුක් කියා සිටි නිසා විජය රජ තුමා සරණ යනවාය කි සැනයෙන් යක්ශනී නෙලුම් පොකුණෙ සිටි යෝදයින් කැඳවාගෙන ආවාය. එයින් විජය රජතුමා කුවේණි හා දෙදෙනා එක්ක ? දවස පහන් වූ කළ අටසැට ලක්ෂයක් යකුන් යක්ෂණියන් කොට යන්ඩ රජතුමා වදාල කල්හි යක්ශනීය අදෝනා කියා කියා ඉවතට ගියහ.

තම්මැන්න විල සමීපයේ කුවේණි නම් යක්ශනී විසින් මවන ලද ශ්‍රී යහන මස්තකයෙහි වැඩ ඉඳ වසනකල ඒ සක්‍ර විසින් මැවු සැටිනම් අඹ දොඹ සපු නා පනා සිහිනිද්ද බෝනිද්ද සපුමන් පෙතන් කිනිහිරිය දුනුකේ වැටකේ මුනමල් සඳුන් කස්තුරි කපුරු නොයෙක් සුව වර්ගයෙන් හා දෙහි නාරන් දොඩන් තල් පොල් කිතුල් අඹ කෙහෙල් මීපැණි ජාතිද දඩමස් කුඩමසුත් කැවුන් රොටි විළඳ කිරිබත් නිකම් බත් වෙළඳ විදි කඩපිල් නළු නාටක ඉස්ත්‍රීන් හා මෙසේ සරසා තිබුනාහ. ඒ කුවේණි තම්මැන්න විල සමීපයෙහි ඒ නුවර යක්ශනී තබා පිටවූ හෙයින් තඹපත නම් නුවර විය.

සත් වෙනිදා විල්බ ගල්ලෙන පායව ඉදින්වා දැක සක්දෙවි රජ දිවසින් බලා නුවරක් කරවමියි සිතා විල්බාවට උතුරු දිග අතුගලටත් ඉබ්බගලටත් කුරුවෙනියා ගලටත් දෙමැද අස්නේ වැඩමවන ලදී. අඹ දොඩන් සල් සපුනා පනා කීනි පලෝල් අල සඳුන් දේවදුරු කපුරු පොල් පුවක් ආදී වූ අනේක්ප්‍රකාර වෘක්ෂ ජාතීන්ගේ සුවඳ මලෙහි ලොල්වූ බඹර මැසී හිගුන් දෙන නානාප්‍රකාර ජතින්ගෙන්ද ඒ ඒ තැන්වල කැලඹ සිටිනා කේසර සිංහයා කාල සිංහයා පසු සිංහයා තන සිංහයාද දසකුලේ ඇත්තුද මුවන් පන්තිද හංස පන්තිද ඇත්තිනියෝය මෙසේ සියලුම වස්තුව සක්දෙවි රජානෝ විසින් මවා පිරිපුනාහු ඒ හස්තිපුර නුවර විජය නම් රජතුමා රාජ්‍ය කරන කල්හි කුවෙනිගේ වංශයෙන් දිවිදොස් වැදී අට අවුරුද්දක් රාජ්‍ය කොට ස්වර්ගස්ථ වුනාය. අප තිලෝ ගුරු බුදුරජාණන් වහන්සේ වදාරා එම්බල මාගේ ශක්‍රය මෙම විජය රජ මතුබුදු වෙන මෛත්‍රිය සර්වජ්න කෙනෙකුයි වදාල සේක.

එම විජය නම් මහ රජ තුමා විසින් සිංහලේ ගම් තුනක් බැන්දාහ. එක ගමක් දෙවමද්දේ ගෙදර කියාද එක ගමක් උවේ රන්මල්කාසේ කියාද එක ගමක් හුරුල්ල මහකල්පේ කියාද නම් බැන්දහ. තුන්වෙනුව රජ පැමිණ

පඬුවස් රජ හැට අවුරුද්දක් රාජ්‍ය කළාහ. ඉන්මතු පාණ්ඩුකම්බල රජ හැත්තෑ අවුරුද්දක් රාජ්‍ය කලාය. ඉන්මතු සිවරාජා හැට අවුරුද්දක් රාජ්‍ය කලාය. ඉන්මතු ගනපතිස්ස රජ තිසාවැව සහ මහා මෙවුනා උයන කරවා හැත්තෑ අවුරුද්දක් රජ කොට ස්වර්ගස්ථ උණය. අනුශාක්‍ය රජ දරුවෝ විසූ හෙයින් අනුරාධපුර නම් විය. සත්වෙනි වර දෙවනපෑතිස්ස රජ පැමිණ එක්ලක්ෂ විසි දහසක් වැව් බඳවා තුපාරාම දාගැබ බඳවා අනුරාධපුර බෝධි පිහිටුවා සුවාසු දහසක් විහාරවල් කරවා දාගැබ බඳවා විසි අවුරුද්දක් රාජ්‍ය කොට ස්වර්ගස්ථ වූහ. ඉක්බිති රජ පැමිණ නාවන් රජ එරජාහු පුත් ගොලුඅභය රජ. ඒ රජහු පුත් කාවන්තිස්ස රජ ඒ රජහු පුත් දුටු ගැමුණු රජ සහ සද්ධා තිස්ස රජ ඉන්මැත රට සාගතයක් වැදී තිබුන හෙයින් පසු ශ්‍රී භුවනෙක රජ හැට අවුරුද්දක් රාජ්‍ය කොට ස්වර්ගස්ථ විය.

හස්තිපුර නුවර අටසිය අනුපස් දෙනෙක් රජ කළහ. අනුරාධපුර නුවර අනුවක් රජ කළහ. මෙම ලංකාද්වීපයෙහි තිස්ස තිස්ස යන නමින් තිස් දෙන්නෙක් රජ කළහ. බාහු බාහු යන නමින් තිස් දෙනෙක් රජ කළාය. සිංහ   සිංහ යන නමින් තිස්දෙන්නෙක් රජ කළහ.

හස්තිපුර නුවර නොහොත් කුරුණෑගල නුවර මහා වාසලට හත් දුරාවේ මිනිස්සු හත්දුරේ කරන නිසා උඩත්තාපොළ මහබාගේ දුන්නාය. කුරුණෑගල මහා වාසලට හැලිමස් දෙන්න ගත් යකල්ල, දොරනේපොල ඉබ්බාගමුව යන ගත් තුනද, පොනමස් දෙන්න ගත් මඩවල මෙගියල්ල යන ගත් දෙකද, කුරුණෑගල නුවරට ලුණු පැටවිල්ලට තෙලියාගොන්න මල්ලවපිටිය යන ගත් දෙකද හස්තිපුරනුවර මහා ගබඩාවට පැදුරු වට්ටි පෙට්ටි ඇදපුටු දෙන ගන්කටුවන්නැ ගත් දහයද, කුරුණෑගල නුවරට හුනු දීකිරි සුකිරි ගත් අහුගොඩ හෙරලියාව මල්කඩුවාව යට වැහැර කැත්ත මුනේ යන ගම් පහද, කුරුණෑගල වාසලට හකුරු දෙන ගත් ඉලුක්ගොඩ හඳුරුක්කන තොරොත්තව ගබ්බල පරපේ හිගුරව යන මේ ගම හයද.

බෝයගනේ නවරත්න මුදියන්සේලාගේ අප්පුහාමි කටුගේ තනා හිටුවා පස් ගහපු නිසා කටුවත් නැව කියා නම් තැබුවාය. කොත්ගහේ පැල තනාගෙන ගම බැඳ ගත්තු නිසා කොත් පලේ කියා නම් තැබුවාය. රන් කඩුව පණිවිඩ කල ඇමතියාට කටුගම්පොල දුන්නාය.

මෙසේ ඉරුගල් බණ්ඩාර මුණ්ඩකොණ්ඩ පොළ නුවර රජ කළහ. ඒ රජහු රජ කරන වෙලාවට නවගත්තේ රාල විසින් රන් කඩුව පණිවිඩ කල අමාතානට සහ ස්වරන් කාරයින්ඩ කියා හඳිකරවා රජ්ජුරුවෝ ස්වර්ගස්ථ වූහ. එම නිසා දේව මැද්ද අවිස්වාස විය. රජ්ජුරුවන්ඩ හදි කල නිසා නවගත්තේ රාල රැක් අත්තනේ බැඳ එල්ලුවාය. කඩුව පණිවිඩ කාර

අමාත්‍යයා උගුලේ දෙක අටවා ඉරා යන්න අරියාය. දික්වැහරගම සවරක් කෙලි කාරයා උදබද්දේ රාල උල තිබ්බාය. එතැන් පටන් මුණ්ඩකොණ්ඩ පොළ නුවර පාලු විය.

මේ සිංහලේ පන්තිස් නුවරටම කුරුණෑගල නොහොත් හස්ති ශෛලපුර නුවර උතුම් වන්නේය. දඹදිව පන්තිස් නුවරවලට කපිල වස්තු පුර නුවර උතුම් වන්නේය. මායා රට අන්තයේ කුරුණෑගලද රුහුණු රට අන්තයේ මාගම් නුවරද පිහිටි රට අන්තයේ අනුරාධපුර නුවරද මෙතුන් රාජ්ජයම එක්සත් කරවා රාජ්‍ය කල විජය රජ තුමානට සියලුම වස්තුව පහල උනාය. එම සියලුම වස්තුව ශක්‍ර දීව්‍ය රජාණන් වහන්සේ පහල කරවා දීව්‍ය ලෝකයට වැඩියය.

රුහුණු පස් තියන නිසා රුහුණු රට නම් විය. බොහෝ නුවන මායක් වැඩි නිසා මායා රට නම් විය. බෝදිය පිහිටි නිසා පිහිටි රට නම් විය. මෙරට තුනට මැද කුරුණෑගල නම් විය. පිටියේ හිරියල් තිබුන නිසා හිරියාලේ නම් විය. මාගුරු ඔයටත් මැද තිබෙන නිසා දේව මැද්ද නම් විය. විජය රජ්ජුරු වන්ගෙන් කඩුව පණිවිඩ කල ඇමතියා දුන්නු නිසා කඩුගම්පොළ නම් විය. ගල් උඩ හාල්පිටි තිබුන නිසා හාපිටිගම් කෝරලේ නම් විය.

විජය රජ්ජුරු වන්ඩ ගිරය තනා දුන්න නිසා ගිරාතලාන පත්තුව නම් විය. සියයක් එක්වී මගුළක් කල නිසා සීන කෝරලේ නම් විය. වෙල මැද දුනා ගස් දෙකක් තිබුන නිසා දුනා පත්තුව නම් විය. ගජබා රජු සොලින් රටෙන් ගෙනා සෙනග උාපු තැන හිටවපු නිසා අලුත් කුරු කෝරලේ නම් විය. හේවායෝ විස්සක් ඇරිය නිසා හේවාවිස්ස නම් විය. තිහක් ඇරිය නිසා ගන්තිහ කෝරලේ නම් විය. විසි නමයක් ඇරිය නිසා විසිනාමයේ කෝරලේ නම් විය. හතලිස් දෙනෙක් ඇරිය නිසා හතලිස් පහ කෝරලේ නම් විය. විසි දෙකක් ඇරිය නිසා විසි දෙකේ කෝරලේ නම් විය. දහ දෙනෙක් ඇරිය නිසාත් කටුගේ තිබුන නිසාත් කටුවන්නගම්පහ නම් විය. ඌවට දාහක් ඇරියාය. හාරසියයක් ඇරිය නිසා හාරසිය පත්තුව නම් විය. හතර දෙනෙක් ඇරිය නිසා හතර කෝරලේ නම් විය. සත් දෙනෙක් ඇරිය නිසා සත් කෝරලේ නම් විය. මහා තලයක් ඇරිය නිසා මහතලේ නම් විය. තුන් දෙනෙක් ඇරිය නිසා තුන්පනේ නම් විය. කම්මුත්තා ගෙදරදී කම්මුතු උනාය.

ගලබොඩගම අදිකාරම් නිල නමට තිබ්බාහ. දීකර ගමේ බණ්ඩාර ද තිත්ත වැල්ලේ මුදියන්සේද රත්කරව්වේ මුදියන්සේද බදලෝව කුරුප්පු මුදියන්සේද හෙට්ටිපොලේ මුදියන්සේද, පසලොවෙලා හිටිහමිද, කිඩපොල මුදියන්සේද, ගල්ටෝඹුවේ මුදියන්සේද, ගල්ගමුවේ මුදියන්සේද,

මොහොත්තාව මුදියන්සේද, මිල්ලව මුදියන්සේද, දඩගමුවේ මුදියන්සේද, රත්වත මුදියන්සේද, බෝපේ පතිරනනැහේද කාරියප්පෙරුම මුදියන්සේද, යනමේ පහළොස්දෙන හේවාපන්හලය.

පොහොරවත්තේ හේරත් අදිකාරම් මුදියන්සේ ද මාපෙගමුවේ මාපාහාමි මුදියන්සේද, දොරටියාවේ හිටිහාමි මුදියන්සේද, විල්බා ගෙදර හිටිහාමි මුදියන්සේද, බෝයගනේ නවරත්න මුදියන්සේද, බමුනාවල මුදියන්සේද, බමුණැස්සේ මුදියන්සේද, බමුණු ගෙදර මුදියන්සේද, දෙනගමුවේ බන්ඩාරද, කටු පිටියේ මග්පේ දිසාවද යන මේ දහදෙනා මුදලිවරුන්ට මුලාදැනිව සිටින අලදේශ්වර මුදියන්සේද, මෙකී මුදලිවරුන් කුරුනැගල රජ මහාධුර ප්‍රවේසම් කිරීම පිණිස මේ මුලාදැනිව සිටි මුදලි වරුන්ට බාර කර තිබු නාය. දඹදෙනි වහසල වේලාවේදීය. උළු කැපුන නිසා හොලුවේ මුදියන්සේ කියා නම් තිබ්බාය. සීතාවක බුවනෙක මහා වාසල කාලේදී පොහොරවත්තේ රන් කඩු බැඳී විජේසිංහ සෙනවිරත්න මුදියන්සේ අදිකාරම් නිලමේද පරංගියා වනසා කොළඹ ඇරෙව්වය.

රාජ දේවතා හම්දුරුවන් වහන්සේ වදාල පනත දිසානක මුදියන්සේද කුරුණැගලට ගොස් විජය රජ්ජුරුවන් ගේත් මලනුවෝ සෝමිත්ත්‍ර නම් රජු හට ජාතකවූ පඬුවස් නම් කුමාරයා සොළොස් වයසින් මේ සිංහල ද්වීපයට ගොඩබැස ඒ රජුගේ නමින් පඬුවස් නුවරක් කරවන සේක. එයින් මැත භාගයේ කුරුණැගල සිට පස් ගව්වක් ගිය තැන කසාව තොටෙන් එගොඩ හැතැප්ම දෙකක් ගියතැන සිරිවර්ධන නුවරක් කරවන්ඩ පටන් ගත්තාහ. ඒ නුවර ප්‍රක්කන්බහු රජ රාජ්‍ය කළාය.

මෙසේ විජය රජුගේ මලනුවෝ සෝමිත්ත්තර නම් කුමරුහට ජාතක වූ පඬුවස් නම් කුමාරයා සොළොස් වයසට පැමිණි කල්හි සිකුරාදා පුසේ නැකතින් මේ සිංහ නම් ශ්‍රී ලංකාවට ගොඩ බැස ඒ රජහුගේ නමින් පඬුවස් නම් නුවරක් කරවයි කියා ඇමති හට කිහ. පිය මහා විජය රාජ තුමන් වැඩ සිටි හස්තිපුර නුවරට කියා ඒ නුවර ඇමතියන් ගෙන්නවා කියන ලදී. තොපි හැම දෙන විසින් මෙතන මට නුවරක් කරවයි කියා අන කළේය. හස්තිපුර නුවරට බස්නාහිින් හතර ගවු බාගයක් ගිය තැන පඬුවස් නුවරක් කරන්න පටන් ගත්තාහ. ඒ දැක සක්දෙවූ මහරජ කියන්නේ විශ්ව කර්ම දීව්‍ය පුත්‍රයා ගෙන්න ගන්න සැල කරන සේක. තොප ගොස් පඬුවස් නම් නුවර කරවා එවයි කිහ. එවිට විශ්ම කර්ම දීව්‍ය පුත්‍රයා ඇවිත් බලා රියන් දණ්ඩ දෙරණ පිට ගැසූ කල්හි හාරසීයක් මහා වාසල් ගෙවල් හා සිංහාසන ගෙවල් නවසීයක් හා දෙසිය පනහක් ගබඩා ගෙවල් හා හාරසියයක් අරමුදල් හා පඬුපුල් අස්නක් හා මෙසේ සියලු ගෙවල් ඇත් අස් ගවම හිස යනාදීන් සියලුම පල රස වර්ග වලින් හා

පතස් පොකුණු කුක්කන් මඩු කුරුල්ලන් මඩු හා ඇමති ගෙවල් පන්සියයක් හා නුවරට පවුරු හතරක් හා ඉම ඇතින් බැම්මක් හා රිදී තොරන් රන් තොරන් හා සියලුම වස්තු වෙන් පිරි සෙන්නා වූ ඒ නුවර සිවුදිග වීදි සතරක් හා මහා බල යෝදයින් තුන්සියයක් හා මෙසේ සියලු වස්තුව විශ්ව කර්ම දීව්‍ය පුත්‍රයා විසින් කරවන ලදී. ඒ පඬුවස් නුවරය.

සත් රියන් උස ඇති ඒ පඬුපුල් අස්නෙහි වැඩ ඉඳ සක්දෙව් රජුගේ සැප විඳ රාජ කරන කල්හි සිහිනෙන් ඇවිත් ගව්වක් උස ඇති කාල ගිරි පර්වතයක් සේ මුගුරක් ගෙණ කටින් ගිනිජල් මවාගෙන සිහිනෙන් පෙනී සිටියාය. දෙවෙනුවත් යොදුනක් උස ඇති තොප්පියක ඉස වසාගෙන කටහයා ගිනිජල් පතුරවා අඬගසා යක්ෂ වේශයෙන් පෙනුන කල්හි බයවී මුරුත්තා වී වැටි ලෙඩ උනාය. ඒ දැක ඇමති සේනාව කල්පනා කර සිත් ශෝකයෙන් දුක්ව උන් කල්හි සක් දෙව් රජ දිවසින් බලා මේ දිවි දොස් මුදවන්ට කාට පුළුවන්දැයි දිවසින් බැලු කල්හි සක් දෙව් රජුගේ නියෝගයෙන් රාහු අසුරේන්ද්‍රයාට අඬ ගසා කියන්නේ තොප ගොස් මල නිරිඳුගේ උයන වෙස්ගෙන වනසවයි කී කල්හි සක්දෙවූ රජුගේ නියෝගයෙන් රාහු අසුරේන්ද්‍රයනෝ ඌරා වෙස් මවාගෙන ගොස් මල රජුගේ උයන වනසන කල්හි එය දැක මල නිරිඳු හා ඇමති සෙනග දුනු යකදා මුගුරු රැගෙන නික්මුනාහ. ඌරා යන රට රට වලින් ගොස් සිංහල දේසෙට පැමිණුනාහ. එයින් පසු හතනන්ගනේ දී ඌරා ගල් වුණාහය. එය දැක සක් දෙව් රාජ කියන්නේ මල රජුනිමට තොප විසින් පිහිටක් කර දෙවයි කියා යාජ්නා කළාහ. ඒ කුමක් දැයි මල නිරිඳු ඇසු කල්හි සක්දෙව් රජහු කියන්නෙ පඬුවස් රජහට වන් දිවි දෝෂ මුදවයි කිවාහ. එවිට මල රජු කියන්නෙ සැට පැමඬුවක් කරවන්ඩ කිවාහ. එවිට සැට පැමඬුවක් තනා ඒ මඩුවේ පඬුවස් රාජ වැඩ හිඳුවා නව කොළ අතු ගෙණ හිස පිස අඹ සෙත් කළාය. එවිට හිරු නැති හඳ පැවුව වගේ රජහු සිහි පත් උනාය.

මෙසේ යහපත්ව රජ කරන කාලයේදී කපිල වස්තු නුවරින් ශාක්‍ය රජ දරුවෝ අට දෙනකුත් සමග කුමරිකාවකුත් ගොඩ බැස්සාහ. ඒ කුමාරිකාව පඬුවස් රජුට කාර බැන්දාහ. මෙසේ පඬුවස් රජු හැට අවුරුද්දක් රාජ්‍ය කොට ස්වර්ගස්ථ වුවාය. එම ශාක්‍ය කුමාරයන් අට දෙනාගෙන් එක කුමාරයෙක් අනුරාධපුර නැගෙනහිර වල් අරවා නුවරක් කර විසුවාහ. එනමින් අනු ශාක්‍ය රාජ දරුවෝ විසු හෙයින් අනුරාධපුර නම් විය. අනුරාධපුර දිගින් පළලින් සතර සතර ගව්වය. එනුවර සතර විදියක් සහ උඩුමාල ලක්ෂයකින් හා බිම්මාල ලක්ෂයකින් හා මහමෙවුනා උයන් හා එනුවර නැගෙනහිරින් නුවර වැවක්ද ඔයක්ද උතුරු දිගට මිහින්තලා ගලද වයඹ දිගට බසවක්කුලමේ වැව ක් ද බස්නාහිරින් තිසවැවද එම

අනුරාධපුර නුවර අනුවක් රාජ්‍ය කරපු නිසා විස්තර කිව නොහැකි හෙයින් මෙපමණකින් නිම කළාහ.

එම පඬුවස් රජුගෙන් පසු පන්ඩුකම්භ ම රජු කාලයේදී දඹදිවින් නැවු නැගී දඬුබ මහා රජු ගොඩ බැස ගල් වැව බඳවා දැදුරු ඔය මැදින් බඳවා ගල් වඩුවන්ට රිදී හැට දාහක් දී බැඳී නිසා රිදී බැඳී ඇල්ල නම් තබා දැදුරු ඔය බැඳී තැන සිට මාගල්ලේ වැවට ඉහලින් ඇලක් කපා ඊට පහලින් රත්රන් බැඳී සෙයින් රන්දෙනිය නම් වැවක් බැන්දවාහ. ඒ දඬුබ මහා රජු මාගල්ලේ වැවට ඉහලින් දඬුබ නම් නුවරක් කරවා විසුවාහ. ඒ දඬුබ මහා රජහු විසින් සුළු ගල්ලේ වැව බඳවා එයින් අස්වද්දන කුඹුරු වල වී බුදුමුත්තාවේ විහාරෙට බුදු රජාණන් වහන්සේට දන් දුන් සෙයින් පැවත එන නිසා බුදු මුත්තාව නම් විය. සුළු ගල්ල බුදු මුත්තාව විහාරයට පුද ගමය.

ඒ දඬුබ මහා රජ දඹදිවින් සංගයා තෙරුන්නාන්සේලා දහ දෙනෙක් ගෙනත් හිටපු නිසා දිවි ගන් දහ නම් විය. මෙසේ මාවැලි ශාක්‍ය රජ දරුවෝ විසූ හෙයින් මාවැලි ගංගාව නම් තබා ඒ මාවැලි ගඟ අසල සෙන්කඩගල නුවරක් කරවා විසුවාහ. රුහුණු ශාක්‍ය රජ දරුවෝ විසූ හෙයින් රුහුණු මාගම් නුවර නම් විය.

කැලෙනි ගඟ අසල කැළණි වෙහෙරට දකුණු දික්බාගයෙන් සිග්‍ර පර්වතය දෙමැද උස් කොට්ටයක් බඳවා ඊට ආධාර අමුණු ගිල්මක් බඳවා ධර්ම පරාක්‍රම බාහු රාජ්‍ය කළාය. එම රජුගේ මලනුවෝ කටුපිටි මාදම්පේ රජ කළාහ.

කුරුණෑගල සිට පස් ගව්වක් ගිය තැන තුන් රාජ්‍යයෙන් ඇමතියන් පිරිවරා ගෙන්නාගෙන යාපහු නුවරක් කර වන්ඩ පටන් ගත්තාහ. එම යාපහු නුවර පිහිටි පර්වතයට දෝනි සුන්දරගිරි පර්වතය නම් තබා එනමින් නුවරක් කර වන්ඩ පටන් ගත්තාහ. එම පරාක්‍රම බාහු රජු කියන්නේ මෙම නුවර ගල් වලින් වැඩ නිම කරවයි කියා අමතිහට කී කල්හි තිස් එක් ලක්ෂ විසි දාහක් පමණ ගල් වඩුවන් හා දෙසියයක් හන්ගිලියන් හා තුන් දහසක් හිත්තරුන් හා හාර දහසක් ගල් ගාත ආචාරියන් හා මෙපමණ වැඩකාර ආචාරි වරුන් ලැබී තිබෙන ඒ නුවර විජේසිංහ අධිකාරම් නිලමේ විසින් වැඩ කරවන ලදී. මෙසේ නුවර ගල් වලින් වැඩ නිම කරවන ලදී. එම නුවර වවුන මහා පරක්‍රම බාහු රජතුමා අමතියන්ද කියා හොත් යමෙක් මේ ලොව අපිට වෙලාව නොදැන දවස් යැවීම සුදුසු නැත කියා නුවර අණබෙර ලවා අටසිල් පන්සිල් රැකුම බන අසව දාන පින්කම් පුද කර බෝදිය පිහිටව, මවුපියන් රක්ව කියා රජ තුමන් විධාන කලහාහ. එම පරාක්‍රම බාහු රජ තුමා විසින් පන්සියයක්

සංගයාට දන් දෙති. සිල්වතුන් තුන්සියයකට දන් දෙති. මේ පින්කම් මද කියා සක්සේරවේ ගල්ලෙන් පාය වන් අසුවක් විහාර කරවා සිකෙලක් වස්තුව බැර පැන දුන්නාය. කුසල් රැස්කොට මහා මඩගල්ල වැව බඳවා සියලු පින් රැස්කොට හැත්තෑ නවයක් අවුරුදු රජ කොට බ්‍රහස් පතින්ද්‍ර පුසේ නැකතින් එම පරාක්‍රම බාහු ස්වර්ගස්තයට පත්වුහ.

එවිට උඩරට සේනාව කියන්නේ අටසිය අසු දෙනෙක් රජ කළාය. අපගේ උඩරට නුවරක් කරන්න ඕනේ කියා සේනාව රැස්වී කල්පනා කොට කුරුණෑගල සිට පස් ගව්වක් ගිය තැන කසාවත් තොටෙන් එගොඩ හැතැප්ම දෙනක් ගිය තැන සිරිවර්දන නුවර කරන්න පටන් ගත්තාය. ඒ නුවර වටා මහා පවුරක්ද ඒ පවුර වටා කොටු හා අටක්ද අස්ගිරිය යන වෙහෙරද හතර දේවාලේද මාලිගා මණ්ඩපේ ද උණු පැන් ගෙවල්ද මහා ගබඩා ගෙවල්ද මුළුතැන් ගෙවල්ද කුක්කන් මඩුද ඇත් පන්ති අස් පන්ති කුරුල්ලන් මඩු සහ පල්ලේ වහලද උඩවාසලද මහා වාසලද සිංහාසන ගෙවල් හතර විදි තනා නුවරට ආධාර වැව දෙකක් බඳවා ඒ නුවර සියලු රස වර්ග උයන් සහ නොයෙක් ජාල ආධාරක කඳු නොදුරුව තියෙන්නේ නුවරට නොදුරුව කටුබුරුල්ලේ ගන් දහයද කටුවක්කා ගන් දහය කියා නම් තැබුවාය. මහා පරාක්‍රම බාහු රජ්ජුරුවන්ගේ මලනුවෝ දෙවැනි පරාක්‍රමබාහු රජ ඒ සිරිවර්දන නුවරට සුභ මොහොතින් නැකත් බලා ඒ සේනාව ගොස් ශක්‍ර දේවයන් උයනට වඩින ලෙස එම සවුලු පරක්‍රම බාහු රජතුමා මෙතුම් රාජකාරිය ගෙන්වාගෙන හැත්තෑ අවුරුද්දක් රජ කළාය සිකුරාදා පුසේ නැකතින් ස්වර්ගස්ථ වූහ.

ඒ පරාක්‍රම බාහු රජුගේ මලනුවෝ සිවුරු පොරවාගෙන මහණව සිටියාය. සිවුරු අහක්කර ගෙණ බුජ්ජෝ පරාක්‍රම නමින් ඔටුනු පළඳවා ඒ සිරිවර්දන නුවර රජ කළාහ. ඉන්පසු සෙන්කඩගල රජ කරන කාලයේ අස්ගිරි වෙහෙර සඟ පිරිසද නීති දන් දෙති. දුගී යාචකයින්ට දන් දෙති. පර දාර අනාත දාර මෙසේ දස කුසල් කොට අසු අටක් අවුරුදු ස්වර්ගස්ථ විය.

මුතු පන්තියේ මෝදර තොට මුනට ගොඩ බැසපු ඒ බ්‍රාහ්මණ ගොල්ල හත් දෙන තමන්ගේ පිරිවර සේනාවත් කැටුව අත්බන්දක්වල මුන්නේස්වාරමේ හඳුන් කපා හිටුවා දෙවගනේ දේවාලේ නොහොත් මහා විෂ්ණු දේවාලේ තනා ඇවිත් සිට හැමට පළමු ශ්‍රී චන්ද්‍ර සේකර රත් කන්දු බැඳී පුරෝහිත විජේපාල බ්‍රාහ්මණ මුදියන්සේ සීතාවක කෝට්ටේ භුවනෙක දෙවි රජ්ජුරුවන් වහන්සේට රත් වටුවා දක්වා බැහැදැක පුරෝහිත නාමය නිසා රජ්ජුරුවෝ සමා කර ගන්නට පසු රත්රන් පුටුවක්දී බැහැදැක සිටියාය. ඊට පසු රජ්ජුරුවන් වහන්සේගෙන් ලැබුනේ

බමුනාව, බමුණු ගෙදර, කිම්නිගල්ල බමුණා කොටුව ඉතන වත්ත දිවුල්ගස්පිටිය කලහොම්රියන් පිටිය කොනොත්තව අත්වලය මරලුගත් වැරැල්ල මාවුණු දසේකම කම්බුවටවන නියක නොහොත් වැපති හතර පත්තුව ශ්‍රී බුවනෙක බාහු රජ්ජුරුවන් වහන්සේ ගෙන් ලැබුණය. ඊට පසු රජ්ජුරුවන් වහන්සේ සිසැමට පළමු ශ්‍රී චන්ද්‍ර සේකර පුරෝහිත බ්‍රාහ්මණ විජේපාල මුදියන්සේට රන් කඩුව දී රන් බෝපත් දැමු හැට්ටය පට සළුව අටමුලු තොප්පිය රත්රන් පුන නුල් කරලා රන් රිදී වහපු කඩුවක් දී ශ්‍රී චන්ද්‍ර සේකර හැමට පළමු දෙවියන් සිහිකර පින් දෙමින් පලිඟු රන් නැව පැදගන එන තැනේදී වැසි කුණාටුවක් ගහා නැව තුනට කැඩී ගොස් බ්‍රාහ්මණ ගොල්ල මුතු පන්තියේ මෝදර නොහොත් මුතු වරායෙන් ගොඩ බැස්සාය. හෙට්ටි ගොල්ල හලාවතට ගොඩ බැස්සාය. මලල කුමාරයෝ කල්ල තුරට ගොඩ බැස්සාය. ඒ කුමාරයෝ හත් දෙනාට වැද්දෝ මුරිච්චි වී සීතාවක කෝට්ටේ ශ්‍රී භුවනෙක දෙවි මහා රජ්ජුරුවන්ද සැල කළාය. එවිට අඬගහගෙන එන්න කියා ඇමතියන් යව ගෙන්වා ආගිය තොරතුරු විචාල කල්හි පිටුවහල් කරපු වග සැල කළාය. රාජ්ජය අණට වැඩිමහලු කුමාරයා මැණික් බණ්ඩාර කියා නම් තබා මැණික් මුර සිටෙව්වය. දෙවැනි කුමරයා රංගේ බණ්ඩාර කියා රත්රන් ගේ මුර සිටෙව්වය. තුන්වෙනි කුමරයා මලල බණ්ඩාර කියා නම් තබා මල් වුයනේ මුර සිටු වේය හතර වෙනි කුමරයා වාසල බණ්ඩාර කියා නම් තබා වාසල මුර සිටු වේය පස්වෙනි කුමරයා යාපා බණ්ඩාර කියා යාපා නුවර මුර සිටු වේය හය වෙනි කුමරයා උඩුවෙරිය බණ්ඩාර කියා පත්තිරිප්පුවේ මුර සිටු වේය. උඩුවෙරිය බණ්ඩාරත් හත් වෙනි කුමරයා හෙට්ටි බණ්ඩාර කියා සියනේ කෝරලේ සිටෙවුවාය. මලල කුමාර විත්තිය නිමි.

ගල් වැටියෙන් ගොස් ඉර හඳ කොටාපු ගලෙන් මෙපිට කලා ඔයට මායිම් ලෝල්ගස්ස මුකලනෙන් නයා කොටාපු ගලෙන් ගොස් රස්වෙරුවේ කන්දෙන් ගොස් මුදියන්නේගම මුතු පෝරුව කොටාපු ගලෙන් ගොස් දිග දුරු කන්දේ නයි පෙන කොටාපු ගලෙන් දිග දුරු කන්දෙන් ගොස් අතුඅත්තේගම නයි පෙන කොටාපු ගලෙන් ගොස් මී ඔයේ හතරැස් කණුවෙන් ගොස් හතිගමුවේ කන්දෙන් මෙපිට දෙගටතුරාවේ කන්දට මේ මායිම් කළ හරිය පොහොර වත්තට අයිති කර අතුවන් කඩා ගල් සිටුවා කඩයිම් කර හැට හතරක් ඕලගම් වෙනස්කර තමන් ගෙනා ගොත්‍රය දෙමල හෙට්ටින් ශ්‍රී නාරායන නම් තබා ඒ ගම්වල නවත්වා තමන්ගේ වියලු වැඩ කර දුන්නාය. නයිදේ පස් දෙනෙක් තමන් සිටින මුල් ගම ළඟ චණ්ඩාල හත් දෙනාට ඒ පුරෝහිත් බ්‍රාහ්මණ ගොල්ල හත් දෙනාගේ ගම ගම්බේද ගෙණ දුන්නාය. වන්නි හතර පත්තුවේ ගම නියම්ගම් වෙනස්කර දුන්නාය. දෙඹටෝගම් පහේ මුල් ගම් නම්

පොහොරවත්ත රත්වත්ත නොහොත් රක්වාන දෙඹට ගහ පැලැස්ස නොහොත් දෙඹටෝගම කිරිඋල දිවුරුන්ගම නොහොත් තම්බල පිටිය. මේ ගම් පහ දෙඹටෝගම මුල් ගම් ගම් පහය.

දෙඹටෝගම් පහ තිබුන මුල් කාලයේ පොහොර වත්ත යන ගම පුරෝහිත නාමයෙන් මුල්කොට පුරෝහිත රත්රන් කඩු බැඳී විජේසිංහ සෙනවිරත්න අදිකාරම් විසින් තමන් ගෙණ සේනාවෙන් දෙඹටෝගම්පහ කෝරලයේ නවත්තපු අයනම් තුතිරි පිටියේ වාලයාය, අතුඅත්ත අලින්ට අතු ඇද්ද පණිවිඩ කාරයාය. ගල්ගිරියව දේවල විහාරගම රම්බාව හේනයටද, කම්බුවටවන අලින් බඳින හම්බකාරයා, බොර වැව අලින් නාවපු වලට තුනෙන් කොටසයි දික්වන්න මලේ සිටිය දික්වෙහෙර නයිදෙට කොටසයි දික්වෙහෙර ගම වැඩ කරන්නට කොටසයි වැඩ කාරයින්ට බොරවැවෙන් තුනෙන් කොටසයි දික්වෙහෙර ගමයි ගනේගමයි වැඩ කරන්න හෙට්ටි කාණ්ඩ තුනක් හිටෙව්වාය. කෝන්වැව අභාරන නාරායන බඩල් නයිදෙට දුන්නාය. බුලත් හෙට්ටියට පොහොරවත්ත වෙලේ පිට කොටුව සහ කුඩා වැව සහ වෙළ දුන්නාය. ගෝනලගම ආචාරි නයිදෙට දුන්නාය. බුල්නාව කරා නයිදෙට දුන්නාය. කුඹුක්කලිය බඳින්නට ගෙනා මිනිස්සුන්ට කුඹුක්කල්ල හෙට්ටින්ට දුන්නාය. බුල්නාව කරා නයිදෙට දුන්නාය. කඳුරුවැව අමු අතු අල්ලපු වාලාට දුන්නාය. පොතානේගම පොත් අන්න ගිය හෙට්ටියට දුන්න්නය. එලිප්ච්චේගම ගිරුවට දුන්නාය. තලාද පිටිය අයිති ගම හබර වත්ත ගම හබල පෙති දුන්න හෙට්ටියට දුන්නාය. සියබලාව හක්ගෙඩි ගහපු හෙට්ටියට දුන්නාය. පත්තිනි ගම පත්තිරිප්පු සහ පත්තිනි දේවාලේ ගම කවිකාර කොටුව කවිදක්වපු අයට හටන්ගම දේවාලේ තොවිල් කරපු අය, නිකමොලේව පුවක් හෙට්ටියට දුන්නාය. මොරගොල්ලාගම සුන්නඹු හෙට්ටියට දුන්නාය. පුතු කඩවල මානික්‍ය රත්ත්ට පුද කරපු ගම කුඹල් පෝරු ගම වලන් තනපු කුම්බකරයට දුන්නු ගම කදහත වැවේ සිටියාය. තාල විරිදුවට කදහත වැව ද සම්මත දුන්නාය. කිරිවුල කුමරිහමිට කෝන්ගහ වත්ත දුන්නාය. පරවාහගම්පහේ තාල විරිදුවට ගම් පහක් දුන්නාය. වත්තේගම වල්පලුව මේ ගම් පහයි. හම්බ කරයන්නේ ගම මරක්කල නයිදෙට දුන්නාය. දැලි සමන් තුකයා නොහොත් කිමනරයට රණමුක්ගම දුන්නාය.

විජය රජ්ජුරුවන්ගේ කාලයේ සිට නව වාරයක් ගත්තර කම් කළ ගම නිකඅතු කඩවල නොහොත් නික වැවය. ඒ ගාව වන්නි කම ලබා ගත්තේ රජ්ජුරුවෝ පස්සේ ඇවිදලා රාජපක්ෂ මුදියන්සේ කියා නම් තබා ගෙන ඇවිත් නිකවාගම්පහ කරා ගත්තේ පොහොරවත්ත දෙම්බටෝගම රක්වාන කිරිඋල මාපෙගමුව ය. දෙඹටෝගම් පහෙන්ම බ්‍රාහ්මණ පවුල් තිබුන නැති

කාලයේ මාත්‍රාගම කුක්කන් මඩුගමය ඊතණ වත්තෙන් බ්‍රාහ්මණ පවුලෙන් දෙන්නෙක් තලාව කටුපත්තැව සිටියා.

විජය රජ්ජුරුවන් සමග එක්ක ආ පුරෝහිත බ්‍රාහ්මණ ගොල්ලගෙ උරුමේ රක්කන්ද්‍ර දේශෙන් ගොඩබැස පුරෝහිත බ්‍රන්මන ගොල්ල හත් දෙන ලංකා ද්වීපයට ගොඩ බැස්සේ ශ්‍රී බුවනේකබා රජ්ජුරුවන්ගේ කාලයේ ඇවිත් පෙර උරුම කියා සිට වන්නි හත් පත්තුවට සෙනවිරත්න අදිකාර තනතුර ලබා ගත්තේ පොහොර වත්තේ සැමට පළමු ශ්‍රී චන්ද්‍රසේකර පුරෝහිත බ්‍රාහ්මණ රන්කඩු බැඳී විජයසිංහ සෙනෙවිරත්න මුදියන්සේය. ඒ විජයසිංහ මුදියන්සේගේ දරුවන් ශ්‍රී චන්ද්‍රසේකර පුරෝහිත රත්න පාල හේරත් අදිකාරම් මුදියන්සේ පුත්‍රයාය. කිරිඋල මනික්පාල කුමාරිහාමිය. ජෝති රත්න කුමරිහාමි යන දරුවො තුන්දෙනාය. ජෝති රත්න කුමරිහාමි කිහිරැලි බිසවගේ කුමාරයට සරණ දෙන්නට කියා රජ්ජුරුවන්ගේ එන තිබුණය. ඒ කුමාරයට පියෙක් නැති නිසා කනවැන්දුන් පුතාට සරණ දෙන්ට කීවයි කියා ලිඳේ දමා මරෙව්වාය. හේරත් අදිකාරම් මුදියන්සේගෙන් පැවතුන පුත්‍රයා සේරවත්තේ වලව්වේ ජයපාල මුදියන්සේය. ඒ අයගෙන් දොරටියාවේ හිටිහාමි මුදියන්සේ ඒ අයගෙන් දොඩන්වටවන මොහොට්ටාල ඒ අයගෙන් පොහොරවත්තේ දොඩම්වටවන පින්හාමි මුදියන්සේය. මේ අය පිය උරුමයෙන් කිරිඋල මැණික්පාල කුමාරිහාමිගේ පුරුෂයා මාපේගමුවේ මහපා මුදියන්සේ කිරිඋල මැණික්පාල කුමාරිහාමි කලක්රියාවෙන් පසු බමුනාවල නොහොත් කිරිබමුනේ ටිකිරි උමරිහාමි ගත්තේ මපහාමි මුදියන්සේය. ඒ අයගෙන් පැවතුනේ මාපෙගමුවේ කහවත්තේ මොහොට්ටලය. මේ අය මව් උරුමයෙන්ය. දෙඹටෝගම්පහට තිබුන ගම්පහ නම් පොහොරවත්ත, දෙඹටෝගම, රක්වාන, කිරිඋල, මාපෙගමුව යන ගම්පහය.

ඊට පසු පොහොරවත්තේ විජේසිංහ සෙනවිරත්න මුදියන්සේ නැසීගිය පසු දෙඹටෝගම මහීපාල මුදියන්සේ නෙත කළේය. යාපා මුදියන්සේත් නිකවවේ රාජපක්ෂ මුදියන්සේත් දෙන්නා එක්ක ඇවිත් වල්පලුව වල අරවාගෙන සිටියාය. ඒකාලේ රජ්ජුරුවන්ඩ ගතු කියල මැරෙව්වාය. එයින් පසුව යාපා මුදියන්සේ රක්වානට ගියාය. රාජපක්ෂ මුදියන්සේ නිකවැවට ගියාය. එයින් ඒ දෙදෙනා දබර වෙලා නිකවවේ මුදියන්සේ රජ්ජුරුවන් වෙතට ගොස් අයපඬුරු දී නිකවා ගම්පහ කියා නම් තබා ගත්තාය. නිකවා ගම්පහට අයිති ගම් නම් නිකවැව, මඩගල්ල, පොහොරවත්ත, රක්වාන, දෙම්බටෝගම යන ගම් පහය. එයින් පසු වල්පලුව බේරවායාට දුන්නාය. ඒ අයට සිංහල විරුදු කියන තාල විරුදුවගේ මුල් කාරයින්ට අයිති ගමය.

කඳහත වැව වත්තේගම වල්පලුවෙන් දෙතනින් කොටස මුල් උරුමය.

කිරිදල වලව්වෙන් දුන්න දම්බෙවෙලා කොටස ගම්පහෙන් කොන්ගහගෙදර කට්ටකඩුව සිංහල විරිදු කොටස පොහොරව්ත්තේ ශ්‍රී චාන්ද්‍රසේකර පුරෝහිත බ්‍රාහ්මණ රත්කඩු බැඳී විජේසිංහ සෙනවිරත්න මුදියන්සේ එක්ක ආපු ආචාරි නයිදෙට දුන්නේ ගොනලාගම වච්කන්දේ සිට කුඹුක්ගහමුල වල සහ කරන්ඩ වැටියෙන් උඩ වපසරිය ක ගොඩ කලේ දෙකින් කොටසකුත් දී තිබුණය. ඒ කාලයේ කිහිරල් බිසවගේ කුමරයා විජේසිංහ සෙනවිරත්න මුදියන්සේට රහසේ වැඩකාරයට බාර දුන්නාය. ඒ කුමරයා ප්‍රච්සම් කරා දුන්නේ ආචාරි නයද්දේය. ඒ උදව්වට විජේපටබන්දා කියා නම් තැබුවාය.

ඊට පසු විජේරත්න මුදියන්සේගේ පුත්‍රයා ශ්‍රී චන්ද්‍රසේකර පුරෝහිත බ්‍රාහ්මණ රත්නපාල හේරත් අදිකාරම් මුදියන්සේ සීතාවක බුවනෙක රාජසිංහ මහවාසලේ සිට පොහොරවත්ත්ට එන වෙලාවේ ආචාරි නයිදේ ඉස මොට්ටක්කිලිය වසාගෙන පෙරමුණට ආපු නිසා අතේ තිබුන කඩුවෙන් ගහල දැම්මාය. ඒ කඩුපහර අචාරියට නොවදි පැනල ගොස් කරුවලගස් වෙලේ සිටිය පසු හම්බ වුනාය. එයින් පසු හේරත් අදිකාරම් මුදියන්සේ ලගට ගෙන්න ගෙන මගේ පියා එක්ක ආපු නිසාම අවවාද කරලා කරපු වරදට දෙන දඩුවම නම් ගෝනලගමින් අස්කර කරුවල ගස් වැව කියා එගමට මායිම් වෙන්කර මිත් දෙකින් කොටස බුක්තියට දුන්නාය. එයින් පසු හේරත් අදිකාරම් මුදියන්සේ දික්‍වහැරගමින් මිනිස්සු කාන්ඩයක් ගෙනත් පොහොරවත්තේ වැව බඳවා අම්බගහමුල හේනේ නවත්වා ගෝනලාගම ආචාරි නයිදෙට දීල තිබුණු ගොඩමඩ දෙකින් කොටස බුක්තියට දුන්නාය. ඉන් පසු පිය උරුම කෙනෙක් පොහොරවත්තේ සිටිය නැති නිසා ලියන අප්පුලා දෙන්නා දිප්පිටියේ සිට පොහොරවත්තට ඇවිත් ඉඩන් බුක්ති විදින කාලේ කුඩා ලියන අප්පු විසින් දික්වහැර පවුලේ රන් එතනි හොරට තියාගෙන බෝ උනු දරුවෝ ලඟට කටුබුරුල්ලේ මිනිස්සු ඉන්නේ කටුවන් නැගන් දහකොරලේ කටුවන්නේවෙන් ගෙනත් හිටවලා පොහොරවත්තේ කන්දහබද ගෙදර උඩගෙදර වත්තේ මායිමේනුත් දෙවලෙන් මෙහා වැටට යන කන්දේ බඩ ගෙදර වත්තේ ලියා අප්පු දුන්නාය. වෙල පහල කුඹුරෙන් ගං වසම කියා වී අමුණක වපසරියක් දුන්නාය. කටුන්නාවෙන් ආපු වඩුරාළ ලියන අප්පුට උළුවස්සක් විදලා දුන්නාට පහළ කුඹුරත් වී අමුණක වපසරියත් දුන්නාය.

මේ කාලයේ විජේසිංහ සෙනවිරත්න මුදියන්සේගෙන් පවැත එන කෙනෙක් පොහොරව්ත්තේ සිටියේ නැත. ඉන් පසුව දොඩන්වටවන මොහොට්ටාල පින්හාමි මුදියන්සේ නිකවා ගම්පහ කෝරලේ මුහන්දිරම් වසම ලබා පොහොරවත්තට ඇවිත් පිය උරුම කම් කියා ඒ ඉඩම් වලින්

ඔතු ගත්තාය. ඒ නුවර කාලයේ දොඩන්වටවන මොහොට්ටලගේ පින්හාමි මුදියන්සේ සිරිවර්දන නුවරින් නිකවා ගම්පහ කෝරලේ මුහන්දිරම් වසම ලබාගෙන පොහොරවිත්තට ඇවිත් මාපේගමුවේ මහපහාමි මුදියන්සේගෙන් පැවතෙන කහවත්තේ මොහොට්ටාල දෙන්නා එක්ක පිය උරුම කම්කියා සිට රක්වානේ සිටිය යාපා මුදියන්සේත් නිකාතුකඩවල නොහොත් නිකවැවේ සිටිය රාජපක්ෂ මුදියන්සේත් දෙන්නා එක්ක නඩුකියා දිවුරුන් ගලේ දිවුරා ඒ නඩුවෙන් දිනාගත් පොහොරවත්තට මායිම් වෙනස් කරගෙන දොඩන්වටවන මොහොට්ටාල ගේ පින්හාමි මුදියන්සේ රන්කන්ද්‍ද බැඳී පුරෝහිත බ්‍රාහ්මණ විජේසිංහ සෙනවිරත්න මුදියන්සේලාගේ පුත්‍රයා රත්නපාල අදිකාරම් මුදියන්සේ ගෙන් පැවතෙන නිසා පිය උරුමෙට පොහොරවත්තේ උඩගෙදර නැවතුණාය.

පොහොරවත්තේ රන්කඩු බැඳී පුරෝහිත බ්‍රාහ්මණ විජේසිංහ සෙනවිරත්න මුදියන්සේලාගේ දෝණියන් කිරිඋල මැණික්පාල කුමාරිහමිගෙන් පැවතෙන නිසා මාපේගමුවට ගියාය. දෙන්නා එක පවුලේ ඇවැස්ස මස්සිනාලා නිසා ගන්දෙක දෙන්නා ගත්තා. මොරගොල්ලාගම දෙකට බෙදාගත්තාය. නිකවාගම්පහ කෝරලේ මුහන්දිරම් වසම තිබුන කාලේ දොඩන්වටවන මොහොට්ටලගේ පින්හාමි මුදියන්සේ සිරිවර්දන නුවරින් පොහොරවත්තට මායිම් වෙනස් කරගත්තු පිළිවෙල නම් දිවුරින් ගලෙන් දික්කන් දෙමහල් කඩුල්ලෙන් පොහොරවත්තේ වෙලේ නුගගහ මුල කුඹුරේ පලුගහෙන් එගොඩ මුකලානේ හතරැස් ගොඩල්ලෙන් පනිගිවලෙන් ගොඩවලෙන් බ්‍රාහ්මණ වලෙන් ඇත්පාරෙන් ගල්කොනේ මුකලනෙන් ගලෙන් දම්බගහමුල වලෙන් වට්ටක්කා යායේ වලෙන් ගනේගම වී වපුරපු වලෙන් ඉලපත්තාව තිබ්රි පතහෙන් කුඩුබ්රී යායේ වලෙන් කිරලබොක්කාගම මුකලානේ කරල් කොටපු මහා පලුගහෙන් එම මුකලානේ කළුගල් වැටියෙන් කිරලබොක්කාගම වැවෙන් ඇහැටුවැව කිරවනගල් පටලෙන් මාපෙගමුවේ බක්මිගහත් පත්තිගම ගමගල් වැටියෙන් තිබ්බටුව ඇලෙන් ඇල දෙකට බෙදුන තැනින් කදහත වැවේ ලින්වලෙන් දිවුරුන්ගලට පොහොරවිත්තට මායිම් මෙසේය.

මහාසම්මත උපත නිමි

සත් කෝරලේ කඩයිම් පොත

Sath Korale Kadayim Potha
(Boundary Demarcations of Sath Korale)
A brief introduction

This is also an original and previously unpublished ola-leaf manuscript potentially written towards the end of Kandyan Kingdom but updated during the early British rule.

The first part of the manuscript provides extensive details about the composition of ancient three grand Sri Lankan territories of Ruhunu, Maya and Pihiti. That comprises the names of principal cities, number of villages which formed each grand territory, and groups of people (e.g. castes and classes) who lived in the villages of these territories.

Some villages which produced various precious stones and minerals are also listed. There is an elaborated description of flora and fauna, sanctuaries, and local delicacies of fruits and vegetables. An emphasis has been given to ascertain the beauty and elegance of ancient Sri Lanka.

The middle part of the manuscript consists of successive key monarchs of Sri Lanka since Prince Vijaya's arrival. Some emphasis has been given to the Kings of Sithawaka and Kotte kingdoms and their connections to notable residents of Sath Korale. Another section which follows provides the list of Kandyan kings, their period of reign, and the astrological signs associated with the dates of their deaths.

The penultimate section of the document describes a couple of wars launched by King Kirthi Sri Rajasinghe against the Dutch Forts in Colombo and Negombo. It explains how the King lured the local Dutch supporters of Colombo and Negombo areas to come and settle in Sath Korale and Kandyan regions. The purpose of this initiative was to reduce the manpower in the Dutch territory. Extensive details are provided regarding the awards and land given to these peoples to settle in Sath Korale. The composition of these new settlers with precise numbers settled in each village including their castes and professional backgrounds is provided.

The manuscript mentions a coup d'état launched by Kandyan chieftains to overthrow King Wimaladharmasuriya and the names of the chieftains who were involved. Subsequently, they fled to coastal areas for safety after the coup was revealed.

The final section contains grand details about a battle fought by King Kirthi Sri Rajasinghe (1747 to 1782 AD) against the Dutch at Negombo Fort. Pilimathalawwe Disawa (Senior) led this battle but the supply of troops to replace the fallen was apparently blocked by local chieftains (Bandaras) of Sath Korale. When Pilimathalawe informed the king about the reasons for the failure and the difficulties he faced, the king reinforced him with additional power and troops. This power and orders included the removal of any chieftain (Bandara) who resist the military campaign from their positions and handover their properties to the royal treasury (to become Gabadagam) or to the supporters of the war. As a result a group of Bandaras in Sath Korale were dismissed from their authoritative positions and their properties were confiscated. The locals rejoined the army in numbers and the battle succeeded in destroying the Negombo and Puttalam Dutch Forts. The manuscript concludes with the honorary names awarded to Pilimathalawe (senior) and his deputy Ehelepola to acknowledge their military triumph.

There is a note at the end of the manuscript to state that it was copied on 29 November 1923.

සත් කෝරලේ කඩයිම් පොත - කෙටි හැඳින්වීමක්

මෙය ද මීට පෙර ප්‍රකාශයට පත් නොකළ පුස්කොල අත්පිටපතක් වන අතර එය උඩරට රාජධානියේ අවසාන සමයේ ලියා ඇති බවත් බ්‍රිතාන්‍ය පාලන සමයේ මුල් කාලයේ යාවත්කාලීන කරන ලැබ ඇති බවත් පෙනේ.

අත්පිටපතේ පළමු කොටස රුහුණු, මායා සහ පිහිටි යන පුරාණ ශ්‍රී ලාංකීය උත්තරීතර ප්‍රදේශ තුනෙහි සංයුතිය පිළිබඳ පුළුල් විස්තර සපයයි. එම ප්‍රදේශ වලට අයත් ප්‍රධාන නගරවල නම්, එක් එක් මහා ප්‍රදේශයේ පිහිටුවා ඇති ගම් සංඛ්‍යාව සහ මෙම ප්‍රදේශවල සහ ගම්වල ජීවත් වූ පුද්ගලයින් (උදාඃ කුල සහ පන්ති) පිළිබඳ තොරතුරුද ඇතුළත් වේ.

විවිධ වටිනා ගල් හා ඛනිජ නිපදවූ සමහර ගම්මාන ද ලැයිස්තුගත කර ඇත. වෘක්ෂලතා, අභයභූමි පලතුරු සහ එළවළු වර්ග සහ දේශීය ප්‍රණීත ආහාර පිළිබඳ සවිස්තරාත්මක විස්තරයක්ද අඩංගුය. එහි පුරාණ ශ්‍රී ලංකාවේ අලංකාරය සහ උදාරත්වය තහවුරු කරන තොරතුරු අවධාරණය කර ඇත.

අත්පිටපතේ මැද කොටස විජය කුමරුගේ පැමිණීමේ සිට ශ්‍රී ලංකාවේ අනුප්‍රාප්තික ප්‍රධාන රජවරුන්ගෙන් විස්තර වලින් සමන්විත වේ. සීතාවක සහ කෝට්ටේ රාජධානිවල රජවරුන්, සත් කෝරළයේ කැපී පෙනෙන පදිංචිකරුවන් සහ ඔවුන්ගේ සම්බන්ධතා කෙරෙහි යම් අවධාරණයක් ලබා දී ඇත. ඉන් අනතුරුව උඩරට රජවරුන්ගේ ලැයිස්තුවක් සමග ඔවුන්ගේ පාලන වකවානු සහ ඔවුන් මියගිය දිනයන් හා සම්බන්ධ ජ්‍යොතිෂය මුහුර්තද ඇතුළත් වේ.

ලේඛනයේ අවසාන කොටස කීර්ති ශ්‍රී රාජසිංහ රජු විසින් කොළඹ සහ මීගමුවේ ඕලන්ද බලකොටු වලට එරෙහිව දියත් කළ යුද්ධ කිහිපයක් පිළිබද විස්තර ඇතුලත් වේ. ලන්දේසි පාලන ප්‍රදේශයේ මිනිස් බලය අඩු කිරීමේ අරමුණින් කොළඹ සහ මීගමුව ප්‍රදේශවල ප්‍රාදේශීය ලන්දේසි ආධාරකරුවන් සත් කෝරළයට සහ උඩරට ප්‍රදේශවලට පැමිණ පදිංචි වීමට රජු විසින් පොළඹවා ගත් ආකාරයද පිළිබද තොරතුරුද එහි අඩංගු

වේ. මෙම ජනතාවට සත් කෝරළයේ පදිංචි වීමට ලබාදී ඇති ත්‍යාග හා ඉඩම් පිළිබඳ පුළුල් විස්තරයක් අඩංගු වේ. මෙම නව පදිංචිකරුවන්ගේ සංයුතිය ඔවුන්ගේ කුල සහ වෘත්තීය පසුබිම ඇතුළුව සෑම ගමකම පදිංචි වූ නිශ්චිත සංඛ්‍යා මෙහි ඇතුළත් වේ.

විමලධර්මසූරිය රජු බලයෙන් පහ කිරීම සඳහා උඩරට ප්‍රධානීන් විසින් දියත් කරන ලද කුමන්ත්‍රණයක් ගැන තොරතුරුද එම ප්‍රධානීන්ගේ නම්ද සමග මෙම පිටපතේ සඳහන් වේ. ඔවුන්ගේ කුමන්ත්‍රණය හෙළි කිරීමෙන් අනතුරුව ඔවුන් ආරක්ෂාව පතා වෙරළබඩ ප්‍රදේශවලට පලා ගිය ආකාරයද සඳහන් වේ.

අවසාන කොටසේ කීර්ති ශ්‍රී රාජසිංහ රජු (ක්‍රි.ව. 1747 සිට 1782) විසින් මීගමුව කොටුවේ ලන්දේසීන්ට එරෙහිව දියත් කළ සටනක් පිළිබඳ සවිස්තරාත්මක තොරතුරු අඩංගු වේ. පිළිමතලව්වේ දිසාව (ජ්‍යෙෂ්ඨ) මෙම සටනට නායකත්වය දී ඇත. නමුත් සටනේ මියගිය අයගේ ආදේශයට හමුදා සැපයීම සත්කෝරළයේ ප්‍රාදේශීය නායකයන් (බණ්ඩාරවරු) විසින් අවහිර කර ඇත. මෙම සටනේ අසාර්ථකත්වයට හා දුෂ්කරතාවලට හේතු පිළිමතලාවේ විසින් රජුට දැන්වූ විට කීර්ති ශ්‍රී රාජසිංහ රජු පිළිමතලව්වේට අමතර බලතල පිරිනමන ලදී. හමුදා ව්‍යාපාරයට විරුද්ධ වන ඕනෑම ප්‍රධානියෙකු ඔවුන්ගේ තනතුරුවලින් ඉවත් කර ඔවුන්ගේ දේපළ රාජකීය භාණ්ඩාගාරයට අයත් කර ගැනීම හෝ යුද්ධයේ ආධාරකරුවන්ට සමහර දේපල පැවරීම මෙම බල සහ නියෝග වලට ඇතුළත් විය. එහි ප්‍රතිඵලයක් ලෙස සත් කෝරළයේ බණ්ඩාරලා පිරිසක් ඔවුන්ගේ බලතලවලින් ඉවත් කර ඔවුන්ගේ දේපළ රාජසන්තක කරන ලදී. ඉන් අනතුරුව ප්‍රදේශවාසීන් නැවත හමුදාවට බඳවා ගැනීමට හැකිවූ අතර මීගමුව සහ පුත්තලම ලන්දේසි බලකොටු විනාශ කිරීමටත් හැකි විය.

මෙම අත්පිටපත අවසන් වන්නේ පිළිමතලාවේ දිසාවට සහ ඔහුගේ නියෝජ්‍ය ඇහැලේපොළට ඔවුන්ගේ යුධ ජයග්‍රහණය සැමරීම සඳහා පිරිනැමූ ගෞරව නාම වලිනි.

මෙම ලේඛනය 1923 නොවැම්බර් 29 දින පිටපත් කරන ලද්දක් බව අත්පිටපත අවසානයේ සටහනක් ඇත.

මුල් පිටපත

සත් කෝරලේ කඩයිම් පොත

අප්ප්‍රමෙය්‍ය වූ බුදුන්ගේ ප්‍රවේනි ලෙසට යාවූ දළදා පෙති පිළිම මහා බෝධි චෛත්‍ය ප්‍රතිමා ගෙවල් සංගාරාම දේව විමාන තිසරණ ගතුවන්ට පිහිටි මේ ශ්‍රී ලංකාද්වීපයේ පින්වත්වූ සත්වයින්ට පහලව තිබෙන්නාවූ නොයෙක් ගල්ගුහා සේම උදුන්කැට තුනක් මෙන් වෙන්වූ රටවල් නම් පිහිටි රටය, රුහුණු රටය, මායා රටය කියා තුන් රාජ්‍යයක් එක්වූ හෙයින් ත්‍රිසිංහල යයි කියා නම් ලද තුන් රාජ්‍යයෙහි ම සාර ලක්ෂයක් මහා පටුනු ගම් හා සත් කෙල පනස් ලක්ෂයක් සේනා ගම් සහ නව දහස් බමුණු ගම් හා සත් සියයක් බැමිණි ගම් හා පන් සියයක් උදී ගම් හා සලක්ෂ විසි දහස් පන්සීය හතලිස් හතරක් මුදලි ගම් සහ සාර ලක්ෂ එකසිය හතලිස් හතරක් සේනාවගේ ගම් හා පන්සල් ගම් පන්සීය හැට දෙකක් හා වැවස්ථානයේ හි ගම් දෙදහස් පන්සීය හැට දෙකක් හා ගල්වල මල බුලත් ගම් තුන්සියයක් හා දිය බුලත් ගම් දෙසියයක් හා දිය බුලත් ගම් හා ලක්ෂ ගණන් හා කොළ වෙල් හා අරම් හා දහසක් ගඹෙන් පැණි කැකිරි ගම් හා සියයක් යකඩ ආකර ගම් හා පන් විස්සක් ආකර ගම් හා සතරක් රිදී ආකර ගම් හා සොලොසක් රන් ආකර ගම් හා දහසක් ගණන් උයන්වතු හා සත් සියයක් රුවන් ආකර ගම් හා ගව්වෙන් ගව්වට අමබලම් හා තැනින් තැන උයන් පොකුණු පතස් පින් පැන් මඩු වෙන් හා වෙන සැරසීමෙන් පොල් පුවක් කිතුල් දොළොස් කෙහෙල් කස ඉඟුරු අඹ දොඹ තාප කසපු මොර හොර කිතුල් කී පල් දෙසි දොඩම් මේ ආදී උතුම් පලවැල් වනයෙහි වවන්නන් විසින් කෑ යුතු වන්නේය.

තවද මෙහි මනුෂ්‍යයන්ට හේතුවූ මාවි ඇල්වි උගුරු වී උඳු මුන් මේ ආදීවූ ධාන්‍ය පල රසයෙන් හා මෙසේ නොයෙක් දෙයින් රට සුභික්ෂය සැදී කැප රුකක් සේ සමුර්ති වූ මේ ශ්‍රී ලංකා ද්වීපයෙහි මායා රාජ්‍ය සැදී පටුනු ගම් දෙලක්ෂ පනස් දහසක් හා පිහිටි රාජ්‍යයෙහි ගම් සාර ලක්ෂ පසානු දහසක් හා රුහුණු රාජ්‍යයෙහි ගම් සත් ලක්ෂ පසානු දහසක් හා මෙසේ මේ සමුර්ධියෙන් පැවති අවදියෙහි තුන් රාජ්‍යයේහිම නොපවති යුක්තියෙක් ඇත්නම් ධර්ම නිෂ්ට අමාත්‍යයන් විසින් තුන් පැ මුක්කලකින්ද හැමෙක් විචාරා පසදින බවද පස් දවසින් සත් දවසින්ද සදවසින් හා නෝකල් නොවරදවා මධ්‍යම රාත්‍රියේ ගෙවලහි මිනිසුන් හැසුරුණු කල් හි වැසිමේඝ වැස වැවු අමුණු කඩා නොගොස් පුරාන සිටි නේය. එකල වැවු

පොකුණු කඳු රැලි පතස් ආදියේ දීය පි රත්තස් සේවිනා දිවු ජල චර පියුමෙන් පොකුණු පතැස් වලින් මල් අත්තක් මෙන් සැරසී තිබෙන්නේය. ජල චර පක්ෂිහුද කොකාශ්‍ර නාද හා පක්ෂ පුහා නොකොට තැන තැන කෙල ඇවිදිනාහුය.

එකලට පස් නැලියක් ගන්නා ලාසෙන් පතමේ වී පස මූන හා මෙසේ මෙකී දෙයින් සමුර්ධිවූ තුම් රාජ්‍යහි වෙන් වෙන්වූ රටවල් නම් සිඳුරුවානය, බලවිටය, මාතලය, බෝගම්බරය, දුම්බරය, පන්සීය පත්තුවය, කින්දුරුගොඩ නුවරය, සදපාන්අමීනය, උලම් ගම නුවරය, කුඹුරුගමු නුවරය, අටකලන්දය, මානියමය, දෙනවකය, කළු ගල් බෝඩය, නව යෝක්තය, පස්යෝත්තය, පතාබුන්නය, කැළණි දිය ගම් බෝඩය, අත්තනු ගල් නුවරය අයත් කුරුවය පිටිගල් නුවරය, දඹදෙණි නුවරය, බෙලිගල් නුවරය, දෙලත මැද වලානය, දේව මැද්ද හය, කුරුණෑගල් බඩය, විල්විදේ ගල් බඩය, මිරිස පත්තය, තාරන් බුත්හය, මාදුරය, කියා මෙසේ මායා රටට ඇතුළු රටවල් විසි අටක් හා කැළණි සිධස්ථානයක්ය.

පිහිටි රාජ්‍යයට සම්බන්ධ රටවල් නම් අඹන්දවුවය, ඇලසරය, මලත්දුරය, උඩු ගොඩය, අස්ගිරිය, සිරියාලය, මාගල්ලය, සුලුගල්ලය, කඩසාරය, පොළොන්නරුවය, පඹා වැවය, කොට්ට පිටි නුවරය, මහතන්නුවරය, තඹ ගම නුවරය, කළා නුවරය, සිලාවැලි නුවරය, කැලිපටය, මාවටනුවරය, මන්නාරිමය, කරබවලානය, නෙලලා වැලි නුවරය, මහගල්ගමු නුවරය, දයුරුදාස් කොට්ටය, දඹුලු නුවරය, කවුඩා උළු නුවරය, පැලුවක් නුවරය, දිකෙකල නුවරය, පදි නුවරය, මොරටුවය, කුරුඳු ගම් නුවරය, මානවතු නුවරය, කුඩා වැලිගම් නුවරය, ජාව දෙරිය, මාරාවිය, වලපන්සිය, මඩුබුවල්ලිය, කනුක්කිරිය, ගන්තලාය, බෙලිගම නුවරය, ගෝනාවතු නුවරය, අනුරාධපුර නුවරය, යන මෙකී රටවල් ඇතුළු වූ රටවල් සතිලිස් දෙකක් හා නාගවිපය හා හගවා ලෙන හා ඇතුළුවූ සිධස්ථාන දසයක්ය.

රුහුණු රාජ්‍යයට බද රටවල් නම් කොක්මලය, මතු රටය, ගොඩ රටය, පස්ගමය, සගමය, කටුපුලු නාරය, වෙරම්නිබෙය, සොරබරය, පහර ගන් මතය, ගොටසරය, ඕවය, බදුල්ලය, පිටි ගල් දෙනෝය, කළු ගල් දනවුවය, මිනිහිරියා ඔය, මුතු ගල්ලය, මිවෙල්ගල් දනවුවය, දිවියා ගල් දනවුවය, එරාමුල්ලය, මාගල් දනවුවය, රුහුණු ගල් දනවුවය, දිගා මඩුල්ලය, මල් අතු ඔය, සබෝගල් දනවුවය, පිටිගමුවය, කඩරටය, ඇඹලවය, සක්ගිරිය, වාගිරිය, මහාගල් මඩුල්ලය, මල් හොයය, කුඹුක්කන් දෙගොඩය, දොළොස් හා සත්වලිගම් දස ගමුවය, හික්ගලය, යන මෙකී රටවල් ඇතුළුව රටවල් හතලිස් එකක් හා රුහුණු රාජ්‍යයෙහි සිධස්ථාන වල් පසකින් හා සමතල

හා දළදා පාත්‍ර ධාතූන් වහන්සේ තුන් රටටම සාධාරණ පවතින බවය.

විජය රජුගෙන් තුන්වෙනි පණ්ඩුකාභය සතුරු භය පැමිණි දෝලි කන්ද වැස සතර අවුරුද්දක් සිට අනුරාධපුර රජ කර හැට අවුරුදක් ආයු ගෙවා ස්වර්ගස්තවී එරජගේ ගම්වර ලත් පුරුෂයා හැට පහ මුණක් මඩින් ගොඩින් හැට පහ මුණක් පරවේණි කරගෙන දොලුවේ ඔහුගේ අඹුදරුවනුත් වැඩ කාරයොත් එහිම සිය පිරි වර සමග සිටියාහ. නැවත මෑත භාග කාලයේදී දෙමල සටන නිසා ඔවුන් රටහැර ගියා ආලෝක හාමි මැණික් හාමි දෙන්නගෙන් මැණික් හාමි දොලුවට ආවා ආලෝක සාමි දන ලෝක සෙට්ටියා බුවනෙකබාහු අප ස්වාමි දරුවන්ට රන් මුද්දකුත් දී මඩින් දොළහමුනක් ලබා ගත්තාය. ශ්‍රී බුද්ධ වර්ෂයෙන් දෙදාස් එකසිය නානු වර්ෂයෙහි හේරක් මහරජ්ජුරුවන්ගේ පුත්‍රවූ ඉත්තෙහි බල පරාක්‍රමාන්විත්වූ රාජසිංහ නම් මහා රජෝත්තමයාණන් වහන්සේ රාජ්ජශ්‍රියට දොළොස් අවුරුදක් හේවාකම් කොට පරංගින් වනසා සියක් යොදුන් ලංකාව එක්සත් කොට සත් අවුරුද්දක් රාජ්‍ය කොට ස්වර්ගස්ථ විය. විමලධර්ම මහා රජානෝ රාජ්‍යයට පැමිණ දෙවිසි අවුරුද්දක් ධර්මයෙන් රාජ්‍ය කොට පරලෝක ප්‍රාප්ත විය. නරේන්ද්‍ර සිංහ මහා රජානෝ රාජ්‍යය ට පැමිණ තෙතිස් අවුරුද්දක් රාජ්‍ය කොට ස්වර්ගස්ථ වූහ. විජය රාජසිංහ මහරජානෝ රජ පැමිණ අට අවුරුද්දක් රාජ්‍ය කොට ස්වර්ගස්ථ විය.

මෙකලට කිර්ති ශ්‍රී රාජසිංහ මහා රජානෝ රාජ්‍යය ට පැමිණි සේක. රාජසිංහ මහරජානෝ කළු වැලි තලාවේ දී කඩු බැ රජ පැමිණ ලක්දිව සිටි පරංගින් වනසා කොළඹ බල කොටුව අල්ලන පිණිස මායා රට රග්ගං වත්තේ ගලට වැඩමවා තුං මසක් හේවාකම් කොට මේ කොටුව අරවා ගන්න බැරි කුමක් නිසා දැයි ඇසු විට කොළඹ නව කෝරලේ සෙනග පරංගින්ට පක්ෂවාදී ව ඔවුන්ට බස්දෙන නිසා යයි සැලකළහ. එවිට මහා රජ මොහොට්ටාලට වදාළ පනතින් පයිඩ අරගන සේනාව ගෙන්වාගෙන නවසිය හැත්තෑව කට කස්තාන ලැබී හාරසිය හැට නව දෙනකුට රන් මාල ලැබී කරුණාව ලැබී තොපි තොප ගේ වඩකරු පිරිසත් ගෙන තොපගේ රටට නොගොස් උඩරට යවවු අවසර දුන්නාහ ය. එකල්හි මහා සෙනග සැල කරනසේක් කප්පන් තිරියක් බුදු වනඩ අපට සිනි බඩ වැඩි මන්කොයින් රකෙමු හෝ කියා සැලකරපු විට සත් කෝරලේ බොහෝ ගම් පාළුව තිබේ එහෙයින් තොප ගොස් මිලපාලු බලා හිටුයි එසේ සිටි කල තොපි හිටි තැන් තොපිට ප්‍රවේනි යයි කියා යේ දී වදල පනත සමහර දෙනෙක් තිලපලුව සාය දෙවනුව ගොස් ඔප්පු කල කල්හි ඔවුන්ට සන්නස ලබුනාහ.

මහර මොහොට්ටාල නිකවැවේ සිට මඩගල්ලේ සිට අමුනකොලේ සිට එතනින් ගොස් වැලි පතමසින් ගොස් සියයක් අමුනටත් ගොඩින් හා සියයක් අමුනටත් සන්නසක් ලබා ගෙන එහි පදිංචිව සිටියාය. මහරින් අවුත් හා ගම එකතැනක ආරච්චිල සිටියාය. පොල්පිටිගම ලංසි සුදු ආරච්චිල සිටියාය. එගොඩ ගමේ එක්කෙනෙක් සිටියාය. කුඹුකුලාවේ නයිදු රාල සිටියාය. මඩගල්ලේ දොම්පේ ගමයෝ සිටියාය. ගල්තැන් වැවේ ගල් කැටියාගම තල්පත්වැව කොරවාගලේ මීගස් වැවේ රඹුක් වැවේ දූකගහ පත්තුවේත් මුහන්දිරම් වසම් මුනිසු හෙට්ටි විදියෙන් ආ රාමනායක හෙට්ටියා ඇතුළුව හෙට්ටිආවූ හෙට්ටි මුල්ලේ කෙනෙක් සිටියේය. දඹගහ ගෙදර එකෙක් සිටියේය. එකෙක් හෙට්ටිපොල සිටියාය. එකෙක් බරුබේ සිටියාය. එකෙක් හෙට්ටිගම පිටිගම සිටියේය. එකෙක් අඹ කොටේ සිටියා. රාමනායක හෙට්ටියා උඳුලුපොලේ සිටියා. ඒ හෙට්ටි එක්ක ආ මිනිස්සු වැඩයෝ ඒ ඒ තැන් වලම සිටියා. ආඬි ගොඩින් හා ආඬි විදියෙන් හා ශ්‍රී රාමනායක ආඬියා සමග අගුරුගොල්ල ගෙන් පෙළක් කහතිල ගොඩ සිටියා. පෙළක් කුරුණෑගල සිටියා. පෙළක් පුස්ගාලේ සිටියා. පෙළක් දෙකඳුවල සිටියා. එක ගුරුවෙක් කඳුබොඩගම සිටියා. එක ගුරුවෙක් ගොකරැල්ලේ සිටියා. එක ගුරුවෙක් උඩවල්පොල සිටියා. ඔහු ගෙනා සක් ගෙඩිය කෙක්කනේ කන්දෙන් ගල්තල්ලයට විරමෙශ්වර ගුරුවා දරමිටිපොල සිටියා. ඌ ගෙනා සළඹ කිරිඳි ගල්ලේ ගලේ නිධන් කලාය. විරමෙශ්වර පාදිලියා මැදගම්පොල සිටියා. ඔවුන් කටුව ආ වැඩකාරයින් උන් උන් සිටි ය ගම්වලම සිටියා.

පුත්තලමේ මුක්කර මුල්ලෙන් ආවුන් මුක්කරු වඩන් කරු පරවරු මරුවරු අවුන්නම් ගනුමුල්ලේ පෙලක් සිටියාය. කඩවලේ පෙළක් හිටියාය. කරද ගොල්ලේ පෙළක් හිටියාය. කට්ටකඩුවේ පෙළක් හිටියාය. කහටගහ වත්තේ පෙළක් හිටියාය. වහ කෝට්ටේ පෙළක් හිටියාය. කිරිමැටියාවේ පෙළක් සිටියාය. බැබිලේ පොළ පෙළක් සිටියාය. පෙරියකඩුවේ පෙළක් සිටියාය. මඩගල්ලේ දළුපත් ගෙන පෙළක් සිටියාය. නැලම දෙන්නෙක් සිටියාය. කරුවලගස්වැවේ එකෙනෙක් සිටියාය. වචීලන්දේ පෙළක් සිටියාය. බොරළු වැවේ තුන්දෙනෙක් සිටියාය. මැදගම පෙළක් සිටියාය. පොතානේ පෙළක් සිටියාය. පොහොරවත්තේ පෙළක් සිටියාය. යටකලනේගම පෙළක් සිටියාය. තිඹිරි වැවේ පෙළක් සිටියාය. ආදාගල පෙළක් සිටියාය. අම්පේවල පෙළක් සිටියාය. පොල්ගොල්ලේ පෙළක් සිටියාය. බොහෝ දෙනෙක් වලත්වැවේ සිටියාය. මෙසේ ඔවුනොවුන්ගේ අඹු දරුවන් සමග මෙකී ගන්වල සිටියාහුය.

කොළොඹ වැල්ලේ විදියෙන් සහ මසන්ගස් විදියෙන් ආ කරාවෝ

සිටිය තැන්නම් එල්ලගොන්න පොතුබෝවද දික්දෙනියේ පෙළක් සිටියාය. කරවල ගල් යායේ සිටියාය. දෙමල මානේ සිටියාය. නෙරියාවේ සිටියා. කටුපතේ සිටියා. ඔතුවෙලා පෙළක් සිටියාය. ඔවුන් අඹුදරුවන් සමග ඇවිත් සිටියාය. කොළඹ විදියෙන් මීගමුවෙන් පුත්තලමෙන් කලුතොටින් ආ මරක්කලයෝ සිටින තැන්නම් තෙලඹුගලේ පෙළක් සිටියාය. තෙලිම්බියා ගෙදර පෙළක් සිටියාය. තල්ගස්පිටියේ පෙළක් සිටියාය. බඩගමුවෙන් දළුපොතක් ගෙන පෙළ අන්ත පෙළක් සිටියාය. දික්වෙලේ පෙළක් සිටියාය. දෙනිලි අකහ පෙළක් සිටියාය. තෙලටිය ගාලේ පෙළක් සිටියාය. තිත්තවැල් ගාලේ පෙළක් සිටියාය. මෙසේ එම මරක්කල දෙමල තම තමාගේ අඹුදරුවන් ගෙනෙවිත් ඒ ඒ ගම්වල පල්ලි තනා දෙවියන් වඳිමින් සිටියාය.

හාමදිනා මුල්ලෙන් ආ මදින්නා කිරිබමුනේ සිටියාය. බෙල්ලන් වේලේ පෙළක් සිටියාය. වත්තලින් අවුත් කඳුලව සිටියාය. කෝනාරච්චිල මහගේ හිටිහාමි රාජපක්ෂ සහ ලියා ආදී දොළොස් දෙනෙක් ඔවුන්ගේ අඹුදරුවන් ඇවිත් දොළොස් පොලක සිටියාය. උන් හිරකරගත් කුඹුරු මුර දොළ හටලිය වුහ. බියගමෙන් ආවුන් හිරිපිටියේද දළුපොතක්ගෙන් බාරුවේ මාලගමුව දලුන් යාය නාබිරිත්ත වැව දොඩන්වටවන කෝන්වැව යනාදී දළුපත්වල සිටියාය. දෙවනුව දේවාලයට පුදවා ගත්තා. මැතදී මාලගමුවේ මිනිසා සන්නසක් ලබා ගත්තා. හැමක්කනි ගොඩින් ආ අතපත්තු ආරච්චිල කිරිබමුනේ සිටියා. ඒ ගමෙන් ආ වේදකරයෙක් දිවියාවේ සිටියාහ. බොරගොඩින් ආවුන් දොලුවේ කඳුරුගහ උල්පතින් සිටියහ. මසන්ගස් විදියෙන් ආවුන් හිද ගොල්ලේ මිගොල්ලේ සිටියහ. බළපිටි මෝදරින් ආවුන් වැල්ලව රංගම වරද්දන බමුනාපොත යන ගම හතරේ පටබැඳි මුදලි වරු තුන්දෙනා සතරදෙනාගේ අඹුදරුවන් වැඩකාරයින් සමග බොහෝ සෙනග සමග සිටියා. කහම්බිලිය පිටියෙන් ආ මුනි ජාවරයා එක නෙක අච්චිලා රත්කඅච්චිල සමරකොන් ආරච්චිල ධනපාල හාමි හිටිහාමි යාපාහාමි කුඩාගේ රාළ යන මොවුන්ගේ අඹුදරුවන් සමග අරගම සිටියාහ. අදිකාරී රාල මහා ගම රාල පළමු සිටියාහ. හබල ගාල්ලේ ආවුන්ට පටබැන්දාහ. නාරායන මුදියන්සේ හැවන්පොල සිටියාහ. එක්ක ආවුනුත් එහිම සිටියාය. විජය සුන්දර මුදියන්සේද හේරත් රාලද දෙන්නගේ අඹුදරුවන් වැඩකාරයින් සමග තලගොඩ සිටියා. පොල්ගොල්ගොල්ලේ සිටියා. බමුණු අරච්චිලද දිසානායක මුදියන්සේ දෙන්නා සිටියා. කැළණි ගම්මොදරින් බොහෝ ආවන්ගින් පනාගමුවේ පෙළක් සිටියා. බෝගමුවේ එකනලි ආරච්චිල සිටියා. ගොකරැල්ලේ අතපත්තු ආරච්චිල සිටියා. හිටිහාමි හිටියා. රත්විට පෙළක් සිටියහ. කන්දෙගෙදර පෙළක් සිටියහ. රත්විට පෙළක් සිටෝය. කන්දෙගෙදර

පෙළක් සිටියහ. බන්ඩිපොල පෙළක් සිටියහ. මොරෝත්තේ එතනක ආරච්චි සිටියා. හිදව දහනක රාල ඉමියාරාළ සිටියා. එක්ක ආවන් අලුවෙල සිටියා. දහනක රාල ට තිහිවට සන්නසකුත් ලැබුනා. මොරගොඩින් ආවුන් මොහොට්ටි ආරච්චිල හිද්දන සිටියා. මහච්චිල කුඹුක් වැවේ සිට එතනින් අවුත් සිද්දන සිට ඔලියාවල මිලදී ගෙන ගොකරුැල්ලෙත් ගත්තාය. එතන සිට ගත කුළු බද්ද රාළට ඔතු දෙමින් අද පරවෙනියට වැඩකරලා කල්යාමෙන් පරවේණි උනාය. එයින් පෙළක් කුඹුක් වැවේ සිටියහ. තව පෙළක් තම්මිට සිටියහ. අලුත්ගම පෙළක් සිටියාය. දියතුරේ ආරච්චිල කෙනෙක් සිටියා. උදන්විට එක ආරච්චිල කෙනෙක් සිටියා. කොළොඹ වේසා විදියෙන් ආ පුස්සිඅකුරුැබියන ගෑනු දෙදෙනා හිටින විට වැඩකරමින් සිටියාය. පුදගු හෙට්ටි මහගේ පුදුක්කුලමේ සිටියහ. එක මහගේ කෙනෙක් පුස්වල්ගාලේ සිටියහ. මරතක්කු ආරච්චි ලාගේ මැතියෝ දළුපොතේ ගෙදර සිටියා.

මීගමුවේ කටුපිටි මාදම්පේ බොහෝ සෙනගක් ගෙනාවා. උන්ට සිටින්ට නියම කරපු තැන්නම් මහකම්බුරාල කම්බුඅටවන සිටියා. බොරවවේ පෙළක් සිටියා. රක්වානේ පෙළක් සිටියා. ගල්ගිරියාවේ පෙළක් සිටියා. කදුලුගමුවේ පෙළක් හිටියා.

කල්ලන්චියේ කාච්චි වැද්දා සිටියා. කුඹුකඩවර ලසන් කඩ වැද්දා සිටියා. කටුපත් වැවේ කම් වැද්දා සිටියා. නිකවැවේ නිකපත් වැද්දා සිටියාග කදුලුගම පාකි වැද්දා සිටියා. එලිපිච්චේ ගම එලකඩ වැද්දා සිටියා.

කොල්ලුපිටියෙන් වැල්ලේ වත්තෙන් ආවුන් ගහරගමේ සිටියා. මල්ලුවා ගාරේ සිටියා. ගොලුවේ සිටියා. කෝන්වැවේ සිටියා. සේරුැවවේ පෙළක් සිටියා. මොවුන් මැරවරුැයි. සල්පිටියෙන් ආවුන් මුක්කරව්වේ සිටියා. සුත්ත්දර පතිරන්නැද ගල්කඩුවේ කාරයද ඉබ්බාගමුවේ සලියන්ද සිටියා. පස්දෙනෙක් දෙහෙල්ගමුවේ සිටියා. දවටින් ආ මොහොට්ටාල උඩවෙල සිටියා. කෙහෙල්පත්තගේ පරවෙරේ සිටියා. ගල්ගොඩේ කළුගමුවේ පේසකාර දෙන්නෙක් සිටියා. කනුමලෙන් ආ උන් කනුමලේ ගෙදර සිටියා. පිහිඹියා කියන බුලත් වෙළෙන්දා ගොකරුැල්ලේ සිටියාහ. ලේනව ඉමියාරාළ හේරත් ආරලා සිටියා. යාපාරාළ ඉලුක්වැව හැර මීවැවේ නයන්නකයා රත්තින්තකයා යානේංගහේයා දප්පිටියෙන් ඇවිත් සිටියහ. ගින්තොට මෝදරින් ආවා යද්දෙයිනයිදෙ හුනුපොල සිටියා. මොරගොල්ලේ එකෙක් හිටියා. උන් ගෙනා වෙස් පෙට්ටිය කන්තමිල්ල බොක්කේ තිබුවාහ. යකල්ලේ මුල්ලේ එක යද්දෙහි නයිදේ කෙනෙක් සිටියාහ. බම්පලෙන් ආ වුන් තම්බතගොම සිටියා. කොඹුවේ සිටියා. කිරල

වැල්ලෙන් ආ ගම නයිදේ කිරල වැවේ සිටියා. තලඹුවේ දෙන්නෙක් සිටියා. අඹෝගම දෙන්නෙක් සිටියා. දූනුපොත ගම ගම්මහේ සිටියා. පඹෝගම එක්කෙනෙක් සිටියා. රිදීගම එක්කෙනෙක් සිටියා. වල්පොතුගාලේ රදාපොල රංචියක් සිටියා. තුබානේ පෙළක් සිටියා. මැද ගෙදර පෙළක් සිටියා. කෙහෙල්පත්තන්ගේ පෙළක් සිටියා. හවරියාවේ හවරි රැදවී සිටියා. එරුක්කන්දේ දෙමල රදවූ සිටියා. මඩල්පොල මදිරාද වී සිටියා. අම්බගහලන්දේ පෙළක් සිටියා. පිඹුරු වැල්ලේ ලේකෙම්ද ලුපකේ ගෙන පෙළක් සිටියා දාගම දවපතක පෙළක් සිටියා.

තුන්සියයක් රදවූ ආවත් මෙරට සිටියා. දෙසිය හැත්තෑ පස්දෙනෙක් ආචාරී මෙම සත් කෝරලේ පදිංචි ව සිටියා. එයින් අසූපස්දෙනෙක් ආ බඩ හැල දූරයෝ මෙම සත් කෝරලේ සිටියා. ඒසිය අට දෙනෙක් ආ මදින්නොද පනස් අටදෙනෙක් ආ හාලිද දෙසිය නව අනූවක් ආ කරාවෝ ද හාරසිය හැත්තෑ පස් දෙනෙක් ආ මුක්කරුද දෙසීයක් ආ වැඩක්කරු ද එකසිය අසූවක් ආ මරවරුද දෙසිය අනූනව දෙනෙක් ආ පරවරුද මේ සත් කෝරලේ පදිංචිය සිටියාය. හාරසියයක් ආ ගුරුවොද අසූපස්දෙනෙක් ආ යක්දෙහි නයිදෙලාද පන්සියයක් ආ බෙරවායෝද හැට හතර දෙනෙක් ආ ඊ වඩුවෝ ද හත් සියයක් ආ මරක්කයෝද හාරසිය තිස් තුන් දෙනෙක් ආ හන්ගරම්මුද කඳු ගම්දහ අට ආදී ඒ ඒ තැන්වල සිටියාය. මෙකී සෙනගත් මෙම සත් කෝරලේ සිටියාය.

මුහුද වට හතලිස් කොරලේකින් සෙනග පරංගි කාරයාට රට ගිය තැන් පටන් මෙම සත් කෝරලේට වරින් වර ඇවිත් පදිංචිව සිටියාය. එතැන් පටන් ඔවුන් සිටි සිටි තැන් ඔවුන් පරවෙනිව භුක්ති විද එති. මෙරටේ සිටි ජම්ම පරවේණි කාරයෝ පරංගි කාරයෝ තෙල් කුකුලක් අයකර කරන නිසා ඔතු බදු අය කරන නිසා එලි රටේ නොසිට කැලේට පැන වැද්දන්ට එක්ව වැදී කරවුහ. සමහර දෙනෙක් අයබදු හිරහිද ලං දෙමින් උන්ට යටත්ව සිටියහ.

තවද, විමලධර්ම සූරිය මහරජානෝ රජ පැමිණ රාජ්‍ය කරන කල්හි ගිරාගම දිසාවද ගස්කොන් අධිකාරම්ද එක්ව තිල්ලබදී හදි කොට රජ්ජුරුවන් මරන්නට ප්‍රයෝගවූ හේවා කමක් උපදවාගෙන මහත් කෝලාහල විය. ඒ බව දුටු අංහැලේපොල ගෙයි දූක්ගන්නා රාල සහ වෙනත් කීපදෙනෙක් ගොස් ඔප්පු කලවිට රහසේ එතනට වැඩමවා ඒ කාරනාව සැබවින් දැන බන මඩුවේ සිටි සංඝයා වහන්සේලා සහ එයිට ප්‍රධානවූ මුලාදනින්ද ගෙන්වා ඇහුම් බැලුම් කොට ගන්තොටවල් කඩවත් තහනම් කොට සෙනග රැස්කොට සත් දවසක් ඇහුම් බැලුම් කොට ඊට ප්‍රධාන කොට මුලදැනි අයවල් තල්ලු කරන්නට යෙදූනාය. එකල් සමහර

දෙනෙක් හිර ගෙවල් කඩා ගෙන ලංසින්ට අයිති වූ පහත රටට පැන්නාහ. දොඩන්වලින් දිසාව වාලුත් සමග ගොස් මාතොට කරද්දේ සිටියහ. දොඩන්ගොඩින් ගිය මුදියන්සේ ද චින්තාමණි මොහොට්ටලද ගිරිබුරේ සිටියාහ. මාංපිටියෙන් දුග්ගන්නා රාලද මොල්ලිගොඩ සමරක්කොඩි රාලද එම ගාල්ලේ සිටියාහ. අබන්විල රාල කොල්ලුපිටියේ සිටියාය. පෙරලි මඩුව වියන් බැඳී බටුවත්තේ විදාන රදවා පැනගොස් එම කොල්ලුපිටියේ සිටියාහ. නාවින්නේ ලියන්නා පැන ගොස් ගාල්ලේ මබාවිටි සිටියහ. මඩුවේ හරමකල හරමක්කාර අප්පු පැන ගොස් කපුගොම සිටියාය. පරපෙන් සුදු හකුරු පයිඩ කල හගරමා පැනගොස් දංගෙදර සිටියහ.

ප්‍රථමයෙන් රජ පැමිණි විමලධර්මසූරිය මහා රජානෝ ශ්‍රී බුද්ධ වර්ෂයෙන් දෙදාස් එකසිය තිස්පහ වර්ෂයෙහි රජ පැමිණ දොළොස් අවුරුද්දක් රජ කළාහ. ඔහු පුත් රාජසිංහ මහා රජානෝ පරංගින් වනසා 52 අවුරුද්දක් රජ කළාහ. දෙවැනි විමලධර්ම සූරිය මහා රජානෝ දෙවිසි අවුරුද්දක් රජ කළාහ. නරේන්ද්‍ර සිංහ මහරජානෝ දෙතිස් අවුරුද්දක් රජ කළාහ. විජය රාජ සිංහ මහරජානෝ අට අට අවුරුද්දක් රජ කළාහ. ශ්‍රී බුද්ධ වර්ෂයෙන් 2290 වර්ශයෙහි රජ පැමිණි කිර්ති ශ්‍රී රාජසිංහ මහරජානෝ පත්තිස් අවුරුද්දක් රාජ්‍ය කළේය. ශ්‍රී රාජාධි රාජසිංහ මහරජානෝ දස අවුරුද්දක් රාජ්‍ය කළේය. ශ්‍රී වික්‍රම සිංහ මහරජානෝ රජ පැමිණ දහසවෙනි වසෙහි ඒරොප්පා කාරයින් ඇවිත් කොළඹ මුරේ සිටි ඉංග්‍රීසි දෙමළුන් විසින් ඇහැලේපොල ඇමැතියකුගේ දරුවන්ව කෙන්කෙටුවූ නිසා ඒ ක්‍රෝධයට ඔහු විසින් ඉංග්‍රීසින් දෙමළුන්ට රජු අල්වා දෙමින් නිග්‍රහ කොට මුදින් එතර මුරුසිය යන රටට නැවු නංවා දඟ ගෙහි කලුයේ විය.

ශක වර්ෂ 1502 වර්ෂයෙහි තිකි නම දොළොස් වක ලත් ඉරිදා හා මායාදු මහරජ කලුරිය කළේය. ශක වර්ෂ 1514 වර්ෂයෙහි මැදින් දින පුර පසළොස්වක ලත් බුදදින සීතාවක වැඩ සිටිය රාජසිංහ මහා රජානෝ ස්වර්ග යාත්‍රා වුහ. ශක වර්ෂ 1520 වර්ෂයෙහි වෙසක් මස පුර දියවක ලත් සඳුදා ප්‍රථම විමලධරිම සූරිය මහා රජානෝ ස්වර්ගස්ථ වුහ. ශක වර්ෂ 1609 වර්ෂයෙහි උඳුවප්ප්මස පුරදියවක නම් පීතිය ලත් සිකුරාධා රෑ නව පැයට රාජසිංහ මහා රජානෝ කලුරිය කලාය. ශක වර්ෂ 1629 වර්ෂයෙහි වෙසග මස පුර විසේ තියලත් සිකුරාදා රෑ තුන් පැයට දෙවැනි විමලධර්මසූරිය මහා රජානෝ කලුරිය කලාය. ශක වර්ෂ 1665 වර්ෂයෙහි වෙසක් මස සිකුරාදා හා කුණ්ඩසාලේ වැඩ සිටිය නරේන්ද්‍ර සිංහ මහා රජානෝ කලුරිය කලාය. ශක වර්ෂ 1669 වර්ෂයෙහි නිකිණි මස පුර විසිය ලත් සිකුරාදා උදය තුන් පැයට විජය රාජසිංහ මහා රජානෝ කලුරිය

කළාහ. ශාක වර්ෂ 1702 වර්ෂයෙහි උඳුවප් මස අව තිය වකලත් බදාදා පාන්වූ සත් පැයට කිර්ති ශ්‍රී රාජසිංහ මහා රජානෝ ස්වර්ග යාත්‍රා වූහ. ශාක වර්ෂ 1729 වර්ෂයෙහි ඇසල මස පුර තෙලොස්වක ලත් බදාදා රෑ පස් පස් පැයට ශ්‍රී රාජාධිරාජ සිංහ මහා රජානෝ කලුරිය කළාහ. එම දිනට තුන් වෙනි සිකුරාදා පාන්වූ එකොලොස් පැයට ශ්‍රී වික්‍රම මහා රජානෝ රාජ්‍යයට පැමිණ වදාළහ.

පිළිමතලව්වේ තෙන්නකෝන් දිසාවට ආත ඔලොන්ද මුන්නේසවරමද කුරුණෑගල් හබාගේද ඇත් බාගේ අස් බාගෙන්ද ජයකඩු මාරා කඩුතිර ගම කොන්පොලේ සහ සත් කෝරලේ මහදිසාව ලැබී කොඩිතුවක්කු පහක්ද සිංහයා බැඳී කොඩියද ලැබී පුත්තලමට හෙවකම්කරපන් කියා රාජසිංහ දෙවි හාමුදුරුවන්ගෙන් යෙදුනාය. වදාළ පනත පිළිගෙන සත් කෝරලයට යහපත් වී දඹදෙණියේ සිට ගෙන විසි හතර පත්තුවෙන් සෙනග රැස්කර වා සෙනග ගෙන ගොස් දෙමල පත්තුවේ සිටගන තුන්මාසයක් හේවාකම් කරණ කල්හි ගියාවූ සෙනග හේවාකම් දුෂ්කර නිසාත් දෙවැනි වතාවට සෙනගට බණ්ඩාර වරු යන්ට නොදෙන නිසා එතන සිටියා සෙනගින් සමහරු නැසුනාය. සමහරෙක් සැගවී රටට අවාහුය. එකල්හි දිසාව මහත්මයෝ ඉතුරුව සිටි මද සෙනග සමග රග්ගන්වත්තේ නුවරට ගොස් රාජසිංහ දෙවියන්ට මුණ පැවාය. කුමක් නිසාදැයි දිවස් වදාලාහ. කප්පාන් තිරියක් දෙවියෝ බුදු වන්ට සත් කෝරලේ මහා බලා ඇති බණ්ඩාර වරු බොහෝ නිසා මිනිසුන්ට යන්ට දෙන්නේ නැත. එනිසා සෙනග මද නිසා හෙවාකමට බැරිය කියා ඔප්පු කළාහ. එකල්හි එලියට වැඩමවා අහසට පොලවට ඉරට හදට සතර වරම් දෙවියන්ට දෙස් කොට මා අත වරද නැත මා විසින් බුද්ධ සාසනය එලිකරන්නට වෑයන් කරනවා මිස වෙන කාරියක් පිණිස නොවෙයි කියා යේදීලා සිට රන් කඩුව අතට ගෙන අත්සන් පිහිටුවා මේ කඩුව ගෙන ගොසින් බණ්ඩාර වරු තල්ලු කොට හෙවාකම් කරපන්නෙයි කියා යෙදුනාහ.

දිසාව මහත්මයා කඩුවත් වැඩමවාගෙන සත් කොරලේට ඇවිත් දඹදෙණියේ සවුලු වංසෙන් පැවත එන දේව කිර්ති බණ්ඩාර තල්ලු කොට එ ගමද, තලන් පිටියේ සේමකිර්ති බණ්ඩාර තල්ලු කොට ඒ ගමද, එදිරිමාන කුමාරයාගෙන් පවත එන මිතැන්වල උප කිර්ති බණ්ඩාර තල්ලු කොට ඒ ගමද ගබඩා ගම් කළාහ. හිරිපිටියේ අදිකාරම් බණ්ඩාර තල්ලු කොට ඒ ගමද පට්ටින්ට දී එයින් ඇවිත් ගොඩගම් බණ්ඩාර තල්ලු කොට ඒ ගමද මහා ගබඩා ගම කොට බඩගමුව බණ්ඩාර තල්ලු කොට ඒ ගමද පට්ටින්ට දී, මාඑළියේ වන්නි අදිපති වූ බණ්ඩාර තල්ලු කොට ඒ ගම

ගබඩා ගම කොට පබෝගම සිටි බණ්ඩාර තල්ලු කොට ඒ ගම කෝරලේ වසම් කොට වදුරස්සේ සිටියා. දිසා බණ්ඩාර ගොකරැල්ලේදී තල්ලු කොට ඒ ගම කෙනෙක් නැති නිසා උයා දුන් වාලිට දුන්නාය. වත්තට ඇතු බැන්දාය. කන්දොල සෝම නේත්‍ර බණ්ඩාර ගම දේවාලයට පුද කළා. මෙකි බණ්ඩාර වරු තල්ලු කොට සේනාව රැස්කරවා ලේකම් බලා සේනාව සමග ගොස් තුන්මාසයක් හෙවාකම් කොට පුත්තලමේ කොටුව අල්ලා පරංගි මරා පුර සමන් වැවක් බැඳ දෙවෙනි ගොස් මුණ පැවාහ. රාජසිංහ දෙවියන්ගෙන් පුත්තලමේ දිසාව ලබුනාහ.

පිළිමතලව්වේ විජය සුන්දර රාජකරුණා සෙනෙවිරත්න අබයකෝන් පණ්ඩිත මුදියන්සේ කියා පට බැන්දාහ.

ඇහැලේපොල විජයසුන්දර වික්‍රමසිංහ චන්ද්‍ර සේකර සේනානායක ජයතිලක පණ්ඩිත මුදියන්සේ කියා පට බැන්දාහ.

කුරුණෑගල් පළාතේ සත් කෝරලේ කඩයිම් පොත නිමි.

මදුරාපුරෙන් ආ විත්තිය

Madurapuren ā Viththiya
(Immigrants from Madurapura)

A brief introduction

This manuscript starts with the arrival of Nikawagampaha Korale Brahmanawaliya during Sithawaka/ Kotte kingdoms as referred to in the first ola-leaf manuscript in this collection.

However, this event is followed by a grand Malala Bandarawaliya which comprised seven Malala (Kerala) princes who settled in Sath Korale and adjoining territories.

These princes have migrated from an area in Kerala and travelled via Madurapura (Madurai) and Thuthukudi and landed at a place called Ponparrippu close to Puttalam. The manuscript states that they had been accompanied by two other ships which carried two other groups of Baramins and Hetties plus their entourage. The ships were separated by a storm in the sea but they safely landed in Sri Lanka at different ports and later joined together to celebrate the survival. The emotional driven information in this manuscript is given in verses or poetic form.

The details about the interactions between these migrants and locals known as Vaddha people led by Eriyawe Pannikkirala are given. The manuscript also gives extensive details about these princes, their meeting with the Sithawaka king, the areas where they were settled and the honorary names bestowed by the king. Since the Princes were battle hardened warriors in South India they were absorbed into the kings armies as commanders. The interconnections between local communities and Malala Bandaras are further presented.

A bulk of the manuscript is about Kadayim or boundaries of villages, divisions and countries. There are measurements of the capacity of man-built tanks and reservoirs and the extent of paddy fields. This boundary and capacity information is specific with a unique terminology.

The boundary information is extended to the areas within Sath Korale and the areas outside of Sath Korale including Nuwarakalawiya, Sina Korale near Colombo, and Demala Hathpaththu close to Puttalam and Chilaw.

This manuscript also provides accounts of various other migrants from South India and also internal shifts within the country. The names of area leaders, regional kings, and various events like military games sponsored by the Sithawaka kings, annually or regularly, are also provided.

This manuscript is also a useful source to study South Indian migrations and their subsequent assimilation into the local Sinhala communities in Sath Korale and Kandyan regions.

මදුරාපුරෙන් ආ විත්තිය - කෙටි හැඳින්වීමක්

මෙම පුස්කෙල පොත ආරම්භ වන්නේ සිතවක/කෝට්ටේ රාජධානි සමයේ නිකවගම්පහ කෝරළයට පැමිණි බ්‍රාහ්මණවලියත් සමඟය.

කෙසේ වෙතත්, මෙම තොරතුරු වලින් පසු මලල (කේරළ) කුමාරවරුන් හත් දෙනෙකුගෙන් සමන්විත මහා මලල බණ්ඩාරාවලියක් සංක්‍රමණය වී සත් කෝරළයේ සහ ඒ ආශ්‍රිත ප්‍රදේශවල පදිංචි විම පිලිබඳ සවිස්තර වලට යොමු කෙරේ.

මෙම කුමාරවරු කේරළයේ ප්‍රදේශයකින් සංක්‍රමණය වී මදුරාපුර (මදුරෙයි) සහ තුත්තුකුඩි හරහා පුත්තලමට ආසන්න පොන්පරිප්පු නම්

ස්ථානයට ගොඩ බැස ඇත. ඔවුන්ගේ පිරිවර සහිත නැව සහ තවත් බ්‍රාහ්මින් සහ හෙට්ටි කණ්ඩායම් දෙකක් රැගත් නැව් දෙකක් ඔවුන් කැටුව ආ බව අත්පිටපතෙහි සඳහන් වේ. මුහුදේ ඇති වූ කුණාටුවකින් නැව් එකිනෙක වෙන් වූ නමුත් ඒවා ආරක්ෂිතව විවිධ වරායන් වලට සේන්දු විය. පසුව සියලු සංක්‍රමනිකයින් එකට එකතු වි ඔවුන්ගේ ගොඩ බැසීම සමරා ඇත. මෙම අත්පිටපතෙහි චිත්තවේගය දනවන තොරතුරු කාව්‍යමය ශෛලීන් වලින් දක්වා ඇත.

මෙම සංක්‍රමණිකයන් සහ එරියාවේ වැදි පන්නික්කිරාල ඇතුලු ප්‍රදේශවාසීන් අතර ඇති වූ අන්තර් ක්‍රියා පිළිබඳ විස්තර දක්වා ඇත. මෙම කුමාරවරුන්, සිතාවක රජු හමුවීම, සහ රජු විසින් පිරිනමන ලද ගෞරව නාමයන්, ඔවුන් පදිංචි වූ ප්‍රදේශ පිළිබඳ පුළුල් විස්තර ද මෙම අත්පිටපතෙහි සඳහන්ව ඇත. කුමාරවරුන් දකුණු ඉන්දියාවේ සටන්කාමී රණශූරයන් වූ බැවින් ඔවුන් සෙන්පතියන් ලෙස රජුන්ගේ හමුදාවන්ට අන්තර්ග්‍රහණය කරන ලදී. මෙම පුස්කොල පොතේ ප්‍රාදේශීය ප්‍රජාවන් සහ මලල බණ්ඩාරයන් අතර අන්තර් සම්බන්ධතා තවදුරටත් ඉදිරිපත් කෙරේ.

මෙම අත්පිටපතෙන් වැඩි කොටසක් කඩයිම් හෝ ගම්, කොට්ඨාශ සහ රටවල මායිම් සඳහා වෙන් කර ඇත. මිනිසා විසින් සාදන ලද වැව් හා ජලාශවල ධාරිතාව සහ කුඹුරු ප්‍රමාණය පිළිබඳ මිනුම් දක්වා තිබේ. මෙම මායිම් සහ ධාරිතා තොරතුරු අද්විතීය පාරිභාෂිතයක් සමඟ ඉදිරිපත් කර තිබේ.

මෙම මායිම් තොරතුරු සත් කෝරළය තුළ පිහිටි ප්‍රදේශ හැරුනු විට සත් කෝරළයෙන් පිටත නුවරකලාවිය, කොළඹට ආසන්න සිනා කෝරළය, පුත්තලම සහ හලාවතට ආසන්න දෙමල හත්පත්තුව ඇතුළු ප්‍රදේශ දක්වා විහිදේ.

මෙම අත්පිටපත දකුණු ඉන්දියාවේ සිට පැමිණි වෙනත් විවිධ සංක්‍රමණිකයන්ගේ වාර්තා මෙන්ම රට තුළ අභ්‍යන්තර ව්‍යාප්තිය ගැනද තොරතුරු සපයයි. ප්‍රාදේශීය නායකයන්ගේ නම්, ප්‍රාදේශීය රජවරුන්ගේ නම් සහ සීතාවක රජුන් විසින් වාර්ෂිකව හෝ නිතිපතා අනුග්‍රහය දක්වන ලද හමුදා ක්‍රීඩා වැනි විවිධ ඉසව් ගැන තොරතුරුද සපයා ඇත.

මෙම අත්පිටපත දකුණු ඉන්දීය සංක්‍රමණිකයන් සත් කෝරළයේ සහ උඩරට ප්‍රදේශයේ ප්‍රාදේශීය සිංහල ප්‍රජාවන් මගින් උකහා ගත් ආකාරය පිළිබඳව අධ්‍යයනය කිරීමට ප්‍රයෝජනවත් මූලාශ්‍රයකි.

මුල් පිටපත

මදුරාපුරෙන් ආ විත්තිය

(බලගොල්ලේ රන්හාමි සහ වී බද්දේ රාළගේ විත්ති පොත)

නමෝ තස්ස භගවතෝ අරහත් සම්මා සම්බුද්දස්ස

රත්කඩු දෙශයෙන් රත්කඩු බැදී බ්‍රාහ්මණ රාළලා සත්දෙනෙක් රත්තරනින් සත්පොට පූන නූල් කරලා රත් සඳුන් ලී නැගි ඇවීත් මේතරව කාරදූවට ගොඩබැස තොවිල් පහ ඇතුව ගොඩබැස දේව මැද්දේ මුණ්ඩකොණ්ඩාපොළ සීතාවක මහා වාසලට මුණ පාළා ඒ සත් දෙනා වෙන වෙනම දැකුම් දක්කවා වී මඩිති ඕනැය කියා ඉල්ලා සිටියෝය. එවිට ඒ රාජ කරුණාවෙන් තමාලට සිටින්ට ඕනෑය ගං අතුහන් කඩාගන්ට යෙදුනාය. කඳුලැස්ස නම් යන බ්‍රාහ්මණ රාළ කඳුලොව අතුහන් කඩා ගත්තාහ. කිරි බ්‍රාහ්මණ රාළ කිරිබමුන අතුහන් කඩා ගත්තාහ. මාපා නම් බ්‍රාහ්මණ රාළ පරවගම අතුහන් කඩා ගත්තාහ. රත්කඩු බැදී බ්‍රාහ්මණ රාළ රක්වාන අතුහන් කඩා ගත්තාහ. බොරවැවේ එක්කෙනෙක් අතුහන් කඩා ගත්තාහ. නබඩ වැව ඒ හැමටම බාල බ්‍රාහ්මණ රාළ අතුහන් කඩා ගත්තාහ. සැමටම වැඩිමහල් පුරෝහිත බ්‍රාහ්මන රාළ තිස්රියන් නීල වර්ණ පටසලුවක් සීතාවක මහාවාසලට දක්වමින් දෙඹටෝගමනම් ගම අතුහන් කඩා ගත්තාහ. මනාකටේ හීන් නෙම් මෙපිටත්, කිතුල් හීන් නෙම් මෙපිටත්, තිස්වැල්ලේ ඇළෙන් මෙපිටත් පසු පළමු උඩුවේරියේ මලල බණ්ඩාරට ලැබුණාය. ඉන්පසු දෙඹටෝගම පුරෝහිත බ්‍රාහ්මණ රාළට මේ මල්ල බණ්ඩාරගේ කඩයිමෙන් අසු වුනයි.

පෙන ඇල්ලෙන් මෙපිටත්, පුස් වැල් දෙනියෙන් මෙපිටත්, බුදුමුත්තාවෙන් මෙපිටත්, ගල්දෙකේ ගල්වැටියෙන් මෙපිටත්, කොත්දනඩා ඇලෙන් මෙපිටත්, තිත්ත වැල්ලේ ඇලෙන් මෙපිටත්, කොලමුත්නෙම් මෙපිටත්, පොතුවිල් හින්නෙම් මෙපිටත,' ශ්‍රී තාමෙන් මෙපිටත්, රන්මොලේ තල්ලිදෙන් මෙපිටත්, කප්පිටිය හින්නෙන් මෙපිටත්, කිරිවැල් හින්නෙන් මෙපිටත්, මනාකැටි හින්නෙන් මෙපිටත්, සියමලන්ගොමුවේ මුල්වක්කඩෙන් මෙපිටත් උස්ගලෙන් මෙපිටත්, කාන්තොල්ල පොකුණෙන් මෙපිටත්, මැටි ගම් පනහේ දිය ගිල්මෙන් මෙපිටත්, රන්පත් විලේ දිය ගිල්මෙන් මෙපිටත්, රන්තටියාවේ වෙලෙන් මෙපිටත්, පච්චෝල වැටි ගොල්ලේ වැවේ දිය ගිල්මෙන් මෙපිටත්, මෙම කඩයිම් මැදිවූ රටත් ලැබී

රන් පන්හිඳත් රත්තරනෙන් බෝපත ගැසූ හැට්ටෙත් හිත්තරා කියන අලියත් ලැබී ඒ රට මුන්නිල කොටා සහ දේවමැද්දේ මුණ්ඩකොන්ඩපොළ මහවාසල වැඩසිටි ඉදිරිසූරිය දෙවි මහා රාජෝත්තමයාණන් වහන්සේගෙන් දෙඹටෝගම පුරෝහිත බ්‍රාහ්මණ රාළට රාජකරුණා මුදියන්සේ යනනමින් මෙරට ලැබුනේය.

මල්ලෝ මලල නිරිඳුට ජාතක වෙමින් සල්ගසක මල් පිපුණාක් මෙන් දෙගුරුවර අතින් වරන් ඉල්ලමින් මෙලන්කාව දුරකරදෝ කියා මේ ලංකාවට මුහුදේ යන විට සමුත්කාව ගෙන දිය යට බලා සිංහලයට නැව් සරසමින් අඳුන්හිරෙන් රිවි පායනවා බලා සඳුන් කුඹේ ගෙන නැව පිට සදා මුඳුන් රැක තදව බඳිමින් පූර්ව දේශයට නැව් සරසමින් මියුරු බසක් නොකියමින් සිවුරු පැලඳ පටියෙන් ඉන බඳිනා ලෙස අයුරු නොදැන සමුදුර බැස ගොසින් බෝධි මණ්ඩලයට නොහොත් විහාරයට එළි බැසලා මදුරාපුරයට ගොඩබැසලා එතනින් මයිලපුරයට ගොඩ බැසලා අයොත්ති පට්ටලමට ගොඩ බැසලා සංගෝත්‍රයෙන් දෙමළ හෙට්ටියන් අතින් සිංහලයට පාර නොදනායි කියා ඇසුවාහ. එවිට අපිත් යමුයි කීහ. එවිට දෙතුන් ගොල්ලෝම ඒකරාසි වී වඩුවන් සතර දෙනෙකුන් ගෙන්වා නැව් කප්පර වැඩ වැඩට පටන් ගත් සේක. තෙලිගු පුර මහරජ්ජුරුවන්නෙන් හම්බාන තැනූ කෝට්ටේ වඩුවා, පලිගු ඉරූ ගල් වඩුවා, සමුක්කාව තැනූ වඩුවා, ආභරණ පට්ටලමේ බඩාල කපුයා, සඳුන් හෙට්ටියා, වසුන්වල කරුවා, කර්මාන්ත මැටි වැඩකරණ පණ්ඩිතයා, සංඛනාද කරන ගුරුවා, තාලවිරිඳු පණික්කියා, සුද්ධ නාද සුද්ධ සළු විරිඳුවා, මේ මේ නම් ඇති අයත් සහ නැව් නැගී සිංහල දෙවි මහරජාණන් හට දැකුන් පඬුරු අරගෙන සම්බානේ යනවිට වැසී මේඝ සුළඟක් ඇවිත් හන්බා තුත්තුකුඩියට ගොඩ බැස්සාහ. මින් වෙල් පරප්පුව වාඩිලා සිටියෝය. මලල හන්බාන මුතු පන්තියට ගොඩ බැස්සාහ. මලලුන් ඇවිත් එම වෙල්පරප්පුව වාඩි ඇර සිටියෝ ය. අනික් හම්බාන ආනඹිලොන්දාව මුතුපන්තියට ගොඩ බැස ඒ ගොල්ලන් එම වෙල්පරප්පුව වාඩි ඇර සිටියෝය. ඒ තුන් ගොල්ලගොම ඒකරාසි වෙමින් රත්තරන් උණ්ඩ දමා වෙඩි තියා නිරොහි නැටුවාහ. පළමු වෙල්පරප්පුව එදා පටන් පොන්පරප්පුවයි.

මලලුම වැද්දන් ළඟට ගොසින්නේ
සුරතල් බස් දී පාර අසන්නේ
දෙමළෝ ඔය බස් මොකද කියන්නේ
පනික්කි මැතියෝ තෝරා දෙන්නේ

සිංහල දේසේ කවුද බොලන්නේ
ආරිය වංසේ අයද බොලන්නේ
සූරිය වංසේ අයද බොලන්නේ
අනික් කෙනෙක් අප නොතකමින්නේ

පනික්කි මැතිඳුනි පාර කියන්නේ
ගෙනා මැණික් ඇති අපගෙ බොලන්නේ
දැකුන් පඬුරු දී දක්වා පන්නේ
නවාතැනුත් දැන් ඉල්වා දෙන්නේ

වැදිසෙන් එක්වී කථා කරන්නේ
පන්සල වැද යන බවකි අසන්නේ
දැකුන් පඬුරු දැන් ලන්කර පන්නේ
රජුන් වෙතට ගොස් සැළකර පන්නේ

රජුන් වෙතට ගොස් බැහැ දකිමින්නේ
මොනවද වැද්දා බැහැ දැක ඉන්නේ
පනික්කි වැද්දා බැහැ දැක සැල කරවන්නේ
මෙ ලොව ඇවිදින් ගොඩ බැස ඉන්නේ

බුවනෙක රජ පණිවිඩ අරිමින්නේ
සතුරොද මිතුරෙද බලා වරෙන්නේ
සතුරොද මිතුරොද කියා අසන්නේ
මෙලෙසට ඇවිදින් ගොඩ බැස ඉන්නේ

දෙන්ඩ කෑම අවසර ලැබ ගන්නේ
ලකුණු මදක් අපෙ සැළ කර පන්නේ
වත් අත පලිසක් දරා සිටින්නේ
උන් සත මිතුරොද කියා වදින්නේ

පනික්කි වැද්දා පාර බසින්නේ
මුන්නේස්සරමට ගොසින් බොලන්නේ
එතන දෙවියන් දැකින බොලන්නේ
මුන්නේස්සරමට පාර බලන්නේ

වීකුන් බලැති මල්ලව කුමරුන්නේ
ලකුණු කොසමදැයි කියා අසන්නේ
යන්ඩ අතක් නැතිවම නැවතෙන්නේ
කන්ඩ බිජුක් නැතුවට තැවෙමින්නේ

එම විට රජුගෙන් පණිවිඩ එන්නේ
ගමන් ඇමතියන් කැඳවා ගන්නේ
මෙහේ මේ අපි කී බස් අහපන්නේ
පනික්කි වැද්දාට යන්ඩ කියන්නේ

දේවාලේ රැක ඉදිමින්නේ
විෂ්ණු දෙවියො අවසර දුන්නේ
විනක් කරන බව මලලු අහන්නේ
රන් රිදි මුතු මැණික් ද ගන්නේ

ගුරුන් මෙහෙට මුළු ලොව පැතිරෙන්නේ
රනෙන් පුටුව දක්වාම සොඳින්නේ
කුරුණියකින් මැන රන් රිදි ගන්නේ
දූන කුමරු මල්ලව කුමරුන්නේ

රජ වී සිට ගරුසරු නොකරන්නේ ය. රත්තරනෙන් රත ගෙන ඒ රජහට දැන්වීහ. නල්ලන්ඩම් මල් ගසාපු වියන් පට සළුවත් දක්වා රාජවන්නියා කියා නම් තැබුවාහ. අනික් මල්ලව කුමාරයා රන් පුටුව දක්වා රාජගුරු මුදියන්සේ කියා නම් තිබුවාහ. අනික් මලල කුමාරගේ තුන්වෙනින් බළලා දක්වාම මලල බණ්ඩාර කියා නම් තබා සීනා කෝරළේ සිටියාහ. එරියාවේ පනික්කි රාල ඇතා කුඩප්පු දෙමින් සිංහප්පු මුදියන්සේ කියා නම් තැබුවාහ. සේමසිංහ කුමාරයා නවතිල විලින් ලූ පටසලුව දක්වා සේමසිංහ හෙට්ටි බණ්ඩාර කියා නම් තැබුවාහ.

එදාට රටවල් බෙදා දුන්නු හැටි නම් ඔලගන් වැවේ ඉහළ ගල පිට වෙහෙර පළමුකොට ඉමට ගත්තාහ. මී ඔය දෙක හා උනුතැන මහ ඒබවල

ඉන්කොට ඇල්ලේවල ඉන්කොට කුඹුක්කලිය ඉන්කොට පළුකඳ වැවේ ඉහළ වෙහෙර දෙක ඉන්කොට ආත්තුකුලමේ කන්ද කොනේ ගල් ටැමෙන් මෙපිට ඉන්කොට කතරගම දෙවියන්ගේ මොනරා කෙටූ ගල් ටැඹෙන් පෙිට ඉන්කොට මයිල වැව ඉහළ වෙහෙර ඉන්කොට තම්මන්නාගොඩ ගල් වෙහෙර ඉන්කොට මේ කඩයින්වලින් මැදි වූ රට කතන්කාන්ති හෙට්ටි බණ්ඩාරත් එරියාවෙ පනික්කි මුදියන්සේත් උඩුවේරියේ මලල බණ්ඩාරත් පොරවෙන් ගල් පෝරුවල කොටා මායින් කළාහ. සිරිවර්ධනපුර දැදුරු ඔය පළමු කොට දෙගඩතුරා කන්ද ඉන්කොට පොතුවැව්ටිය ඉන්කොට මොරගොහීන්න ඉන්කොට ගුරුගොඩ විහාරය ඉන්කොට නියදවනේ විහාරය ඉන්කොට මෙයින් මැදි වූ රට විසිදෙකට කඩයින් නිමි.

හතළිස් පහට මහ කලන්කුට්ටියේ වැව පහළ වෙහෙර දෙක ඉන්කොට ගල්මඩු දෙක ඉන්කොට මොලෑගොම ගල්වල ඉන්කොට එතන නා ගහේ පැත්තක දිවි ගවරා කොට ඉන්කොට හැවන් ඇල්ලේ ඉන්කොට දුන්නා හ.

සීතාවක වැඩ උන් බුවනෙකබාහු දෙවි මහරජ්ජුරුවන්ගෙන් එරියාවේ පනික්කි වැද්දාට මේ හතර පත්තුව කඩයින් කොට ඉර හඳ පවතිනාතුරු ලැබුණේය. මලල කුමාරයෝ සමග දුක් ගනිමින් ආ සේමසිංහ රාජගුරු මුදියන්සේ කියා පට බඳිමින් සීනා කෝරළේ උඩුගම්පොළ සිටියාහ. කීරවැල්ල මහකන්ද ඉන්කර කැලණියේ දාගොබ ඉන්කර දාගොන්න බාපොනේ ඉන්කර යටිහේන මුදුලුපිටිය නාගොඩ ඉන්කර තෝප්පුව බොරගොඩ ඉන්කර වත්තල බෝලන්ද ඉන්කර මල්වත්ත කන්තොට ඉන්කර අල්ගොම බලගල්ල ඉන්කර බෝතලේ හෙට්ටිමුල්ල ඉන්කර කහඹිලියා පිටිය ඉන්කර මෙකී මඩී හුගං පළි මරාල බිම් බුලුටු කඩප්පුලි තිරප්පුලි ඇත් දත් අලි දත් අය බදු රාජකාරිය නැති කියා ශ්‍රී සන්නස් ලැබෙමින් දිසාව අධිකාරත් කරමින් සිංහල දෙව්රාජෝත්තමයන් වහන්සේගෙන් ඉරහඳ පවතිනා තුරු සියලු සාස්ත්‍ර පොත ලැබුණේ ය.

ශ්‍රී මහා බෝධීන් පිහිටි මල්ලව දේසේ විහාරේ බුද්ධ මිත්‍ර තෙරුන් වහන්සේත් සරණංකර තෙරුන්වහන්සේත් නමින් ප්‍රසිද්ධව සඟල සිවුරු දරා මහාතොටගමුවේ වීදාගම වැඩ සිටියාහ.

වැදි වංසය එරියාවේ පනික්කිරාලට හමුදාව හතළිහයි. ගල් වැවේ පනික්කිරාලට හමුදාව විසි දෙන්නයි දූනුපොතගම පනික්කිරාලට හමුදාව දොළහයි. කැකුනාවේ සිංහනාද පනික්කිරාලට හමුදාව දොළහයි. විලව ගජසිංහ නාද පනික්කි රාලට දහදෙනයි. හාතිගම්මන වනරාජ පනික්කිරාලට හමුදාව දහඅට දෙනයි. වෙන්දකඩුවේ වනරාජ

පනික්කිරාලට හමුදාව විසිදෙනයි. මාගල්ලේ ඕලු පොකුණේ සුන්දා පනික්කිරාලට මදුකඹ හත් කඩයි. දුන්කෙයියාවේ වේප්පුල්ල වන්නියාට වගපොලු පහයි.

මේ සතර වන්නියේ වැද්දන්ට නායක පණික්විඩ එරියාවේ පනික්කිරාලට ලැබී තිබෙනවාය. ඒ පනික්කිරාලගෙන් ලේකන් නිකපිටිගම ලියන වැද්දාට දුන්නාය. සවු විජයනන් බරකලිඟ අයොත්ති පරක්කන්බාහු රජ්ජුරුවෝ සතර කුරුවේ අලියෝ ඇතින්නෝ අල්ලන්ට ඇත් ඔලියෝ ගෙන්වා ඇතුන් අල්ලන්ට හතර වන්නියාට ඇරියාහ. සීතාවකින් පිටත් වී ඇවිත් ඇත්තු කුඹුරු පිටියේ ඇත් පන්තියට ගියාහ. සතර පත්තුවේ වන්නි සතර දෙනා පනික්කිවරු අඬ ගහගෙන ඇවිත් ඇත් පන්තියට ගියෝය. පණික්විඩ වහා ඇත්ගොව්වන් එක්ක කථා කරමින්, දැදුරු ඔයෙන් එකත්ව මාගල්ලේ වාඩි ලූවාහ. එතනින් ගොස් මහාගල්ගොමුවේ වාඩි ලූවාහ. එතනින් ගොස් මහනෑගම් සොලේ ඇවිද වල් ඇතා දැක අලි ඇතින්නන් ලවා මැදිකර ලබුනෝරුවෝ පනික්කියා ලවා ඇතා බදා කර කඹ ඇද ඇතින්නම් ලවා කඹ ඇද්දාහ. එතනින් පිටත්ව ගොස් කහගල්ලේ දේවාලේ වාඩිලා දෙවියන්ට පඬුරු දෙමින් දෙවියන්ගෙන් ඇත් ගොව්වාට සලඹක් ලැබී අත ලවා ගන ඇතු පිට යන්ඩ කිව්වාය. ඇතු පිට නැගී යන්ඩ පටන් ගත්තාහ. එතනින් ගොස් කළුගල්ලේ වාඩි ලූවාහ. එතනින් ගොස් මුණ්ඩකොණ්ඩපළ වාඩි ලූවාහ. එතනින් ගොස් දඹදෙණියේ වාඩි ලූවාහ. එතනින් ගොස් සීතාවක වාඩි ලූවාහ. විට පරාකමබාහු රජ්ජුරුවෝ පත්තිරිප්පුවට වැඩම කර වදාරා ඇතුන්ගේ කර කඹ මුදන්ඩ යෙදි අලි ඇතින්නන් වට රක්කවා පිටත සෙනග ලවා රක්කවා සෙනෙවි සත් ධුර වන්නි සතර දෙනා ගෙන්වා ගෙන ඇතාගෙ අත පය බඳිවු කියා යෙදුණේය.

එක් මලල කුමාරයෙක් ඉස්සරහ අත බඳිමින් වැද සිටියාහ. එරියාවේ වන්නිනායක මුදියන්සේ කියා පට බැන්දාහ. දෙවෙනි අනික් මලල බණ්ඩාර ඇවිත් ගජරළ මැද සිට පස්සා පය බඳිමින් වැද සිටියාහ. රත්න මල්ලව ඉරුගල් බණ්ඩාර මුදියන්සේ කියා පට බැන්දාහ. එම උඩුවේරියේ පනන්කාන්නි හෙට්ටි බණ්ඩාර කියා පට බැන්දාහ. එක් මලලෙක් මට්ටලමේ ත්‍රී සිංහල කීර්ති රජපස්ස තුරඟ ගජ රළ මැදට පැන හීත නොවී ඇතා ගස බැඳ සිටියාහ. ත්‍රීරාජගුරු මුදියන්සේ කියා පට බැන්දාහ. පරාක්‍රමබාහු රජ්ජුරුවෝ මලලු මදුකඹ අරගෙන ඇතා එක්ක කෙළිනා බව දැක බලා වදාරන දෙවෙනි අපට දස්කන් කර දෙමුවයි කියා සමක්කට්ටු ලැබුණේය. වන්නි හතර පත්තුව දෙමුවයි කියා රන්පට ලැබුණෝය. එදා පටන් කඩිප්පු තිරප්පු ඇත් දත් අලි දත් පළි මරාල ඇතුව මේ හතර

පත්තුව පවතින්නේය.

මේ මලලුන් ගොඩ බැසපු පොන්පරිප්පුව මුල් කොට වතුර උසට අට රියනයි. අමුණු වැටි දහඅටයි ඒ ගන්වලට අමුණු වැටි එකසිය අටයි. නටබුන් විහාර තිස් දෙකයි. අයියනා බණ්ඩාර කෝවිලයි. නින්ද ගමයි. හීන්ගහේ හක් ගෙඩියයි. විහාර දෙකයි. යෝධළින් හැත්තෑ දෙකයි. පෙරුන්කන්ඩිලම අමුණු වැටි හතයි. බිජු දෙයාළයි. ඔරුගලේ නෙලුම් මල් වෙහෙරයි. නිමි.

ඔට්ටුකුලම වතුර උස හත් රියනයි. බිජු දෙයාළයි. ගලේ විහාර දෙකයි. යෝධ ළින් දෙකයි. බිජු නව අමුණයි. විහාර සත්තකයි. පට්ටිගේ ගම යෝත්කන්ඩිලම බිජු දෙයාළයි. ඔලගන් හතයි. විහාර එකයි. තුත්තනේරුව ඇතුලුව කඳු දොළහයි. අගුනවැල් කන්දේ වෙහෙරයි. ගල්පිට වෙහෙර දහ අටයි. මේගමට වෑ උඩ බැලවෙන් ගල්වැටෙන් උඩත් පහළ එබෙන් උඩත් විහාරයට පුදයි. මරිපත්තුවේ වීරා නම් කන්ඩිලම හතළිස් නව අමුණයි. වතුර උස පස් රියනයි. හිස නැමුණු අත ඔලගන් දොළහයි. විහාර දෙකයි. යෝධ ළින් දෙකයි. වීරා නම් කන්ඩිලම බිජු දොළහමුණයි. අමුණු වැටි පෝටා දහ අටයි. යෝධ ළින් දෙකයි. තාමරකුලම බිජු දහඅමුණයි. අමුණු වැටි පහයි. යෝධ ළින් එකයි. කවරක්කුලම බිජු දෙයාළයි. ඔලගන් අමුණු වැටි පෝටා දහඅටයි. යෝධ ළින් පහයි. චිත්‍රවෙල්ලිය එකසිය විසි අමුණයි. අටු වැටි වැව් හතයි. යෝධ ළින් පහයි. සෙල්ලන් කණ්ඩිලම හැත්තෑපස් අමුණයි. ඔලගන් දොළහයි. ගල්මඩුවයි. විහාර එකයි. යෝධ ළින් එකයි. කරඹවැව වතුර උස හරියනයි. බිජු තිස් අමුණයි. ඔලගන් පහයි. මීදෙල්ල කලියයි. කොහොඹ වෙම්බුවයි. මැදගොම වැව වතුර උස පස් රියනයි. බිජු තිස් අමුණයි. ඔලගන් පහයි. විහාර එකයි. ඔල්ලුක්කුලිය වැව වතුර උස හරියනයි. බිජු දොළොහමුණයි. විහාර එකයි. යෝධ ළින් පහයි. ඔලගන් පහයි. පෙත්තියෝගම වැව වතුර උස හරියනයි. බිජු දොළහමුණයි. ඔලගන් පහළොවයි. අමුණුවැටි පහළොවයි. තුන්වෙනි ගේ වෙලයි. දං වීදියයි. ගල්ම ශාලා පහයි. උළුගෙයයි. සෙන්වල පනස් අටයි. මේ රට කන්දසු පත්තුවයි. කිරලා මඩුව පෙරියකුලම බිජු හතළිස් අමුණයි. වතුර උස පස් රියනයි. ඔලගන් දොළහයි. ගල්ටැම්පිට විහාරයයි. මේ ගන් දෙකෙන් අටමුණක් විහාරයට පුදයි. කෝට්ටු කච්චිය එකසිය පනස් අමුණයි. වතුර උස පහළොස් රියනයි. විහාර දෙකයි. ගල් අටු තුනයි. තමන්නාපිටියේ දිවුරුම් ගලෙන් පහළත් කරඹළුව ඉහළ ගල්කන්දෙන් පහළත් වෙරුන්ගලේ දිය නැමුණු අතින් පහළත් දිය කළියෙන් පහළත් බරකන්දෙන් පොන්පරිප්පුවෙන් හවරිනුගයෙන් ඒමදිකන්දෙන් ඔයෙන් මෙගොඩ වීරපරක්කන්බාහු

රජ්ජුරුවන්ට ඇතුන් තුන් දෙනෙකු දක්වා පුදා රාජවන්නි උන්නැහැට ලැබුණු රට ඉරහඳ පවතිනා තේකට ශ්‍රී සන්නස් ලැබුණා ය.

නාවක්කඩුව පල්ල මැදයා පිටිය නාවක්කලිය මාරුප්ප ගල්කරවිට වැවට ඔලගන් හතයි. වතුර උස පස් රියනයි. දිය නැමුනු අත ඔලගන් හතයි. අමුණු වැටි දොළහයි. බිජු දෙසිය පනස් අමුණයි. යෝධ ළිඳයි. වෙල්ලන්ගිරිය දැදුරු ඔයට නුදුරුව කඳුපිටිය එකසිය පනස් අමුණයි. මාදම්පේ හයසිය පනස් අමුණයි. අනාඔලොන්දාව හැත්තෑපස් අමුණයි. නෙල්ලිකුලම දොළහමුණයි. බෝගොම හැටපස් අමුණයි. මේ කියාපු ගන් මුන්නේස්සරමේ දේවාලයට පුදයි.

වෙන්දකඩුව විසි දැමුණයි. වතුර උස හරියනයි. ඔලගන් පහයි. උනවේරුව අට අමුණයි. ඔලගන් පහයි. කරඹකඩුව බිජු දොළහමුණයි. ඔලගන් හතයි. කරඬික්කුලම හතමුණයි. ඔලගන් පහයි. යෝධ ළිඳයි. විහාරයයි. කඩඉමට අවුපොත කෙටූ ගල්වැටියයි. දෙවන හැත්තෑපස් අමුණයි. වතුර උස පස් රියනයි. ඔලගන් පහයි. මෙම ගම කරවීර පණ්ඩිත නෛයිදේගේ නින්ද ගමයි.

උප්පලවත්ත හතළිස් පස් අමුණයි. ඔලගන් හතයි. වතුර උස හරියනයි. යෝධ ළිඳයි. විහාරයයි. වී පහමුණක් විහාරයට පුදයි. වනන්කුලම යෝධ ළිඳයි. කුඹුක්කඩවල හැත්තෑපස් අමුණයි. වතුර උස පස් රියනයි. ගල් මඩුවයි. යෝධ ළිඳයි. ඔලගන් දොළයි. නොක්කච්චන් කුලම තිස් අමුණයි. ඔලගන් හතයි. කාකපදිය හතළිස් අමුණයි. වතුර උස හරියනයි. ගල් මඩුවයි. යෝධ ළිඳයි. බමුන්නේරිය බිජු අට අමුණයි. වතුර උස හරියනයි. ගල්මඩුවයි. යෝධ ළිඳයි. ඔලගන් වැටි පහයි. ගැට වෙහෙරයි. තට්ටන් පහුව බිජු අට අමුණයි. ඔලගන් පහයි. ගං ඉමට ගල් ටැම් පස් රියනයි. ඒ ගමට විහාරයයි. යෝධ ළිඨි. ඔලගන් පහයි. වඩිගමන්ගාව බිජු දොළහමුණයි. වතුර උස හරියනයි. යෝධ ළිඳයි. ඔලගන් පහයි. ගෝනිගල ඉන්කොට රෑන කොටවා පරාක්‍රමබාහු රජ්ජුරුවන්නෙන් පඩිගා පත්තුව ඉන්කර කුමාරසිංහ වන්න උන්නැහැට ලැබුණාය.

මාගල්ල මුල්කොට මුන්නේස්සරමේ දේවාලයට පැන්සත්තෑ යාළක් පුදයි. වතුර උස පහළොස් රියනයි. යෝධ ළින් පහයි. ඔලගන් අමුණු වැටි දහ අටයි. වැව ඉහළ ඔලගන් අසූ එකයි. වතුර උස එකොළොස් රියනයි. විහාර දෙකයි. දියගිල්මෙන් උඩ ගල්ටැම් දෙකයි. යෝධ ළින් පහයි. දිය නැමුණු අත ඔලගන අමුණු වැටි හැත්තෑ දෙකයි. යෝධ ළින් පහයි. දිය නැමුණු අත ඔලගන අමුණු වැටි හැත්තෑ දෙකයි. යෝධ ළින් පහයි. දිය නැමුණු අත ඔලගන් අමුණු වැටි හැත්තෑ දෙකයි. රාජ සන්තකයි.

හුළුගල්ලේ හතරයාළ දොළහමුණයි. වතුර උස නවරියනයි. ඔලගන් දහ අටයි.

හබලෙන් පහළ සුළුගුළු විහාරයට පුදයි. දියගිල්මේ ගලෙන් උඩ මාගන් ඔලගන් අමුණු වැටි පොටා පනස් පහයි. නටබුන් වෙහෙර පහයි. යෝධ ළිඳයි. රන් මැටි වැව එකසිය පනස් අමුණයි. වතුර උස දොළොස් රියනයි. හොරොව්වයි. යෝධ ළිඳයි. අමුණු වැටි පෝටා හැත්තෑ අටයි. එළුපිටිය මුල් බිජු හැට අමුණයි. කුඹුක්කඩවල බිජු දොළොහමුණයි. වතුර උස හරියනයි. දිය නැමුණු අත ඔලගන් මා වැව් අටයි. යෝධ ළින් දෙකයි. කල්ගෝරුව එකසිය පනස් අමුණයි. වතුර උස හරියනයි. හොරොව්වයි. දෙමහල් විහාර දෙකයි. යෝධ ළින් දෙකයි. දියනැමුණු අත ඔලගන් තිස් දෙකයි. යෝධළින් දහයයි. මැගන්පොළ හතළිස් අමුනයි. වතුර උස නවරියනයි. හොරොව්වයි. ඔලගන් පහයි විහාරයයි. ගල් මඩුවයි. ගල් බැම්ම බැඳපු ළිඳයි. දිය නැමුණු අත මාගන් ඔලගන් දහ අටයි. කටුමිටි වෙහෙරවල් හතයි. ආත්තුකුලම දොළහමුනයි. වතුර උස පස් රියනයි. ඔලගන් හයයි. පබුළුගලයි. සෝලෙගිරිබාව එකසිය හැත්තෑ අමුණයි. වතුර උස පස් රියනයි. ගල් මඩුවයි. දිය නැමුණු අත ඔලගන් හයයි. ගල් ළිඳයි. දිවිගල්ල දොළහමුණයි. වතුර උස පස් රියනයි. ඔලගන් පහයි. වරා වැව බිජු පහමුණයි. වතුර උස පස් රියනයි. ගල් මඩුවයි. දිය නැමුණු අත ඔලගන් පහයි. ගල් ලිඳයි. මහගිරිබාවෙන් උඩ මේ කියාපු ගන් භාතිය රජ්ජුරුවෝ භයාගිරි වෙහෙරට පූජා කළාහ.

වීරපොකුණ ගල් ටැම් බණ මඩුවයි. බිජු දොළහමුණයි. හොරොව්වයි. වතුර උසපස් රියනයි. ගල්කඩවල බිජු දොළහමුණයි. වතුර උස පස් රියනයි. ගල් ලෙනයි. වැවට දිය නැමුණු අත ඔලගන් වැව් වැටි පහයි කන්දේ වෙහෙරයි. තම්මන්නාපිටිය බිජු හතමුණයි. වතුර උස පස් රියනයි. ගල් බණ මඩුවයි. යෝධ ළිඳයි. ඔලගන් පහයි. මල්පිටිය තිස් අමුණයි. පළුකඳවැවව බිජු අටමුණයි. වැව් වැටි පහයි. ඔලගන් දෙකයි. මොට්ටපෙත්තවැව බිජු පහළොමුණයි. වතුර උස පස් රියනයි. විහාරයයි. වානේ කානුවයි. ඔලගන් පහයි. මොලෑව හතළිස් අමුණයි. වතුර උස හරියනයි. ඔලගන් පහයි. කන්දේගලේ වෙහෙරයි. යෝධ ළිඳයි. ඔයබඩ කොහොඹ ගහ වැව දොළහමුණයි. වතුර උස හරියනයි. වැව් වැටි හතයි. ගල් ටැම් බණ මඩුවයි. යෝධ ළිඳයි. දිවුල් වැව දොළහමුණයි. වතුර උස පස් රියනයි. ඔලගන් පහයි. යෝධ ළින් දෙකයි. කඩවලේගම බිජු දොළහමුණයි. වතුර උස පස් රියනයි.

නටබුන් වෙහෙරයි. යෝධ ළින් දෙකයි. ඔලගන් පහයි. තිකෝන් වැව වතුර උස හරියනයි. නටබුන් වෙහෙරයි. දිය නැමුණු අත ඔලගන් පහයි.

ගල්වැව තිස් අමුණයි. වතුර උස පස් රියනයි. කලා ඔයට වැටුණු මුල්වක්කඩ ඇළට බැම්මේ ගල් පෝරුවෝ කඩඉන් පහ කොටා හතළිස් පහට දිග හරහ නව ගව්වක් කඩඉන් නිමි.

මහ ගල් වැව තිස් අමුණයි. වතුර උස හරියනයි. විහාරයයි. ඔලගන් පහයි. යෝධ ළිඳයි. පොදික්කාට්ටුව හැත්තෑ පස් අමුණයි. වතුර උස හරියනයි. හොරොව්වයි. යෝධ ළින් දෙකයි. විහාරයයි. ඔලගන් දොළහයි. පත්කොළවැව තිස් අමුණයි. වතුර උස හරියනයි. විහාරයයි. යෝධ ළිඳයි. ඔලලගන් දහ අටයි. හම්මිල්ල කඩවල තිස් අමුණයි. වතුර උස හරියනයි. වැවට දියනැමුණු අත ඔලගන් දහයයි. යෝධ ළිඳයි. හුනුගල්වැව බිජු දොළොහමුණයි. වතුර උසහරියනයි. ඔලගන් දහ අටයි. විහාරයයි. යෝධ ළිඳයි. පිදුරුවැල්ල තිස් අමුණයි. වතුර උස හත් රියනයි. වැවට දිය නැමුණු අත ඔලගන් දොළහයි. යෝධ ළින් දෙකයි. රළපනාව බිජු තිස් අමුණයි. වතුර උස හරියනයි. ඔලගන් අමුණු වැටි පෝටා දොළහයි. යෝධ ළින් දෙකයි. කැත්තා පහුව හතළිස් අමුණයි. ඔලගන් හතයි. ගල් ටැම් දොළහයි. වෙහෙරයි. යෝධ ළිඳට දිය නැමුණු අත ඔලගන් දහයයි. යෝධ ළින් දෙකයි. ඒ වැවේ වෑ කන්ද ඉන්කොට එතනින් පහළත් උල්ලලපොල ස්ත්‍රී ගැටඹෙන් පහළත් නාකොල ගලෙන් පහළත් ඇටඹුරුගලෙන් පහළත් කුඹුත් එබෙත් උඩත් අමුණු පොතානේ ගල් වැවෙන් උඩත් මේ ගන් තිස්ස රජ්ජුරුවෝ බන්දවා ඉන් කොට මාගොම දාගොබ් වහන්සේට පූජා කළාහ. පිල්ලව තිස් අමුණයි. වතුර උසහරියනයි. වැවට දිය නැමුනු අත ඔලගන් විසි දෙකයි. විහාර පහයි. ගල්පිට බණ මඩුවයි. ගල් ටැම් මඩුවයි. වෙල දෑලේ යෝධ ළින් දෙකයි. මඩුකන්ද වැව එකසිය පනස් අමුණයි. වතුර උහ එකොළොස් රියනයි. වැවට දිය නැමුණු අත ඔලගන් විසි දෙකයි. විහාර පහයි. ගල්පිට බණ මඩුවයි. යෝධ ළින් පහයි. හොරොව්වයි. තලගල්ල එකසිය පනස් අමුණයි. වතුර උස දොළොස් රියනයි. වැවට දිය නැමුණු අත මාගන් ඔලගන් අමුණු වැටි පෝටා හතළිස් අටයි. විහාර දොළහයි. මේ කියාපු ගන් විහාර සන්තකයි.

හතළිස් පහට මඩගල්ල මුල් කොට ඒ මඩගල්ල මුල් බිජු තුන්සිය පනස් අමුණයි. වතුර උස දහඅට රියනයි. හොරොව්ව දෙකයි. කානු හොරොව්වයි. කටාරන් කෙටූ විහාර දෙකයි. ගල් ටැම් පිට වී ගුල් දෙකයි. මාලිතා තැන්නයි. වැවට දිය නැමුණු අත මාගන් ඔලගන් අමුණු වැටි පෝටා හැත්තෑ අටයි. නටබුන් වෙහෙර දහඅටයි. ගල්ලෙනවල් පහයි. පිළීම දහඅටයි. සද්ධාතිස්ස රජ්ජුරුවෝ විසින් වැව බන්දවා වෙල තනවා කමල දහම් මිහිඳු මහ හාමුදුරුවන්ට පූජා කළහ. මඩගල්ල නිමි.

මහ සියඹලංගොමුව මුල් බිජු තුන්සිය පනස් අමුණයි. වතුර උස

පහළොස් රියනයි. හොරොවු දෙකයි කානු හොරොව්වයි. විහාර දෙකයි. නටබුන් වෙහෙර දෙකයි. බණ මඩු දෙකයි. ටැම් පිට ලැගුන් ගෙවල් දෙකයි. වී ගුළු තුනයි. යෝධ ළින් තුනයි. වැවට දිය නැමුණු අත ඔලගම් මාගන් අමුණු වැටි පෝටා පනස් අටයි. පාළුකඩවල බිජු එකසිය පනස් අමුණයි. වතුර උස නවරියනයි. විහාර එකයි. ලැගුන් ගෙයයි බණමඩුවයි. යෝධ ළින් එකයි. හොරොවු දෙකයි. වැවට දිය නැමුණු අත ඔලගන් මාගන් අමුණු වැටි පෝටා හතළිස් දෙකයි. ගල්ලෙන් තුනයි. නටබුන් වෙහෙර හතයි. අතරගල්ලේ හතරයාළ දොළහමුණයි. වතුර උස නවරියනයි. නටබුන් වෙහෙරයි. ලැගුන් ගෙයයි. බණ මඩුවයි. වී ගුල දෙකයි යෝධ ළින් දෙකයි. වැවට දිය නැවුණු අත මාගන් ඔලගන් අමුණු වැටි පොටා දහ අටයි නාකොලගණේ විහාරෙටයි හත්තානේ විහාරෙටයි බරතුනට වැවබන්දවා වෙල තනවා පූජා කළාහ. මැදින්නෝරුව බිජු පනස් අමුණයි. වතුර උස හත් රියනයි. විහාරයයි බණමඩුවයි. ලැගුන් ගෙයයි. යෝධ ළිඳයි. වැවට දිය නැමුණු අත මාගන් ඔලගන් අමුණු වැටි පොටා දහ තුනයි. කන්නෝරුව බිජු හතළිස් අමුණයි. වතුර උස හරියනයි. බින් පොකුණේ විහාරයයි. අඩුත්තු විහාර පනස් දෙකයි. ලැගුන් ගෙයයි. යෝධ ළින් දෙකයි. වැවට දිය නැමුණු අත ඔලගන් දොළහයි. මීගහවැව බිජු දෙසිය පනස් අමුණයි. වතුර උස හරියනයි. හොරොවු දෙකයි. විහාර දෙකයි ලැගුන් ගෙයයි යෝධ ළින් දෙකයි. ලැගුන් ගෙවල් දෙකයි බණ මඩු දෙකයි. වැවට දිය නැමුණු අත ඔලගන් අමුණු වැටි පෝටා විසි දෙකයි. ත්‍රි සිංහල තපස්වරයට ලැබුණු නින්ද ගමයි.

මහකලන්කුට්ටිය බිජු දෙසිය පනස් අමුණයි. වතුර උස දහඅට රියනයි. නටබුන් වෙහෙරයි. බණ මඩුවයි. ලැගුන් ගෙයයි. යෝධ ළිඳයි. වැවට දිය නැමුණු අත ඔලගන් අමුණු වැටි පෝයා දහතුනයි. කෝනගිරිබාව පනස් අමුණයි. වතුර උස හරියනයි. හොරොව්වයි. ඔලගන් අටයි. විහාරයයි. යෝධ ළින් දෙකයි. උවගිරිබාව එකසිය පනස් අමුණයි. වතුර උස දහරියනයි. හොරොව්වුයි. ගල් කානුවයි. වෙහෙරයි. විහාරයයි. යෝධ ළින් දෙකයි. වැවට දිය නැමුණු අත මලගන් හතයි. කඳුවිල දෙසිය පනස් අමුණයි. වතුර උස හත් රියනයි. හොරොව්වයි. කන්දේ වෙහෙරයි. යෝධ ළිඳයි. බඩවැවේ වැකන්දේ ගල්වලේ ඔලු පඳුරක් ඇත. එතන වමට ගහේ හක් ගෙඩියක් ඇත. එතනම බක් මී ගහේ හත් ඇවිල්ලක් ඇත. දහඅටරියන් වතුර පරප්පුවයි හොරොවු හතයි. ගල් පැන්නුම් කඩට බිජු දෙසිය පනස් අමුණයි. දෙවැනි පෑතිස්ස රජ්ජුරුවෝ වැව බන්දවා ශ්‍රී මහා හාමුදුරුවන්ඩ පූජා කළාහ.

උඟරා වැව බිජු තිස් අමුණයි. වතුර උස පස් රියනයි. හොරාවු හතයි.

ගල් පැන්නුම කඩවල් තුනයි. යෝධ ළින් දෙකයි. තිස් අටරියන් උඩ කුකුලාවැටි තුනයි. පුදුකුරුදූගලෙන් මෙපිට මාරසිංහ රජ්ජුරුවෝ බන්දවා ලංකාතිලකයට පූජා කළාහ. පත්තුකඩවල පත්තිනි අමුණයි. හොරොවුවයි. ගල් පැන්නුම් කඩයි. යෝධ ළිඳයි. කුකුලාවැටි දෙකයි. ආරාමයයි. නාගල් විහාරයට පුදයි.

රන්පත්විල මුල් බිජු දෙසියපනස් අමුණයි. වතුර උස දොළොස් රියනයි. ඔලගන් අමුණු වැටි පොටා පහයි ආරාමයයි. මැටිගන්පතහේ මුල්වක්කඩෙන් මෙපිට බිසෝ කොටු හොරොව්වුයි. ගල්කිරියාකන්දේ වැඩ සිටිය සාලිය රාජ කුමාරයෝ අසෝක මාලාවන් විසිනුත් වැව බන්දවා දෙසිය බනස් අමුණක් අස්සද්දවා පඩිගෝ දේසෙන් වැඩමවාපු උන්නාන්සේලාට පූජා කළාහ. තිඹිරි පොකුණ හල්මිල්ල පොකුණ මුලි බිජු එකසිය විසි අමුණයි. වතුර උස හරියනයි. හොරොවුවයි. ගල් පැන්නුම් කඩයි. යෝධ ළින් දෙකයි. කුකුළා වැටි දෙකයි. බණ මඩු දහ අටයි. සාලිය රාජ කුමාරයින් විසින් වැව බන්දවා එසිය විසි අමුණක් වෙල තනවා ඇළෙන් උඩත් පලියාකෙටූ ගලෙන් මෙපිටත් කඩඉන් කර රන්පත්හිත් ලැබී ගලටොඹුවෙ රාලම ගොස් ගොඩපොල නුවර වැඩ ඉන්න විජයපාල මහවාසලට සැලකරපන් කියා යෙදුණාය. ඒ සැටියට ගොස් ගොඩපොල මහවාසලට සැළ කළේය. දෙවියෝ බුදුවන්ඩ අතුපොල දිසා මහත්මයෝ තිරිමංගලාවේ කොටුව එක මොට දඬු ගහෙන් ඇරෙව්වාය කියා සැළ කළාය. එවිට බොහෝ කරුණාව ලැබී තිරිමංගලාවේ කොටු තාප්පේ පල්ලේ ගොඩ පොල හඳගලට දිසාව ලැබුණාය කියා අඬබෙර ගස්සවා මුදලිවරුන් ගෙන්නා තුන්දාස් අටසියයක් දැකුන් ගෙන්වා මහ අරමුදලට ඔප්පු දෙමින් අහස පොළොව ඉර හඳ පවතිනා තේකට දෙයියෝ බුදුවන්ඩ තිර්මතුව පුස්සදේව හාමුදුරුවන්ට සාලිය රාජකුමාරයෝ විසින් පූජා කළාහ.

ගල්ගිරියාවේ දේව මැද්දේ මහවාසලින් බෝගොඩ මහ තෙරුන් වහන්සේලාට පූජා කළාය. කිරිඋලහත් යනනම ගම රන්ගේ බණ්ඩාරගේ නගාට දුන්නාය. දේව මැද්දේ මුණ්ඩකොණ්ඩාපොල මහවාසලගේ ආ දාසිය බිසවට නැතිනිසා රන්ගේ බණ්ඩාරගේ නගා කිරි මවුට සිටිය හෙයින් රන්වැටි තිඹිරි ගහවිල වැව කඩවිල කිරි උල මෙම ගන් තුන ලැබුණාය. කහලුහීන්නෙන් මෙපිටත් ළින් වලේ හීන්නෙම් මෙපිටත් වහමාපනන් යන බ්‍රහ්මණරාලට තිබුණාය. කලුගල්ලේ අදිකාරි රාල්ලා දෙන්නාගෙන් පල්ලේගොම හිටිහාමි දුන්නු දාගොම ඒගෝඩගොම මේ ගන් දෙකෙන් යට පොතු වල අමාරා ගොඩැල්ල අමාරා පැලැස්ස නම යන මේ ගන් දෙක කලුගල්ලේ රාල්ලාට දුන්නා ය. කිරිබමුණේගොම

බ්‍රහ්මණරාලගේ අප්පුහාමිට දුන්නාය. බිජු තුන මුණක අස්සද්දවා රාමේට පූජා කළාය. ඉතිරිව තිබුණ ගත් මොරොන්නේ සියඹලාපිටි රාලට දුන්නාය. පස්වග මහණුන්ට පූජා කරපු පටදෙනිගොම ආරාමයයි වැවේ හොරොවුවයි වතුර උස තුන් රියන් හමාරයි. බිජු තිස් අමුණයි. මෙම ගම කුඹල්දිවෙල බණ්ඩාර පූජා කළාහ.

රුක්කත්තනේ හෝලිය බණ්ඩාරගේ නගා දේව මැද්දේ තිරිපොලේ ආබාසිද්ධි බිසවට දුකට පිහිට වෙච්චි නිසා රත්තරනෙන් හඳුන් ලීයෙන් පුටුවයි බිජු තිස් අමුණයි බොර පොකුණේ බිජු හතළිස් අමුණයි ඔලගන් ලැබුණාය. යකුන් සහ මිනිසුන්ගෙන් වැඩගත් මාරසිංහ රජ්ජුරුවන්ගෙන් ලැබුණු ගම නිකවැව බිජු පන්තිස් අමුණයි. වතුර උස වඩු රියන් තුනහමාරයි. ඔලගන් තුනයි. යෝධ ළින් දෙකයි. පිහිටි ස්ථානයයි මේ ගම පල්ලේ පිටිරාලට දේව මැද්දේ මහවාසලින් ලැබුණාය. ආචරි අසුරි අප්පුට ඇතුන් බඳින්නට කඹ ලැබුණ හෙයින් බිජු දොළහ මුණයි. කම්බුවටනය යන නමින් කම්බුවටනය ගම ඌට දේව මැද්දේ මහවාසලින් ලැබුණාය. කුඹුක්කඩවල බිජු දහතුනමුණයි. ඔලගන් තුනයි විහාරයයි. යෝධ ළිඳයි. කන්තොල්ලා පොකුණෙන් මෙහා එලිබිච්චේ රාලට දේව මැද්දේ මහවාසලින් ලැබුණාය.

එරියාවේ පනික්කි රාල සිංහප්පු පනික්කි මුදියන්සේ කියා පට බඳිමින් ලැබුණු මදුකඹ හතයි එහි ආ හමුදාව තුන්සියයි. විලව ගජසිංහප්පු පනික්කිරාලට ලැබුණු මදුකඹ හතයි. එහි ආ හේවාහමුදාව තුන්සියයි. මෙම හේවා හමුදාවට දැනමිතිකම් නිකපිටියේගොම ලියන වැද්දාට දුන්නාය. එරියාවේ රන්ගේ බණ්ඩාර කලවැලෙන් ඇතා බැඳ සීතාවක භුවනෙකබාහු රජ්ජුරුවන්ඩ දක්කවාපු ලබාපු ගම එරියාවේ බිජු හතරයාළ දොළහ මුණයි. විහාර තුනයි යෝධ ළින් දෙකයි. ඔලගන් දොළහයි. කුකුළාවැටි තුනයි. ගල්පැන්නුම් කඩයි. වැවේ වතුර උස වඩුරියන් හතයි. මේ ගම අතරගල්ලත් අසුව ලැබුණා ය.

යකුන් සහ මිනිසුන් ලවා බන්දවාපු ගල්ගොමුවේ වැවවතුර උස වඩුරියන් හතයි. බිජු හතරයාළ දොළහ මුණයි. හොරොවුවයි. කුකුළාවැටි තුනයි. විහාර හතරයි. ඔලගන් දහ අටයි. මාරසිංහ රජ්ජුරුවන්නෙන් ගජනාද පනික්කිරාලට ලැබුණ ගමයි. සීතාවක භුවනෙකබාහු රජ්ජුරුවන්ඩ අගමෙහෙසුන් කොට සිටිය බිසෝ කෙනෙක් ගර්භයෙන් කුමාරයන් දෙදෙනෙකු වැදුවාහ. ඒ දේවීන්වහන්සේටත් කුමාරයින්ටත් මොලගොඩ යන ගම ලැබී සිටියාහ. මවු දේවී හෙට්ටියකුට අසුවී ගියාහ. නින්දාව නිසා දෙන්නා පිටිවහල්ව ගොස් දෙන්නාම වහ කා මරුණෝය. එදා පටන් වහගෙදර නම් විය. කුමාරයෝ දෙදෙනා කෝට්ටය බැද හේවාකමට බැඳී

සිටියාහ. රජ්ජුරුවන් එක්ක සිටියෝය. මේ දෙන්නාට දැනමුතුකම් දී සිටියහ. මඩදොබේ යන ගම ඕලගන් දොළහයි. බින්පොකුණේ විහාරයයි. දේවගිරි විහාරයයි. මේ ගමට සන්නස් ලැබුණාය. මුණ්ඩා කොණ්ඩපොළ මහවාසල වෙලාවේ බොර වැවේ බ්‍රහ්මණරාල ඇතුහන් කඩා ගත්තු ගම බොරවැව මුල් බිජු දහඅට අමුණයි. ඕලගන් හතයි. හැමටම බාල බ්‍රහ්මණ රාල අතුහන් කඩා ගත්තු ගම නබඩවැව පළමු නබඩ පොකුණ නිමි.

මල්විල දේශයෙන් ගොඩ බැසපු සෙනෙවිරත්න බණ්ඩාරගේ මුණුබුරු හතර කෝරලේ කුඹල්දිවල බණ්ඩාරය. ඒ බණ්ඩාරගේ මුණුබුරා වටලුවාවේ ඒකනායක බණ්ඩාරය. ඒ බණ්ඩාරගේ පුත්‍රයා වටලුවාවේ ඒකනායක මුදියන්සේ හා දෝනියන්දෑ උල්පොතේ හේරත් බණ්ඩාරගේ ලොකු පුතා ලොකු රාලට දුන්නාය. ඒ අයගේ මලයා වන කුඩාරාලට උඩ කැන්දවලින් මගුලක් ගෙනාවාය. ඒ මහගේට දස එකඩ මසින් සම්පූර්ණ කැන්දවලට වදන්ඩ ඇරලා ඇවිත් උල්පොතේ සිටින වෙලාවට කුඩාරාල නැසී ගියා ය. ඉන්පසුව කැන්දවලට ඇරලාපු එතනා වැදූ අප්පුහාමි ඇවිත් උල්පොතේ ලොකු පියාණෝ ළඟ ලොකු මහත් වී සිටින වෙලාවට රාසිංහ දෙවි රජාණන් වහන්සේ සිංහලේ වර්ධනය කරන විට පරංගිකාරයන්ගේ හේවාකම් උනු තැනේදිත් හේවාකමට යන්ට ගිරාගම දිසාවට යෙදුණාය. ඒ විට ඒ දිසා මහත්තයෝ සිංහලේ සිටින සැර පුරුෂයෝ කැඳවාගෙන ගොස් රග්ගන් වත්තට ගොස් සිංහල දෙවි රජාණන් වහන්සේගෙන් අවසර ගෙන යුද්ධ කරන විට උල්පොතේ අප්පුහාමි පරංගිකාරයන්නෙ තරන් තුනක් කපා දෑතට තරන් දෙකකුත් කටින් තරමකුත් ගෙන ඇවිත් රග්ගන්වත්තේ වාඩියේදී දැකුන් තියා බැහැ දැකපු තැනේදි යුද්ධය මාරයා කියා යෙදුණාය. නැවත මාරසිංහ මුදියන්සේ කියා එදා උදෑසින උල්පොතටත් කැන්දවලටත් මටලුවාවටත් හල්මිල්ලෑවටත් රාජසිංහ දෙවිමහරජාණන් වහන්සේගෙන් මාරසිංහ මුදියන්සේට මෙම රටවල ලැබී එදා උදෑසන රන්පට බැන්දාහ. පසුවදා උදෑසනක වාඩි ගිනි ලාපුකල සන්නස දැවාය. ඒවග ගිරාගම දිසාවට මතක් කර සීට්ටුවක් දෙවෙනි ලැබුණාය.

සිද්ධි රස්තු - සුභ මස්තු

රාජසිංහ රජුගේ පෘතුගීසි විරෝධි සටන්

Rajasinghe Rajuge Pruthugisi Wirodhi Satan
(Battles of King Rajasinghe Against the
Portuguese)

A brief introduction

This manuscript contains a collection of historical events and boundary demarcations in territories in Sath Korale. It is likely to have been composed during the Kandyan Kingdom. This manuscript was found in a temple in Vanni Hathpaththu of Sath Korale.

It starts with the description of the war launched by a a king called Bhatiya against Nala Mudali who invaded North-Western region. The *Mukkara Hatana* manuscript also refers to a similar invasion with similar names.

The next section captures details about a famine that caused the collapse of northern kingdoms and helped to establish power of Vanni leaders who were also known as Vaddha chieftains. They inhabited rural and jungle regions. A list of Vaddha chieftains is presented in this document along with the areas where they established their rule.

The next section is related to military marches and war games organized by the Sithawaka Kings. The Malala Bandara warriors who displayed their skills capturing wild elephants at the festivals were awarded honorary names and land with boundary demarcations.

The next section presents another Malala Bandarawaliya who came from Malala country (Kerala) in South India. They were accompanied by various skilled labor and/or professionals. A list of this labor groups is provided in the manuscript. In addition, the details about two other Brahmanawaliyas, who settled in the areas where the Brahmana and Malala groups occupied, are also presented.

This information is followed by boundary information of various regions and countries and capacity measurements of tanks and paddy fields of these countries. These countries included Ponparappu, Nandasapaththu, Rajavanniya, Magalla, Wirapokuna, Madagalla, Kumaravanniya and Uduweriya etc.

The next section covers the information about the battle fought by the King Sithawaka Rajasinghe in Sath Korale against the Portugese. It particularly mentions the Rakogama Portuguese Fort which was destroyed by Sinhala forces. There are details of atrocities committed by the fleeing Portuguese troops including the brutal killing of regional leaders and abducting their innocent daughters.

The final part represents ancient demarcations of Sri Lankan grand principalities going back to the legends of prehistoric Sri Lankan king Ravana. Among the list of these principalities include Dambadeniya, Beligal Kingdom, Pitigal Rata, Kuru Rata, Siyane Koralaya, and Kalaniya. There is also a list of sixteen legendary Ravana territories including Dumbara Rata, Naga Diwayina, and Maiyangana.

The information in the document is so extensive that it extends across many historiocal eras without any consistent chronology and therefore, presents difficulties of summarising.

රාජසිංහ රජුගේ පෘතුගීසි විරෝධි සටන් - කෙටි හැඳින්වීමක්

මෙම අත්පිටපතෙහි සත් කෝරළ ප්‍රදේශයන්හි ඓතිහාසික සිදුවීම් සහ මායිම් සලකුණු එකතුවක් අඩංගු වේ. එය උඩරට රාජධානි සමයේ රචනා වන්නට ඇත. මෙම අත්පිටපත හමු වී ඇත්තේ සත් කෝරළයේ වන්නි හත්පත්තුවේ විහාරස්ථානයකින්ය.

එය ආරම්භ වන්නේ වයඹ ප්‍රදේශය ආක්‍රමණය කළ නල මුදලිට එරෙහිව භාතිය නම් රජෙකු දියත් කළ යුද්ධය පිලිබඳ විස්තර කිරීමකිනි. මුක්කර හටන අත්පිටපතෙහි ද එයට සමාන නම් සහිත සමාන ආක්‍රමණයක් ගැන සඳහන් වේ.

මීළඟ කොටසේ උතුරු රාජධානි බිඳවැටීමට බලපෑ සහ ග්‍රාමීය සහ කැලෑබද ප්‍රදේශවල වාසය කළ වැදි ප්‍රධානීන් ලෙසින් හඳුන්වන වන්නි නායකයන්ගේ බලය පිහිටුවීමට උපකාර වූ සාගතයක් පිළිබඳ විස්තර ග්‍රහණය කර ඇත. මෙම ලේඛනයේ වැදි නායකයින්ගේ ලැයිස්තුවක් ඉදිරිපත් කර ඇති අතර ඔවුන් ඔවුන්ගේ පාලනය ස්ථාපිත කරන ලද ප්‍රදේශ ද පෙන්නුම් කරයි.

මීළඟ කොටස වෙන් වන්නේ සීතාවක රජුන් විසින් සංවිධානය කරන ලද හමුදා පාගමන් සහ යුද ක්‍රීඩා පිලිබඳවයි. සෑම මලල ක්‍රීඩා උත්සව වල වල් අලි ඇල්ලීමේ දක්ෂතා දැක්වූ මලල බණ්ඩාර රණවිරුවන් හට ගෞරව නාම සහ ඉඩම් පිරිනැමීම සිදුවී ඇති බව පෙනේ.

මීළඟ කොටසින් ඉදිරිපත් කරන්නේ දකුණු ඉන්දියාවේ මලල රටෙන් (කේරළයෙන්) පැමිණි තවත් මලල බණ්ඩාරාවලියක් පිලිබඳවය. ඔවුන් සමඟ විවිධ පුහුණු ශ්‍රමිකයන් සහ/හෝ වෘත්තිකයන් ද සංක්‍රමණය වූහ. මෙම කම්කරු කණ්ඩායම් ලැයිස්තුවක් අත්පිටපතෙහි දක්වා ඇත. මීට අමතරව එම බ්‍රාහ්මණ සහ මලල කණ්ඩායම් වාසය කළ තැන් ද තවත් බ්‍රාහ්මණාවලින් දෙකක් පිලිබඳ තොරතුරුද ඉදිරිපත් කෙරේ.

විවිධ කලාප සහ රටවල මායිම් තොරතුරු සහ මෙම රටවල වැව් ධාරිතාව සහ කුඹුරුවල පරිමාන පිලිබඳ තොරතුරුද ඉදිරිපත් කෙරේ. මෙම රටවල් ලැයිස්තුවට පොන්පරප්පු, නන්දසපත්තුව, රාජවන්නිය, මාගල්ල, විරපොකුණ, මඩගල්ල, කුමාරවන්නිය සහ උඩුවේරිය යනාදි රටවල් ඇතුළත් විය.

මීළඟ කොටසින් පෘතුගීසීන්ට එරෙහිව සිතාවක රාජසිංහ රජු සත් කෝරළයේ කළ සටනක් පිළිබඳ තොරතුරු ආවරණය කරයි. එහි විශේෂයෙන් සඳහන් වන්නේ සිංහල හමුදාවන් විසින් විනාශ කරන ලද

රුකෝගම පෘතුගීසි බලකොටුවයි. පලා යන පෘතුගීසි හමුදා ප්‍රාදේශීය නායකයන් අමානුෂික ලෙස ඝාතනය කර ඔවුන්ගේ අහිංසක දියණියන් පැහැරගෙන යෑම ඇතුළු ම්ලේච්ඡ ක්‍රියා වලට සහභාගිවූ බවට විස්තර සඳහන් කර තිබේ.

අවසාන කොටස ප්‍රාග් ඓතිහාසික ශ්‍රී ලංකාවේ රාවණා රජුගේ යුගය දක්වා දිවෙන ශ්‍රී ලාංකීය මහා ප්‍රාන්තවල පැරණි සීමා නිර්ණය කිරීම් නියෝජනය කරයි. එම ප්‍රාන්ත අතරට දඹදෙණිය, බෙලිගල් රාජධානිය, පිටිගල් රට, කුරු රට, සියනෑ කෝරළය, සහ කැලණිය අයත් වේ. දුම්බර රට, නාග දිවයින සහ මියිංගනය ඇතුළු රාවණා පුරාවෘත්ත වලට අයත් භූමි දහසයක ලැයිස්තුවක් ද ඇත.

මෙම ලේඛනයේ ඇති තොරතුරු පුළුල් වන අතර ඒවා ස්ථාවර කාල නිර්ණයකින් තොරව බොහෝ ඓතිහාසික යුගවලට විහිදේ. එබැවින් මෙම ලේඛනය සාරාංශගත කිරීමේ දුෂ්කරතා තිබුනේය.

මුල් පිටපත

රාජසිංහ රජුගේ පෘතුගීසි විරෝධි සටන්

නමෝබුධාය

සිංහල බාතිය දෙවි මහ රජාණෝ යුද්ධයට යන්ඩ කළමනා දෙමින් රථවාහන ගමනට සදමින් කාලතුවක්කු නවසීයක් රථය පිට සදමින් සිංහල බාතිය දෙවි මහරජ්ජුරුවෝ ගමන් ඉදිරියට වැඩම කරවා අවසර දුන්නාය. කොයිතැනක කඳයුරු බදිමුදැයි කිසා සැළ කළෝය. ත්‍රිප්‍රමේස්වර තපස්වරඉනෝ මැදගප්පල කල්ලගෝරුවේ සිටිමින් වියදන් දෙවු කීය. කඳයුරු බඳවවු කියා අවසර දෙමින් රජගෙට වැඩියාහ. කලල්ගොරුවේදී දූව මැද සරක්කුව බැඳ නිමවා නල මුදලියා එන ඉස්සරට අසුපිට නැගී ගල්ගොමුවට ගොස් පෙනී ආපසු නික්ම සරක්කුවට වැදුණාහ. නලමුදලියාගේ සෙනග හේවාකමට ළන් උණෝය. දෙමළුන් හා කාලතුවක්කු නවසීයක් ගිනිලූහ. හේවාකමින් නැසීගියෝය. එතනින් ගොස් බලකොටුව බිඳ සිඳ දැමූහ. එතනින් ගොස් තරනගොඩ ගලට ගොස් වාඩි හැර කළුවැල්ලා පොතාන වාඩි හැර සුරුවිල වාඩි හැර නුවර වැවට ගොස් වාඩි හැර අනුරාධපුර නුවරට ගොස් බාතිය රජ්ජුරුවෝ බොහෝ සිත් සන්තෝෂ කරවා දෙමළුන් දක්වාගෙන අපා මාපා සෙනෙවි රජුන් ගෙන්වා ගෙන බස්න ගජතා බූමිය කඳුරට කඩයින් කොට සිංහල දෙවිහාමුදුරුවන් ගෙන් දෙමළුන්ඩ ලැබුණාහ. ඉන්පසු එරජ දෙවිපුරට

ගියාහ.

එයින් පසු ඉන් විලපත් සායක් විය. දෙමළුන් රටට ගියෝය. වඩිනා කැටුව ආ ශ්‍රී සඟබෝධි කුමාරයෝත් මලල කුමාර බණ්ඩාරහුරුත් සේමසිංහ කුමාරයෝත් මේ දෙගොල්ලට දෙවෙනි පෑතිස්ස රජ්ජුරුවන්ගෙන් රට ලැබී වන්නි මුදියන්සේලා කියා ඇතුන් දක්වා තුන්සිය හැටක් වන්නි පත්තු ලැබ ඊට හන්නස් ලබා සිටියාය. එයින් විලපතන් සායට නොගියාය. ඕට ලැබූ කඩඉන් මන්නාරමද ත්‍රිකුණාමලයද බස්මා කන්දද වැඋඩද ඉන්කොට දැදුරු ඔයේ නානුගලෙ උඩ සන්නස් ලැබුණාහ.

අනුරාධපුර නුවර සිටි දෙවෙනි පෑතිස්ස රජ්ජුරුවන්ගෙන් ලැබුණා පිහිටි රටට කඩවසත් කියමි. වඩිනා කැටුව ආ බණ්ඩාර කුමාරයින්ගේ සවෙනි මුනුබුරු දිනේදී විලපතන් සායක් වැදී ගස්වල කොළපොතු කමින් මිනී මැරෙමින් මීපොතු දත් දෙමින් හුඹස් දළු කමින් සිට එයින් පසුව දුනු දඬු ගනිමින් සිමයට වැදි වීර කඳක් පළා පැණි ඔරු පුරවා ආස්මී දඩමස් දමා වසා රක්‍ෂා වී සිටියාහ. මේ උදවිය නම් බණ්ඩාර කුමාරවරුයි දැනගත යුතු.

මෙයින් පසු හුරුල්ලේ වැද්දාය. කල්වල වැද්දාය, ශ්‍රී සඟබෝධි කුමාරයාය, උත්‍රරෝ වැද්දාය,. කිරලෝ වැද්දාය, මුල්ලේරියායෙ කුමාරසිංහ වැද්දාය, විලව කුමාර ගජසිංහ වැද්දාය, කැකුනාවේ සිංහනාද වැද්දාය, මේ තුන්දෙනා එක ගෝත්‍රයේය. හතළිස්පහේ ලැබුනෝරුවේ වැද්දාය, ගාලවැවේ වැද්දාය, හෙල්ගොම වැද්දාය, ලැබුනෝරුවේ මහකටතෝරුවාය, තිකපිටිගොම ලියන වැද්දාය, වරාගම්මන අදිපති වැද්දාය, වෙදන්කඩුවේ වනසේකර ගජනාද වැද්දාය, සුලුගල්ලේ සුලුගලු වැද්දාය, හාතිගම්මන මහකේසර වැද්දාය, මාගල්ලේ ඔලුපොකුණේ සුන්දරාය, කුඹුරුපියේ ඉරුගල් වැද්දාය, මගුලාගම වැද්දාය, දුනුපොතගම රත්න මලල වැද්දාය, මේ කාලයේ රජ කෙනෙක් ශ්‍රී ලක සිටියේ නැත.

විලපතන්සාය දොළොස් අවුරුදු වීය. එයින් පසුව වැසි වැස සීතාවක වීදියක් සෑදී සුළු වීදියේ රත්රන් බඹර කාලිත්ග අධිපතියාගෙ වීරප්‍රාක්‍රමබාහු රජ්ජුරුවන් වහන්සේ හතර වන්නි පත්තුවට පණිවිඩ යැව්වාහ. හතර වන්නියේ වැද්දෝ ඇවිත් බැහැ දැක සිටියාය. වැදිවරුන්ට රජ්ජුරුවෝ කියන්නේ නළලේ අඩසඳ මොනරේ වල්ලිය විසි නිය ඇති ඇත්රාජයා අල්වා දෙන්ඩ කියා රජ්ජුරුවන්ගෙන් අවසර යැදුණාය. වන්නි හතර දෙනා අවසර ගනිමින් කුරුවේ අලි ඇතින්නක් ගෙන ඇතො කුඹුරුපිටියට ඇත්පන්තිය ලා සිටියාහ. වන්නි හතර දෙනාට දස්කමට යන්ඩ අවසර යැදුණාය. පසුව පණිවිඩ අසා දැදුරු ඔයෙන් මෙගොඩ

මාගල්ලේ පත්ති ලූහ. එතනින් ගොස් අතරගල්ලේ පත්ති ලූහ. එතනින් ගොස් ගල්ගොමුවේ පත්ති ලූහ. එතනින් ගොස් මැදින්නෝරුවේ පත්ති ලූහ. එතනින් ගොස් කලුවැල්ල පොතානට ගොස් හිමයට වැදී ඇවිද සොයා යන විට මහනෑගම්සෝලෙහි හිමය වටකර රක්කවා ඇතා දැක අලි ඇතින්න ලවා රක්කවා ඇතා මැදි කරවා ලැබුන්නෝරුවේ පනික්කියා ලවා ඇති බන්දනය කරවා අලි ඇතින්න මැදිව වන්නි හතර දෙනාත් ඇත්ගොව්වාත් පිටත්ව කහල්ලේ පත්ති ලූහ. දෙවියන්ට පඬුරු තබමින් ඇත්ගොව්වා අතට දෙමින් ඇතු පිටට නැගී යන්ඩ පටන් ගත්තාහ. එතනින් ගොස් කළුවැල්ල පොතානේ වාඩි ලූහ. එතනින් ගොස් මුණ්ඩ කොණ්ඩ පොළ වාඩි ලූහ. එතනින් ගොස් දඹදෙණියේ වාඩි ලූහ. වඩි ඉගිල සීතාවකට ගොස් බාහුසෙනවි රජ්ජුරුවෝ මාලිගාවෙන් එළියට වැඩමවා පත්තිරිප්පුවට වැඩ ඇතා ගෙන්වා කරකඹ ලෙහවූ කියා අවසර ලැබුණාය.

හතරපත්තුවේ මලල වැද්දන් ගෙන්වා ඇතා බන්දනය කරවූ කියා අවසර ලැබුණාහ. එරියාවේ මලල රතුනු වැද්දා කම්බ කනුව මළුවේ සිටුවා සවරන් බැදි මඳ ගනිමින් ඇතු කරකවා ඉස්සරහ අත බඳිමින් කුමාරසිංහ ප්‍රතාප වන්නි මුදියන්සේ කියා පටබැඳ තුන්පත්තුවේ වන්නිකම ලැබුණාය. විලව මලල ගජසිංහ මූලික වැද්දා පස්ස පය බඳිමින් මලල කුමාර ගජසිංහ මුදියන්සේ කියා පටබැඳ ගන්තිහේ විසිදෙකේ වන්නිකම ලැබුණාය. විලව දාස්කම් පාලුවට දැකුමට ඇරුණාය. වරාගම්මන වන්නි අදිපති පතිරැන්නැහැ කියා පට බැන්දාහ. දැකුමට ඇරුණාහ. කුඹුරුපිටියේ ඉරුගල් බණ්ඩාරපතිරැන්නැහැ කියා පට බැන්දාහ. දැකුමට ඇරුණාය. හුලුගල්ලේ සුලුගුලු පතිරන්නැහැ කිය පට බැන්දාහ. දල දෙකට අත ගසා වෙනැකටුවෙ පට්ටමෙ ත්‍රිසින්හල කිත්තෘ රජවන්නියා කියා පට බැන්දාය.

කාවකට්ටුවේද පාලවියේ දේසබාසසිංහල කීතතී රාජගුරු කුමාරසිංහ වන්නියා කියා පට බැන්දාය. ප්‍රාක්‍රමබාහු රජ්ජුරුවෝ මලලුන්ට සමක්කට්ටු ලැබී හතර පත්තුවේ වාද නොවවූ කියා අවසර ලැබී ගල්උලියන් පස් උලියන් දඩු උලියන් රදවා මුර මහට ඇරුණාය. වීරප්‍රාක්‍රමබාහු රජ්ජුරුවන්නෙන් ඉරහඳ පවතිනා තෙක් සන්නස් ලැබුණාය. අතපත්තු ගන්වසන් කොට්ටල් බද්ද, රදා බද්ද, බෙරවා බද්ද, නව බද්ද, ඇතුළුව වන්නි උන්නෑලා කියා රට ලැබුණාය.

සීතාවක වීරප්‍රාක්‍රමබාහු රජ්ජුරුවන්නේ ඉහළ දොළොස් පත්තුවේ බණ්ඩාරවරු වඩිනා කැටුව ආ ඕවිල පතංසායට නැලව යාපා බණ්ඩාර නීරමුල්ලේ බණ්ඩාර නෑගංසෝලේ ඇතා අල්ලන්ඩ යනවාය කියා එයින් උලියන් වැටුණාය. මෙයින් වන්නි හතර පත්තුවේ කඩවස නම් ශ්‍රී වර්ධන

නුවර මුල්කර දැදුරු ඔය මුල්කර රත්මලේ ගල් වැටියද දෙගොඩතුරාවද දෙබත්ගල් සකිමානවැව, නියදවනේ විහාරයද කිරිවැල්හීනා ඇතා කොටුව පැත්ත ගල්විහාරය, ගුරුගම විහාරය, නාපනැල්ල, සුදුමුද්දු ගල, කටියාඇල්ල, නෑගමඔය, ඔත්තෑප්පුවේ ගල, තල්ගහවැව, පනික්කුලම, මඩුකන්ද, යබරකන්ද, වල්මූනානාව, බඹරවැල් තන්ද, මොරගල්හීන්න, හතරස්පහනේ නෙළුම්විල, කොකකාරන්විල, මොරුගොම ඔය, මරිසිකට්ටිය, ගල්ඔය, කොංඩිත්තිය, මුතුපන්තිය, මොදරය, මේ පළමුවෙන් බාතිය රජ්ජුරුවන් විසින් දෙමළුණ්ඩ ලැබුණු රක් මේ තුන්පත්තුවත් වන්නි හතරදෙනාට ලැබි වාද නොවෙවු කියා බුවනේක රජවාසලින් අවසර ලැබුණාය. නෑගංසෝලේ හිමාලය තහනන් කරමින් යකඩ දම්වැල් ගසා ඇතුන් අලි බන්ධන යෙදුණාය. වන්නි හතර පත්තුවේ එර්යාවේ සිංහ ප්‍රතාප කුමාරසිංහ වන්නි මුදියන්සේට ගොල්ල හතළිහයි. ගාලාවේ පතිරන්නැහැට විසිදෙන්නයි. දුනුපතගම පතිරන්නැහැට දොළහයි. කැකුනාවේ සිංහනාද මුදියන්සේට දොළහයි. විලව ගජසිංහ මූලික කුමාරසිංහ මුදියන්සේට දහසය දෙනයි. වරාගම්මන වන්නි අදිපති පතිරන්නැහැට විස්සයි, සුළුගල්ලේ ඉරුගල්නැව දුටු පතිරන්නැහැට විස්සයි. හාතිගම්මන වනිවිරජ පතිරන්නැහැට දහඅටදෙනයි. වෙන්දකඩුවේ වනකේසර ගජනාද කුමාරසිංහ මුදියන්සේට විසි දෙන්නයි. මාගල්ලෙ ඔලුපොකුණේ සුන්දරාට මදුකඹ හත් කඩයි. සීතාවක බඹර කාලිංගනත්යින්ත්‍යප් ප්‍රාකමීමබාහු රජ්ජුරුවන්නෙන් වැදිකන් එපා කරමින් වන්නි මුදියන්සේලා කියා කරුණා ලැබුණාය.

ඇතා දක්වා දැකුමට හතර පත්තුව වැදුණාය. එයින් පසුව මල්ල දේසේ රජ්ජුරුවෝත් මරවර රජ්ජුරුවෝත් හේවාකම් මිය. මලලුන් නැසී කුමරුන් සත්දෙන විහාරෙට වැදී කප්පන් නොදී හේවාකම් බැරිය කියා සිටියා ය. මවුදේවීන් වහන්සේ පළමුව සිංහල රටට යන්ඩ කියා අවසර දුන්නාය. අවසර ගනිමින් නැවු වඩුවන් දොළහක් ගෙන්නා ගෙන සිංහල රටට පාර නොදැනෙයි. කියා ඇසුවාය. අපිත් යෙමුව කියා කීවාහ. දෙතුන් ගොල්ල කථා කොට නැවු වඩුවන් සතර දෙනකුන් අඬ ගහගන නැවේ වැඩ පටන් ගත්තාහ.

තෙලිගු පුරදේසේ සේමසිංහ රජ්ජුරුවන්ගේ සන්බාන් තැනූ කොට්ට වඩුවා, පලිගු ඉගුල් වඩුවා, සමුක්කාව තැනූ වඩුවා, ආහරණ බඩාලා, කපුරුහෙට්ටිල, වෙත්තිල හෙට්ටිල, සුන්නබු හෙට්ටිල, වහුන් වලන් කරුමාන්තයා, මැටිලියන පණ්ඩිතයා, සන්කනාද ගුරුවා, තල විරිඳු සුද්දනා, වලිවිරුදු මගන් පනික්කියා, දැලිසමන කරන සුද්දනා, චක්‍රක්‍රවතීතීය සුද්දහළුවා, මේ නම් ඇති තමාගේ සෙනඟ නැවු නංගා

පරබයින් දැකුම් පඬුරු වෙන වෙනම ගනිමින් මුදු බැස පීනා එන වේලාවට වැසි මේඝයක් පටන් ගෙන සන්බාන් තුන් අතකට දිවීය.

දෙමළ හෙට්ටි හන්බාන කුදිරමලේට ගොඩබැස කාරදූවෙන් ගොඩනැගී ඇවිත් වෙල්පරප්පුවට ඇවිත් සිටියේය. පසුව මල්ල ගොල්ලත් වෙල්පරප්පුවට ආයේය. තුන් ගොල්ලම එකතු වී සන්තෝස වී වෙඩි තියමින් සකක්‍රාන් නිහිරොයි කෙළිමින් ඇවුළුවා උතු උතුම් සිට මේ ශ්‍රී ලක වැදිනම් ඇර වන්නි මුදියන්සේලා කියා සීතාවක රජවාසලින් රට ලබා සිටියෝය. මෙයින් පසු මලලුන් හෙට්ටින් බ්‍රාහ්මණයන් වෙල්පරප්පුවට ගොඩබැස සිටියාය. සීනාකෝරලේ වැල්ල මූල්කර උඩුගම්පොළ උඩවෙඩි තිබූ හෙයින් උඩුවේරිය කියා නම් තිබීහ. කීරවැල්ලේ සිටිය මලල කුමාරයෝ කීරවැල්ල, කැලණිය දාගොබ, බන්පොනේ, යටිහේන, මාදුළුපිටිය, නාගොඩ, තෝප්පුව, බොරගොඩ, මහර, කදෑනාව, වත්තල, බොලද්ද, මල්වාන, කත්තොට, හල්පේ, බලගල්ල, බොතලේ, හෙට්ටිමුල්ල, කහබිලිපිටිය මේ කියන ගන් කඩඉන් කර ගන මලල බණ්ඩාර කියා සිටියාය. රාජගුරු මුදියන්සේ කියා සිටියාය. ඔලගන් දහඅටකට කඩඉන් කර ගන ඉරහඳ පවතිනා තෙක් තඹපොත් සන්නස් ලැබුණාය. සීතාවක රජවාසලින්ය. මඩි හුන්ගන් මරාළ නැති කර කඩප්පු තිරප්පුනැති කර ගන ඇදැත් අලිදත් නැත කරගෙන රාජකාරිය නැති කර ගන ශ්‍රී සන්නස් ලබා දිසාව අදිකාරන් කර ගන සිටිය කීරවැල්ල උඩුගම්පොළ සිටිය මලල කුමාරයෝ සිටියාට පසු හෙට්ටිගොල්ල වෙන්ව ඇවිත් ජයවර්ධන නුවර සිටිමින් මොන්නස්සරම දේවාලේ සිට කල්ලතුරේ සිට පඬුරු බඳිමින් ඇවිද වඩනෙන් පොරොත්තු වෙමින් සත් ගව්වක් පසු කර කුදිරමලේට ඇවිත් සිට ලබාගන සිටිමින් බාහුසිංහල රජ්ජුරුවන්ඩ සළුවක් දක්වා ගනිමින් කඩඉන් ඇතිව ලබා ගනිමින් හෙට්ටිගොල්ල සිටියේය.

පනන්කානියේ සේමසිංහ හෙට්ටිකුමාරයාත් පුල්හිරියා කියන කොටහළුවත් හුදලියාවේ ගිනිහුලාවේ සිටුවා ගත්තාය. රණවරාපිටයේ හෙට්ටිදෙන්නා සහ පට්ටි දෙන්නා සිටියා. සීනා කෝරළේ උඩුගම්පල උඩ වෙඩි තියා සන්තොස වෙමින් සිටිය තැනට උඩුවේරිය කියා නම් තිබීහ. රණවරාපිටියේ අත කොට හෙට්ටියා සිටියාය. හඳුන්කොටේ ගෙනා හෙට්ටියා හඳුන්ගොම සිටියාය. මුදුන්නේගම මැටිලියන පණ්ඩිතයා සිටියාය. මලයට මුදුන්නේගම ලියනගම ලැබුණාය. කයිරෙක්මුනේ, හැවන්පලගම, ඉහළගම වඩුවාට ලැබුණාය. සිංහරයට සිංහාරගම, කයිරාගම, සෙල්ලපෙරුමාගම, පාළුගම ද, නිගිතොව මෙම ගම පාර සංගිලියාට ලැබුණාය. සිංහරයා කියන්නේ සිංහලේට ආ නිසාය.

පාරසංගිලියා කියන්නේ පාරබලා ආ හෙයින්ය. මේ නම් තැබුවාහ. කුමුක්වැව, දිවුල්වැව, තලංබුව, හුදලියාව නවරාබරනුව කියන හේනාට ලැබුණාය. පනික්කියාට නයිනාඩිගන් තුන ලැබුණාය. මේ යට කියන රාජ වන්නි උන්නැහෙට මැද පත්තුව මැදි ව තිබුණාය. පනන්කානියේ සේමසිංහ හෙට්ටි බණ්ඩාර හුදලියාවේ පුලිහිරියා බාල බඩපිස්සා ගජමුතු තිබෙන ඇතෙකු මරා දළ කපා සීතාවක රජවාසලට දක්වා තැත්තකු හැට හතරයි, කොඩි ලන්ස හැටහතරයි වගපොලුපහයි. හුදලියාවේ පුලිහිරියා කියන රදවට ගම් පහ ඇතුළුව ලැබුණාය. මෙ සේමසිංහ හෙට්ටි බණ්ඩාර දත් කුට්ටමක් රජවාසලට දක්වා මැදපත්තුවේ මාගුල්කෝරළේ කඩඉන් කර ලබා ගත්තාය. බලරට බෙත්නාවෙන් ඉහළ ගලපිට වෙහෙර ඉංකොට මීඔයෙන් ඔය දෙක හාළනුවල කඩඉන් කොට ඇල්ලේවල ඉන් කොට කුඹුක්කලිය ඉන් කොට පළුකදවැව ඉහළ වෙහෙර දෙක ඉන් කොට ආත්තු කුලමේ කන්ද කොන ගල්ටැන් සිටුවා පොරවෙන් කොටා ඉන් කොට ඕමැන්නගොඩ ගල්ටැන් වෙහෙර ඉන් කොට කලාඔය ඉන් කොට එරියාවේ සිංහ ප්‍රතාප වන්නි මුදියන්සේත් විලව ගජසිංහ සිංහපප්‍රතාප වන්නිනායක මුදියන්සේත් පනන්කානියේ හෙට්ටි බණ්ඩාරටත් යන මේ තුන්දෙනාට කඩඉන් කර දුන්නාය.

ශ්‍රී වර්ධනපුර දැදුරුඔය මුල් කර රත්මලේ ගල්වැටිය දෙගොඩතුරා කන්ද ඉන් කර ගුරුගම විහාරේ ඉන් කර නියදවන විහාරය ඉන් කර නාපනැල්ල ඉන් කර හැවන්ඇල්ල ඉන් කර මහකලන්කුට්ටියේ වෙහෙර දෙක ගල්මඩුදෙක ඉන් කර පොතුවැවේ ගම්මනා ගහෙන් පහළ දිවිහිස් වරා කැත්ත කෙටුවාය. ඉරහද පවතිනා තෙක් හතරපත්තුව බෙදා දුන්නාය. බුවනෙකබාහු සිංහල හාමුදුරුවන්ගෙන් අවසර ලැබුණේ වන්නි මුදියන්සේලට කඩඉන් කර දුන්නාය. කොතොක්තොව දිවුල්ගස්පිටිය, මගුලාගම, වැරැල්ලේ, සොගනම මලල කුමාරයා රිදී රත්රන් මනා කුරණියෙන් මැනදීලා ලබා ගත්තාය. මාමුනුව වඩුවා දක්වා ලබා ගත්තාය.

පුල්හිරියා කියන රදවා තලාකොලෑව කියන ගමත්, ඉබුලානේ ගමත්, රබාවැවසහ කොතොත්තොරාලගෙ කඩඉමෙන් මෙපිටත් මහවාසලින් ලැබුවාය.

කීරවැල්ල උඩුවේරියේ සිටිය බාල මලලු කුමාරයෝ සදෙන මූණ පා දැකුන් දක්වා රට ලැබුවාය. වැඩිමල් වූ ඉරුගල් මලල බණ්ඩාර රජවාසලට නොගියාය. ඉන්පසු බණ්ඩාර කොස්වත්තේ සිටියාය. එයින් සීතාවක වාසලට ගෙනියන දොලි මගුලාගම් වැරැලෙන් මග රැක ඉරුගල් බණ්ඩාර උදුරා මදුරා පුරින් ගත්තාය. සීතාවක ප්‍රාක්‍රමබාහු රජ්ජුරුවෝ රණාවත්තේ දූරයා රජවාසලට ගෙන්වා හදිකම් කළ බණ්ඩාර මරා ඉස

කපාගෙන දෙන්ඩ නියම කළාහ. පසු මලල බණ්ඩාර ඉස්නානෙට යනකොට විද්දාහ. විදි සැරේ වැදී මැරුණාහ. ඉක පලා ගල තිබූ ගල පැළුණාය. එගලට පටාරාගල කියා නම් විය. ඉස කපා රජවාසලට දැක්වූව පසු කරදුන් දස්කමට දූරයට කෙවිටිය කරදමැටිය දුන්නාය. පසුව එ ක්‍රෝධයෙන් බණ්ඩා යක් විය. ඉන්පසු උඩුවේරියේ බණ්ඩාර කියා තැලි පිදේනි ගෙන සිටියාහ. දෙවනුව මේ බණ්ඩාරගේ කුමාරයෝ හයින් පැන ඇවිත කුඹුරුපිටියේ සිටියාය. දෙවනුව මේ කුමාරයෝ දෙන්නා තුරඟාට විද රජවාසලට දක්වා මලල ඉරුගල් බණ්ඩාර කියා කුඹුරුපිටිය ඉපලෝගම සන්නස් ලැබුවාය. නෙළුන් වැව නෙරිතිකුලමය කිරිදිගල්ල කීර්ති පට සළුව දක්වා සීතාවක වාසලින් ලබාගත්තාය. සීතාවක රජවාසලට ආලෝක පට සළුව දක්වා පැපලවෙල ජීක්පිය ලැබ කාඩාබාඳුව ආ මලලබණ්ඩාර කියා මහවාසලට සැළ කළාහ. මහවාසලින් කරුණා ලැබෙමින් ගම්පහක් ඇතුව සන්නස් ලැබ ආලෝක බණ්ඩාර කියා නම් පට බැදගන කඩංබාව මුල්කරගන සිටියාය. එයින් වෙනුව උපන් අප්පුහාමිට ආලෝක රාල කියා පට බැන්දාය. පසුව ආලෝක බණ්ඩාර කියා නම් පට බැදගන කඩංබාව මුල්කරගන සිටියාය. එයින් වෙනුව උපන් අප්පුහාමිට ආලෝක රාල කියා පට බැන්දාය. පසුව ආලෝක බණ්ඩාර තලගල්ලද නාගොල්ලේගොම ද ගාලවැවද අතු කඩාගෙන ඉන්පසු නෙල්ලියේ සිටියාය. මෙම ආලෝක බණ්ඩාර වෙනුව උපන් ආලෝකරාලට මෙපිටිය කඩිගොමුවෙන් සහය කළාය. එම මහත්මින්නේ බඩේ ලද අයට කටුපිටියේ ගබඩෑ නිලමේගේ දෝනියැන්දෑ සහය කළ බමුණු බ්‍රාහ්මණගොල්ල හලාවතට ගොඩ බැස ඇපලදෙණියේ සිට බමුණුගොම බලා දොර සිට එතනින් පිටත්ව බමුණුකොටුව නොහොත් බමුණාකොටුවේ සිට ගොනා දණ ගසා බූදි උනු බව දැන විත් ආභරණ ගෙනා සුදුගොනා සහ රත්තරනෙත් තිස්රියනක් පුතනු රජවාසලට දක්වා ගොන්නව කියා අවසර ලැබුණාහ. ගොන්නවයට සහ බමුණාකොටුවට රජවාසලින් සන්නස් ලැබ සිටියාහ.

විෂ්ණු දෙවියන්නේ අනුහසින් ආභරණ ගෙනා නිසාත් තේජස් බල පතුරුවා ගන්නේ කිරි වගුරුවා යාගයට පටන් ගත්තාහ. කිරිබ්‍රාහ්මණයෝ කියා නම් බැද කිරිබමුණ කියා නම් තිබීහ. මෙම බ්‍රාහ්මණවලිය බුමුණුගෙදර මහේ, ඊබෑව, හේරත්ගම, නිකවැව, බොරවැව මෙම ගම්පහ දෙමංගම සිටිය දිවාකර උන්නැහැ සන්නස් ලැබුවාය. ගල්ලුවේ බ්‍රාහ්මණයෝ සිටියාය. බලගස් තිබූ හෙයින් සහ බල පරිසක් සිටිය හෙයිනුත් බලගොල්ල කියා යාපහුනුවර කාලේදිත් පැවතුණාය. බලගොල්ලාගම බ්‍රාහ්මණයො සිටියාය. මෙම වලිය රංගස්සෑවේ ඉම්හාමිව, බලල්ලේ ඉම්හාමි, සහ හිටිහාමි සිටියාය. මෙම පැවතීමයි.

කිරිමැටියාවේ කිරිබ්‍රාහ්මණයො සිටියාය. ඉන්සු වලං මුදියන්සේ, පරදාති මුදියන්සේ, දුනුකාර මුදියන්සේ කියා පට බැඳ මණ්ඩකුවැව සුදුමැඩියා දක්වා පණ්ඩිත මුදියන්සේ කියා මැඩියාවේ සිට දිනුඅත ඔලගන් ඇතුව සිටියාය.

යාපහු නුවර අදිකාරන් උඩගන්පහේ කාරන්පල්ලේ ගන්පහේ අදිකාරන් මේ ගන්වල සිටියාය. මාකඩුවාව යාපහු නුවරට මල් කැඩුගමය. එගම මහරවුලා කියා දූරයකු සිටියාය. තාබරේ චාමර වැඩුමට දුන්නු ගමය. එහි කටු බුරුතු ලා සිටියාය. මලිගම මැල්දැකුමට දුන්නු ගමය. සවරක්කාරයන් සිටියාය. මහෝමහුනගම තන්ඩලා සිටියාය. තලම්බුව මිනි තල පිටිය මිනී උල තිබූ පිටිය උල්ලාඩි පිටිය පසුව උල්ලපොළ කීය. දළදාගම දළදා මාලිගාවට පුද කොට වරාපිටිය පිළිමගෙට පුද මේ ගම් යාපහු නුවරට ඇතුළත් විය.

මුඩකොණ්ඩාපොළ නුවර දඹදෙණි නුවර ඇබෝ දිසානායක මුදියන්සේ දිසාව කළ හෙයින් දිසානායක මුදියන්සේ කියා පට බැන්දාහ. පාතේ අදිකාරන් කළ හෙයින් අදිකාර මුදියන්සේ කියා පට බැන්දාහ. හොරොන්බුවේ පලිහ වඩා දූක්ගෙන වහල සිටියාය. බමුණාකොටුවේ විජයපාල මොහොට්ටාල සිටියාය. වේරපොල මාන්නක්කාර මුදියන්සේ කියා පට බැන්දාහ. මෙම ගන්වල බමුණු බ්‍රාහ්මණ පේරුවයි. මහකිලිය, කෙළිමුනේ, බැළුමුනේ කියන්නෙ බලාවැඩ සිටයි. මුන්ඩකොන්ඩපොල මහලය රුක්දන්තනේ, සිවල්ලෝ ගෙදර හෝලිය වැල දැක් වූ හෙයින් හෝලිය බණ්ඩාර කියා පට බැන්දාහ. මොලගොඩ බණ්ඩාර වඳනාවේ යන්ඩ ඇවිත් වැවේ වාඩිහැර සිට නමඩ ගහේ බෙනේ බණ්ඩා දැක සිට මඩදොබේ කියා නම් තබා ගම්දොළහක් ඇතුව් සිටියාය. තලාතු මුට්ටුව ගෙනා අය කුඩාවැවේ සිටියාය. කපුගොම කපුරාල සිටියාය. මලල හෙට්ටි බ්‍රාහ්මණ ගොල්ලගේ ඉම කුඹුක්වැවේ බොරළුව ද විලව පොකුණු දෙක මහමඩුව ඉන්කොට ඉබුල් ගොඩයාගම බොරළුව ඉන්කොට රත්මොලගහවැවේ වෙල පහළ ඇළ ළඟ ගල්ටැබ ඉන් කොට රදාගොම ගල් ඉන් කොට උඩගෙදර ඉන් කොට දෙහිගල ඉන් කොට මහගල ඉන් කොට දියබැටේ කඳ ඉන් කොට මේ කඩඉන් තුල දූන්නේ බාහු සිංහල රජවාසලින්ය. මේ කඩඉමෙන් ඉහළ මල්ලව නිහුරුද හෙට්ටි බණ්ඩාරහුරු සිටියෝය. කඩඉමෙන් පහළ බ්‍රාහ්මණ බමුණුගොල්ල සිටිණෝය. දෙගොල්ල කඩඉමෙන් එපිට මෙපිට සිටිණෝය. මේ දියබැමේ කන්දෙන් මෙපිටත් රත්මලගහ වෙල පහළ ගල් ටැබෙන් ඉහළත් කුබල නවගත්තේ ගල්ටැබෙන් උඩත් මේ කඩඉමෙන් උඩ කැකුණාවේ සිංහනාද කුමාර මුදියන්සේට පළමුව අනුරාධපුර නුවර වැඩි සිටිය දෙවෙනි පෑතිස්ස

රජ්ජුරුවන්ගෙන් රට ලැබුණාය. දෙවනුව බ්‍රාහ්මණ කඩඉම සැදෙන දිනේ බුවනෙක වාසලිනුත් ඊට ලැබුණාය. බ්‍රාහ්මණ කඩඉමෙන් උඩත් කුබල් නවගතෙන් ගල්ටැබෙන් පහළත් උල්ලාඩි පිටියේ ස්ත්‍රී රූපේ කොටාපු ගලෙන් පහළත් ඉපලෝගම කුඹුරුපිටිය ඉරුගල් බණ්ඩාරගේ කඩඉමෙන් මෙපිටත් මේ මැදිවූ හරියට අනුරාධපුර නුවර දෙවෙනි පෑතිස්ස රජවාසලට විල්ලෝඩි පට සළුව දක්වා කඩඉම සැදුණාය. ඉන් පසුව සීතාවක වීරප්‍රාක්‍රමබාහු රජ්ජුරුවන්ඩ නෑගල්සෝලේ කියන ඇතා දැක්වූ තැනේදී රට ලබා විලව මූලික ගජසිංහ කුමාර මුදියන්සේ කියා පට බැඳ දැකුමට විහි දෙක අරවා ගත්තාහ. වරාගම්මන වන්නි අදිපති පතිරැන්නැහෙ කියා පටබැඳ දැකුමට අරවා වෙහෙරගල්ල පළාත ලැබුවාය. අනුරාධපුර නුවර දෙවෙනිපෑතිස්ස රජ්ජුරුවන් වහන්සේ ගෙනුත් දෙවනුව සීතාවක රජවාසලින් වෙහෙරගල පළාත කඩන්කර දැකුමට අරවා ගත්තාහ.

පොන්පරප්පුව මුල්කොට වතුර උස අටරියනයි අමුණුවැටි පෝටා දහඅටයි. බිජු දෙසිය පනස් අමුණයි. කල්ලර ඔලගන් හතයි. බිජු දෙයාළයි. මහතබ්බොව වතුර උස දොළොස් රියනයි. බිජු තුන්සිය පනස් අමුණයි. වැවට දිය උනු අත ඔලගන් එකසිය අටයි නටබුන් විහාර තිස්දෙකයි. අයියනා බණ්ඩාරගේ නිඳගමයි. වෑකන්දේ කෝවිලේ බුලත් වැලයි හික්ගහේ හක්ගෙඩියයි. වානේ කොනේ විහාර දෙකයි එගම දියඋනු අත ඔලගන් යෝධළින් හැත්තෑදෙකයි.

පෙරමන් කන්දලම අමුණුවැටි පෝටා වැටි වැවු හතයි. බිජු දෙයාළයි. ඔරුගලේ නෙලුන් අකුරේ රබඔට්ටුකුලම බිජු දෙයාළයි ඔලගෙන් හතයි. වතුර උස හරියනයි. ගල්ලෙනයි. විහාර දෙකයි යෝධ ළින් දෙකයි. දිය උනු අත ඔලගන් දෙකයි. නව අමුණයි විහාර සත්තකයි පට්ටිගමයි සෝන්කන්දලම බිජු දෙයාළයි ඔලගන් හතයි. විහාර එකයි. දියඋනු අත ඔලගන් දොළහයි තුත්තනේරුව ඇතුළුව කඳු දොළහයි. අගුණුවැල් කනේ වෙහෙර අඩුත්තුව ගලපිටි වෙහෙරයි. වැවේගල් ටැබෙන් පහළ එබෙන් උඩත් විහාරේට පුදයි. මරිකාර පත්තුවටයි රාමන් කන්දලම පනස් අමුණයි. වතුර උස් පස් රියනයි. දියඋනු අත ඔලගන් දොළහයි. විහාර දෙකයි යෝද ළින් දෙකයි. ජීරාන්නක්කන්දලම දොළොහොමුණයි. අමුණුවැටි පොටා දහඅටයි. ළින් දෙකෙයි කවරක්කුලම හතමුණයි. අමුණුවැටි පහයි. ළින් දෙකයි. කරවක්කුලම බිජුයාළමයි. ඔලගමයි. අමුණුවැටි පෝටා දහඅටයි. ළින් පහයි. ගල්කන්දලම දොළොහොමුණයි. වැවුතුනයි. චිත්‍රවෙල්ලිය එකසිය විසි අමුණයි. වැවු හතයි. සෙල්ලන්කන්දලම හැත්තෑපස් අමුණය. ඔලගන් අමුණුවැටි දොළහයි. මහ මඩුවයි. විහාර එකයි. යෝධ ළින්

දෙකයි. කරබෑව වතුර උස හරියනයි. බිජුතිස් අමුණයි. දිය උනු අත ඔලගන් වැවු පහයි. කොහොබෑවේ මීදෙල්ල ගහකලිය වෙන්බුව මැද ගම තිස් අමුණයි. වතුර උස පස් රියනයි. ඔලගන් වැවු පහයි. විහාර එකයි. ඔල්ලුක්කුලිය දොළොහොමුණයි. වතුර උස හරියනයි විහාර එකයි. ළින් එකයි දියඋනු අත ඔලගන් අමුණුවැටි පෝටා දහඅටයි. පෙරියපෙල්ලිය අමුණුපෝටා වැටි හයයි. බිජු අමුණයි වතුර උස හරියනයි. යෝධළින් එකයි. විහාර එකයි. පෙන්ගම බිජු දොළොහොමුණයි. වතුර උස හරියනයි දියඋනු අත ඔලගන් පෝටා වැටි පහළවයි. කුවේණිගේ වෙළදන්වීදියේ ගල්මඩු පහයි. කළු ගෙයයි. විල් පහයි. පතස් අටයි. ළින් පහයි. කන්ද සුපත්තුව නිමි.

කිරලා මඩුව මරියකුලම හතළිස් අමුණයි. වතුර උස පස්රියනයි. ඔලගන් දොළහයි. අමුණුවැටි හයයි. විහාර එකයි. මේ ගන්දෙකෙන් අටමුණක් විහාරේට පුද. වච්චිමඩුව තිස් අමුණයි. වතුර උස හරියනයි. ළින් එකයි දිය උනු අත ඔලගන් අමුණු වැටි විසිදෙකයි. පරමාකන්දේ ප්‍රමේස්වර රාජයාගේ ගල්ලෙන ගබඩාවයි. වෙහෙර එකයි. පතස් දෙකයි. යෝද ළින් දෙකයි. ඌරියාව දෙසිය පනස් අමුණයි. වතුර උස පහළොස් රියනයි විහාර දෙකයි ගල් අටු තුනයි. ඔලගන් හතයි පතස් තුනයි. යෝද ළින් පහයි. වැවට දියවුනු අත වෙහෙර දහ අටයි. තම්මන්නා පිටිය දිවුරුන් ගලෙන් පහළ කරබෑවෙන් ඉහළ ගල්කන්දේ දිවුනු අතින් පහළත් මැරුන්ගොඩින් ඉහළ දියඋනු අතින් පහළත් නාන්නේරියේ ඇළේ හුනුගල් ගොඩින් ඉහළ මඩුමලේකණෙදන් පහළ දිය උනු අතින් පහළත් වෙල්පරප්පුවේ හවරිනුගේ කණෙදන් මෙගොඩ වීරපරාක්‍රමබාහු රජ්ජුරුවන්ඩ ඇතුන් දක්වා ඉරහද පවතිනාතෙක් දිවිතැන කියා අවසර ලැබ සන්නස් රාජවන්නිය කියා ලැබුවාය.

තාවක්කඩුවේ, එගොඩ කරයාකලි, කලයෙන්, තාපල්ලම මදයා පිටිය, තලක්කලිය, කරයාකලිය, මාරුප්ප, කිරියතගල්ල, කරවිට මේ ගන් හත ඔලගන් වෙල්ලගිරිය දැදුරුඔය මේ කඩඉමෙන් මෙපිට කටුපිටිය එකසිය පනස් අමුණයි. මාදප්පේ පන්සිය පනස් අමුණයි. අනඔලොඳාව හැත්තෑ පස් අමුණයි. නෙල්ලිකුලම දොළොහොමුණයි. බෝගමුව හැටපස් අමුණයි. මොන්නස්සරම දේවාලයට පුද. වෙඳකඩුව විසිදෑමුණයි. වතුර උස හරියනයි. ඔලගන් පහයි. කම්මච්චකඩුව දොළොහොමුණයි. ඔලගන් හතරයි. වනවේරිය අට අමුණයි ඔලගන් පහයි. කරිඩික්කුලම හතමුණයි. ඔලගන් පහයි. යෝධ ළින් එකයි විහාර එකයි කඩඉමට අවුපොත කෙටූ ගල්ටැබයි. දෙටන සැත්තෑපස් අමුණයි. ඔලගන් දෙකයි වතුර උස පස් රියනයි. ගල්ටැම් මඩු දෙකයි. ඉහළ වැලිවෙන්බුවේ ගල්ටැබේ කැටන්

පහයි. කඩඉමේ වීරපාඩි තෙරුන්නැහැගේ නිඳගමයි. උප්පලවත්ත හතළිස් අමුණයි. අමුණුවැටි පෝටා හතයි. වතුර උස හරියනයි යෝධ ළින් එකයි. විහාර එකයි මෙයින් පහමුණක් විහාර සන්තකයි. මාන්කුලම පස්විසි අමුණයි. ඔලගන් හතයි යෝධ ළින් එකයි. මේ ගම් දෙකේ කඩඉමට අවුපොත කෙටූ ගල් ටැබයි. වතුර උස පස්රියනයි ගල්මඩුවයි. යෝධ ළින් එකයි. ගල් කුලම පහළොහමුණයි. වතුර උස පස් රියනයි. විහාර එකයි. යෝධ ළින් එකයි. ඔලගන් දොළොහයි. කොක්කිච්චාකුලම තිස් අමුණයි. ඔලගන් හතයි. දියඋනු අත පදියම හතළිස් අමුණයි. වතුර උස හරියනයි. ගල්මඩු සාලාවයි යෝධ ළින් එකයි බමුන්නෙරිය අට මුණයි. වතුර උහ හතර රියනයි. ඔලගන් පහයි. ගැටමෙහෙරයි. තට්ටෑව අටමුණයි. ඔලගන් පහයි. ගොඩැලේ ගල්ටැන් පහයි. යෝධ ළින් එකයි. පරිච්චන්කුලම පහළොහමුණයි. වතුර උස පස්රියනයි. විහාර එකයි. යෝධ ළින් එකයි දියඋනු අත ඔලගන් වැටි පහයි. වඩිගමන්ගාව දෙළොහොමුණයි. වතුර උස හරියනයි. විහාර එකයි. යෝධ ළින් එකයි. දියඋනු අත ඔලගන් වැටි පහයි. යෝනිගල ඉන්කර රෑනකොට රාජකරුණා රාජපක්ෂ කුමාරසිංහ වන්නියාට පරාක්‍රමබාහු රජ්ජුරුවන්නෙන් ලැබුවාහ. පාඩිතා පත්තුව කුමාරසිංහ වන්නියට ඉන් කර ගලේ කොටා ලැබුවාහ.

දෙවනුව මාගල්ල මුල්කොට මොන්නස්සරමේ වෙල පන්සැත්තෑ යාළයි. වතුර උස පහළොස් රියනයි. යෝධ ළින් පහයි. ඔලගන් අමුණුවැටි පෝටා දහඅටයි. වැවට දියඋනු අත ඔලගන් අසූඑකයි. විහාරට පහට විසි අමුණක් පුදය. සක රජ්ජුරුවනේ හාතිගම්මන සියක් අමුණයි ඔලගන් පොටාවැටි දහඅටයි. වතුර උස කොළොස් රියනයි. විහාර දෙකයි. යෝධ ළින් පහයි. රාජසන්තකයි. පට්ටිගමයි. හොරවු එකයි දියඋනු අත ඉහළ ඔලගන් හැත්තෑ දෙකයි. සුළුගල්ල හතර යාළ දොළොහමුණයි. වතුර උස නවරියනයි. ඔලගන් අමුණුවැටිපෝටා අටයි හලබගලෙන් පහළ සුළුගලු විහාරේට පුද ඉන් දිය ගිල්මේ ගලෙන් උඩ මාගන් ඔලගන් අමුණු පොටාවැටි පනස් පහයි. නටබුන් වෙහෙර පහයි යෝද ළින් පහයි. රක්කුස් වැව උස්සෑව එකසිය පනස් අමුණයි. වතුර උස දොළොස් රියනයි. විහාර එකයි. හොරවු එකයි යෝධ ළින් එකයි. වෑ කනේද් කඩඉමයි දියඋනු අත ඔලගන් අමුණුවැටි පෝටා හැත්තෑ අටයි. එළුපිටිය මුල්කොට බිජු හැටපස් අමුණයි. වතුර උස හරියනයි. ගලපිට වෙහෙරයි. යෝධ ළින් එකයි දියඋනු අත මාගන් ඔලගන් අමුණුපෝටා වැටි දහඅටයි. කුඹුක්කඩවල දොළහමුනයි. වතුර උස හරියනයි. දියවුනු අත මහවැව් අටයි මෙහෙර ගොඩයි යෝධළින් තුන් කල්ලගෝරුව එසිය පනස් අමුණයි. වතුර උස දහරියනයි හොරවු එකයි වානේ දෙ කොන විහාර දෙකයි යෝධළින් දෙකයි දියඋනු අත ඔලගන් තිස් දෙකයි. යෝධ ළින් හයයි. මැදගම්පල

එසිය හැත්තෑපස් අමුණයි. වතුර උස නවරියනයි. හොරවු එකයි ඔලගන් වැටි පහයි විහාර එකයි. බණ මඩුවයි ගඩොල් බැම්මයි ළින් එකයි. දියඋනු අත ඉහළ මාගන් ඔලගන් දහඅටයි කඳුපිට වෙහෙර හතයි අත්තු කුලම මැද වැව පස්විසි අමුණයි. වතුර උස පස්රියනයි. ඔලගන් අමුණුවැටි පෝටා නවයයි. රත්මොලවැටිය පහළොහොමුණයි. වතුර උස හරියනයි. ළින් එකයි. ඔලගන් පහයි කෝන්කඩවල තිස් අමුණයි. වතුර උස හරියනයි විහාර එකයි ළින් තුනයි ඔලගන් වැටි දහයයි තුඹවැව බිජු විසි අමුණයි විහාර එකයි ඔලගන් දොළහයි. තල්ගහවැව නව අමුණයි. වතුර උස පස්රියනයි. වානේ කොන ළින් දෙකයි ඔලගන් නවයයි. කුරුඤ්ඤන්කුලම දොළොහොමුණයි. වතුර උස පස් රියනයි. ගල්ටැබෙන් මඩුවයි. දිය උනු අත ඔලගන් පහයි. හනුමා ගල් ළිඳයි. දිවිගල්ල දොළොහමුණයි. වතුර උස පස්රියනයි. අමුණුවැටි පෝටා දහතුන් රියනයි. පත්කඩ ගල් හතයි. හොරොවු එකයි මහගිරිබාව උඩගිරිබාව මෙකී ගන් බාතිය රජ්ජුරුවෝ විසින් බායාගිරි දාගොබට පුද කළාය. විහාර සන්තකයි.

වීරපොකුණ පතස් එකයි. ගල්ටැන් බණ මඩුවයි. බිජු දොළොහමුණයි හොරාවු එකයි යෝධ ළින් එකයි වතුර උස පස්රියනයි. විහාර තුනයි ගල්කඩවල විජු දොළොහොමුණයි වතුර උස පස්රියනයි. ගල්ලෙනයි. දියඋනු අත වැව් වැටි පහයි. කන්දේ වෙහෙරයි තම්මන්නෑව ගල්මඩුවයි. විහාර එකයි වැව්වානේ කානු එකයි දියවුනු අත ඔලගන් පහයි. මොලෑව හතළිස් අමුණයි. වතුර උස හරියනයි. හොරොව් එකයි. ඔලගන් වැටි පහයි. කන්දේ ගලේ වෙහෙරයි යෝධ ළින් එකයි. ඕබඩ කොහොඹ ගහවැව දොළොහොමුණයි. වතුර උස හරියනයි. වැවු වැටි හතරයි. ගල්ටැම් බණ මඩුවයි. යෝධ ළින් එකයි. දිවුල්වැව දොළොහොමුණයි. වතුර උස පස් රියනයි ඔලගන් පහයි. යෝධ ළින් දෙකයි. වලින්පිටිය තිස් අමුණයි. දියඋනු අත ඔලගන් දොළහයි. ගල්ලෙන දෙකයි. නටබුන් වෙහෙර එකයි. යෝධ ළින් එකයි. කැවුවැව බිජු හතමුණයි. වතුර උස හරියනයි. ඔලගන්වැටි පහයි. ළින් එකයි. ඉලසෝලින්ගල හොරොවු තානු දෙකයි. විහාරගල් දෙකයි. නටබුන් වෙහෙරයි. ඔලගන් වැටි හතයි. කොනගිරිබාව පනස් අමුණයි. හොරොවු එකයි උතුර උස හරියනයි. අමුණු පෝටා වැටි දහඅටයි. දියඋනු අත ඔලගන් හතයි. විහාර එකයි යෝධ ළින් දෙකයි. උඩගිරිබාව එකසිය පනස් අමුණයි. වතුර උස හරියනයි හොරොවු එකයි ගල් කානුවයි විහාර එකයි. වෙහෙර එකයි යෝධ ළින් දෙකයි. දියඋනු අත ඔලගන් හතයි. කඳුවිල බිජු පනස් අමුණයි. වතුර උස හරියනයි. හොරොවු එකයි. ඔලගන් වැටි පහයි කන්දේ වෙහෙර දෙකයි. පොතානේ හම්මිල්කඩවල පහළොව අමුණයි. වතුර උස පස් රියනයි. නටබුන් වෙහෙරයි යෝධ ළින් එකයි. දියඋනු අත ඔලගන් හතයි ගල්වැව

තිස්අමුණයි. වතුර උස අටරියනයි. කලාඔයට වැටුණු තැන මුල් වක්කඩේ ගල්ටැබේ හෙණ්ඩුව කොටා ඇත. එම ගමට දිය උනු අත ඔලගන් වැටි පහයි ගල් මඩුවයි. පාතිවැව පාමුල ඇළට බැඳපු බැම්මේ ගල් පෝරුවේ කැටන් පහයි දියවුනු අත ඔලගන් වැවු තිස් අමුණයි. වතුර උස හරියනයි විහාර එකයි යෝධ ළින් එකයි. වැවට දියඋනු අත ඔලගන් අමුණු වැටි පහයි පොදික්කට්ටුව හැත්තෑ පස් අමුණයි. වතුර උස රට රියනයි. හොරොවු එකයි. යෝධ ළින් දෙකයි. ඔලගන් දොළහයි විහාර එකයි.

කුඹුක්කඩවල තිසිමුණයි. වතුර උස හත් රියනයි විහාර එකයි යෝධ ළින් දෙකයි වැවට දියවුනු අත ඔලගන් දහයයි. හන්කොළ වැව තිස් අමුණයි. වතුර උස හරියනයි විහාර එකයි. යෝධ ළින් එකයි. හල්මිල්ලකඩවල තිස් අමුණයි වතුර උස හරියනයි. වැවට දියඋනු අත ඔලගන් දහයයි. විහාර එකයි යෝධ ළින් දෙකයි. හුනුගල්ලෑව හතමුණයි වතුර උස හතර රියනයි වැවට දිය උනු අත ඔලගන් හතයි විහාර එකි යෝධ ළින් එකයි පිදුරුවැල්ල තිස් අමුණයි. වතුර උස හත් රියනයි වැවට දියඋනු අත ඔලගන් දොළහයි. යෝධ ළින් දෙකයි කැත්තැපහුව හැත්තෑ අමුණයි. වැවට දියඋනු අත ඔලගන් අමුණුවැටි හතයි. ගල්ටැන් දොළහයි විහාර එකයි යෝධ ළින් දෙකයි. හිතෝකඩවල පනස් අමුණයි වතුර උස අටරියනයි. වැවට දියඋනු අත ඔලගන් අමුණුවැටි දහයයි. ළින් දෙකයි වෑකන්දෙන් පහළත් උල්ලපොළ ස්ත්‍රීරූපේ කොටාපු ගල්ටැබෙන් පහළත් නාගලෙන් පහළත් ඇටබුරු ගලෙන් පහළත් කුඹුක්එබේ ගලෙන් උඩත් අමුණුගොම පොතානේ ගල්ටැබෙන් උඩත් මේ මැදිවූ හරියෙ ගම් තිස්ස රජ්ජුරුවෝ මායින් කොට හඳුන්ගිරි දාගොබට පුද කළාය. මේ ගම් විහාර සත්තකයි. පීල්ල බිජු තිස් අමුණයි වතුර උස හරියනයි. වැවට දියඋනු අත ඔලගන් අමුණුවැටි පෝටා හතයි වෙලේ යෝධ ළින් දෙකයි.

මණ්ඩකු වැව බිජු එසිය පනස් අමුණයි. වතුර උස හරියනයි වැවට දියඋනු අත ඔලගන් අමුණුපෝටා වැටි විසිදෙකයි. විහාර පහයි ගල්පිට බණ මඩු දෙකයි. යෝධ ළින් පහයි. කැකුණාව බිජු අටමුණයි වතුර උස පස්රියනයි. දියඋනු අත ඔලගන් අමුණුවැටි පෝටා දොළහයි. විහාර එකයි ළින් එකයි. විලව බිජු අටමුණයි. වතුර උස පස් රියනයි. වැවට දියඋනු අත ඔලගන් දොළහයි. විහාර දෙකයි ළින එකයි තලගල්ල බිජු එකසිය පනස් අමුණයි වතුර උස දොළොස්රියනයි.වැවට දියඋනු අත ඔලගන් මාගන් අමුණුවැටි පෝටා හතළිස් අටයි විහාර දොළහයි යෝධ ළින් දොළහයි. යාපහුවේ පිළිමගෙට පුද පැපලවැව දික්පිටිය බිජු හතළිස් අමුණයි වතුර උස පස් රියනයි. ගමට දියඋනු අත ඔලගන් දහඅටයි. නටබුන් විහාර තුනයි. යෝධ ළින් තුනයි. උඩුකහමල්ල වන්නිපත්තුව නිමි.

හතළිස් පහට මඩගල්ල මුල් කොට හසිය හැත්තෑ අමුණයි. වතුර උස දහඅට රියනයි. හොරොවු තුනයි විහාර දෙකයි. ගොඩ යෝධ ළින් දොළහයි. බණ මඩු දෙකයි. ගල්ටැන්පිට වීඅටු පහයි. මාලිගා තුනයි. වැවට දියඋනු අත ඔලගත් අමුණුවැටි හැත්තෑඅටයි. නටබුන් වෙහෙර දහඅටයි. ගල්ලෙන පහයි පිළිම දහඅටයි. මඩගල්ලේ පත්තුව නිමි.

සියඹලන්ගොමුව බිජු තුන්සිය පනස් අමුණයි වතුර උස පහළොස් රියනයි. හොරොවු දෙකයි. කානු එකයි විහාර දෙකයි. වීගුල් තුනයි. යෝධ ළින් තුනයි. වැවට දියඋනු අත ඔලගත් මාගත් අමුණුවැටි පහයි. පාළුකඩවල බිජු එකසිය පනස් අමුණයි. වතුර උස සත් රියනයි. විහාර එකයි. ලැගුන්ගෙයයි. බණ මඩුවයි. යෝධ ළින් දෙකයි. හොරොවු එකයි දියඋනු අත ඔලගත් අමුණු පෝටා හතළිස් එකයි. ගල්ලෙන් තුනයි. මැටි පිළිම පහයි. නටබුන් වෙහෙරයි. අතරගල්ල හතරයාළ දොළොහොමුණයි. වතුර උස නව රියනයි. නටබුන් වෙහෙර එකයි. ලැගුන්ගෙයයි. බණ මඩුවයි. වීගුල් දෙකයි. යෝධ ළින් දෙකයි. වැවට දියඋනු අත ඔලගත් අමුණු පොටා දහඅටයි. නාකොලගනේ විහාරයට බරපැනට පුද පළමුව විලපනංසාය ගෙවී වැසි වැස වී බිජු උපත අත්තනගල්ලේ ගලපිට මාවියෙන් වී බෝවිය. සීතාවක වීදිය සැදී රජවාසලක් විය. සුළු වීදියේ රත්තරන් බඹර කාලිංගගනන් අයිතියක් ප්‍රාක්‍රමබාහු රජ්ජුරුවෝ විලපනන්සායට පහළ විය. මෙයින් රාජවල්ලිය නිමි.

පඬුවස් රජකරන අවදියේ නුවර හයකට බෙදුණු දිනේ සවුළු ප්‍රාක්‍රමබාහු රජ්ජුරුවෝ නුවර සිටාන වස්තුව නිධාන්කර තිබුවාය. සිටාණෝ නසිනකොට තම දෝනියන්ට නිධාන කීවාය. පසුව දෝනියන් නිධානයට අධිග්‍රහිතව මැරී මොඩරියක්ව උපන්නාය. ඒ නිධාන රැක බිත්තරයක් දැමුවාය. ටික කලක් ගිය කාලයේ දී එගම පුරුෂයෙක් බිත්තරය දැක අතට ගෙන බැලූ කල බිත්තරය ඇතුළේ දිලිසෙන කුමාරිය දැක බිත්තරය අනුරාධපුර නුවරට ගොස් දෙවෙනපෑතිස්ස රජ්ජුරුවන් අතට වැඩුවාහ. රජ්ජුරුවෝ අතට ගන්න කොට නිධාන ඇරී කුමාරිය රජ්ජුරුවන්ගේ ඔක්කට වැටුණාය. මේ කුමාරියට කිරිමවුන් සොයා දී වැඩිවිය පැමිණි විට මයුරවතී දේවිය කියා නම් තැබුවාය. මේ මයුරවතී දේවීන්ගේ වහන්සේ දෙවෙනි පෑතිස්ස රජ්ජුරුවන්ඩ කාරබැඳ රජ වී සිටියාහ. එකුමාරිගේ පින්බලෙන් නිධානය ගෙන දුන්නාය. මලලූ හෙට්ටි බ්‍රාහ්මණයෝ ගොඩ බැසලා පරන්පරාවයි ඉන්පස ඉංග්‍රීසි ආණ්ඩුව, උඩුවේරියේ සිට ගොසින් කලාගම හෙට්ටිකුලන් පත්තුවේ සිටියාය. උඩුවේරියේ සිටිය හෙට්ටියෝ මඩදොබේ පේරුවත් කිනිගොම පේරුවත් කඩුගත් බණ්ඩාරගේ කුමාරබණ්ඩාර නැති උණාය. සිඬිරස්තු.

පනන්කාතියේ මහගෙදර සේමසිංහ හෙට්ටි බණ්ඩාරට මාතලේ උකුවෙලින් සරණ කළාය. මේ හෙට්ටි බණ්ඩාරගේ අයිති කාරණයි. නැති නිසා එතනින් ඉවත් කළාය. එතනින් අවිත් මුඩත්තෝ හිටිහාමිගෙ ගෙදර අත මෙහෙකර සිටියාය. මෙම අය පැදි ගෑනි සරණකර සිටි පැද්දී මරාපු වරදට පුත්තලමේ සිර උණාය. මුඩත්තෝ නම දැනගන එතනට ගොස් උඩුවේරියේ රාල දැක රිදී සියයක් මුදලින් දී අරගන ආවාය. මෙම උඩුවේරියේ රාලගෙ දෙමළ වාලිදි සිටිය උඩුවේරියේ මුඩත්තෝ ගෙදර නම දැන ගත යුතුයි. මඩදොබේ මොලගොඩ බණ්ඩාගේ අක්කා උඩුවේරියේ අතකොට හෙට්ටිරාලට සහාය කළාය. මෙම පැවතෙන අයට පනංකාතියේ හෙට්ටි බණ්ඩාරගේ දුවනියෝ ඇසුවාය. දෝනියෝ තුන් දෙනාගෙන් එක්කෙනෙක් මාතලේ උකුවෙලට දුන්නාය. අනිත් දෙන්නා ඇසූ විට දෙන්ඩ බැරිය කීවාය. එකිවූ නිසා උඩුවේරියෙන් මඩුත්තොයා එතෙන්ඩ ගමන් කර මන්ඩ කීවාය. පෙර වයිරයට ගියාය. සේමසිංහ බණ්ඩාර ළඟට ගොසින් කියන්නේ උඩුවේරියේ රාල ඉන්ඩ බැරිය කියා නුබෝ දවසකින් පුර මායමින් සිට එක් දවසක් බණ්ඩාරත් සමඟ හිමයට ගොස් දඩු සහිත කොට බණ්ඩාරට බුදි ගියාය. ඉන් පසු මුඩත්තෝයා වෑය ගෙනත් බණ්ඩාරගේ බෙල්ල කපා එතනම කලියට දමා ඇවිදින් මැරුවා කීවාය.

ඉන්පසු උඩුවේරියෙත් පනන්කාතියට මගුලේ ගියාය. සේමසිංහ බණ්ඩාරගේ දූවණියෝ දෙන්නාට එබව දැනී වහ අඹරා ගෙට ගොස් දොර වසා වහ කා මැරුණාය. ඉන් පසු වහගෙදර නන් විය. දෙවනුව ගලගෙදර නන්විය. මේ මිනී මැරූ සෝලියටත් කැකුනාවේ මුදියන්සේ කියන ඉම්හාමි මැරූ වරදටත් මහනුවර මහාවාසලින් පණිවිඩ ඇවිත් උඩුවේරියේ ඇත්තෝ අල්වා ගෙනියංඩ ආවිට කලාගම අඩංපනේ ගල්ගේ හැංගී සිටියාය.

ඉන්පසු කලිවිල මුදියන්සේ ගතුව කීවාය. ඒ වචන අසා ගොස් අල්වා එක්කොට පැංචියක් මරඳන්කඩවල සිරිවර පතිරන්නැහැගේ නිවසේ දමා ආවාය. අනික් පැංචා කොරළයාගම ගමරාල ගෙදර දමලා ආවාය. වන්නකුරාල ඒ වරදට මැරුවාය. ඉන්පසු මහවාසලින් බත්ගොමුන්ඩ උඩුවේරිය ලැබුණාය.

පළමුව කැකුණාවේ ඉම්හාමි මරා ඉස ගෙනත් විකුණන සේමසිංහ හෙට්ටි බණ්ඩාර මැරූ වරදටත් මේ වැරදි දෙක නිසා බත්ගොමුන්ට ගම ලැබුණාය. ඉන් පසු කෝරළයාගම ගමරාල ළඟ සිටිය පැංචා තනාගෙන ගමරාළගෙ දෝණී දී සිටියාය. මේ අය කැඳා ගොසින් මහවාසලට ගොස් සැළකළ විට බත්ගොමුන්ඩ යන්ඩ අවසර ලැබුණාය. උන් නොගිය නිසා

තදබල ලෙස පණිවිඩ එවමින් එය නොසැලකූ නිසා මහවාසලින් කඩුව ලැබී පදුවන් කපන්ඩ අවසර දුන්නාය. ඉන්පසු ඇවිත් ඉපලෝගම සිටගන පදුවන් කපා ඇළට දැමුවාය. එයිනි පසු එතනට පදුකඩවල කියා නම් තැබීය. එයින් පසු ඒ අයට කඩුගත් බණ්ඩාර කියා උඩුවේරියේ සිට දෙවනුව අලුගොමින් සහයක් කර සිට ඈට දරුවන් නැති නිසා කෝරළයාගමින් සහය කළාය. එසහයෙන් උපන් දෝනියැන්දා ළඟ විලව කළු අප්පුරාල බින්න බැස සිටින විට ඒ අයට පට්ටියමුල්ලේ හතමුන දුන්නාය. මරදන්දන්කඩවල සිරිමා පතිරන්නැහ ළඟ සිටිය පැංචී ගෙනාවා. මරළුවාවෙන් එක්කෙනෙක් බින්න බස්වා සිටියාය. මේ ගන්දෙකේ උඩුවේරියෙත් විලෝගෙදරත් විලෝගෙදර සිටින මරළුවාවේ රාලගෙන් උඩුවේරියේ සිටින අය පැවත එනවාය. විලෝගෙදරිනුත් ඒ සැටිමය.

මැදපත්තුවේ පනින්කානියේ වහගෙදර සේමසිංහල හෙට්ටි බණ්ඩාර නැතුවයින් පසු දෙමළ පත්තුවේ රජවන්නි උන්නැහැට මැද පත්තුව තිබුණාය. මැදපත්තුවේ වන්නි පේරුවක් නැත. කිබියාවේද ඔළුපැලියාවේද වේසියාවේද, කන්දෙ ගෙදරද, දොඩංගොල්ලේගමද, ගිරිල්ලද, කොටුඅත්තේ ඔලද, හුළුගල්ලද, හුලෝද, වම්බටු වැවද, බෝගොල්ලාගොමද, කෝන් වැවද, මේගන් දැකුමට ඔළුපැලියාවෙන්, තිබිරියාවෙන්, හුළුගල්ලෙන් මේ ගන්වලට මැද පත්තුවෙන් නෑදෑවාසිකම් බැඳුන් වෙළුන් නැත.

තිස්ස කුමාරයෝ වැව බඳවා රැලපාණ අල්වා වෙල අස්සන් කරවා සීල්දානේට පුද කරවා වාලිට බාර දුන්නාය. වාලිගෙගම වල්ලිය. කැදෝ කැඳ දානෙට පුද කිරිමැටියාව කිරිබතදානෙට පුද නාකොලගනේ විහාරෙට පුද ගන්තිහේ වලලියේ උණ්ඩියේ රාල පටබැන්දන් විසින් වන්නිකමට කැන්දා ගත්තාය.

දෙවනුව දැකුමට දෙන නිසා ඉපලෝගම වන්නිකම දඹකොල සාදා දන වළඳා රහතුන්ට දන් දුන් කල දඹදෙණි නුවර රජ කරන දින කොළඹට පරන්ගින් ගොඩබැස කොළ අඹ ගස පිහිටි කොළඹ යන නාමය ව්‍යවහාර කර සිටියාය. අපගේ හේරත් මහරජ්ජුරුවෝ හේවාකන් බැරිව කුමරුවන් සන්ගා ගෙන කොත්මලේ රටට ගොස් එහිසිට පරන්ගියාට කප්පන් දී සිටියාය. දඹදෙණියේ පරන්ගියා කොටුව බඳවා ගති. වාරියපොළ කොටුව බඳවා සිට ඉන්පසු ශ්‍රී ලක සැම තැන කොටු බඳවා ගති රාසිහ කුමාරයා උපන්දා කොළඹ කොටුවේ බැම්ම බිඳුණු බව දැක කුමාරයෙක් ඇතෙයි කියා විමසා පරංගියා බලන්නේ රාසිහ කුමාරයා සැඟවී වැඩිවිය පැමිණ කතරගම වාසලට බැහැදැක සිටින්නේ මුඩකොණ්ඩපොළ සිටිය කුමාරයාත් බාල කුමාරයාත් කපන කොට මඟඇරියාය.

විහිදෙකේ රකෝගම කොටුවේ බරනූ කප්පිත්තා සිටියාය. සීනා කෝරළේ සිට ඇවිත් තුප්පහි කිරීමට කරිච්චි අප්පු බල්ලා ඇතිකර බළුකට්ටේ ආරච්චි වසන්කර කුඹුක්වැවේ සිටියාය. මැදපත්තුවේ බ්‍රාන්තු කප්පිත්තාගේ කොටුවේ තුප්පහි කිරීමට සීනා කෝරළේට ඇවිත් කොටුව අතුගන සිටි කොටු අත්තාවල සිටියාය. හතළිස්පසේ ගල්ගොමුවේ සිටිය මයුර කප්පිත්තාට තෝඔලාක්කු කීමට නකුතාච්චියා සිටියාය. පහළ රටේ නවකෝරළේ සිට ඇවිදින් ගත්තිහේ විහිදෙනෙක් හතළිස්පහේ මේ කොටු ළඟ වෙළඳන් කර රක්‍ෂා වී සිටියාය. විජිතපුරේ බලකොටුව හතළිස්පහේ වන්නිකම නකුනාච්චියා ලබන නිසා රටේද නිමිති පටබැඳි මුලාදෑනිවරු එරියාවේ සිංහප්ප්‍රතාප කුමාර සිංහ මුදියන්සේ කියා පටබැඳ වන්නිකම සීතාවක රජවාසලින් මැණියනඳෑ කියන්නේ පරන්ගියාගේ පෙරළියට වන්නිකම දෙන්ඩ බැරිය කියා. කැටන්හල්පේ සීනෑකෝරළේ සිට ඇවිත් හතළිස්පහේ ගල්කඩවල රැක් අත්තන ගහ දළුපොත අරගන සිටියාය. හල්පේ මුදියන්සේ කියා සිටියාය. මෙම ගමෙන් රොලෝ පේරුවත් වන්නිකමට කනවැන්දූන් පුතාට රවටා දුන්නාය. මීට පළමුවන රංගේ බණ්ඩාරගේ ප්‍රැව දඹදෙණියෙන් සෙන්කඩගල නුවර ගඟ අහබඩ සල්ඔළු ගමේ සල්ලාලියක්ය. යකඩදෝලියේ සිටියයි කියා මහ වාසලින් උදහස්ව රන් ආවුද මඩුවට ගෙන්වා ගුරුවන්ඩ බාරකර සිටියාය. එයින් උදහස් උනු නිසා සැන්ගී ඇවිත් එලිපිම්මේ ගොමින් එලියවැටී ඇවිත් එරියාවේ අත්තනපොළ සිටියා ඒ අයට කනවැන්දූමා කියා රන්ගෙ බණ්ඩාර කීවා. එම මැණියන්ඩ ගංගාවතීය. මේ කනවැන්දූමා රදලහාමි කියා නම් පටබැන්දේ රන්ගේ බන්ඩාරගේ වලිය පේරුවයි.

හඳුන්ගොම නෑගොම වන්නි මුදියන්සේ නැති වෙමින් පසුව පරන්ගියා කියන දෙමළට වන්නිකම ගත්තු නිසා හඳුන්ගොම මුදියන්සේ පේරුවේ පස්දෙනා මීගහ යටින් දෙමළට ගසා මරා වනාන්තරයට පැන වන්නිකොම අප පස්දෙනා හරිය කියා පේරුඋණා. මෙයින් පැවත එන වන්නිකොම වලස්වැවේද, කල්ලංචියද, හඳුන්ගොමද, හැලැබෑවද, කදුලුගොමුවද මෙම එක ගොත්‍රය. එනිසා ගිනිපෙනෙලි එලියෙ වන්නි උන්නැහැල දැනගත යුතුයි.

අනුරාධපුර නුවර උරුලෑවත්තේ හෙට්ටියා නුවරවැවට යනකොට හාවාපාරේ කැණහිලා එලවන විට කීරිය ගල ළඟට වන් කල කැණහිලා පාරේ හාවා එලවනවා දැක ජය භූමිය බලා නිවස තනා කඩේ සදා වෙළඳන් වස්තුව රැස්ව මේ උරුලෑවත්තේ හෙට්ටියට එරියාවේ මහසදන් කුට්ටියගේ දුව වස්සැමට දුන්නා. එවෙනුව උපන් දෝනියැන්දෑ නුවර වැවේ මෙම හෙට්ටියට දුන්නාය. ඉන්පසු නුවර වැවේ වලව්ව පැවතුණාය.

දෙමටෝගම දිවාකාර මොහොට්ටාලගෙ පැදුරේ උන්නාට පයින් ගැසූ ලැජ්ජාවට පරංගියා එක්ක ආ මුදියන්සේට දේසෙන් රන ගිරවත් යමදූවත් දක්වා නිකවාගන් පහ අල්ලා සිටියා. හේරත්ගොම හේරත් මුදියන්සේ සිටියා. පළමුවෙන් දෙමටොගන් පහ දෙවනුව නිකවාගන් පහ උණාය.

පරන්ගියාට තිස් හතළිස් පනස් අවුරුදූ තිබෙන දින සිනා කෝරළේ නවකෝරළේ තව නවසෑකෝටු ළඟ සිට පරන්ගි බාසා කියා සිටියා මුදියන්සේලා කීය. පළමුවෙන් අනුරාධපුර නුවරින් රට ලැබුණු නිසාත් දෙවනුව සීතාවක රජවාසලින් රට ලැබුණු නිසාත් පළමු මුලාදෑනියා අය රාජ අපස්වාදී කොමට මග හැරියාය. සීනාකෝරළේ සෑඩියන්ඩ මුලාදෑනිකන් සිරිලක තිබුණාය. මේදිනේ විස්සෙන් ඉහතත් තිහෙන් පහතත් ඉලන්දාරියා හරමට ජාවුන්ඩ බාරකර හරම ඉගෙන ගන ගන්තිහෙ මුලාදෑනි කොට බඹර විනෝගම රොලො හිටියාමිගෙන් නිමිත්තන් තිහේ සිට ඇවිත් සිටියා. තිහට මුලාදෑනිකම ලැබුණා විහිදෙකේ නෙත්තිපොලගම අතපත්තු රාලට විස්සට මුලාදෑනිකම ලැබුණාය. මැද පත්තුවේ නාවානේ හන්තාන මුදියන්සේට මුලාදෑනි කම ලැබුණාය. හතළිස්පහේ වල්පාළුව තෙක් අත්තනපොළ මුලාදෑනිකම පරංගියාගෙන් ලැබුණාය. මෙම කොටුවල හරම කර පඩි කා සිටියාය. පරන්ගියා පළමුවෙන් රට අල්ලන දිනේ දෙවියන් වහන්සේ කතරගම් වාසලට බැහැදැක සිටියා. කතරගම දෙවියන්ගෙන් කරුණාව වෙමින් හේවාකමට කුමාරයා දෙමිය කියා සිත වඩා කරුණා ලැබුණාය. මෙම කරුණාවෙන් උපන් රාජසිංහ කුමාරයා රුහුණු රට කතරගම වාසල සිට වැඩිවිය පැමිණ අවසර ගෙන පරංගියා වනසන්ඩ රාසිහ දෙවියෝ සිරිලක කොටුබලා රහසින් වැඩමවා සිංහල මුලාදෑනින්ඩ රහසින් පණිවිඩ ඇර ගෙන්වා උන් ඇවිත් විහිදෙකේ නෙත්තිපොලගම අතපත්තු මුදියන්සේ කඩු පලිස් වෙඩි හරම පුළුවනි කීය.

ඔප්පුකොරලා බැහැදැක අවසර ගෙන සිටිමින් මැදපත්තුවේ නාවානේ හන්තාන මුදියන්සේද, ගන්තිහේ තිහට මුලාදෑනිකන්ගත් තිහේ රාලද, හතළිස්හයේ මුලාදෑනි අයද, මෙම අයට එකටම හතරපත්තුවේ කොටු හතරට වෙඩි තියන්ට අවසර ලැබුණාය. අවසරගෙන විහිදෙකේ රැකෝගම කොටුවද, හතළිස් පහේ ගල්ගොමුවේ කොටුවද, ගන්තිහේ ඉපලෝගම කොටුවද, කොටුඅත්තාවල කොටුවද, කැලේගම කොටුවද, මෙම කොටුවලට එකදාම යුද කරවා මෙම හේවා පන්නේට බත ගෙනත් දුන්නේය.

තණ්ඩලු හතරදෙනාට බත් පණිවිඩ කරන්ඩ කියා රාසිංහ දෙවියන්ගෙන් අවසර යෙදුණාය. විහිදෙකේ මහෝ තණ්ඩලාය

හතලිස්පහේ තිබ්රියාවේ තණ්ඩලාය, ගන්තිහේ මාහින්ගොමුවේ තණ්ඩලාය, මැද පත්තුවේ මාගල්ල තිබ්රියාවේ තණ්ඩලාය. මෙතණ්ඩළ් හතර දෙනාට බත් පඬිවිඩ කීවාය.

මෙම කොටු ළඟ සීනාකෝරළේ නවකෝරළේ සැඩියෝද කරා දුරාවලද හලාගොමද අය මුදියන්සේලා කියා කොටු ළඟ තුප්පහි කීමට පරන්ගි බාසා කීවාය. මෙයින් රාසිහ දෙවියෝ විජිතපුර කොටුව අරවා එතන මුර සදා මේ හේවාපත්තේ ගෙන්නා ගල්ගොමුවේ බ්‍රාන්තු කප්පිත්තාගේ කොටුව අරවා එතන මුර සදා විහිදෙකේ කොටුව රක්වා කැකුනාවේ ගලට රාසිහ දෙවියෝ වැඩුව විට රැක්ක නිසා රැකෝගම නම් විය. එකොටුවෙන් බරන්දු කප්පිත්තා රැකෝගම උල් ආරච්චිල අල්ලා ගොස් වලස්සෑවේ ගලේදී උල තියා ඒ අරච්චිගෙ දූව පරන්ගියාට අල්ලා දුන්නාය. පළමුවෙන් ඔළුකට්ටේ අරච්චිල දෙවනුව උල තිබූ හෙයින් උල් ආරච්චිල කියා නම් පැවතුණාය. ගන්තිහේ කොටුව අරවන විට වැලිසර කප්පිත්තා කුඹුක්වැවේ ඔළුකට්ටේ ආරච්චිලගේ දූව අල්ලා පරන්ගියාට දුන්නාය. මැදපත්තුවේකොටුව අරවන කොට මයුර කප්පිත්තා කැලේගම ආරච්චිලගේ දූව අල්ලාගෙන ගියාය. දළදාගම උණ්ඩියරාලගේ දූවත් අල්ලාගෙන ගියාය. හතළිස්පහේ අත්තනපොළ හල්පේ මුදියන්සේගේ හිර අල්ලා ගියාය. දෙවමැද්දේ හාමිනේත් උණ්ඩියරාලගේ දූව පරන්ගියා අල්ලා ගියාය. ඇබෝ මුදියන්සේගේ දූව අල්ලා ගියාය. මෙම පරංගියාට එකතුව සිට වැඩ පඬිවිඩ ලබා සිටිය අයගෙන් හිර අල්ලා ගියාය. නාමින්නේ උණ්ඩියෙ රාලගෙ දූව මග දමා ගියාය. එයින් වෙනුව උපන් කුන්ඩා, කුන්ඩි, බරන්දුවා කියා තුන්දෙනෙක් විය. ඔවුන් නාමින්නට අවාය. එයින් පැවත එන වලියයි.

දළදාගන් එළියේදීත් පරන්ගියා රාසිහ දෙවියන්ට වට කරපු නිසා කතරගම් වාසල දෙවියන්ඩ බැහැදැක තිර ඇර රාසිහ දෙවියන්ගෙන් අවසර ගත්තාහ. මිලිඳු තකකීය සංසේපයක් මෙයින් දක්වන ලදී.

තව ද ක්‍රෙතායුගය, ත්‍රෙතායුගය, දුවාපර යුගය, කලියුගය යි යුග සතරක් වෙයි. මේ යුග සතරින් එක් යුගකයක දී පුලැස්තිහට දාව අසුර කන්‍යාවන් වැදූ රාවණා නම් රජ්ජුරුවෝ ලොව සතුන්හට රැක්මක් නොකොට දෙවියන් බුදුන් තපස්වරයන් ශ්‍රමණ බ්‍රාහ්මණයන් ආදි සියලු දෙනාට ගරු නොකොට අය ගනිමින් නන්ද මූල පර්වතයෙහි වසන තපස්වරයන් පසේ බුදුවරයන් ආදිගෙන් දක්වා කිසිත් යම් දෙයක් ගෙනෙත්වයි කියා අය පඬුරු ගනිමින් ලංකා රාජ්ජයෙහි එකසියයක් රාජධානි ඇති කරවා දඹදිව රජුන් සේවනය කොට දෙව්ලොව අසුර ලොව ගරුඬ ලොව නා ලොව රජුන් සිර ගෙයි ලා ඔවුන් අතින් අය බදු ගනිමින්,

චන්ද්‍ර සූර්ය දිව්‍ය රාජ ග්‍රහයන් බැඳ සිරකොට ඔවුන්ගෙන් අත මෙහෙ ගනිමින් ඔහුගේ නුවර උඩින් හිර සඳු දෙදෙනා ආලෝක පතුරුවා ඉවතින් යන්නාහ.

මෙසේ තමන් සිල් ආරක්ෂා කල පිනින් දෙවියන්ගෙන් ලත් වරමින් දස විසි රාවණා යයි ප්‍රසිද්ධ මෙර සතර මූල සතර මහාද්වීපය හා දෙවුලොව ඇසුර ලොව ගාන්ධර්ව ලොව බඹ ලොව ආදි සැම තැන්වලට අධර්මයෙන් චක්‍රවර්ති රජ කරන රාවණා නම් රජ්ජුරුවෝ ශ්‍රී ලඞ්කාපුර නුවර හා මේ ලෝකයෙහි ඇති යම් සියලු රත්න සමෘද්ධි කොට උයන් පොකුණ පතැස් පුෂ්පාරාම ඵලාරාම පහුරු පදලම් අට්ටාල වෙට්ටාල අගල් ඇත් අස් රථ වාහන මාලිගා මණ්ඩප ආදි වූ සියලු සැපතින් යුක්ත ව චක්‍රවර්ති එකසියයක් රජුන් හා සමඟ රජ කරන රාවණා නම් රජු නිසා සීතාප්‍රමේස්වරී නම් අග්‍ර දෙවින් සිර කොට කරන ලද අධර්මය නිසා රාම නම් රජ විසින් රාවණ යුධ කොට ඔහුගේ නුවර හා භාගයක් මූද ගිලී ගොස් ඉතිරි වූ ලක්දිව රාම නම් රජු විසින් භූසය මෙන් ගෙන පවත්වයි කීය. සලස්වන ලද මේ ශ්‍රී ලංකාව දෙවරක් රාවණා අධර්මය කල හෙයින් අනාථ විය. ඉතිරිව තිබූ ශ්‍රී ලංකාද්වීපය කකුසඳ, කෝනාගම, කාශ්‍යප යන තුන් වහන්සේලා කාලයේ වෙන වෙනම ගෝත්‍ර වෙයි. අප බුදුන් සමයෙහි පළමු මහමෙවුනා උයන මැද දොළොස් යොදුන් නුවරක් වෙයි. ඒ නුවර යක්ෂයන්ට වාසස්ථාන වෙයි. ඒ නුවරට වැඩ යක්ෂයන් දුරු කොට ලක්දිව සමන්තකූට පර්වතයේ සමනළ වසන සමන් දෙවුරජහට කේශ ධාතු මිටක් දෙවා දෙවුරජ මය්යම කරවයි. වදාළ බැවින් මයියන්ගණය කියා නම් විය. පසුව දෙවරක් මයියන් කරන ලද්දේ ය. තව ද අප බුදුන් දෙවුරම් වෙහෙර වැඩ වසන සමයෙහි චූලෝදර මහෝදර දෙමයිල් නා රජුන් දෙදෙනෙක් මිණි පලඟක් නිසා ඝොර වූ යුද්ධයට බසිනා නයින් කෙරෙහි වැඩ හිඳ බණ වදාරන කොට තමන් වහන්සේගේ බුද්ධානුභාවයෙන් නාගයින් ක්ෂමාකරවා ඔවුන් විසින් පිළිගන්වන ලද මිණිපලඟ මත්තෙහි වැඩහිඳ කෙළක් නයින් සරණ සීලයෙහි පිහිටුවා වැඩිය සේක.

මේ ශ්‍රී ලංකාද්වීපයෙහි එක්දාස් දෙසිය අසූවක් ගවු රාවණා නම් රජ්ජුරුවන් අයාමෙහි මුහුදට ගිලෙන සමයෙහි බුදුන්ගේ සිද්ධස්ථාන භූමි ප්‍රදේශයක් හෙයින් එහි වසන්නා වූ මහෝදර නම් දිව්‍ය නාග රාජයන්ගේ ආනුභාවයෙන් මුහුද නොගිලි අට පනස් යොදුන් තැන් ඉතිරි විය. බුදුන් වඩිනා කැටුව සේවනය කොට කිරි පළු බෝධිය හා සමෘද්ධිව සුමන දෙව්රජ හා රාජායතන චෛත්‍යය පිහිටි හෙයින් නාග දිවයින යයි ප්‍රසිද්ධ විය. මේ දිවයින් පිහිටි රාජ්ජය ඇතුළත් වූ දියින් ය. සොළී රට කාවේර පට්ටන නුවර හා රාවණා නම් රජුගේ ලංකාපුර පටුන් නුවර හා ලෝ පහුරු

සතකින් හෙබියා වූ සතර ගවු පමණ පළල් වූ අගල ලවණ සාගරයට කැප්පූ හෙයින් දෙකොන ලවණ සාගරයෙන් දිය උතුරුවා දෙවියන්ගේ ආනුභාවයෙන් ලංකාපුර නුවර අට පනස් යොදුන් පළලින් මුහුද විය යුතු යි.

තව ද අප බුදුන් ශ්‍රී ලකට වඩින තුන්වන ගමනේදී කැලණියට හා නම්මදා නම් ගංගාවට හා මෙකී ස්ථානයට වැඩ ශ්‍රී පාද පත්ම පාද ලාඤ්ජන කරවා සමන්තකූට මස්තකයෙහි වැඩ ශ්‍රී පාද පත්මය පිහිටුවා වැඩිය සේක.

දුම්බර රට පන්සිය පත්තුව නම් ගජබාහු නරපතීන් විසින් සොලී රටින් ගෙනා පන්සියයක් දෙනා හේම ස්ථාන කොට සැලස්වූ හෙයින් දුම්බර රට පන්සිය පත්තුව යයි කියන ලදී. පළමු පෙම්බර දුවකට රජකු විසින් දුන් හෙයින් ද උඳුන් කැට තුනක් වැනි පර්වත තුනකට මැද පිහිටි හෙයින් ද දුම්බර රට රජදූන් පන්සිය පෙම්බර අතීත කාලයෙහි උපන් හෙයින් ද මේ නම් ප්‍රසිද්ධ වූ දස දහස් ගණන් කඩවසන් ඇති ගම්වලින් ගැවසී ගත්තා වූ උඳුන් කැට තුනක් මැද පිහිටි ගල් පෝරුවක වූ සටහනින් යුක්ත වූ ද මහා ඉමක් ඇත්තේ ය. ඊට මැදි වූ රට දුම්බර යයි කීය. මාතලේට සොලී රටෙන් සෙනග ගෙන්වා ගජබාහු රජ විසින් හේමන්ත කළාය.

මායාදුන්න නම් රට මහා පටුනු ගම් දස දහසකින් හා මහත් වූ මායමින් යුක්තව එහි උපන් ස්ත්‍රී පුරුෂයෝ බොහෝ සේ උපමායමින් කල් ගෙවති. එසේ වූ රටට සතර මහ කඩයිම් සොළසකින් යුක්ත වූ ගල් ටැන් සොළසකට මැදි වූ රට මාගුල් මායාදුන්න යයි යන නමින් ප්‍රසිද්ධ විය. මෙසේ කියන ලද තිදිගොඩ පිල්වලින් ගැවසීගත් හෙයින් නුවර යයි නම් ලද දෙමළ මායා ලකුණෙන් හෙබියා වූ ගල් ටැම් සතරක් සතර දිගින් පිහිටුවා දොළොස් යොදුන් වට ඇති රට මෙසේ දත යුතුයි.

සදපාන් දුන්න නම් වූ රට චන්ද්‍ර ලකුණු සයකින් යුක්ත කොට කෙටූ ගල් ටැන් සයකින් සැදුන් ලද එක් දිසාවක සමුධී වූ හා මහා අතළ දෙයාතුරෙහි පිහිටන ලද රටට සද පහන් දුන්නයි කියති දත යුතුයි.

අටවෙනිව කියන ලද පාලන්ගමු රජ නම් තුන් දිසාවෙන් දඬු පාලම් තුනකින් ප්‍රසිද්ධ වූ ඒගන් තුනකින් සැදුන් ලද එක් දිසාවෙක පලාකිරණ වෙල්ලියක් කිරුගල් ටැඹක් හා මෙයින් මැදි වූ රාජධානියකට රජ කරන තරම් දිග පුළුල් ඉඩමෙන් සැදුම් ලදහයි දත යුතුයි.

නව වැනිව කියන ලද කුඹුරුගොමු රට රාවණා සමයේදී රජ නුවරක් හා මෙකලට නැගෙනහිර කුඹුරුවලින් හෙබියා වූ මහවැවු අමුණු වන ලැහැබින් යුක්ත රට කුඹුරුගොමු නුවර යයි නම් ලද. ඒ නුවරට පූරව දිග්

භාගයෙහි තුන් ගවුවක් ගිය කල දුම්මල දෙණිය නම් ගම දුම්මල විලක් ඇත්තේය. ඒ නුවරට දෙගවුවක් ගිය කල මහත් වූ නියම් ගමෙක් ඇත. ඒ ගම මැද කම්මල් බිමක් ඇත. ඒ නුවරට උතුරු දිගින් හගවුවක් පමණ ගිය කල මහගල් ටැමක් පිහිටුවමින් සාලාවක් මෙහෙරක් ඇත්තේය.

දස වැනිව කී අටකලනදයක් නම් රට පළමු එක් රජෙක්හට මහත් ධනය ඇති කෙළෙම් පුත්‍රයෙක් හා තකී කොට අටකලන්දයක් පමණ දුර දිග රනින් සුලස් කර බිම ප්‍රවේණි සැලැස්මට රැගෙන තකීයෙන් දිනූ හෙයින් අටකලනදන යයි කියන ලද රට බොහෝ සම්පතින් එකලට විරාජමාන වූහ.

කලංකිරුගමට පූර්ව දිගින් දෙගවු භාගයක් ගිය කල්හි මහගල් පර්වතයක් මැද දඬුගලහෙතා අඹ පල හා කරල් ගත් සටහනක් කෙටූ ලෙසක් හා දකුණු දිගින් කලන්ද රූපයක් හා බටහිරින් කලන්ද ලකුණු අටකින් හා උතුරු දිගින් එසේම කලන්දන රූ සැදි විසිතුරු ගල් පර්වත අටකින් මැදි වූ රටට අටකලන්දන යයි කියති.

තවද සතරැස් රටට සතර සුලසින් කඩයිම් වෙයි. තුන් සුලස් වූ රටට තුන්ටැබින් මුල් කැටා වෙයි කියා දත යුතුයි. අටකලන් රට අටරජක්හට සෑහෙයි කියා දැන ඒ රට උපන් සත් පුරුෂයෝ කුසල් කළ මැනවි. මානින්ගමු රට නම් නියම්ගම් දසයකින් යුක්ත වූ උත්තර කාල සම්පූර්ණයහ. මානින්ගම්වලින් කෙටූ සිලාස්තම්භයන් සතරක් සතර කොනින් තබා මැදි වූ රට මානියන් ගමු රට යයි දත යුතු.

දොළොස් වැනිව කී දෙනවක රට නම් දෙනවක දහසක් මහ පටුනු යුක්ත වූ දෙනවක දහසක් ගන්වරට සුනක රූ ලකුණෙන් සැදුගල් කඩයිම් ඇත්තේය. වක් අඟු දසඅටක් ඇත්තේය. තුන් කැටාවට මැද ගල් ද්‍රෝණියක් හා ගල් බරුවක් හා ගල් දෙකක් හා පුරාතන සෑදූ හෙයින් දෙනවක යයි නම් ලද, කළුගල්බොඩ රට සතර කොන් රට ය. සතර කොන මහත් වූ කළු ගල් සතරකට මැදි වූ රට ගල් පර්වතයෙන් අලංකෘතයෙන් මේ නමින් ප්‍රසිද්ධ වී යයි දත යුතු.

තුදුස් වැනිව කියන ලද නව යොත්ත නම් වූ රට දිගින් හරහින් පුළුලින් නව නව යොදුන් හා එසේම මහත් වූ රාජ්ජයෙන් යොත්තෙන් යොත්තට තහවති. කොටවන ලද සිලස්තම්භයන් සොළොස් කොන පිහිටුවා මැදි කොට නව යොත්ත යයි නම් තබා පෙර මහත් රජෙක් කා වැළඳූ රට නොයෙක් කඩයින් ආදියට ගම්වල මුල් කැටාව ලතඟ රූප හා නයිපෙණ හා ගල්පර්වත බෑවුන්වල දිය බසිනා ඇළ කඳුරැලි ආදියෙන් තබා රට කළේය.

පහළොස් වැනිව කියන ලද පස් යොදුන් නම් වූ රාජ්‍යය දිගින්

පුළුලින් පස් පස් යොදුන් වටින් විසි යොදුන් මැදි වූ රට පස් යොත්නයයි කියා නම් ලද. ඒ රට වනාහි ගවුවෙන් ගවුවට කඩයිම් ලකුණු කෙටූ ගල් කඩවතින් පළමු සැදුන් ලද දෙනව දහසක් මහා නියම් ගමින් යුක්තය. ඒ පමණ පහා පටුනු ගමින් යුක්ත හෙයින් දෙනවක් පස් රට යයි නම් ලද. තව වක් වගු කෙටූ ගල් ටැන් හා අතළ සීලාස්තම්භ හා සියලු ගම් නියම් ගම්වල දෙනවය පිහිටන ලද්දේය.

සොළොස් වැනිව කියන ලද පාණබුන්නා කියන ලද රට නම් පෙර අතීත කාලයෙහි එක් රජෙක්හු පාන් පූජා කළ පහන් බැඳි තොරණ අග ආදිය ද්‍රෘඪ ජාතියක් බිදවූ හෙයින් ද පසු රජ විසින් යුද්ධයෙන් ජයගෙන දිනූ හෙයින් ප්‍රාණ බුන්න යයි කියන ලද්දා වූ මැද පාන් කන්දක් වැනි ගල් පර්වතයක් කොනකින් බිදි ගිය සටහනක් ඇත්තේය. එතන්හි නටබුන් වෙහෙරක් ඇත්තේය. පළමු රජ නුවරක් ඇත්තේය. ඒ නුවරට තුන් ගවුවක් මත්තෙහි පූර්ව දිගින් නියත් ගමක් ඇත. ගමට පූර්ව දිගින් මහත් පර්වතයක් අසල ඔතෙරක් හා කඳුරැලියක් ඇත. දකුණු දිගින් තුන් ගවුවක් ගිය කළ අඩ සඳ කෙටූ ගල් පර්වතයක් ඇත. බටහිරින් රිවි මඩල කෙටූ ගල සහ අස් ලකුනෙන් හබියාවූ ගල් ගිරෙන් හා උතුරු දිගින් බෙරයක් කෙටූ ගලක් හා සත අනුදිග කඳුරැලි දෙණිපත්වල පිහිටුවන ලද බිඳුපහන් කඳු කෙටූ ගල් ටැන්වලින් සැදුම් ලත් හෙයින් පානබුන්න කියන ලද කලුගඟ පටන් පළමු කියන ලද මෙසේ කියන කැලණි කියන ලද පාන් කඳුහි මැදි වූ ගම් කඩයිම් ආදියට පිහිටවන ලද මෙහි දස දහසක් ගම්වර සැදුණේය.

සතළොස් වැනිව කැලණි දෙගම්බඩ නම් කළු ගඟ පටන් පළමු කියන ලද කැලණි ගඟබඩ පිහිටි කොට බෝධිය දක්වා ගඟ දෙකට මැදි වූ රට මුහුදින් සගවුවක් පමණ හා සම්පූර්ණ වූ ස්ත්‍රී පුරුෂයන්ගෙන් ගැවසී ගත්තේය. මෙසේ කල්‍යාණ නම් පුරප්‍රවරයෙහි ස්ත්‍රී පුරුෂයෝ ත්‍රි සිංහල ඨීපයෙහි පටන් දඹදිවු තෙලෙහි මේ කල්‍යාණ ස්ත්‍රී පුරුසයො මෙසෙම ශරීර ඇතෙයි කියා පුරාතනයෙහි නොබලනා හෙයින් කල්‍යාණ පුරය නම් විය.

බුදුන්ගේ ධාතු දළදාව පිහිටුවන ලද උතුම් වූ භූමියෙක එහි උපන්නෝය, මහත් සෞරවියශ්‍රී ඇති සත් රජ සෙනගකට රජ කරන තරම් ජය භූමියක් හා රජ නුවර සතක් හා නවතොට මුනයක් හා මණි අක්කිත නම් නා රජුන් කෙළක් නයින් හා නාග කන්‍යාවන් විසින් ගැවසී ගත්තා වූ සත් රුවන්මය වූ නාග භවනයකින් සමලංකෘත වූ විමා ආදියෙන් සම්පූර්ණ වූ දෙවු පුරයක් සමාන විභීෂණ නම්ං දෙවු රජහට වාසස්ථාන වූ කෙත්වතු ගව මහිස ඇත් අස් ආදී වූසියලු සැපතින් සම්පූර්ණ වූ ඒ රට මහා පටනු ගන් දහසකින් හා ඒ ගම්වල සතර මායිමට බෝරුක් නා රුක්

පිහිටුවන ලද්දේය. පළමු නයි පෙණ හා පැතලි රූකඩ කෙටූ ගල් සටහන් ඇත්තේ යයි කියා දත යුතු යි.

අටළොස් වැනිව කියන ලද අත්තනගලු රට නම් පළමු රාවණාගේ යුද්ධයෙන් ජයගෙන දෙව්රජ විභීෂණ සුරෙන්ද්‍රයන්හට අත්කර දුන් හෙයින් ද නානාවිධ වූ අතීත ඇති ගල් සීලස්තම්භයන් ඇති හෙයින් ද පෙර රජුන් හා තපස්වරයන් ආදීන්ට සයන්ජාති පහළ වූ හෙයින්ද ගල් පොකුණුවල මාවී පැළවී කුඩු නැතිව පැසුණු හෙයින් ද පුරාතැන එනුවර මැද නානා විධ වස්ත්‍ර සැදි කප්රුක් හා සත් රුවනින් විසිතුරු වූ රුක් අත්තන රුකක් පිහිටි ගලක් පහළ වූ හෙයින් අත්තනගලු රට යයි කියා මේ නමින් ප්‍රසිද්ධ විය. ගම්වර දහයකින් විරාජමාන වූ රජ බමුණු වෙළඳ ගොවි යන චතුවර්ණයකින් හා අවසේස ජාතීන් හා පජාතීන් විල්, කෙත්, ඔය ගංගා ආදියෙන් ද පෙර එක් තාපස කෙනෙකුන්ට පහළ වූ මිහිරි අවුසද මත් වූ නා නා විධ ඵලාඵල ජාතියෙන් හා නන් විසිතුරු කුසුම ජාතියෙන් හා උද්‍යාන විමාන ආදියෙන් හා සමලංකෘත වන්නෝය.

මතු එන දවස ශ්‍රී සඟබෝධි නමින් ප්‍රසිද්ධ වූ රජෙක් එරට අත්තන රුකක් යට සැදි ගල් පර්වතයක් හා පොකුණක් බඩ හිඳ තපස් කොට සිටිනා කාලයේ රටට බොහෝ සුව එළවයි එක් දවසක රජ මඟුලකදී සියයක් නෑයෝ කැඳවමින් සිට වැලඳගත් හෙයින් සියනෑ කෝරළයකියා කීහ. සම්මත රජුන් විසින් රුක් අත්තන රුක කැලණි දාගොබ පිහිටි මළුවට ඊසාන දිගින් හා උතුරු දිගිනුත් කුරු රට බද උපන් දූරයකු සෑදූ මඬපයක් හා එයට ගවුවක් ගිය කල සිඹුටුවාන නම් නියම් ගම් ගමෙක් මැද දාගොබක් බැද නොනිමි උළු ගොඩක් හා ගිරා ලකුණු කෙටූ අතළ ගලක් හා දකුණු දිගින් නා රුකක් බැඳි මළුවක් හා අග්නි දිගින් සල් රුකක් හා උද්‍යානයක් පොකුණක් ළඟ පිහිටි අතළ ගලක් කරවන ලද අකුරු සටහන් හා නැගෙනහිරෙන් සාවුන් ලකුණෙන් යුක්ත වූ සඳ මඬලක් කෙටූ ගලක් හා එහි ඕවිටියක් මැද යට කරපු ගල් පලයක් හා ඇති මේ ලකුණු බලා දැකු මතු උපන් චතුර්වර්ණයෝ සටන් නොකොළෝ නම් යෙහෙකැයි දත යුතු.

පෙර අතීත කාලයෙහි කුරු රටින් රුවැති පැවති බිසෝ කෙනෙක් හා රජ කුමාරුවෙක් හා සිටාන කෙනෙක් හා පුරෝහිත බමුණෙක් හා පිරිවරින් අවුත් රාවණා යුද්ධය කළ පසු රාම රජුගේ නියෝගයෙන් විසූ හෙයින් කුරු රට යයි කියා නම් විය. අප මහා ගෞතම බුදුන් සමයෙහි ගජබාහු නරපතීහු කුරු රටින් අවුත් පළමු කුරු රට යයි නම් සලස්වා එක් රටකට යවා දහසිය දහසකට දෙවූ හෙයින් අළුත් කුරුව යයි නම් විය. මෙහි රාම රජ විසින් සම්මත කළ හෙයින් ඒ රට උපන්නෝ ජය

ඇත්තෝය. පළමු රාවණා දවස බාල බිලිඳුන්ට රා පෙවූ හෙයින් රාගම යයි කියා නම් විය. වෙළ මැද දූවක නා ගස් දෙකක් පිහිටි හෙයින් දූනගහ යයි නම් විය. මෙලෙසට තුන් රජයකින් ප්‍රසිද්ධ වූ රට කුරු රට පෙර මහත් මිනි බැඳි ද්‍රෝණ මුඛයක් හා මුහුදින් සගවුවක් ගිය කල විළු ගොඩැල්ලක් ඇත. සීමා පහුර ස්වමීපයෙහි මුතු ආකරයක් ඇත. දෙළුන් ඇස් සේ වස්තු පිරි නිදාන් ඇත්තේය. මේ මුහුදු තෙර උපන් සත්වයෝ අධිකතර බල ඇත්තෝය. කුරු රට වායබ්‍ය දිගින් පිහිටි කට්ටිපටම සහ ඕතෙරට නැගෙනහිරින් මහා නියම් ගමෙක් ඇත. ඒ නියම් ගම් වෙල මැද මහා පොකුණක් හා සාවළෙක් ඇත. දකුණු දිග පළමු කී කොට බෝධිය හා සුබුටුවාන හා දූරයාගේ මණ්ඩපය ඇත. උතුරු දිග මහඕතෙරගල් ටැන් බලා දත යුතුයි.

විසි වැනිව කියන ලද පිටිගල් රට නම් පළමු එක් බැළයෙක් කුඹුරු වෙල් නිරවුල් කොට බොහෝ ශස්‍ය පල රැස්කොට මහත් පර්වතයක් සේ සාල් පිටි යොදා ගල් කොට එහි ප්‍රාදායක් කොට එහි මළුවක් තනා මුහුදින් එන යන තුරු නැවු බලා මුහුදින් යන රුවල් කෙළිය දුටු විගස අල්වා ගනිමින් ඔවුන්ට බොහෝ සංග්‍රහ කොට පිරිවර සදා ගනිම්හයි කියා ඉතා මුග්ධ මූර්ඛ බැළතෙම එසේ වෙල් සදා කෝ ඇළදොළක් බැඳ දිය නවත්වා කිරිවැද පැසුණු වී ගොඩකට අභිමතයයි සිද්ධ කොට ග්නාන පිණිස ඔහු පුත්‍රයාට කීහ. පුතු කුමක් කෙරේදැයි විචාළේය. වී ගොඩ මුදුනට යවයි. කියා ගොඩවිය. ඒ වේලෙහි බැළ තෙම පුතුතු අතින් වී ගොඩ මුදුනට මූද හා නැවු පඩවු පෙනෙදැයි ඇසීය. හෙතෙම පෙනෙම් මම සත්ව කරුණාවෙන් ඔහු මනුෂ්‍යය හෙයින්ද භයින් තැති ගෙන මෙහි විසිර ගිය වීරාසිය අපත් වෙයි සිතා මූද නොපෙනෙයි කීය. එකණෙහි බැළ තෙම කිපී වී ගොඩ පයින් විසුරුවමින් ගියේ ය. ඒ වී රාසිය ගිය රට ගල්මුල් ආදියෙන් පිටි නැගෙනු හෙයින්ද වෙල්වල පිටි පුර තිත් ගල්වලින් ගැවසී ගත් හෙයින්ද පිටිගල් රට යයි නම් විය. ඒ රට වනාහි මුහුදෙන් පළල සත් ගවුවක් හා දිගින් තුන් ගව්වක් හා යොදුනක් මුහුදට ගිළුණු හෙයින් දස දහසක් නියම්ගන් හා දහසක් පටුන් ගම් හා ක්‍ෂුද්‍ර දිවයින් පනසක් හා මුහුදට ගිය හෙයින් රට රජෙක්හට නොසෑහෙයි. පෙර රජෙක්හට සෑහෙයි. මෙහි මහා කඳයුරු නුවරක් හා මහා දන් පේ කොට දුන් හෙයින් මාදම්ප යයි කියා පටුන් නගරයක් හා සෙඳිය නන් රුවන් ආකරයක් හා සැදුම් ලද රට නැගෙනහිරින් ගොන්කුර කෙටූ ගලක් ඕබඩ ඇත්තේය. අඩ ගව්වක් පමණ තැන් වෑ කන්දක් ඇත්තේය. ඊට නැගෙනහිර ගල් ටැඹක් හා ඊට අඩ ගවු බාගයක් රන් දොළක් හා උතුරු දිගින් කඩුපිටිය ඔය සමීපයෙහි ගල් ටැඹක් හා එම දිග වස්ත්‍ර කඩ සාලාවක් හා දකුණු දිග ගංගාවක් හා බටහිර කම්මලක් හා මෙසේ කඩයිම්වලින් මැදි වූ රට පිටි

ගල් රට යයි නම් විය.

එක් විසිවැනිව කියන ලද දඹදෙණි රට වනාහි පෙර දඹදිවට සලකුණු වූ දඹ රැකකින් රාවණා නම් රජ කල දඹ අතු පල හා සැදූ හෙයින් ද කකුසඳ, කෝනාගම, කාශ්‍යප, ගෞතම යන සතර බුධාන්තරයෙන්ම නම් නොපෙරළි පැවති හෙයිඳ පළමු රහත් භික්‍ෂූන් එහි ගල් මුදුනේ වැඩ හිඳ දඹ වැළඳූ හෙයිඳ පෙර එක් නිගණ්ටියෙක් වාද තර්කයට දඹ අතු පිහිටුවා ගිය හෙයින් ජම්බුත්ද්‍රොණි නම් නගරයයි කියා ප්‍රසිද්ධ වූ රට නුවරට නැගෙනහිරින් ඕතෙරක් බැඳ ඇතුගල් පියස යයි ගමෙක් ඇත. ඒ ගමට නැගෙනහිරින් ඇත් පියවරින් සටහනක් කෙටූ ගලක්ද ඕතෙර පිහිටියේය. ඒ නුවර තුන් යොදුනක් මත්තෙහි මෝරුගම්පියස යයි නියම් ගමක් නැගෙනහිරින් ඇත්තේය. ඒ ගමට නැගෙනහිරින් මහාපර්වතයක් ස්වමීපයෙහි මොර පඳුරක් ඇත. ඒ ළඟ සැගවී තිබෙන ගලක ගවකුරයක් කෙටූ ලකුණු ඇත. ඉසාන දිගින් මහ තල් රුක් වැටක් සැදී තිබෙන්නේය. බටහිරින් අතළ ගලක් මැද දෙව්දුනු ලකුණක් ඇත. දකුණු දිගින් පෙර මහාසායෙක ලංකාවිපවාසි වූ හැට දෙනා හට කැද උළුකැන් පොවා රැකී හෙයින් සාළු නම් සැදී පටුනකින් යුක්ත වූ මහ බත්ගමෙක් ඇත. ඒ ගමට කඩයිම් නැත්තේය. ඒ ගමට නැගෙනහිරින් මී වැව යයි කියා ගමක් ඇත. නැගෙනහිර හා ඉසාන දිග දෙයාතුරෙහි මීවකු සහ ගල් රුවක් හා කඩ සැරයටියක් හා යමයකු සහ ගල් රුවන් සතක් මැද කෙටූ කඩුවක් හා මෙසේ ගැවසී ගත් ගල් ටැන් සතක් ඇත්තේය. පෙර එක් රජෙක් සතුරන් උල්ගැසූ හෙයින් තුඹුල්ල යයි පියසක් වෙයි. තිස්සයකින් කඩයිම් ලකුණු හා වැවු මැද පිහිටුවන ලද්දේය. සැරයටියක් ගල් වැටක් හා කෙටූ ගලක් ඇත. උතුරු දිග බමුණන් විසින් කිරි උනුවන්නා වූ ගලක් හා මල්ලව පොර සැදි රුවක් කෙටූ ගලක් හා කුඹුක් රුකක් යට තබන ලද්දේය.

දෙසිවන බෙලිගල් රාජ්‍යය නම් බෙලිගිවුල් ආදියෙන්ද ගල් ගුහා ආදියෙන්ද මුතු පබළු සත්රුවන් ආදිය පහළ වූ හෙයින් බෙලිපල කෙටූ ගල්ටැන් සතරක් සතරකොන කොටා තිබූ හෙයින්ද පෙර රජුන්ට බෙලි පලයක් පුරා වස්තු දී ප්‍රවේණි සැලැස්මට එක්තරා කෙළෙඹි පුත්‍රයෙක් බිමගත් හෙයින්ද බෙලිගල් රාජජය යි කියා නම් විය. බෙලිගල් පර්වතයට බටහිර දෙණිපතක මල් වත්තක් සැදූ හෙයින් මල්දෙණිය නම් පියසක් වෙයි. ශ්‍රී සඟබෝ රජුගේ බිසවක් තපස් කළ හෙයිඳ මාලා දෙරි සනාදි විහාරයක් කරවා පුද කළ හෙයිඳ මාලදෙණි විහාරයයි නම් ලත් වෙහෙරට බටහිර පැත්තෙන් කයිකාවල සාවුන් කෙටූ ගල් පැලැස්ස හා යට කියන ලද මහ නියම්ගම් වෙළ මැද වළ හා උතුරු දිග පැත්තට ඕතෙර නානුගල හා නැගෙනහිර බෙලිගල් ගොඩැල්ල හා දකුණු දිග බෙලි පල කෙටූ ගල්

ටැම් දොළසක් ද ඇත්තේය. උයන් වතු දහසක් ඇත්තේය. දස දහසක්
බත් ගම් බිසෝගම් මුදල් ගම් නියම්ගම් රාජධානි ඇති රට යයි දත යුතුයි.

කඳුරේ බණ්ඩාරවලිය

Kandure Bandarawaliya

(Ancestry of Kandure Bandara)

A brief introduction

This is another record of elite South Indian migration and their footprints in Kandyan regions, Nuwarakalawiya and Sath Korale. This manuscript has potentially been written in the Kandyan era.

The group consists of seven Kallu princes from Kallu Desha, most probably from a regional kingdom in South India. They migrated during the Sithawaka kingdom. The areas they settled and where their influence was expanded have been illustrated.

Three princes settled in the up country and the rest (Herath Bandara, Kandure Bandara, Egoda Bandara and Megoda Bandara) decided to move to Nuwarakalawiya. One of their sisters joined the wives (Dolis) of Sithawaka King.

At one stage Kandure Bandara had uncovered a local coup against the king. To recognize this benevolence the king awarded the honorary name of Rajapaksha Mudiyanse to Kandure Bandara.

The fortune that inherited by Kandure Bandara is illustrated in this document. The country that was awarded to Kandure Bandara comprised Kahalla, Warawaha, Undurawa, Kiralawa and Dunumadalawa. In addition, he was bestowed with the title of Maha Vanni which was a traditional area leadership of Nuwarakalawiya.

There are comprehensive information about Kandure Bandara ancestry, their marriage relationships, and areas where his legacy was stretched. Kandure Bandara's legacy expanded not only to Nuwarakalawiya but also to the Kandy region and Sath Korale.

This is a very useful document with clear information about South Indian migrations and their assimilation to Sri Lankan society.

කඳුරේ බණ්ඩාරවලිය - කෙටි හැඳින්වීමක්

මෙය උඩරට, නුවර කලාවිය සහ සත් කෝරළයේ පදිංචි වූ ප්‍රභූ දකුණු ඉන්දීය සංක්‍රමණයක් සහ ඔවුන්ගේ පය සටහන් පිළිබඳ තවත් වාර්තාවකි. මෙම අත්පිටපත මහනුවර යුගයේ ලියා තිබෙන්නට පුළුවන.

මෙම කණ්ඩායම සමන්විත වන්නේ කල්ලු දේශයේ සිට පැමිණි කල්ලු කුමාරවරුන් හත් දෙනෙකුගෙන් වන අතර, බොහෝ විට ඔවුන් පැමිණියේ දකුණු ඉන්දියාවේ ප්‍රාදේශීය රාජධානියකින් විය හැක. ඔවුන් සංක්‍රමණය වූයේ සීතාවක රාජ්‍ය සමයේදීය. ඔවුන් පදිංචි වූ ප්‍රදේශ සහ ඔවුන්ගේ බලපෑම ව්‍යාප්ත වූ ප්‍රදේශ එහි නිරූපණය කර ඇත.

කුමාරවරු තිදෙනෙක් උඩරට පදිංචි වූ අතර ඉතිරි පිරිස (හේරත් බණ්ඩාර, කඳුරේ බණ්ඩාර, එගොඩ බණ්ඩාර සහ මෙගොඩ බණ්ඩාර) නුවරකලාවියට යාමට තීරණය කළහ. ඔවුන්ගේ එක් සහෝදරියක් සීතාවක රජුගේ භාර්යාවන් (දෝලි) කන්ඩායමට සමඟ එකතු විය.

එක් අවස්ථාවක කඳුරේ බණ්ඩාර විසින් රජුට එරෙහිව ඇතිවූ ප්‍රාදේශීය කුමන්ත්‍රණයක් හෙළිදරව් කර ඇත. මෙම අනාවරණය අගය කිරීම සඳහා රජු විසින් කඳුරේ බණ්ඩාරට රාජපක්ෂ මුදියන්සේ යන ගෞරව නාමය පිරිනමන ලදී. කඳුරේ බණ්ඩාරට උරුම වූ දේපොල සහ සම්පත් මෙම ලේඛනයෙන් සවිස්තරව ඉදිරිපත් කෙරේ . කඳුරේ බණ්ඩාරට හිමි වූ රටවල් වූයේ කහල්ල, වරවහ, උඳුරව, කිරළව, දූනුමඩලාව යන රටවල්ය. ඊට අමතරව නුවරකලාවියේ පාරම්පරික ප්‍රාදේශීය නායකත්වයක් වූ මහා වන්නි පදවියද ඔහුට පිරිනමන ලදී.

කඳුරේ බණ්ඩාර පරම්පරාව, ඔවුන්ගේ විවාහ සබඳතා සහ ඔහුගේ

උරුමය සැකසූ ප්‍රදේශ පිළිබඳ සවිස්තරාත්මක තොරතුරු මෙහි තිබේ. කඳුරේ බණ්ඩාරගේ උරුමය නුවරකලාවියට පමණක් නොව මහනුවර ප්‍රදේශයටත් සත් කෝරළයටත් ව්‍යාප්ත විය.

මෙය දකුණු ඉන්දීය සංක්‍රමණ සහ සංක්‍රමණිකයින් ශ්‍රී ලාංකීය සමාජයට උකහා ගැනීම පිළිබඳ පරිනත තොරතුරු සහිත ඉතා ප්‍රයෝජනවත් ලියවිල්ලක් වන්නේය.

මුල් පිටපත

කඳුරේ බණ්ඩාරවලිය

කළු දේශයේ කල්ලු දෙසේ කල්ලු රජ්ජුරුවන්නෙ කුසේ උපන් නගා වැදූ බෑනාහුරු සද්දෙනයි. ඒ රජ්ජුරුවන්ගේ ජාතක කුමාරයාට රාජ්ජය ලබාදීලා ඒ රජ්ජුරුවන්නෙ බෑනාහුරු හද්දෙනා නැවක් කරවා ඒ නැවට ඇවිත් කාරදූවට ගොඩ බැස්සාය. එතනින් මේ සිංහලේට ඒ සද්දෙන ගොඩ බැස නැකතින් දිසා බණ්ඩාර සිටියාය. අකුරන්බොඩ රාල සිටියාය. අකුරන්බොඩ කෙතේ ඉරට්ට වී පැහැනවා කියා සීතාවක මහ රජහට සැළව ගිය නිසා ඒ ගම පල්ලෙ වහලට ගබඩැගමට ගත්තාය. කවැල්ලේ හැටයාළ දොළ හෝමුණත් ගම අකුරන්බොඩ රාලට ලැබුණාය.

අනිත් හතර දෙනාට ඕපල්ගලට ගොස් රජහට ශූණපාන්ඩ බැරිය කියා වෙල්ලස්සෙන් දිසාවද බින්තැන්නේ දිසාවද අල්ලාගන නැවතත් රට ම දී කියා තමන්කඩ නුවරකලාවිය දෙවෙනි හිර කළාය. පලාපත්වල තෙලබුගහා මුල කඩවත බැද ගන එහි ඉද මේ රට හතර රාජකාරිය රජ්ජුරුවන්ට නොදී පෙරළි කළාය. ඒ වග කෝට්ටේ මහවාසල රජපැමිණි වැඩ සිටි භුවනෙකබාහු මහරජ්ජුරුවන්ට ඒ කරන පෙරළි ඔප්පු කරලා දෙවෙනි මහ ඇමතියෝ හේවාකමට එවුවාය. එකලට සේවාකම්කරන්නෙ විදින්ඩ පටන් ගත්තාය. සිංහල ඇමතියෝ විදින ඊමුණ හැරෙනවාය. බණ්ඩාරහුරුනෙත් විදිනවාය. ඒ බණ්ඩාරහුරුත්තේ නම නන් හේරත් බණ්ඩාර, කඳුරෙ බණ්ඩාර මෙගොඩ බණ්ඩාර, එගොඩ බණ්ඩාර මේ හතර දෙනාගෙන් හේරත් බණ්ඩාර වැඩි මහලුය. තුන් දෙනාට රහසින් කඳුරෙ බණ්ඩාර රජහට මණ පා රට ගන් ඉල්ලා සිටියාය. එවිට රජහු අසා වදන්නෙන් තොපගේ ඊ මුණ ඉස්සර වෙන්ඩත් අපගේ ඊමුණ අමුණ පෙරළෙන්ඩත් කරුණු මොකද කියා යෙදුණු විට රියනක් දිග රියනක් ඝන යාහන් පමණ දිග පුළුල මැණික් ගලේ මුවත් තියා විදිනා හෙයින් මැණික අපගේ කොටුවේ තිබෙන නිසා ඒ ආනුභාවයෙන් නොවදිනා බව සළකළ කල්හි ඒ ගල රජගෙට සළ කළාය. එවිට රජතෙම වදාරන්නේ ඒ උතුම්ගල

අපට ගන්ඩ දැයි කියා යෙදුණු බණ්ඩාර කියා නෙත් සමාන ගෝත්‍ර කියා අපෙන් දෝලි ඉල්ලුවොත්තින් දෝලි දීලා ඒ හා සමග හේවා කමුත් ඇරි සහනේ වෙන්ඩ කථා කළාය.

ඒ ලෙස හේරත් බණ්ඩාරගේ නගානියෝ කෝට්ටේ රජහට දෝලි දුන්නාය. එසේ ඉන්නා කල රජහුගේ අමාප්තයෝ සේනායෙන් පඩුරු හා හතර දිසාවෙ බල සෙනග හා වාඩිගෙන හතර ගොන් පිට බඩු පටවා කඳුරු කෝට්ටේ බණ්ඩාරහුරු ළඟට එවා වදාළාය. එවිට බණ්ඩාරහුරු සතුටු සන්තෝශව ඇමති අතින් අසන්නේ තොපගේ රජහට අපගෙන් යවන්නේ කුමන දෙයක්දැයි ඇසූ විට ඇමතියන්ගේ නොනැසී තිබෙන උතුම් පඩුරක් දෙන්ඩයි කියා ඉල්ලූ කල එසේ ඌ දෙයක් අපට නැතැයි කියා ඇත්තාන් අනේ යන්ඩ කියා කී නිසා එවිට කඳුරෙ බණ්ඩාර මැණික් ගල තිබෙන බව රහසින් කී නිසා ඇමතියෝ පවතිනා පිණිස මැණික්ගල ඇන්න ගියාය. ඉන්පසු රජහු කඳුරෙ බණ්ඩාරට සමාදීව. තමාගේ අඹුදරු ආදී සියල්ලම ගෙන කොටුවෙ නොයිද මග අරින්ඩ කියා කඩ පැන් ඇරියාය. එවිට කඳුරෙ බණ්ඩාර අම්මණ්ඩිද පද්මා කියන නගාද කදිරප්පු කියන හුරාද වැදි හිර හද්දෙනයි. වේලා කියනවා ලද පිරිමි හද්දෙනයි මේ මෙ පමණ අය එකතුව කොටුවෙන් මග ඇරියාය. එසම අඩගාගෙන කඳුරේ බණ්ඩාර නුවර කලාවිය දිසාවෙ බරවාටකුලට ආවාය. ඉන් මෙහාට බණ්ඩාර නම් ඇරී වැදි වෙස් ගත්තාය.

ඔයෙන් එගොඩ දූලු මඩලා පත්තුව හිරකරගෙන බාරවාටකුලේ හිටියාය. එතනින් බෑනා ගත් මගඩිනාගෙන් පෙරළි බොස නිසා එක තැන නොසිට කඳුරේ බණ්ඩාර ඔයෙන් මෙගොඩ ඇවිත් බෙල්ලන්කඩවල කීප දවසක් හිටියාය. ඒ ගමට අතුහන හරක් තිබෙනවා දැක ඒ හරෙන් ගුතික් කිරලව දුටුවාය. ඒ ගමේ හඩිගමනෑ කියන මහාගෙන් කාලඩි අඬලත් දැක ඒ දෙන්නා දැන් මේ වනගතේ තනි බලාහිටිනා කාරණාව මොකද කිය කඳුරේ බණ්ඩාර ඇසුවාය. එවිට දරුමලු කෙනෙක් ගොල්ලක් නැති නිසා අපි දෙන්නා ගෙරට ගමේ හිටලා නෑව හිටිනවාය කියා කීහ. මේ කෙනෙක් නැති වේලාවට උපකාර කළ කෙනෙකුන්ඩ දෙන්ඩ තිබෙන දෙ මොකදැයි කියා කඳුරෙ බණ්ඩාර ඇසුවාය.

නරවකනෙදන් පලලත් හාවාගස් හන්නේ මෙහාත් පුස්වැල්ලා වළෙන් උඩත් ඉහ තන්දෙන් උඩත් ඇතුළුවැව රටට කඩ ඉන්නත් බිබිලේ බෝමළුවැවෙන් පහළත් බූලන වැවෙ වැටු වූ ඉහළ කැබිලි නිතඹන් මෙහාත් සමනල දිසාවෙන් හම්මිල්ලා වලෙන් කාරටු සියබලාවෙන් මෙහාත් බස්නාතින් පලගංතහානේ ගලෙන් මෙපිටත් උතුරට මාළු බෙදූ ගලෙන් මෙපිටත් නැගෙනහිරට උඩහි ගුරු ගාවා මකරයා වලෙන් උඩත්

ඉනාමලව කන්දෙන් පල්ලත් කිරලව ගමත් රටත් මේ රටත් දෙනවාය කියා උපකාර කළ කෙනෙකුන්ඩ මේ දේ අර වෙන දෙයක් අපට නැත. මේ දේ දෙනවාය කීහ. එවිට කඳුරෙ බණ්ඩාර විසින් ඒ දෙන්නාට උපකාර කර ඒ කඳුරෙ බණ්ඩාර ඒ ගමත් රටත් ලැබුවාය. ඒරට ගම් හිර කර සිටින වේලාවට පස්වා දිය කෙළ කෝට්ටේ මහ රජ්ජුරුවෝ උපුස් උණාය.

නැවත සීතාවක මහ වාසලට රාජ්ජය පමිනුණාය. ඒ වේලාවට ඇද් දත් බානකුත් පස්වාදී කළ කෙටු පතුන් දැක්කෙව්වාය. පස්වාදික කෙළ බවට කරුණාව යෙදී රාජපක්‍ෂ මුදියන්සේ කියා පට බැන්දාය. කහල්ල පරවහ උඳුරව කිරලව දුනුමඩලාව යන මේ රට පස් පත්තුවට වන්නිකම ලැබුණාය. ලැබෙන තනතුරු සහ තාන්ත්තර එදාම ලැබුණාය. ඒ නම් රත්ත්‍රම් කඩුක්කන් හතරයි හතර බැදපු සමකට්ටුවයි අග මුල රිදී විලි බස්සාපු රන් හඳුන් පොල්ලයි සවරං බැදපු මනදයි මේ දේ කත් ඇද දස්කමට ලැබුණාය. පුස් වැල්ල තියන ඇතයි මිනි දෙකයි රිදී වැඩ කරපු හෙණ්ඩුව එදාම ලැබුණාය. ඉන් පසු නැකතෙන් දිසා බණ්ඩාරගේ ද්‍රෝහියෝ රාජපක්‍ෂ මුදියන්සේට අඬගහ ගෙන ආවාය. රාජපක්‍ෂ මුදියන්සේට ජාතක සුදු මුදියන්සේ උපන්නාය. ඒ ගාව වනසිංහ මුදියන්සේ උපන්නාය. ඒ ගාව යක් උපන් රාල උපන්නාය. එරට රාජපක්ෂ මුදියන්සේ විසින් රාජකාරිය මහ වාසලට ඔප්පු දෙන අතර මහලු බාවයට පැමුණුනාය. එතනින් රාජපක්‍ෂ මුදියන්සේ පුතනුවන් වන වනසිංහ මුදියන්සේ රට ලැබුණාය. ඒ රාල රට කරවන වෙලාවේ ගෙනා සීට්ටුව මහත්මයො ඇර රට වැස්සො විසින් මාරු කළාය.

එකලට ඉඳිගොල්ලේ රාලට ඌරනැගොට මගුල යටි වැහැරින් මගුලක් ගෙනාවාය. ඒ අය වැදූ දරුවො කන්වැල්කාර වනුන්නැහැ වන්නිකම ලැබුණාය. ඕරාල ඇතිනි නාම්බක් අල්ලා පලියට දමා රට සමන්නා කා වන්නිකම තැනුවාය. ඕ රාලට දරු කෙනෙක් නැති නිසා දානියගමින් අන්න බලලන්කඩවල වන්නු උන්නැහේ ඇතිකර ද්‍රෝහියෝ කහල්ලෙ වනනුන්නැහැ ගෙන්වාගෙන බීනී බස්සවා දුන්නාය. ඒ රාල වෙනුව පිරිමි දෙන්නයි ගෑනු පස් දෙන්නයි උපන්නාය. එකල පළමු පේරුවේ දුනුමඩලෑව මුදියන්සේ මහත්කම ලබාගන ගමට ආවාය. ඒ ඇවිදින් මවුට අයිතිනගෙන් දෙන්ඩ බැරිය කියා බෙල්ලංකඩවල වන්නි උන්නැහැට තමන්කඩවල යන්ඩ කීවාය. ඒ බව අසා රටෙ නෑයෝ විසින් ඒ කාරණාව සංහිඳුවා කහල්ලෙ වැනුනැහැ වෙනුව උපන් ගෑනු පස් දෙනම දුනුමල්ලෑ මුදියන්සේට සරණ පාවා දුන්නාය. එවිට මුදියන්සේ විසින් පිරිමි දෙන්නාට රට ලබා දී වන්නිකම දෙතුන් පොටක් කෙරෙවුවාය. ඒ දෙන්නා නං දිවුල් ගහ වැවෙ පට බැදි මුදියන්සේත්, කහල්ලේ මුදියන්සේත්, හිගුරුවැල්

පිටියෙ මුදියන්සේත්, ද්‍රෝනියෙ සිටිය කළු දැහැනා කලයි මල් දැහැනා කලයි කුසේ උපන්නෝය. පසු දැහැනා කල ඇවැස්ස මස්සිනාය. කළු දැහැනා කලගේ පුතා උදුරව ඒකනායක මුදියන්සේය. ඒකනායක මුදියන්සේගේ අක්කගෙ පුතා අස්වැද්දුවෙ හිටිය ඔයගොඩ අප්පුහාමිය. ඒකනායක මුදියන්සේ වෙනුව උපන්නා උදුරව ලොකුරාල මුදියන්සේ, මද්දුමා රාල, කුඩාරාල ගල්ගිරියා මහත්මයෝ යන මේ හතර දෙනයි තනාගත් වැදි පැටියයි ලොකු රාල මාමිනියාවෙන් ගෙනාවාය. ඒ මගුල එක ද්‍රෝනියැන්දා කෙනෙක් වදා නැහුණාය. ඒ උපන් ද්‍රෝනි මාමිනියාවට සරණ දුන්නාය. නැවත එම රාලට මාතලෙන් ගෙනා මගුලෙන් ලොකුරාල වෙනුව දියනි කෙනෙක් උපන්නාය. ඒ අයටද බෙවටනගම අයිති උණාය. ඒ ගාවාත් රදලව වී නවහිටිය හෙනේ රාලගෙ දුව නැඋණාය. ඒ මහත්මීන්ගේ දරුවෝ උදුරෝ මුදියන්සේ, ගල්වඩුගොම මුදියන්සේ, විනව හිටිය. බෙල්ලම්කඩවල තබගල්ලේ රාල, මේ දරු හතර දෙනා ලොකුරාල මුදියන්සේගෙ තුන්වෙනි මගුල් දරුවෝය. ඒ මැද්දුමාරාලගෙනුත් කුඩා රාලගෙනුත් ද්‍රෝනියගොමත් හම්මිල්ලා වැවෙ හිටිනොත් පැවත එනවාය.

ගල්ගිරියාගම මහත්මයෝ ගල්ගිරියාවෙ රජගුරු මුදියන්සේට දුන්නාය. නැවත ඒ රාල නැසී ගියත් පසු ඇවිත් ගල්කිරියාගොම පරවෙණීව හිටන් උප පරම්පරාවෙන් ගල්කිරියාගොම ඇත්තෝ පැවත එනවාය. මෙසේ කුසේ උපන්නො එකට හතර දෙනම බැදී අද දක්වා ගම් පහේ හිට ගම් නිති කරනවාය. සවු දැහැනා කල කිරිඳු අතෙන් ගම හිරකර අතු හන බිද්ද ගම් දහඅටක් හිරකර ගත්තාය. එයින් හතර පැත්තට නරන්හීන්නේ මෙහාත් හංවැන් ඇල්ලේ ඔය යොදයා කැපූ ඇළෙන් මෙහාත් කහලුහීලෙවට යක් උපන් රාල සිටිය බාල මලයා අම්මණ්ඩිත් පියාණොත් මහලු නිසා බාල මලයා වන යක් උපන්රාල උපකාරයට කිරලව හිටුවූවාය.

වනසිංහ මුදියන්සේ මොරගොල්ලෑගම හිටගෙන හෝරා හෙලවෙලෙ පහළ කුඹුක් හැලබ ගස් වැටක් කඩඉමට හැදූවාය. එතඩියට මාවත ගල්කරුවකුත් හැදූවාය. එබිම ඉහළට අරගෙන පහළින් එත් හැලම කුඹුක් ගසුත් වැටක් ඇති තනිවිට හිද ගහ හැදූවාය. ගල්කරු දෙකඤ වැට දෙකෙඤ ඇතුළත බිත් කැබැල්ල මුත්තෙට්ටුවට ගෙන බුත්ති විද එම හෝරා පොළව බද රට පහේ වන්නිකමත් කරමින් මහා වාසලට රාජකාරිය කර ඔප්පු පුදන්නා ඇත. ඒ ගම උතුරු දිග පාරෙන් පහළ මහගල් ඇද තිබෙන වලව්වේ දීම කාල ක්‍රියා කළාය. ඒ රාලට වෙනුවට උපන් අප්පුහාමිට වන්නිකම නියම උණාය. ඒ අයට බාල කුඩා රාල මුදියන්සේත් වන්නිකම කළාය. ඒ දෙන්නාට බාල ගැනු මහත්මයො සතර කොරළේ වේවැල්පොල මොහොට්ටාලදී ඒ දරු දෙන්නාට බටුවැවේ ආදාළු පත් සහ

මුල්ගමක් දී ගමේ පදින්චි කළාය. ඉම බාල දෝනියෝ ඒ අයට දී දිවුල්ගහවැවේ ගම ඇතුළු අදළපත් සහ මුල ගමත් දී සත්කෝරළෙ හල්පේ රාලහාමි ගෙන්නවා ඒ දෝනියෝ එහි දුන්නාය. එයින් කිරලව හිටපු යක් උපන් රාල විසින් මවුපියො දෙන්නාට දිවිහිමියෙන් උපකාර කොට ඒ ගමෙන් වී හතර මුණු දෙපෑලක් ද අදළ පොතෙන් පහළ අස් වැද්දෙන්ඩ තිබෙන බිමින මහවාසලින් ලැබුණු ඉයකමත් උපකාර කළ නිසාද බාලබඩ පිස්සාද දී ඒ රාලට දී නැසී ගියාය. යක් උපන්රාලගෙ බට්ටිහාමි කියන දෝනියෝ ඒ ගම් නම් ලැබුවාය. ඒ බට්ටිහාමිගෙන් පැවත එන දුවා දරුවො එනම් ගම් අද දක්වා බුක්ති විදිනවාය. නෑ ගම් පහේ උන්නීද ගොමරාලගේ දෝනියෝ ඉදිගොල්ලේ රාලට නෑවී ඒ දෙන්න ගමක් ඕනෑ වී කිරලවට ආවාය. ඒ බව අහා බලා කිරල වලවුවෙ පහේ රදලවරු විසින් බෙල්ලන්කඩවල ගම රට වතාවට ඒ අයට දුන්නාය. නැවත කල්යාමකින් වලවු පහේ හිටිය පිරිමි ක්‍රම ක්‍රමයෙන් ඇහැව ගොස් කිරි එතනා කියනක් උපන් රාලගේ තුන්වෙනි මිනිබිරි රට නියම කර රට වාසී අය නියම කර කළාය. ඒ වේලාවට පෙනුම් බුලත් හුරුළු එම මහත්මීන්නෙන් ඇරගෙන රට පට බැනෙදා මහනුවර රට ගැනි දිසාව ලැබුණු නිලමෙට රාජකාරිය පෙනුණාය. වනුන්නැහැ නා නිසා කීප අවුරුද්දක් දිසාවගෙන් රට පට බැඳණ්ඩ සෝලි වැටුණාය.

එවිට රටෙ ඇත්තන්ඩ ගමට ගැනින් වනුන්නැහැ කඳාගන එන්ඩ කීවාය. එවිට රටෙ ඇත්තෝ ඇවිත් දැන්නු විට ගැනු මහත්මින්ඩ යන්ට බැරි නිසා බෙල්ලන්කඩවල හිටිය ඉදිගොල්ලේ රාලට යන්ඩ කියා පිටත් කොට සැරුප කියා දී නුවර යන්ට ඇරියාය. ගුඩින්දි දිසාවට පෙනී හිටින කල කිරලව වනුන්නැහැගෙ ලෙඩ දුක් පාඩු ඇති නැති බව ඇහුන් බැලුන් උ විට තව පාඩු නැති බව කී කල තමාට ඒ අය කවුදැයි විචාළ කල මාමා යයි බොරුවක් කියා මාමා වෙතට සීට්ටුවක් ලබාගන ආවාය. ඒ තත් මෙහාත් සිර බෑගලෙන් මෙපිටත් මාළු බෙදන ගලෙන් මෙපිටත් මීට ඇතුළු බින්වාඩිකඩ ඉන්කර ගස් සපු දැහැනා කල හිරකර ගත්තාය. නැවත සපු දැහැනා කලට හුරුල්ලේ රට මොලේ මුදියන්සෙ දෝනියෝ කැඳා ගන කිරිදු අත්තට ආවාය. ඒ මහත්මිණ්ඩ අට මහ පිරෙන කොට අහාකිත් තිස් රියන් බලා මඩුවක් කරවා වියන් බැඳවා කල හා රැක් මල් සදා කලස් පේ කොට ගණ දෙවියන් පුදා බලිතිස් හත් අරවා ගත්තාය. ඒ කාරණාව ගතකොට මහවාසලට සළ කළාය. ඒ බව ඇහුන් බැළුන් කරන්ඩ මහනුවරින් සපු දැහැනා කලට පයිඬ හතර හතර වරක් ආවාය. ඒ හතර වරටම මග ඇරියාය. පස්වෙනි වරටම එන කාරණාව අසා මෙහි නොහිට මහත්මයෝ සමඟ හුරුල්ලට ගියේය. එතනදී මහත්මයො ඒ රට මොලේ මුදියන්සේට බාරදී මා වෙනුවෙන් මේ බඩ හිටිනා දරුවා තැනී ගියොත්

කිරිඳු අත්තටම යන්ඩ අරිඩ කියා ඒ රාල දේසෙටම ගියාය. ඒ නිසා රට දැහැනා කීල කියා නමක් උණාය. නැවතත් ඒ දරුවා වැඩිවිය පැමිණ කිරිඳු අත්තට ආවාය. එන අතර පියාණන් හිරකරගත් පළාතේ රට දෙකම බෙදා ගත උදුරව කිරල වන්නි හුරු දෙන්නා සිටි නිසා ඒ බව පල්ලේ වහල දෙවින්වහන්සේට ඔප්පු කළාය. එවිට දෙවින්වහන්සේ රජ්ජුරුවන් වහන්සේට ඔප්පු කරන්නේ මේ කුඩා කෙල්ලගෙ හිරකරගත් ගම් උදුරව කිරලොව වන්නිහුරු දෙන්නට බෙදා ගත්තාය කියා උදුරා ගත් බව අපට සළ කළාය. ඒ බව මා විසින් මහවාසලට ඔප්පු කරන්නේ ඒ කුඩා කෙල්ලගෙ ගම ඒ කුඩා කෙල්ලටම ලැබෙන ලෙස ඔප්පු කළාය.

වන්නිඩිය තමා විසින් පල්ලේ වහලට ඔප්පු කළ දේ නම් රට පියුම් ඇත් රූප වෘෂභ රූප සිහ ව්‍යාග්‍ර දිවි වලස් පහඩම නවක් ගිරිය හංස මකර මයුර ගිරා කුබෙයි මේ ආදී රූප නාග වියන ලද පැදුරු පෙට්ටි වට්ටි ආදි සහිත වන ගෙන ගොස් දැකුම් තිබූ බව ඔප්පු කළ සඳ ඒ බව උතුම් මහවාසල දෙවියො දිවස් වදාරා ඒ අයගේ ගමරට වෙන කෙනෙකුන්ඩ නැති හැටියට ඔලගම් මාගම් සහා හිරකර ගත් රට කැබැල්ලට ශ්‍රී සන්නස් දෙවා වදාරා රට ගමට යන්ඩ අවසර දුන්නාය. ඒ දෙවා වදාළ සන්නස් නම් කැටහාල් තෝර තමන්ඩය රතත්‍රන් කුඩා සාලහරණය රතත්‍රන් බොත්තන් ගැසූ හැට්ටය ලක්‍ෂමි රූපයට මැදට නෙළු ඇත් දත් පණාවය ගං දොළහා ඇතුළු මුල් ගමට හබෙන් මූළට ශ්‍රියනත පිහිටුවා ප්‍රසන්නත් පත්‍රය මහා වාසලට වන්නිකම සහ වන්නිඩිය නමක්ද දිවස් වදාළ සේක. හුරුල්ලේ මූඩනාවී උඞ්ඩීයන් කුලමේ කනකරත්න මුදියන්සේ, මාම්නියාවේ ඉහලගෙ සිංහ ප්‍රතාප මුදියන්සේ, වායාඋල්පතේ හේරත් මුදියන්සේ, කොරසගල්ලෙ හේරත් මුදියන්සේ, දානියේ කළු දැහැනැ කල මල් දැහැනා කල, කිරිඳු අත්තට මල් දැහැනා කල කිරලව රාජපක්‍ෂ මුදියන්සේ, මෙකී හැමදෙනාම රාජපක්‍ෂ මුදියන්සේ ප්‍රධානයි. මෙකී හැමදෙන කදුරුදාස් තොටට ගොඩබැස ගත් රට හිර කර ගත්තාය.

සිද්ධි රස්තු - ශ්‍රී සුභ මස්තු

මලල බණ්ඩාරවලිය

Malala Bandarawaliya

(Ancestry of Malala Bandara Princes)

A brief introduction

Malala Bandarawaliya is also about elite groups of Malala migrants to Sri Lanka from Malala Desha or Kerala in South India. It lists a number of such Malala groups and individuals and their legacy in Sri Lanka.

This is a congested document with many overlapping stories and events. This manuscript was also possibly written during the Kandyan Kingdom.

The manuscript goes to the early period as far as Prince Vijaya to identify Malala roots in early Sri Lanka. It refers to a prince called Manik Bandara who was in Prince Vijaya's army. He married a princess who came from Pandya Desha with a large group of princesses after Kuweni (Prince Vijaya's former queen) was ousted. Manik Bandara lived at Suriyadamana claimed to be within the ancient principality of Kurunegal Nuwara.

The manuscript indicates that Manik Bandara's daughter Sumana

Kumari and granddaughter Manik Kumari married the Shakya princes who came to Sri Lanka during the early Anuradhapura era. They later served as area chieftains.

The next section refers to the arrival of Malala princes Chandra Malla during King Dutugamunu and another Prince called Kumarasinghe who arrived later. Kumarasinghe got married to elite families in the city called Danduwapura nearby Daduruoya.

Then the manuscript makes an attempt to provide connections to the Kirawella royal family which produced many brides to princes and kings up to the early Kandyan Kingdom. It is claimed that Kirawella family is historically connected with the descendants of Princess Hemamala who brought the Lord Buddha's Tooth Relic to Sri Lanka. There is a list of princesses or chieftains who married from this Kirawella family in this manuscript.

Then the manuscript provides the details of seven Malala princess who came to Sri Lanka during the Sithawaka period. These seven Malala princes have been referred to in a number of other ola-leaf manuscripts. Their honorary names and the areas where they exercised power have been repeated.

The manuscript concludes with events associated with Malala Bandara descendants in Vanni Hathpaththu including Malala Bandaras of Uduweriya, Eriyawa and their legacies. This final segment of information suggests the manuscript was potentially written by an author in Vanni Hathpahhuwa associated with Malala legacy.

This manuscript also assists researches to establish specific Kerala migrations to Sri Lanka and their footprints and ultimately their assimilation into the Sri Lankan society in Sath Korale and adjacent territories.

මලල බණ්ඩාරවලිය - කෙටි හැඳින්වීමක්

මලල බණ්ඩාරවලිය යනු දකුණු ඉන්දියාවේ මලල දේශ නොහොත් කේරල ප්‍රදේශයේ සිට ශ්‍රී ලංකාවට සංක්‍රමණය වූ ප්‍රභූ කණ්ඩායම් ගැන පැවසෙන ලේඛනයකි. ශ්‍රී ලංකාවේ පදිංචි වු එවැනි මලල කණ්ඩායම්

රූසකගේ සහ ඔවුන්ගේ උරුමයන් පිළිබඳ තොරතුරු එහි සඳහන් කර ඇත.

මෙම අත්පිටපත බොහෝ සංකීර්ණ කථා සහ සිදුවීම් බොහොමයකින් ගහන ලේඛනයකි. එය උඩරට රාජධානි සමයේදී ලියා තිබෙන්නට ඉඩ ඇත.

ශ්‍රී ලංකාවේ මලල උරුමයේ මූලාරම්භය හඳුනා ගැනීම සඳහා මෙම අත්පිටපත විජය කුමරු දක්වා මුල් යුගයට යයි. එහි සඳහන් වන්නේ විජය කුමරුගේ හමුදාවේ සිටි මැනික් බණ්ඩාර නම් කුමාරයාට මලල සම්භවයක් ඇති බවය. කුවේණිය (විජය කුමරුගේ හිටපු බිසව) නෙරපා හැරීමෙන් පසු විජය පාණ්ඩ්‍ය දේශයෙන් පැමිණි කුමරියක සමඟ විවාහ විය. මැනික් බණ්ඩාරද ඇය සමග පැමිණි කුමාරිකාවක් සමග විවාහ විය. ඔහු ජීවත් වූයේ පුරාණ කුරුණෑගල නුවර ප්‍රදේශයේ සූරියදමන නම් ප්‍රදේශයේ ය.

අනුරාධපුර යුගයේ මුල් භාගයේදී ලංකාවට පැමිණි ශාක්‍ය කුමාරවරුන් සමඟ මැණික් බණ්ඩාරගේ දියණියන් වන සුමනා කුමාරි සහ මැණික් කුමාරි විවාහ වූ බව මෙම අත්පිටපතේ සඳහන් වේ. පසුව මෙම ශාක්‍ය කුමාරවරු කුරුණෑගල ප්‍රදේශයේ නායකයන් ලෙස කටයුතු කළහ.

මීළඟ කොටසින් දැක්වෙන්නේ දුටුගැමුණු රජු සමයේ චන්ද්‍ර මල්ල නම් මලල කුමරුවකුගේ සහ පසුව කුමාරසිංහ නම් තවත් කුමාරයකුගේ පැමිණීම පිළිබඳවයි. කුමාරසිංහ විවාහ වූයේ දදුරුඔය අසල දඹුඔපුර නම් නගරයේ ප්‍රභූ පවුලක් සමඟය.

ඉන්පසුව මෙම පුස්කොල පොත උඩරට රාජධානිය දක්වා කුමාරවරුන්ට සහ රජවරුන්ට මනාලියන් රැසක් බිහි කළ කීරවැල්ල නම් රජ පවුලට සම්බන්ධතා සැපයීමට උත්සාහ කරයි. දළදා වහන්සේ ලංකාවට වැඩම කරවූ හේමමාලා කුමරියගෙන් පැවත එන්නන් සමඟ කිරවැල්ල පවුල ඓතිහාසිකව සම්බන්ධකම් ඇති බව මෙහි කියනු ලැබේ. මෙම අත්පිටපතේ මෙම කිරවැල්ල පවුලේ කුමාරිකාවන් සමග විවාහවූ නායකයින්ගේ ලැයිස්තුවක් ඇත.

ඉන්පසුව සීතාවක යුගයේ ලංකාවට පැමිණි මලල කුමරුවන් හත් දෙනෙකුගේ විස්තර මෙම අත්පිටපතේ සඳහන් වේ. මෙම මලල කුමරුන් හත් දෙනා පිළිබඳ තොරතුරු තවත් පුස්කොළ පොත් අත්පිටපත් ගණනාවකම සඳහන් කර ඇත. ඔවුන්ගේ ගෞරව නාමයන් සහ ඔවුන් බලයේ සිටි ප්‍රදේශ නැවත නැවතත් සඳහන් කර ඇත.

මෙම අත්පිටපත අවසන් වන්නේ උඩුවේරියේ සහ එරියාවේ මලල

බණ්ඩාර ඇතුළු වන්නි හත්පත්තුවේ මලල බණ්ඩාර පරම්පරාව හා ඔවුන්ගේ උරුමයන් සම්බන්ධ සිදුවීම් සමඟිනි. මෙම අවසන් තොරතුරු බණ්ඩයෙන් ඇඟවෙන්නේ මෙම අත්පිටපත මලල උරුමය හා සම්බන්ධ වන්නි හත්පත්තු ප්‍රදේශයේ කතුවරයකු විසින් ලියන ලද්දක් විය හැකි බවයි.

මෙම අත්පිටපත ශ්‍රී ලංකාවට නිශ්චිත වශයෙන්ම පැමිණි කේරළ සංක්‍රමණයන්ගේ සහ ඔවුන්ගේ පා සටහන් පිලිබඳ තොරතුරු සඳහන් කරයි. එසේම අනෙකුත් සත් කෝරළයට ආ සංක්‍රමනිකයින් ශ්‍රී ලාංකීය සමාජයට උකහා ගැනීම පිලිබඳවද පර්යේෂණ කිරීම සඳහා මූලාශ්‍රයක් වශයෙන් මෙම අත් පිටපත බෙහෙවින්ම සහාය වේ.

මුල් පිටපත

මලල බණ්ඩාරවලිය

නමෝ බුද්ධාය

පළමු සිට අපේ මුත්තා වූ ඌ රට ලබාගෙන සිටිය සැටිනම් අප බුදුන් පිරිනිවී සිංහබාහු පුරෙන් නැවු නැගි මුහුද මැද ජල මැද වික්‍රම කෙරෙමින් එවැනි දින පුත්තලම් වැලිතලයට ගොඩ බැස යකුන් මැද කුවේණී යක්ෂණීගේ යකුන්ව නසා මිනිසුන් පිහුටුවා ශ්‍රී ලක රජ මුල් හිඳුවා රජ සිරි ඇති කරපු උතුම් විජය ස්වාමීන්ගේ රූ සළුව අල්ලා ආ මැණික් බණ්ඩාරට එම කුවේණි සහ විජයිඳුගේ සහයෙන් මදුරාසියේ රට පාඬි පුරෙන් දෝලි ගෙන දුන්හ. ඒ වඩිනා කැටුව ආ ඉරුකාල කුමාරිකාව මැණික් බණ්ඩාරට සරණ පාවාදී සූරියදමන සිටියාහ. පුත්තලමට පළමුවෙන් ගොඩ බැහැපු සෙයිනුත් කුවේණිය සරණය ගැන යකුන්ට ගසා ජයගත් සෙයිනු මදුරා පුර පඬි බිවුන් වහන්සේ සරණ මඟලායය සෙයිනුත් කඩු ඔටුනු පැලදි මඟලායයනුත් මාඟුල් රටයැයි කියා දිවස්ලා වදාරමින් මෙම මාඟුල් රට කුරුණෑගල් පුරෙන් මැණික්පායෙදී ඇතුගල ආඳාගල කුරුණෑගල පැවතිනා තුරුම වල් අමුණු දහඅට උලියන් අය බදු නැති කියා මැණික් බණ්ඩාරට ලැබී එම ඉන්ඩ සිටියාහ.

කාවාන දඹදිවින් ආ දඬු ශාක්‍ය කුමාරයින්ඩ මැණික් බණ්ඩාර වෙනුව උපන් සුමන කුමාරි සරණ වෙමින් දැදුරු ඔය අසල දඬුවාපුරය කරවා සිටියේය. එම දඬුවාපුරෙන් උපන් රුවන් මල් කුමාරි සුමන බඬාරට සරණ මඟුල් වෙමින් උපන් මැණික් කුමරිගේ මිනිබිරි දෙවෙනි පෑ තිස්ස ස්වාමීන් අවධියෙහි ආ සූරිමල්ලබඬාරට සරණ වෙමින් එම කුමාරයින් මන්නාරම මුතු පන්තියෙන් මරිසකට්ටිනේ පතා ඇලලෙන් හැවුන් ඇල්ලෙන්

අනුරාධපුර කළුගල් පඩියෙන් සුරවිට ගලෙන් කිරිවැල් හීන්නෙන් කහළු හිනෙන් හරියල් කන්දෙන් රිදී ලෙනින් සුළුගල් පායෙන් දුරු ඔයෙන් පඬිහසුපුර කළුගල් පඩියෙන් සමනුවන් තොටින් යබර කන්දෙන් මෙට්ටප්පලියෙන් නාරුප්පෙන් පුත්තලම වෙරළත් කුදරමලේ කන්දෙන් මෙපිට දෙවැනි පෑතිස්ස ස්වාමිනෙන් ලැබී දිසාවස් දිසාව අධිකරෙන් කරවූ නියා දඹුවාපුර සිටියාහ.

නැවත දුටුගැමුණු ස්වාමීන් සමයෙහි ධාතු කථා ඇසීමට මලල දේසෙන් ගෙන්නු චන්ද්‍ර මල්ල කුමාරයිඬ එම මන්නාරම මුතු පන්තියෙන් අනුරාධපුර කළුගල් පඩියෙන් රිදී ලෙනෙන් පඬුහස් නුවර කළුගල් පඩියෙන් මෙපිට සන්නස් ලැබී දිසාව අදිකරෙන් ලැබී එම සුරිඳු දමන සිටියාහ. එම සූරිය මලල කුමාරයින්නේ මිනිබිරි සුමන කුමාරයිඬ සරණ වෙමින් එම දඹුපුර සිටියාහ. නැවත භාවිතය දෙවි ස්වාමීන් සමයෙහි කාකමුක්කරාලට රට ගියාය කියා මල්ල දේසේට කැඩපත් ඇරිය විට කුමාරසිංහ මලල කුමාරයා මහ සෙනගත් ගෙන අයොත්තියට ඇවිත් නව ගෝත්‍රයෙහි දෙමළුන් ගෙන්නා ගෙන ඇවිත් රට අරවා මූණපාවූ තැනෙදි ගොඩ බැහැපු තැන කාරතැලි ගලවා ගොඩ කල සෙයින් කාරදූව කියා දෙමළුන් එහි සිටුවා කුමාරසිංහ මලල කුමාරයාට වෙල්පල්ල බතල් ඉමෙන් පනික්කනි කුලමෙන් ඒපිට වානේ එගොඩ හොරොපුවෙන් සුදු පුරුදු ගලෙන් කිරිවැල් හින්නෙන් ඉහළ සියඹලාගොමුවෙන් වැකඩෙන් සියමලම් මඩගල්ලෙන් වැකදෙන් ගුරුගම වෙහෙරත් දැදුරු ඔයේ තුම්මොදරින් පඬුහස්පුර කළුගල් පඩියෙන් සමනුවන් තොටින් තාරුප්පෙත් මෙට්ටප්පලිනේ පුත්තලම් වෙහෙරත් කුදමෙළෙ කන්දෙන් මෙපිට ලැබී පළමු චන්ද්‍ර මලල කුමාරයින්ගේ මිනිබිරී ආ ලොකු කුමාරි සරණ වෙමින් දඹුවාපුරම සිටියාහ.

එයින් උපන් කුමාර බණ්ඩාරට කීරවැල්ලෙන් මැණික් කුමාරි සරණ මඟුල් වෙමින් ඒ වෙනුවෙන් උපන් සුමන කුමරිගේ දළදා වැඩමා ගෙන ආ හේමමාලා බිසවුගේ මුනුබුරු වූ රුවන්මල් කුමාර බණ්ඩාරට සරණ වෙමින් එයින් උපන් බණ්ඩාර බුදුමුත්තාවෙ රාලහාමි කියා සිටියා හා ඒ අය වෙනුව උපන් ඉරුගල් ඉණ්ඩාර කීරවැල්ලෙන් මඟුල් කර සිටියාහ එයින් උපන් කපුරු බණ්ඩාරටත් කීරවැල්ලෙන් මඟුලක් කර සිටියාහ. එයින් උපන් මැණික් බණ්ඩාරටත් කීරවැල්ලෙන් මඟුලක් කර සිටියාහ. එයින් උපන් කටුගම්පල බණ්ඩාරලාටත් මගුලක් කර සිටියාහ. එයින් උපන් සුමන බණ්ඩාරට තම්මිට බණ්ඩාරලාගෙන් මඟුලක් කර සිටියාහ. එයින් උපන් මැනික් බණ්ඩාරටත් කීරවැල්ලෙන් මගුලක් කර සිටියාහ. එයින් උපන් බණ්ඩාර බුදුමුත්තාවෙ රාලහාමි කියා සිටියාහ. සතර වෙනි මල්ල කුමාරයෝ

සද්දෙන ගොඩ සීතාවක භුවනෙකබාහු සිංහ දෙවියන්ට මූණපා මහාගුළුරට ලැබී සිටියාහ. මල්ල රජ බඬාරන ළඟ සවියත් පට සළුව දක්වා රාජවන්නි නමින් පුත්තලම ලැබී සිටියාහ. මලල කුමාරසීහ බඬාර නවනීළ විළුඹ නම් පට සළුව දක්වා කුමාරසිංහ වන්නි නමින් පාලාවිය ලැබී සිටියාහ. ආලෝ මල්ල බඬාර අලොක පට සළුව දක්වා ආලොක බණ්ඩාර කියා ගත් දහ තුන අඩුත්තුව කිරිදිගල්ල ලැබී සිටියාහ. මල්ල ඉරුගල් බඬාර කියා ඔළුවැගම වැලි කුඹුරු සහ ගම් පහ ලැබී සිටියාහ. මල්ල කුමාරයා රතත්‍රරනින් පුටුව දක්වා එරියාව ලැබී මල්ල කුද රතත්‍රරනින් බළලකු දක්වා බලල්ලද ලැබී සිටියාහ. මලල කපුරු බඬාර රත්තරනින් පුටුව දක්වා කපුරු බඬාර කියා උඩුවේරිය ලැබී සිටියාහ. මලල සෙමසිංහ බඬාර නලවළුඹ නම් පට සළුව දක්වා මාරවිල තිඹිරි පොකුණ ඔලගල් කොටු සේමසිංහ කුමාර හෙට්ටි බඬාර කියා පනන්කානිය ලැබී සිටියාහ.

මෙහි මහගුළු රට ශ්‍රී වර්ධන පුර රත්මලෙ දැදුරු ඔය මුල්කර රත්මලෙ ගලෙන් දෙගඩතුරා කන්දෙන් පොතුවටය පිටිය මොරගොට හීනෙන් ගුරු ගොඩ වෙහෙරෙන් නියදවනෙ වෙහෙරෙන් ම කලාන් කුට්ටියෙ වෙහෙර දෙකත් ගල්මඩුවෙන් පොතුවැ මනා ගහෙ පල්ලව දිවි ගවරා කොටා ඉන් කර නපනා ඇල්ලෙන් කිරිවැල්ලේ හීන්නේ සුදු පුරුගලෙන් පනික්කින් කුලමෙ වාතෙනගොඩ හොරොවුවෙන් පොන්පරිප්පුවෙන්කුදරමලේ කන්දෙන් පුත්තලම් වෙරළෙන් නාරුප්පෙන් මොට්ටප්පලියෙන් සමනුවනතොටි පඬහස් පුර කළුගල් පඩියෙන් දැදුරු ඔය තුම්මොදර මෙපිටත් පහළ බෙත්නාවෙන් ඉහළ ගල පිට වෙහෙර දෙකින් මී ඔය ඇළෙ දෙක හාවුණු තැනින් කොඅන්තිකුලමෙ කන්දෙන් තම්මන්නාගොඩ වෙහෙර දෙකෙන් අත්තනගහකලියෙන් පහළ ඉන් කර රාජවන්නි පත්තුව කුමාරවන්නි පත්තුව කියා දෙන්නට බෙදා දුන්නාය. සීනුග්ගල වෙහෙරන් පීල්ලේ ගල් රාමෙන් මී ඔය ඉන් කර උඩුවේරියේ කපුරු බඬාරට ලැබුණාය. උළුගල්ලෙන් තිඹලේ කන්දන් උඩ ආපර ගළු හතළිස් පහ රංගෙ බණ්ඩාරට ලැබුණාය.

මාගළු මැද පත්තුව සහ පිහිටි රට තුන් පත්තුව ඉන් කර පනන්කායේ සේමසිංහ බඬාරට ලැබුණාය. මෙම දෙවා වදාළ රටේ පළිමරාළ බීත් පුළුටු හ්න්ගත් කඩප්පු තිරප්පු ඇත් දත් අලි දත් තුවක්කු අය ජය දහ අට උලියත් තැන කියා දෙවා වදාළාහ. එයින් පන්කානියේ සෙමසිංහ බඬාරයි, කිරිහාමියි, මැණික් හාමියි, කපුරු හාමියි මෙම දූවරු උඩුවේරියෙට ඇසූ තැනේදි යෙළිවරු නිසා නැකත්කර කියා නිසා නුදුනුව ගං කහළිව හිතො වඩුවා ලවා බණ්ඩා මරා කුරුණෑගලට ගු සෙනග ගෙනවිත් අල්ලඬ ගේ

වට කළ තැනේදී එම දූවවරු ගෙට වැදී වහ කාළා මැරුණාය. බඬාරලා දෙන්නා හැඟිලා ගොහින් හෙට්ටිකුලමෙ බඬාරලාගෙන් මඟුලක් කර සේමසිංහ හෙට්ටි බඬාර කියා එහිම සිටියාහ. ඒ වෙනුව උපන් ඩිංගිරි මැණික් එතනාගේ බඩේ උපන් සුමන බඬාර වැවගන් පහළ ලැබී සිටියාහ.

මලයාවෙහි මැණික් බඬාර එතනින් මගුලක් කර ගත කලාගම සූරියදමන සිටියාහ. එම සූරියදමන සූරියමල් කුමා පෝරුවෙන් පැවත ආ සූරියදමන දිවාකර මුදියන්සේගේ කිරිබඬාරට ඩිංගිරි මැණික් හාමි කියන දූව සරණ පාවාදී කටමාන්කුලම පළු ගස් පිටිය දිවුල්ගොමුව අමුණුගම ගලදිවුල්පිටිය කුමාර මලල බඬාරට වෙප්පල මැඩි පොකුණ ඉහළ හම්මිල්ල පොකුණ ඉපලව පහල හම්මිල්ල පොකුණ වඩුගොඩම ලැබී සූරිය දමන සිටියාහ. සූරිය දමන සූරිය මල්ල බඬාරගේ හත්වෙනි මුනුබුරු රාවණ මැණික් බණ්ඩාරත් වෙනුව උපන් තුංවෙනි මැණික් බඬාරත් මැණික් හාමි කියන නගා එම හුරිකුලම සිටියාහ.

ඒ සිටියදී අයියා වෙනි මැණික් බණ්ඩාර මුත්තට ලැබිච්ච රට තොට ගන්ඩ ඕනැයි කියා ඇවිත් ඩැබැපොල උඩ ඉලඟම ලැබී සරම කරවන බොපිටියෙ පනික්කි රාලට එක්වෙලා සරම ඉගෙන එම රාලගෙ දූව සරණ වෙමින් සීතාවක කෝට්ටේ වැඩ සිට ප්‍රභූ භුවනෙකබාහු සිංහ දෙවියන්ට මූණ පාමින් සරම දක්වා ඊට කරුණාව ලැබී ඉලඟ රාජසිංහ කිත්ති නවරත්න වාසල මුදලින්සේ කියා පට බැඳ ගමක් දෙන්ට ආරංචි කරපු විට උඩුවේරියෙ එරියාවෙ රාලලා දෙන්නා ඔප්පු කර සිටියාහ. අපේ මුත්තාට ලැබී මුත්තාට තිබුණ රටවල් දෙන්ඩ බැරිය කියා පෙරළි කර එයින් ගොන් තිහක් පටව ගන යන වේලෙහි මිදෙල්ල ගහකංඩ සමරට කඩයින් කරවා බලන අතරදී පනින්කානියේ සිටි වන්නිනකි කියන ගෑනි රට රාජකාරිය ගැන ඇවිත් රන්මල වැඩිය කියන ගමෙහිටිනවා දැක ඔළුව පලා හිස කපා දක්කවාපු තැනදී ශ්‍රී කරුණාව ලැබ ඒ ගමට ඔළුපැලියාව කියා ගම ලැබී සිටියාහා.

නැවත් පුෂ්ටි උත්තයා කියන ඇතා දිරිගන් දස්කන් කළ නිසා ශ්‍රී කරුණාව කර ලැබ එළුවො ගම මහමුදහැලියාව මහනාන්නෙරිය මහ ආදරවැව උඩගිරිබාව නින්ද ප්‍රවේණි සැලැස්මට කඩවත් පතුරු විලි ආත්පහ බජ්ජං පහගම හවාතිහ, නවබද්ද විදානවු එකලඇතුල් නුවර පිටිනුවර නිලමක්කාර අය සත් දෙනාත් කෝරළේ දිසාවෙ උඩවෙල පනික්කි නිලය උඩ විලඟු ඇත්තු සන්නස ලැබුණා.

එකල සබරගමු දිසාව සන්බරන් සහ තෙන්නකොන් මුදි පනික්කිරාල මුදියන්සේය. සතර කෝරලේ දනවහී පිඩාගෙන අමර සුන්දර මුදියන්සේය, මාතලේ දිසාව වැලිවේරියෙ අමරසේකර මුදියන්සේය. මා

තාං දිසාව පෙතියාගොඩ තෙන්නකොම් මුදියන්සේය. අධිකරන් මහතිලළුනු ගන්වට රට කරවන නවරත්න මුදියන්සෙ රාලහාමි කරදවලානේ බත් වඩන තිලමෙ බෙම්මුල්ලෙ හළුවඩන තිලමේ නැහාවැල්ලේ ධම්ම මුදියන්ස අලගියවත්ත මොහොට්ටාල දඩගමුවෙ ධර්ම කීර්ති රාජකරුණා පණ්ඩිත මුදියන්සේ මොහොට්ටාල, උදවිට සඬාසකිර්ති පණ්ඩිත මොහොට්ටාල, මෙම තිලට දැතින් මැදපත්තුවට සන්නස ලැබුණාය. එම නිගමට කඩඉන් වල දිවි හතෙන් මනාර දිවියත් දිවුරනු කිහි රැලි උපුල්වන දෙවියෝ මීට සාක්කි ලියා නිම කළ එරියාවේ මුදියන්සේ කෝරාල මහත්මයා.

මදුරාපුර රාජ පරම්පරා රාජාවලිය

Madurapura Raja Parampara Rajawaliya
(Line of Kings and Aristocrats from
Madurapura Royal Families)

A brief introduction

This manuscript contains information about matrimonial and diplomatic relationships established between Kandyan kings and the Nayakas royal family in Madurapura (Madurai).

The details of events included the arrivals of royal families, composition of their extended families, where they settled, and which positions they held at the Kandyan royal palace. In addition, intimate details of the affairs of the royal family are contained in this manuscript including a royal scandal.

The manuscript starts with a diplomatic marriage proposal made by King Narendrasingha to king of Madurapura Arya Chakrawarthi, for the hand of his daughter Sumiththa. She was sent to Sri Lanka with Prince Swaminatha and Prince Hemanatha who were two sons of Arya Chakrtawarthi's brother Pantara Chakrawarthi. King Narendrasinghe offered a chief minister position to Swaminatha and a deputy minister position to Hamanatha.

Pantara Chakrawarthi's other son, prince Sumedha, also came to Sri Lanka with his two sisters, Kaushalya and Suparna, and stayed a while at the Anuradhapura Nuwara Wawa aristocratic residence. Kaushalya married Tikiri Banda of this Nuwara Wawa family due to an unexpected pregnancy. Prince Sumadha was given a village called Alakola Anke and a treasurer position (*Gabada Nilaya*) at the royal palace. Princess Suparna was married to Manpitiya Bandara (a local aristocrat).

During this time, many princes arrived from Madurapura. They settled at villages like Aludeniya, Kempitiya, and Kaballa Pitiya. Prince Sumedha (Gabada Nilame) married from Dullewa family and had one son and six daughters. They all married local aristocrats, the sons of Lewuke Bandara, Urulawaththe Bandara, Kempitiya Bandara, Unambuwe Bandara, Rathwaththe Bandara, and Kappetipola Bandara. The son was married to the daughter of Mayadunne Bandara.

The manuscript also provides intimate details about the conduct at the Kandyan royal palace including a scandalous story involving the death of King Narendrasinghe. Subsequently, Pilimathalawa Adhikaram crowned Prince Kannasamy as the king Kirthi Sri Rajasinghe at the age of seventeen, following a series of deceitful events.

This information is followed by interactions with English and Dutch colonists during the Kandyan Kingdom. The final section provides a list of Kandyan chieftains who oversaw various parts of Kandyan Kingdom.

The manuscript is a useful source to identify diplomatic and innermost relationships between the Kandyan Kingdom and Madurapura Nayakas royal families. It also discloses how the elite Nayak families migrated to Sri Lanka and established their legacy in the Kandyan region. The remains of these families are prevalent to date.

මදුරාපුර රාජ පරම්පරා රාජාවලිය - කෙටි හැඳින්වීමක්

මෙම අත්පිටපතේ උඩරට රජවරුන් සහ මදුරාපුර (Madurai) හි නායක්කාර රාජකීය පවුල අතර ඇති කරගත් විවාහ සහ රාජ්‍ය තාන්ත්‍රික සබඳතා පිළිබඳ තොරතුරු අඩංගු වේ.

මෙම විස්තර වලට රාජකීය පවුල් මදුරාපුර සිට පැමිණීම, ඔවුන්ගේ පවුල්වල සංයුතිය, ඔවුන් පදිංචි වූ ස්ථාන සහ උඩරට රජ මාලිගයේ ඔවුන් කුමන තනතුරු දැරුවාද යන්න අඩංගු විය. මීට අමතරව, අපකීර්තිමත් සිදුවීමක් ඇතුළුව රාජකීය පවුලේ කටයුතු පිළිබඳ සමීප තොරතුරු මෙම අත්පිටපතෙහි අඩංගු වේ.

අත්පිටපත ආරම්භ වන්නේ මහනුවර නරේන්ද්‍රසිංහ රජු විසින් මදුරාපුරයේ රජෙකු වන ආර්ය චක්‍රවර්ති වෙත ඔහුගේ දියණිය වන සුමිත්තාගේ අත ලබාගැනීම සඳහා යවන ලද රාජ්‍ය තාන්ත්‍රික විවාහ යෝජනාවක් සමගිනි. ආර්ය චක්‍රවර්ති ගේ සොහොයුරු පන්ටාර චක්‍රවර්තිගේ පුතුන් දෙදෙනෙකු වූ ස්වාමිනාථ කුමරු සහ හේමනාථ කුමරු සමඟ සුමිත්තා ලංකාවට එවන ලදී. නරේන්ද්‍රසිංහ රජු ස්වාමිනාථට මහ ඇමැති ධූරයක් ද හේමනාථට නියෝජ්‍ය ඇමැති ධූරයක් ද පිරිනැමීය.

පන්ටාර චක්‍රවර්තිගේ අනෙක් පුත් සුමේධ කුමරු ද තම සොහොයුරියන් දෙදෙනා වන කෞෂල්‍යා සහ සුපර්ණා සමඟ ලංකාවට පැමිණ අනුරාධපුර නුවර වැව වලව්වේ ටික කලක් නැවතී සිටියේය. අනපේක්ෂිත ගැබ් ගැනීමක් හේතුවෙන් කෞෂල්‍යා මෙම නුවර වැව පවුලේ ටිකිරි බණ්ඩා සමඟ විවාහ විය. සුමේධ කුමරුට අලකොල අංකේ නම් ගමක් ද රජ මාලිගයේ භාණ්ඩාගාරික තනතුරක් ද (ගබඩා නිලයක්) පිරිනමන ලදී. සුපර්ණා කුමරිය විවාහ වූයේ මාන්පිටිය බණ්ඩාර (ප්‍රදේශයේ රදළයෙක්) සමඟ ය.

මේ කාලයේ මදුරාපුරයෙන් බොහෝ කුමාරවරු පැමිණියහ. ඔවුන් පදිංචි වූයේ අළුදෙණිය, කෙම්පිටිය, කබල්ල පිටිය වැනි ගම්වලය. දුල්ලෑව පවුලෙන් විවාහ වූ ගබඩා නිලමේ සුමේධ කුමරුට, එක් පුතෙකු සහ දියණියන් හය දෙනෙක් සිටියහ. මෙම දියණියන් සියල්ලෝම විවාහ වූයේ ප්‍රාදේශීය ප්‍රභූවරුන් වන ලෙව්කේ බණ්ඩාර, උරුළවත්ත බණ්ඩාර, කෙම්පිටිය බණ්ඩාර, උනම්බුවේ බණ්ඩාර, රත්වත්තේ බණ්ඩාර සහ කැප්පෙටිපොළ බණ්ඩාර යන අයගේ පුතුන් සමඟය. පුතා විවාහ වූයේ මායාදුන්නේ බණ්ඩාරගේ දියණිය සමඟයි.

නරේන්ද්‍රසිංහ රජුගේ මරණය සම්බන්ධ අපකීර්තිමත් කථාවක් ඇතුළුව උඩරට රජ මාලිගයේ අයෝග්‍ය හැසිරීම් පිළිබඳ සමීප තොරතුරු ද මෙම

අත්පිටපතේ සටහන් වේ. මෙම පසුබිම යටතේ පිළිමතලාව අධිකාරම් විසින් කන්නසාමි කුමරු කීර්ති ශ්‍රී රාජසිංහ රජු ලෙස කිරුළු පැළඳුවේ වයස අවුරුදු දාහතේදීය.

මෙම අත්පිටපතේ උඩරට රාජධානිය විසින් ඉංග්‍රීසි සහ ලන්දේසි ජනපදිකයන් සමඟ කල අන්තර්ක්‍රියාද සටහන් වේ. අවසාන කොටසේ උඩරට රාජධානියේ විවිධ ප්‍රදේශ අධීක්ෂණය කළ උඩරට ප්‍රධානීන්ගේ නම් ලැයිස්තුවක්ද සැපයේ.

උඩරට රජවරුන් සහ මධුරාපුර නායක්කාර රජ පවුල් අතර රාජ්‍ය තාන්ත්‍රික සහ අභ්‍යන්තර සබඳතා අධ්‍යයනය කිරීමට මෙම අත්පිටපත බෙහෙවින්ම ප්‍රයෝජනවත් මූලාශ්‍රයකි. ප්‍රභූ නායක්කර් පවුල් ශ්‍රී ලංකාවට සංක්‍රමණය වී උඩරට තම උරුමය ස්ථාපිත කළ ආකාරය ද එහි අනාවරණය වේ. මෙම පවුල්වල නටබුන් අද දක්වාද පවතී.

මුල් පිටපත

මදුරාපුර රාජ පරම්පරා රාජාවලිය

නමං ශ්‍රී සනාය. කෘෂ්ට වර්ෂ එක්වාදහස් අටසිය තිස්නමය පටං නරේන්ද්‍රසිංහ රජ මදුරාපුර ආර්ය චක්‍රවර්තික පඬු රජගෙ දුවනියන් සරන ඉල්ලා ද ඇමතිකමට කුමාරයින් දෙන්නෙක් ඉල්ලා ද පඬුරු යැවීය. ඒ දුක (ලද) පඬු රජ වහාම බලා දියනිය වන සුමිත්තා ව ද එ රජුගෙ මලනුවන් වන පන්ඩාර චක්‍රවර්තිගෙ පුත්‍රයින් වන ස්වාමිනාථ හේම නාථයන් දෙදෙනා තවත් පිරිසක් ද එවුවාහ. ඒ සුමිත්‍ර බිසව තනතුරෙද ස්වාමිනාථ අග්‍ර තනතුරෙ ද හේම නාථ ග්‍රාම මැති තනතුරෙද තබාගන සිටියේය.

දරුවන් නෙලබුන හෙයිං තෙලිගු රජ දුහිතෘ කයිකෙයි කුමරිය ගෙන්නා සරන කරගෙන සිටියේය. මේ කාලයේදී පන්ඩාර චක්‍රවර්තිගෙ අග බිසවගෙන් උපන් සුමේධ කුමරු පිය රජා සමග ක්‍රෝධව තමන්ගේ එකුස උපන් නැගනියන් වන කෞසලෙය සුපර්න්‍යා යන සහෝදරියන් දෙදෙනා සමග ලංකාවට ගොඩබැස අනුරාධපුරයට ගියේය. ඒ කාලෙදි අනුරාධපුර නුවර වැවේ වලව්වෙ උදවිය මදුරාපුරෙන් පැමිණි රාජ පරම්පරාවකින් පැවත එන බව දුන එහි ගිය විට වතගොත අශා දෙපාර්ෂයම දූනගත ටික කලක් පසුවන අතර කෞසලෙය කුමාරි එම වලව්වෙ ටිකිරි බන්ඩාරට වෙනුව බඩදරු උනාය (ගැප් ගත්ති) . ඈ ඔහුට සරන කර දී බාල නැගනියනුත් සමග මහනුවරට පැමිණ කුන්ඩසාලෙ එවකට සිටි රජ තමන්ට නෑවි සිටින බවත් අසා එහි ගොස් තමා කුල ගෝත්‍රකියා රක්ෂාව(ක්) ඉල්ලීය. නෑ කන් දූනගත් රජ ඔවුන්ට වාඩි සාදා

ගැනීමට අලකොල දංකේ කියන ගම දුන්නේය. ඒ ගමෙ ස්වකීය නුවර නාමය වන මදුරුව යන නමක් තබා වලව්වක් සාදාගන එහි සිටින විට මහලේකම් මිටිය ලියන්ට රජ පත් කලේය. ටික කලෙකින් ගබඩා නිලය ද දුන්නාය. නරේන්ද්‍රසිංහ රජ සියළු නටබුන් වෙහෙර විහාර කෙරෙව්වේය. ජීරනව තිබුනු සෙන්කණ්ඩපුර ආදී වෙනත් මාලිගාවල් ප්‍රකෘතිමත් කලේය. මුල්ලෙගම අදිකාරම් සිටියාය. හඟුරන්කෙත නුවරක් ගොඩනගා මාලිගාවක් කෙරෙව්වේය. දබදෙනිය හුම්බුළුවාව (මණ්ඩල) මඩවල විහාර අළුත් වැඩියා කලාය. මදුරාවෙ(ල) වලව්වේ එවකට සිටි සුපර්නා කුමරිය මාන්පිටියෙ බන්ඩාරට සරන (කර) දුන. ඒ කාලෙදී තවත් බොහො මදුරාපුර කුමාරවරු පැමිණ රජ තුමාගෙන් වාඩි ලබාගන සිටියා ය. (විසූහ) අළුදෙනියේ එක් බන්ඩාර කෙනෙක් ද කෙම්පිටියෙ එක් බන්ඩාර කෙනෙකු කැබැල්ල පිට එක් බන්ඩාරකෙනෙක්ද නැවතුනා හ. මෙසෙ මදුරාපුර රාජ වන්සයේ අසවල් බොහොමයක් උඩරට සිටියා. (විසවා) මේ කාලයේ තෙලිගු රටින් බොහොම වඩිගයෝ පැමිණ උඩරට රජුන්ගෙ ආධාර ලබා විසූහ. අවුරුදු අටක් පමන ධර්මයෙන් රාජ ශ්‍රී වලදා නරෙන්ද්‍රසිංහ දෙවියෝ දරුවන් නැතුව දෙව්ලොව ගියාහ. (සැපත් වන) මදුරාවෙ බන්ඩාර ගඩබා නිලමෙ දූල්ලෑවෙ (විසූ) සිටි බන්ඩාර කෙනෙකුගෙ දුවනියන් වන අනුහස්හාමි සරන ගත්තා හ. ඔහුටදාව දරුවන් සත් දෙනෙක් ලැබුනේ ය. වැඩි මාළු (මහල්) පිරිමි බන්ඩාර කෙනෙකු විය. ඔහු ටිකිරි බන්ඩාර නමින් අනික් දියනියන් හය දෙනාගෙන් කෙනෙක් ලෙවුකෙ බන්ඩාරගෙ පුත්‍රයාටද කෙනෙක් උරුලෑවත්තේ බන්ඩාරගෙ පුත්‍රයාටද කෙනෙක් කෙම්පිටියෙ බන්ඩාරගෙ පුත්‍රයාටද කෙනෙක් උනම්බුවෙ බන්ඩාරටද කෙනෙක් රත්වත්තෙ බන්ඩාරටද කෙනෙක් කැප්පෙටිපොල බන්ඩාරට සරන දුන්නෝය. පුතාට මායාදුන්නේ බන්ඩාරගෙ දුව සරන බැද දුන්නේය. මින්පසු ගබඩා නිලමෙ අපවත් විය. නරේන්ද්‍ර සිතා දෙවියො උකුත් උනු බැවින් ඒ වෙනුවට තෙලිගු බිසවගෙ සහෝදරවූ කුමාරයෙක් කීර්ති ශ්‍රී රාජසිංහ යන නමින් රජවිය. ඔහුගෙ සහෝදර කුමාරයෙක් සෙනෙවි ධානාන්තරයට පටුනා ගත්තෝය. මෙම රජ විල්බාගෙදර මුදියන්සේ සහ ඇරනියගල මුදියන්සේත් සියමට යවා උපසම්පදාව ගෙන්විය. වැලිවිට සරනන්කර තෙරු(නු) සඟ රාජ ධානාන්තරයට පත් කලේය. මොහු ඕලන්දකාරයිං නෙරපීමට උත්සාහ දූරුවේය. කොලබට යුධයට ගියේය. පැරදී නුවරට ආවාහ. රාජසිංහ රජහට බිසෝවරු පස්දෙනෙක් වූහ. එයින් අග්‍ර බිසව අලමෙළුය. අනිත් හතර දෙනා රංගම්මාළු, සිරියම්මාළු, උෟපෙනඳමාළු, මාමාපිටියේ කුමාරිහාමිය. සිරියම්මාළු අගෙ මවු සමග මල්වත්තෙ වාසල ද අනිත් බිසෝවරු පල්ලෙ වාසල ද සිටියෝය. මෙම බිසෝවරුන්ගෙන්

තුන්දෙනෙක් පරිවාර ස්ත්‍රීන් පිරිවරා මාවිලිගඟ බිසෝ ඇල්ලට දිය කෙලියට ගිය විට උපෙන්‍දමාළු බිසවගේ රූ සිරි යක්‍ෂයෙක් දැක ඈට ආරූඪ විය. බිසව වාසලට ඇවිත් රජුට රෝගය දැන්නුවෙ බොහෝ වෙදකම් යක්‍ෂ තොවිල් ද කර කිසි ගුනයක් නොලබා හිටින විට මීගස් ඇල්ලේ නිලමේ බෝයවලානේ (නිල) මන්ත්‍ර කාරයෙක් සිටින බව දන්වා ඔහු කැඳවා යාගයක් කලේ බිසවට සුව විය. බෝයවලාන වෙදරාල තෑගි ලබා ගොස් සත්වෙනි දවස තව බිසවකට පෙර යක්‍ෂයා ආරූඪ විය. එය ද බෝයවලාන සුව කලේය. මෙසේ විටින් විට පල්ලේවාසල බිසෝවරුද පරිවාර ස්ත්‍රීහුද යක්‍ෂාවේස වෙන්ට උනේ ඊට පසු බොයවලානෙ රාල පල්ලෙවහල දූග්ගැන බිල්ලට නුවරම සිටින්ට වූ බැවින් බඩ වැඩුමක් ලබාගන්නට (දෙනමෙන්) මීගස් ඇල්ලෙ නිලමගෙන් ඉල්ලා සිටියේය. කරදෙමැයි කියා (ගිවිස) මීගස්ඇල්ලෙ නොසලකා පැහැර ඇරියේය. දිනක් බිසවකට යක්ෂයා ආරූඪ කරවා මහරජුට දැන්වීය. මෙය සුව කිරීමට උවමනා දීම මීගස් ඇල්ලෙට බාර විය. බෝයවලානේ රාල රෑ වෙනකන් ඉඳ බාදුරා වැල් මිනිස්සු දෙනෙක් බරට උවමනා යයි කීවේය.

මීගස් තැන්නේ බාදුරා වැල් සොයන්නට උත්සහ කර බැරිවිය. මෙය කොහොමට (ත්) වෙදරාල උව පිරිමැසුවොත් මම බඩවැඩුමක් ලබා දෙමියි පොරොන්දු වුනේය. ඊට සතුටු වී බෝයවලානේ රාල මැනවයි පිලිගෙන වෙනින් වැල් වර්ගයක් ගෙන්නා තොයිලය ඉවර කලේය. බිසවගෙ රෝගය සුව විය. පසුදින උදය බෝයවලානේ රාජ රජු ඉදිරියේ බැහැ දක්වා බඩ වැඩුමක් ඉල්ලා මතක් කලේ (ය). මහරජ බෝයවලානේ ගම ඇතුළුව ගොඩමඩ හැට අමුනක බාල්ප්ල් සාරා මාරු ඇතුළුව විජය කෝන් යන නාමයක් පට බැඳ දුන්නේය. බෝයවලානේ විජයකෝන් වෙදරාල මහනුවරදී (සෙන්ඛණ්ඩ නුවරදි) වයසිං මැරුනේය. ඔහුගේ පුත්‍රයෝ දෙදෙනෙක් වූ හ. එක් කෙනෙක් ලොකුරාලය. අනිත් එක්කෙනා පුංචි රාල යයි නම් විය. මො දෙදෙනා මහත් වීර්‍ය වන්තව සිටියෝය. රජ්ජුරුවන්ගේ රන්දෝලි අග බිසවගේ සහෝදරයෝ මුත්තුමාහි බුංසාමි සිංනසාමි අප්පුසාමි (අප්පාසාමි) අය්යසාමි බුඩසාමි රංගම්මා යන මෙ සදෙදෙනාය. රංදෝලිගෙ කුඩා මවුගෙ දුව උග්‍රපේන්ද්‍ර (මාළු) බිසවට කොන්ඩසාමි ගිරියමමාලු යන සහෝදරයන් දෙනෙකේ විය. සිරියම්මාල් සහ ඇගෙ මවු (මාළු) රජ්ජුරුවන් විසින් මල්වවත්තෙන් වාසල නවත්වා නිතර ඈ වෙත යන සිරිතක් විය . මල්වත්තේ නිතර වැඩපල ආදිය ඇති නිසා ඈ වෙත යාමට

ඒවා බැලීමට පිලිමතලාවෙව අදිකාරමට යාම නියමයක්ව (තිබීමෙන්) තිබුනේය. සිරියම්මා සහ පිලිමතව්වෙත් රහස් මිත්‍රත්වයක් ඇතිවූහ. මෙසේ

සිටිනාතර ගිරියම්මා ගර්භනීව පුත්‍රයෙක් වැදූවාය. මෙම ළදරුවා ගේ ඇග ගෑමට රන්තැබිලිය පහක් (හතක්) රජුගෙන් ලැබෙත්. පිලිමතලාවෙගෙන් රන්තැබිලි දහයක් ලැබේ. මෙසේ කුමාරයාට කනනසාමි යයි නම් තියා (වැඩුනේ) අවුරුදු දහහතට පැමුනුනේය. දිනක් රජ්ජුරුවෝ මල්වත්තට පැමිණි වේලාවේදී පිලිමතලවුවෙ අදිකාරම ගැන සැකයක් විය. අදිකාරමගේ සැරයටියක් සම්බවීමෙන් මෙය කෙසේ ලැබුනාදූයි ඇසුවේය. මෙය මම අදිකාරම් අත්තාගෙන්

ඉල්ලා ගනිමියි කීවාය. රජතුමා අත තිබූ කඩුව කනසාමීට දී මේ වාසලට රෑ යමෙක් ආවොත් කථාකර කථා නොකලොත් ඔහුට මෙ කඩුවෙන් කපංට මම බලය දෙමැයි රජ්ජුරුවෝ කඩුව දී යන්ට ගියේය. පිලිමතලවීවෙ වාසලට ආ වේලාවේදි මල්වත්තට අදිකාරම මින් මතු නොඑවවයි කීයේය. එහි බාරකාරයෙක් උවමනා නැතැයි කීවේ ය. රජ මැති දෙදෙනො බේදකම් ඇතිවිය. රාත්‍රියෙ කීප දවසකට වරක් රජ මල්වත්තට යන සිරිතක් තිබුනේ ය. ඒ යනකොට රජ පාර හරහට නැමී තිබූ බෝ අත්කට උඩින් අසු පන්නවා යන්නේය.

මෙය මහ අදිකාරම් දනිති. රජතුමා එක් (වසි සහිත) දිනක රාත්‍රී මල්වත්තෙන් වාසලට ගොස් අසු බැද (තබා) සිට මඩුවට ගොඩ උනේය. මඩුවෙ ඇදෙ බුදියාගන සිටි කන්නසාමි ශබ්ද නගා කවුද යන වචනය තෙවිටක් ඇසුවේය. රජුට තැතිගැනීමක් සෑදි කතා කරංට බැරිම තුස්නිම්බූත විය. රාජ නියමය සේ ඇදෙ ඉස් යට තිබුනු කඩුවෙන් කන්නසාමි ගැසුවේය. රජුගෙ තරම කැපීගොස් වැටුනේය. මවුට කථාකොට එළියක් ගෙන බැළුවිට රජබව ඇදින ගත්තාය. භය සහ ගොතයක් අටගෙන කන්නසාමි පිළිමතාලවුවෙ අධිකාරම සොයා ගොස් කී විට ඔහු ඇවිත මෘත ශරීරය පාර හරහට නැමී තිබූ බෝ අත්ත යට

කඩුවත් සමග දමා අසුගෙ ඇදුම් වලලේ ගා (ලා) අසු යන්ට ඇරියේය. අසුබදින තැනට ම ගියේය. උදය අස්ගොව්වා ලේ තිබුනු බව පල්ලේවහල අග බිසවට දූන්වීය. එයද පිලිමතලවුවෙගෙ කියමන පිට බිසෝවරුන් අදිකාරමත් උදය ගොස් රජුගෙ මූර්ත ශරීර දූක වැලපෙන විට මෙය එලිකලොත් රජ මැරුන බැවින් රජකමට කොලාහල වෙංට පුළුං නිසා මෙය රහසේ කටයුතු කරන්ට යුතු යයි ඇස් වසා ශෘත ශරීරය දූක කඩුව ද ගෙන තිබා රජතුමාගේ වාසල දෙවෙනි අදිකාරම්ට සළුවචන පලමු අදිකාරම් ආදයි මීට කුමක් කරමුදූයි කථාකොට රජ මැරුන බව

එලි දරවූ නොකොට රජ කමට සුදුස්සෙක් සෙවීටම ඇතු සරසා පෙර නියම ප්‍රකාර යමු යයි නිලමෙලාගේ ප්‍රයෝගය යොදා ගත්තා ය. අනිත් නිලමෙලාට නොදන්වා කන්නසාමිට පිලිමතලාවුවෙ අදිකාරම කියන්නේ

මම උඹට රජකම (අරන්දෙමි) ලබාදෙමි. මට කිකරුව රජකම කරන්නට කැමතිද්දයි ඇසීය. අත්තා එසේ කොලොත් මගෙ දිවි තියෙනතුරු කීකරුව සිටින්නෙමියි දිවුරා කීවේය (දිවුලේය). තවත් බොහෝ උපකාර කරනාව ඇත. මගෙ පිය (ගෝ) ඨානාන්තරෙම තබාගනිමැයි කීවේය (ගිවිසිය). මහා අදිකාරම ඇත්ගොව්වා ගෙන්වා රන් තැබිලි දහසක් තොටදෙමි. මොන විදියකින්වත් මල් වත්තට ඇතු ගෙන (හරවා) ගොස් කන්නසාමිට ඇතු දනගස්සවයි කීවේය. මැනැවැයි ගොවුවා ගිවිසුවට පසු ඇතු සරසා රදලවරු අඩබෙර

ගසමින් යනවිට ගොව්වාගේ මායමෙන් ඇතු මල්වත්ට හරවා ගොස් කන්නසාමිට ඇතු දනගැස්විය. කන්නසාමි ඇතුපිට තබා මහනුවර මඟුල් මඩුවේදී පෙර සිරිත්මෙන් ශ්‍රී වික්‍රම රාජසිංහ කියා රජකමට පත් කලේය. රජ සිරිත් ඉවර වූ පසු ආචාර සාමාචාර බැහැදකුන් ගරු සම්මාන ඉවරවී සෑම රදලවරු රජ මාලිගාවට වැඩමෙවුවෙ ය. රදලවරු ගියපසු මහා අදිකාරම රජු ලබා පෙර රජුගෙ නෑයො හිරගෙයි දූම්මවිය. රාජාධිරාජසිංහ රජ මල බව ප්‍රකාශ කර සිරිත් සේ ආදාහන කෘත්තිය කලේය.

ඕලන්දයෝ නුවර අල්ලා ගත්තොය. සිංහල සේනාව ඔවුන් නෙරපා නුවර නිදහස් කර ගත්තේය. සීතාවකදී ඕලන්දෝ මැරුවාහ. ඉතිරි ඕලන්දයො කොලඹට දිවුවොය. ඕලන්දයිං සහ අප දෙවියො සාමදාන ගිවිසසා හ. මදුරාවෙ බන්ඩාර වාශල ලියනරාල හැටියට පත් කලේය. ඔහුට පුත්‍රයින් සහ දූවනියන් නව දෙනෙක් විය. ඒ දරුවන් මදුරාවෙන් පැමිණි පදිංචි කාරයින් වූ බන්ඩාරඑලියෙ තරුනයිංටද පුරාන රාජ පරම්පරාවලින් පැවත එන බන්ඩාරවරුන්ට ද සරන දුන්නාහ. මෙම රජ තමං ගොත්‍රයේ බිසෝවරු සතර දෙනෙකු වඩුග රටින් ගෙන්වා ගන බිසෝකමට ගත්තාය. දරුවන් නැතුව සිටින කල මලේය. ඊට පසු ඔහුගෙ සහෝදර සෙනෙවියො රාජාධි රාජසිංහ නමිං රජ විය. ඒ කාලයේදී හිවුල් බොයිල් නම් ඉංග්‍රීසි තානාපති තැන රජු වෙත පැමිනෙන්නේය. ඉංග්‍රීසි බොරු ගිවිසුං කරන්නාහ යයි කියා ඔහුගේ ඉල්ලීම පිට ඕලන්දයින් පන්නාන දූමීමට අපට වෙංට කථා කල උදව් ප්‍රතික්සේප කලේය. ඉංග්‍රීසිංගෙ තානාපති ගියාට පසු ඕලංදයෝ කිපී යුධ සෙනගක් ගෙන මහුනුවරට ආවෝය. අපේ සෙනග කුංඩසාලයට පැන ගියේ ය. මදුරාවෙ බන්ඩාර ආරාවෙන් කපුවත්තෙ බන්ඩාරත් රත්වත්තෙ බන්ඩාරත් මඩුගල්ලෙ (කළු) අදිකාරමගෙ පුත් වූ මඩුගල්ලෙ බන්ඩාරත් සෙනගක් ගෙන රාත්‍රියේ

පැන ඇන කොට ඕලන්දයින් විනාශ කලෝය. ඒ බව දූනගත් ඕලන්දයංගේ ආන්ඩුකාරයා තවත් සෙනගක් එවුවේ ය. ඒ වේලාවේදී

බන්ඩාරවරුංගෙන් ආරාවෙ සුළු සෙනගක් සමග (හ) ලුහු බඳවා ගියමුත් සො ගන්නට බැරිවීමෙන් ඉදිරියට ම ගියේය. ආරවෙ වහාම හොර පාරකින් ගොස් සෙනග ගෙන ඇවිත් ඕලන්දයින් වටකර ගන ඇන කොටා මැරුවේ ය. ඒබව දැනගත් ආරාවෙව පලමුවෙන් අදිකාරම් කමට පත් කලේය.

මෙවක් පටන් පිලිමතලාවුවෙ මහ අදිකාරම යයි නම්විය. එවකට දෙවෙනි අදිකාරමව සිටි අරවුවාවෙල පිලිමතලවෙ මෙන් (ම) හා ක්‍රෝධ විය. ඒ වෙලාවෙදී දෙහිගම නිලමෙ දලදා මාලිගාවේ දියවඩන නිලමෙකමට පත්වී සිටියේය. මීගස්තැන්නේ ලෙවුකෙ දිසාපතිවරු ය. මඩුගල්ලෙ බන්ඩාරට දිසාපතිකම ලැබුනේ ය. ඇහැලේපොල නිලමෙට හළුවඩනකම ලැබුනේය. පලීපාන කෝරාලය. මොලදන්ඩෙ මොහොට්ටාලය. බත්තමගොඩ මොහොට්ටාලය. දොර නැගමට රට ලැබුනාය. දවුලේගලට රට ලැබු ලැබුනා. පිලිමතලාවුවෙ කපුවත්තේ බන්ඩාරවරුන්ට දිසාව ලැබුනාය. ගලගම දිසාව ගලගොඩ නුවර දිසාව නිවර කලාවිය දිසාව මොනරවිල කැප්පෙටිපොල ඌවෙ දිසාව පුස්වැල්ලේ ගබඩා නිලමේ දූල්ලෑවෙ ඌවෙ දිසාව වලපනේ දිසාව රත්වත්තේ මාතලේ දිසාව මොල්ලිගොඩ කෝරාල නාගහපිටියෙ කෝරාල ඌරුලෑවත්තේ රාල දෙල්විට කෝරාල වැත්තෑවෙ කෝරාල කප්පාගොඩ කෝරාල වැලිගල්ලෙ මුදියන්සෙ වැලිවිට මුදියන්සේ දොඩන්වල කෝරාල අළුදෙනියේ මොහොට්ටාල ඇහැලියෙගොඩ මොහොට්ටාල හනුබද්දෙ දිසාව මහවල තැන්නේ මොහොට්ටාල එක්නැලිගොඩ මොහොට්ටාල මාරඹෙ මොහොට්ටාල මිල්ලව වෙල්ලස්සේ බින්තැන්නේ දිසාව දෙනගොමුවෙ මොහොට්ටාල කඩීකාවෙ කෝරාල මිල්ලවානේ කෝරාල උනම්බුවෙ කෝරාල දුනුවිලට ගජනායක මුදියන්සේ මුල්ලේගම කුඩා අදිකාරම මෙම රදලවරු උඩරට ශ්‍රී වික්‍රම රජු කාලේ මූලාදෑනි බව දැනගත යුතුයි. සිද්ධිරස්තු, සුභ මස්තු, ආරොග්‍ය මස්තු.

මදුරාපුර රජ පරම්පරාවල රාජාවලිය බව දැනගත යුතුයි,

මුනමොලේ මල්හාමි විදාන රාලගේ පොත නිමි

මදුරාපුර රජවාසලට ගිය ගමන්
විස්තරයක්

Madurapura Rajawasalata Giya Gaman Vistharayak

(A Journey to Madurapura Royal Palace)

A brief introduction

This manuscript is a brief description of a royal delegation dispatched by a Kandyan King to a Madurapura Royal palace on a royal marriage proposal. It explains the marriage party's journey to Madurapura and their return accompanying a princess and her entourage.

The current form of the manuscript is a handwritten note rather than an ola-leaf manuscript. The original written form is however, unclear.

This particular voyage was led by highest ranking officials like Monarawila who was the Disawa of Matale (Sathara Korale) and Sath Korale, Pallekumbura Diasawa, and several other senior royal officials.

Their preparations for the voyage and the route they took to the Madurapura Royal Place is described. They landed at Thuthukodi and when they returned with the bridal party, they came back via Rameshwaram and Mannar.

The information suggests that Kandyan kings sent marriage proposals to Madurapura and there were certain protocols involved bringing royal brides to Kandy. Very senior officials involved in these royal diplomatic voyages.

The manuscript gives clear evidence that there were regular travels to South India and close diplomatic relationships with Madurapura royal palace had existed.

මදුරාපුර රජවාසලට ගිය ගමන් විස්තරයක් - කෙටි හැඳින්වීමක්

මෙම අත්පිටපත උඩරට රජෙකු විසින් රාජකීය විවාහ යෝජනාවක් සමග මදුරාපුර රජ මාලිගයකට යවන ලද රාජකීය දූත පිරිසක් පිළිබඳ කෙටි විස්තරයකි. විවාහ සාදයේ මදුරාපුර ගමන සහ කුමරියක් සහ ඇගේ පිරිවර කැටුව ඔවුන් ආපසු පැමිණීම පිලිබඳ විස්තර එහි සඳහන් වේ.

මෙම අත්පිටපතේ වත්මන් ස්වරූපය නම් එය අතින් ලියන ලද සටහනකි. එහි මුල් ලිඛිත ආකෘතිය අපැහැදිලි ය.

මාතලේ (සතර කෝරළයේ) සහ සත් කෝරළයේ දිසාව වූ මොණරවිල සහ පල්ලෙකුඹුර දිසාව, සහ තවත් ජ්‍යෙෂ්ඨ රාජකීය නිලධාරීන් කිහිප දෙනෙකු විසින් මෙම සුවිශේෂී මුහුදු ගමනට නායකත්වය දෙනු ලැබීය.

ඔවුන්ගේ ගමනට සූදානම් වීම සහ මදුරාපුර රාජකීය පෙදෙසට ඔවුන්ගිය ගමන් මාර්ග එහි විස්තර කෙරේ. ඔවුහු තත්තුකොඩි ප්‍රදේශයට ගොඩ බැස මනාලියන් පිරිස සමඟ ආපසු එන විට රාමේෂ්වරම් සහ මන්නාරම හරහා ආපසු පැමිණියහ.

මහනුවර රජවරුන් මදුරාපුරයට විවාහ යෝජනා යවා ඇති අතර රාජකීය මනාලියන් මහනුවරට ගෙන්වා ගැනීමේදී යම් යම් සම්ප්‍රදායන් අනුගමනය කිරීමට සිදුවූ බව මෙම තොරතුරුවලින් පෙනේ. මෙම රාජකීය රාජ්‍ය තාන්ත්‍රික ගමන්වලට ඉතා ඉහළ පෙළේ නිලධාරීන් සම්බන්ධවු බව සහ සහභාගිවූ බව පෙනේ.

දකුණු ඉන්දියාවට නිරන්තර සංචාර තිබූ බවටත් මධුරාපුර රජ මාලිගය සමඟ සමීප රාජ්‍යතාන්ත්‍රික සබඳතා පැවති බවටත් මෙම අත්පිටපත පැහැදිලි සාක්ෂි සපයයි.

මුල් පිටපත

මදුරාපුර රජවාසලට ගිය ගමන් විස්තරයක්

ශතවර්ෂ එක්වාත්වාධහසිය තිස් දෙකක් වූ මෙම වර්ෂයෙහි නවා මස පුරතියවක්නම් තිට්යලත් බ්‍රහස්පතින්දා මෙධවස. අසරන සරණා සනාගත වූ පුජ්ප්‍රයරනා .... දාන උතුන් අපගේ දේවින් සුවාමී දරුවානම් වහන්සේගේ ශ්‍රීමහ කාතීතැවේ මහිමතාවයෙන් සව්බුද්දින් පරසිධවු මදුරාපුර නුවරට දොලි වඩමුවා ගන එනට උතුන් වූ මහවාසලින් අවසර ලැබී මාතලේ දිසවත් හත්කෝරලේ දිසවලැබී තිබෙන මොනරවෙල දිසාවද උඩුවම හබල් දිසාවත් හතරකෝරලේ දිසාවක් ලැබී තිබෙන පල්කුඹුරේ දිසාවත් වෙඩික්කාර ලේකම ලැබී තිබෙනහු ලත්ගමුවෙරාලත් පඩිකාරලේකම ලැබීතිබෙත් පිලිමතලාවෙ රාලත් මහ වාසලට මුහුනපා මත්තට්ටු ලැබි පුරයට යන්න අවසර රටපහෙන් මුහන්දිරන්හු රුපස්දෙනකුත් තන් බොරුතාර ගොලලාත් පුරන් පේතතුකාර ගොලලාත් සින්ගා රක් කාරයොත් උවදිසවෙන් සැවිනිදින් කරදෙරාලද මැදීකිදින් කිතල් ලැලෙරාලත් උඩිකිදින් අඹරකොන් රාලත් මහාවසාලට මූනපැස මකකටවු ලැබී මදුරා පුරයට යන්ට අවසර ලැබූනාය.

මෙ යන අයගෙන් රාජකාරියත් ගොතනා මි වතුවක් බ්දිටත් එපාය කියා තුන් වරක් අවසර ලබුනාය පන නොතකා යන අයට උන්නෙන් රජකාරිය සපයා අයෙත් දෙවනු ගන්ට මරුවට ගුහින් පනිවිඩ කියන්ට ගස්කොන් රාලත් හිදගල රාලත් ඩබවින්නේ මඩප්පුලි රාලත් ගන්ඔරුවෙදි අවසර ලබුවග බීවුවාය. මෙරදලහුරු සමඟ කොලාබට ගුයින් අට දෙකට පසුව කපපු නැගීමො රවේල මුධටයන වෙලාවට කපපුරෙසි නීයක් බීදි වරවන් දේශේට පාත්වුනය. තුන්පැතු ශීයේ කොටුවෙ තපපි තනාමිණිත් කපපුව වෙවමි වගබලලා සිලිපසු දෙකකට වියදමක් ඇතුන්ට දෙන්නට පොල් අතු කෙසෙල් අතුන් විසිලිපපුවෙලා ඒවා මෙවර අවදිනාවෙක පපු පාඩිවායි මුනාටගතට නොතනසිය නුමුත් මුහුදේ හොයා ඇවිද රුදවල් හදොහකට පසුක පපුවර වනදෙශෙව පාතවෙලා තිබෙනවා දැක මැන ඇවිත් මේ අතට රුවල් බදින්නට කියා වනයක්ට ගියාය. එඅනට රුවල් බැද හදෙනක් ඇවිත් තුත්තු කොඩීයට ගොඩබැසයාය

එගොඩ බැහැලා දෙමහක් මදුරාපුරයට ගුහින් එතන හිට කවෙරී ගංගාවා තිතතුලත් පතතු වෙනුවරට පහලොස් දසක් ගුහින් මදුරාපුරෙ මහවාසලට ගෙනිච්ච පඬුරු පාක්කුඩන් ඇතුතුන් පස්දෙනත් දකාවලා ඒ මහවාසලට ඇවිත් මුනපැවා පටසමක් කාටටු ලැබුනයා.

එනවමහක්හිටලියන සර්‍වඥබුධයින් ප්‍රසිඬ වූ විසුධ බූතතදිත් ප්‍රසිධවූ වෙත්ගඩපති මහාරජ උන්නාසේත් වහන්ශෙක් බිසවුන් වහන්ශෙත් කාරබදින්ට තුන්කටටුවකුත් වැඩමුවාගන රාමෙසසරමට ඇවිත් කපපු නැගී මන්නාරමට ගොඩ බැස්සය.

ඒගොඩබැසසායකියා මහවාසලට ශලකාලාම ඊට රදල්හුරුන් ඇරාවදාරා නුවරට වැඩමුවාගන ආවාය. ඇතුන් පස්දෙනෙකුත් එකපවුරෙ ගෙනිචචාය. ලේතුබූ රෙදි ශවත් එගියඅයගෙන් බොහොශෙසෙනවත් එනු වරදින් නැහුනාය.

කුරුණෑගල විස්තරය

Kurunegala Vistharaya
(Description of Ancient Kurunegala City)
A brief introduction

Kurunegala is one of the ancient capital cities of Sri Lanka located in Sath Korale. This manuscript is a topographical description of Kurunegala city as prevailed in the thirteenth and fourteenth centuries.

The manuscript seemed to be composed by an scholar who had lived in and had an allegiance to Sath Korale. The information contained in the manuscript, however, is extensive and difficult to summarise.

According to Modder (1893) who researched different versions of this manuscript and translated one into English recognises that different authors added minor variations depending on their taste and fancy to make them more attractive and up-to-date. Also Modder and Sannasgala (1961) both believe this is more of a Kadayim book or a Viththi book.

The manuscript commences with Buddhist cosmological narrative that captures various Buddha times (Maha Sammatha) together with the origin of the earth and its evolution, legendary kings, kingdoms and legendary cities in the land of Sri Lanka.

Then it unravels the inhabitation of Sri Lanka with legendary narratives beginning with Prince Vijaya's arrival. Extensive details of the encounter with indigenous queen Kuweni and the establishment of power by Vijaya in Sri Lanka are provided.

According to the manuscript eight hundred and ninety five rulers reigned from Kurunegala, with thirty kings by the name of Thissa, thirty kings by the name of Bahu, and thirty kings by the name of Sinha.

There are extensive details of the composition of the city, its infrastructure, its security arrangements, it's territories, and its elegance including flora and fauna. The manuscript provides specific details of the composition of the city with facilities and dwellers. For example, the city had 500 houses of ministers, 500 houses of female dancers, 500 houses of Brahmins, 800 houses of dhobies, 800 houses of potters, 300 wells, 700 carpenters' sheds, 4 stables for horses, 3 stables for elephants, 2 herds of hunting buffaloes, an aviary, and a kennel. The composition of the city streets, security fortresses, places of worship, and principal royal villages and their capacity are provided.

The next section describes the legacy of Prince Vijaya, his followers, where they settled, names given to these territories, and names of consecutive kings since Vijaya etc. Further, the composition of three grand territories of Ruhunu, Maya and Pihiti is explained. The manuscript also provides the details that derive names of a large number of villages and divisions (Korales and Hathpattus). This section concludes with the downturn of the Kurunegala city.

The final section have extensive details of various capital cities built in Sri Lanka including Dambadeniya, Mundakondapola, Panduwasnuwara, Anuradhapura, Yapa Nuwara, and finally Siriwardana Pura. Each description contains the reason for the creation of these cities, who worked on those architectural marvels, city composition, infrastructure, and their beauty and elegance.

කුරුණෑගල විස්තරය - කෙටි හැඳින්වීමක්

මෙම අත්පිටපත දහතුන්වන සහ දහහතරවන සියවස්වල පැවති කුරුණෑගල නගරයේ භූවිෂමතා, සංයුතිය, සහ මායිම් විස්තර පෙන්වා දෙන ලේඛනයකි. කුරුණෑගල නගරය සත් කෝරළයේ පිහිටා ඇති අතර එය ශ්‍රී ලංකාවේ පැරණි අගනුවර වලින් එකකි.

මෙම අත්පිටපත සත් කෝරළයේ ජීවත් වූ සහ කුරුණෑගල රාජධානියට පක්ෂපාතී වූ විද්වතෙක් විසින් රචනා කර ඇති බව පෙනේ. කෙසේ වෙතත්, අත්පිටපතේ අඩංගු තොරතුරු පුළුල් වන අතර සාරාංශ කිරීමට අපහසුය.

Modder (1893) මෙම අත්පිටපතේ විවිධ අනුවාද ගැන පරීක්ෂණ කර ඇති අතර ඔහු එක අනුවාදයක් ඉංග්‍රීසියට පරිවර්තනය කර ඇත. ඔහු සඳහන් කරන්නේ විවිධ කතුවරුන් ඒවා වඩාත් ආකර්ෂණීය කිරීමට සහ යාවත්කාලීන කිරීමට ඔවුන්ගේ රසය අනුව සුළු සුළු වෙනස්කම් සහ විසිතුරු බව එකතු කළ බවයි. මොඩර් සහ සන්නස්ගල (1961) යන දෙදෙනාම මෙය කඩයිම් පොතක් හෝ විත්ති පොතක් ඝනයට ඇතුලත් විය යුතු බව විශ්වාස කරති.

අත්පිටපත ආරම්භ වන්නේ මහා සම්මත බුද්ධ කාල වකවානු සහ ඒ හා සම්බන්ධ පෘථිවියේ ආරම්භය සහ එහි පරිණාමය, පුරාවෘත්ත රජවරුන්, රාජධානි සහ ශ්‍රී ලංකා භූමියේ ජනප්‍රිය නගර නිර්මානය කර ගන්නා විශ්වීය ආඛ්‍යානයෙකිනි.

ඉන්පසුව විජය කුමරුගේ ආගමනයත් සමඟ ආරම්භ වන පුරාවෘත්තයක් සමඟින් ශ්‍රී ලංකාවේ ජනාවාසය පිළිබඳ විස්තර දිග හැරේ. ස්වදේශික කුවේණි රැජින විවාහ කර ගැනීමෙන් අනතුරුව විජය කුමරු විසින් ශ්‍රී ලංකාවේ බලය පිහිටුවීම පිළිබඳ පුළුල් තොරතුරු මෙහි සපයනු ලැබේ.

මෙම අත්පිටපතට අනුව කුරුණෑගල සිට අටසිය අනූපස් දෙනකු රජකම් කළහ. ඒ අතර තිස්ස නමින් රජවරුන් තිස් දෙනෙක් ද, බාහු නමින් රජවරුන් තිස් දෙනෙක් ද, සහ සිංහ නමින් රජවරුන් තිස් දෙනෙක් ද වූහ.

නගරයේ සංයුතිය, එහි යටිතල පහසුකම්, එහි ආරක්ෂක විධිවිධාන, එහි භූමි ප්‍රදේශ, ශාක හා සත්ත්ව විශේෂ ඇතුළු එහි අලංකාරය පිළිබඳ පුළුල් විස්තර එහි සඳහන් වේ. මෙම අත්පිටපත නගරයේ පහසුකම් සහ පදිංචිකරුවන් සමඟ නගරයේ සංයුතිය පිළිබඳ නිශ්චිත තොරතුරු ඉදිරිපත් කරයි. නිදසුනක් වශයෙන්, නගරයේ ඇමති නිවාස 500 ක්,

නර්තන ශිල්පීන්ගේ නිවාස 500 ක්, බ්‍රාහ්මණ නිවාස 500 ක්, රජක නිවාස 800 ක්, කුඹල්කරුවන්ගේ නිවාස 800 ක්, ළිං 300 ක්, වඩු මඩු 70 ක්, අශ්ව ගාල් 4 ක්, අලි ගාල් 3 ක්, දඩයම් කරන මී හරක් රංචු 2 ක්, පක්ෂි කූඩුවක්, සහ බලු කුඩුවක් ලැයිස්තු ගත කර ඇත. මේ හැර නගරයේ වීදි, ආරක්ෂක බලකොටු, පූජනීය ස්ථාන සහ ප්‍රධාන රාජකීය ගම්මානවල සංයුතිය සහ ඒවායේ ධාරිතාව සපයා තිබේ.

මීළඟ කොටසින් විජයගේ උරුමය, ඔහුගේ අනුගාමිකයින්, ඔවුන් පදිංචි වූ ස්ථාන, විජය සමයෙන් පසු රට පාලනය රජවරුන් පිලිබඳ විස්තර ඇතුලත් වේ. කුරුණෑගල ප්‍රදේශයේ විවිධ ගම් වලට ලබා දී ඇති නම් විස්තරද අඩංගු වේ. තවද රුහුණු, මායා සහ පිහිටි යන මහා පලාත් තුනේ සංයුතියද විස්තර කෙරේ. ග්‍රාම සහ කොට්ඨාශ විශාල සංඛ්‍යාවක (කෝරල සහ හත්පත්තු) නම් ව්‍යුත්පන්න වන විස්තර ද මෙම අත්පිටපතට ඇතුලත් වේ. මෙම කොටස අවසන් වන්නේ කුරුණෑගල නගරය බිඳවැටීම සම්බන්ධ තොරතුරු සමගයි.

අවසාන කොටසේ දඹදෙණිය, මුන්ඩුකොණ්ඩපොල, පඬුවස්නුවර, අනුරාධපුර, යාපා නුවර සහ අවසාන වශයෙන් සිරිවර්ධන පුර ඇතුළු ශ්‍රී ලංකාවේ ඉදිකරන ලද විචිත්‍ර අග නගර පිළිබඳ පුළුල් විස්තර ඇතුලක් කොට ඇත. එම නගරවල වාස්තු විද්‍යාත්මක ආශ්චර්යයන්, එම නගරවල සංයුතිය, යටිතල පහසුකම් සහ ඒවායේ අලංකාරය සහ මෙම නගර නිර්මාණය වීමට හේතුද ඇතුලත් විස්තරයක්ද අඩංගු වේ.

මුල් පිටපත

කුරුණෑගල විස්තරය

නමො බුද්ධාය

මේ කප ජල ගලා නැසී ගියායින් පසු සාරදහසක් අවුරුදු රජුන් නැතිව තිබුණු කල්හි මෙසේ ශ්‍රියාකාන්තාව හා සූර්ය දිව්‍යපුත්‍රයා හා දෙදෙනාගේ සමාගමින් උපන් සූර්යවංශය පැවතුණේය. ඉන් මෙපිට මහාසම්මත නම් විය. ඒ මහාසම්මත රජ අසංඛ්‍යයක් හවුරුදු රජකළාහ. රෝජ නම් රජ අසංඛ්‍යයක් හවුරුදු රජකළාහ. වරරෝජ නම් රජ අසංඛ්‍යයක් හවුරුදු රජකළාහ. කල්‍යාණ නම් රජ අසංඛ්‍යයක් හවුරුදු රජකළාහ. ඔහු පිත් වරකල්‍යාණ නම් රජ අසංඛ්‍යක් හවුරුදු රජකළාහ. ඔහු පිත් උපොසථ රජ සංඛ්‍යයක් හවුරුදු රජකළාහ. ඔහු පිත් මහා උපොසථ රජ අසංඛ්‍යයක් හවුරුදු රජකළාහ. ඔහු පිත් මන්ධාතු රජ අසංඛ්‍යයක් හවුරුදු රජකළාහ. ඔහු පිත් මහාමන්ධාතු රජ අසංඛ්‍යයක් හවුරුදු රජකළාහ. ඒ රජ කාලයෙහි

කකුසඳ නම් සර්වඥයන් වහන්සේ ලොව පහළ වූ සේක ඒ කකුසඳ බුදුන් බුදු වූ නවවෙනි මස සතළිස් දහසක් ක්ෂිණශ්‍රාවකයන් පිරිවරා මේ ඔජදීප නම් වූ මෙ ලකට වැඩ සූවිසිතානයක සලකුණු දී ''ඔජ නම් රජෙක් රජ කරති'' වදාරා වැඩ වදාළ සේක.

ඒ සමයෙහි මේ ඔජදීප මධ්‍යයේ පර්වත තුනට මැද විල් තෙරට නැගෙණඉරට පර්වත දෙකට මැද කුහාර නම් නුවරක් කරවා විසූහ. ඔහු පිත් චෙතිය රජ අසංඛ්‍යයක් හවුරුදු රජකළාහ. ඔහු පිත් පණද රජ අසංඛ්‍යයක් හවුරුදු රජකළාහ. ඔහු පිත් පණද රජ අසංඛ්‍යයක් හවුරුදු රජකළාහ. ඔහු පිත් මහාපණද රජ අසංඛ්‍යයක් හවුරුදු රජකළාහ. ඔහු පිත් චුලනි නම් රජ අසංඛ්‍යයක් හවුරුදු රජකළාහ. ඔහු පිත් පදුම නම් රජ අසංඛ්‍යයක් හවුරුදු රජකළාහ. ඒ රජකාලයෙහි දී කෝණාගම නම් සර්වඥයන් වහන්සේ ලොව පහළ වූහ. මේ කෝණාගම සර්වඥයන්වහන්සේ ලොව පහළ බුදු වූ නව වන මස මැදී පොහෝ දා තිස් දහසක් ක්ෂිණශ්‍රාවකයන් පිරිවරා මේ වරදීප නම් වූ මෙ දීපයට වැඩ සූවිසි තැනක සලකුණු දී වදාළ සේක.

ත්‍රිකූට තුනට මැද ආකාශයෙහි වැඩ සිට එන දවස මාගේ ශාක්‍ය රජදරුවන්ට වසනා පිණිස කුවේණි නම් නුවරක් කරවන්නේ යයි වදාරා වැඩ වදාළ සේක.

ඔහු පිත් පදුමුත්තර නම් රජ අසංඛ්‍යයක් හවුරුදු රජකළාහ. ඔහු පිත් බිම්බිසාර රජ අසංඛ්‍යයක් හවුරුදු රජකළාහ. ඔහු පිත් මහා බිම්බිසාර රජ අසංඛ්‍යයක් හවුරුදු රජකළාහ. ඔහු පිත් අචුල්ල රජ අසංඛ්‍යයක් හවුරුදු රජකළාහ. ඔහු පිත් මහා අචුල්ල රජ අසංඛ්‍යයක් හවුරුදු රජකළාහ. එ රජ කාලයෙහි කාශ්‍යප නම් සර්වඥයන් වහන්සේ ලොව පහළ වූහ. ඒ කාශ්‍යප නම් සර්වඥයන් වහන්සේ බදු වූ නවන මස දස දහසක් ක්ෂිණශ්‍රාවකයන් වහන්සේලා පිරිවරා මේ ඔජදීප නම් වූ දීපයට වැඩ සූවිසිතානයක සලකුණු දී අහසට වැඩ මෙකල බලා ත්‍රිකූට තුනට මැද අහසේ වැඩ සිට ''එන දවස මාගේ ශාක්‍ය වංශයට නුවරක් කරන්නේ මේ තානය'' යි සිතා වැඩ සිට වදාරන ලද මාගේ ශ්‍රීපාදය ලක්ෂණ කොට පිහිටුවා වදාළ සේක. ඒ බුදුන් සමයෙහි සඳමහ නම් ලදී.

මෙසේ රජහු විසිඅට දෙනෙකු අසංඛ්‍යයට රජකළාහ. ඉන් මැත භාගයෙහිදී සත්ලක්‍ෂ සත්දහස් සත්සිය සතානුවක් රජ ඔටුනු පැළඳ රජකළාහ. ඒ මහසම්මත නුවර ගාවා ගඟ නම් ගඟ අස මොහොරියා නම් නුවරක් කරවා විසූහ. ඒ මොහොරියා නම් නුවරින් පලළප් නුවර බිම්බිසාර රජ සමයෙහිදී කෝලිය නම් නුවරක් යෙදී එනුවරට ගවු භාගයක් ගියතැන කපිලවස්තු නම් නුවරක් විය. මේ නුවර දෙකට මැද්දේ උද්‍යාන නම්

නුවරක් විය. කපිලවස්තු නුවර පන්සියයක් රජකළාහ. කෝලීය නුවර පන්සියයක් රජකළාහ. තෙශට දහසක් නුවරවලට රජුන් බෝ වූ නුවර පැලළුප් නුවර නම් විය. කපිලවස්තු නුවර සිංහහනු නම් රජෙක් රජකළාහ. ඔහු පිත් සුද්ධොදන රජකල්හි ඔහු පිත් සිද්ධාර්ථ කුමාරයෝ ඉපිද පන්තිස් හවුරුද්දක් ගිහිගෙයි වැස සාවුරුද්දක් දුෂ්කරක්‍රියා කොට වෙසඟ මැදි පස්මරුන් බිඳ අලුයම් වේලෙහි බුදුව වැඩසිට පළමුවෙනි සතිය මඬුකයාට බණ වදාරා දෙවන සතියට මුචලින්ද නම් නාගරාජයාට බණ වදාරා තුන්වෙනි සතියට පස්වග මහණුන් වහන්සේලාට බණ වදාරා, සිවුවෙනි බිම්බිසාර රජුන්ට බණ වදාරා, යමක ප්‍රාතිහාර්ය කොට, අහසට පැනනැගී දසදහසක් ක්ෂිණශ්‍රාවකයන් පිරිවරා මේ සිංහල නම් වූ මේ ශ්‍රී ලංකාද්වීපයට වැඩ සූවිසිතානයෙක සලකුණු දී වැඩ සිට, මෙයට යට කාශ්‍යප බුදුන් කාලයෙහි රාවණ නම් රජෙක් රජකළාහ.

තිසයිල පුර අහසේ වැඩ සිට එන දවස ''මාගේ ශාක්‍ය රජදරුවන්ට මෙතන නුවරක් වෙව'' යි වදාරා වැඩ වදාළ සේක. බුදුව හතළිස් පස් හවුරුද්දක් වැඩ සිට කුසිණාරා නුවර හල් රුක් දෙකට මැද පනවන ලද ශ්‍රී යහන් මස්තකයෙහිදී වදාරණ ලද ''ශක්‍ර දේනේද්‍රය ලංකාද්වීපය අප්‍රමාදව රක්ෂා කරව''යි වදාරා භාරකොට දී පිරිනිවන් පෑ වදාළ සේක.

මේ වගු රට වගු රජහුගේ ධීත්‍යවක් සේරිචාරීව ගොස් ලාඩ දෙශයෙහිදී සිංහයෙකුට අනුව ඔහුට දාව ලබන ලද අතිරකරං අසොඩසා වර්ෂා ඇතුව එහිම සිංහපුරයක් කරවා විසූහ. මෙසේ සිංහයාට ජාතක පරම්පරාව නොහැර ආ රජකුමරුවන් දෙතිස් දෙනෙකු ලද්දේය. දෙතිස් දෙනා අතුරෙන් ප්‍රධාන පවිත්‍ර ගුණ ඇති විජය රජ රොද යුත් යෝධයන් සත්සියයක් ගෙන එළඹ තම්මන්නාවට ගොඩබැස එළඹ යක්ෂණී අභිසේකයෙන් යකුන් වනසා, මෙසේ යක්ෂණීන් විසින් මවන ලද ශ්‍රී යහන් මස්තකයෙහි වැඩ හිඳ ඒ යක්ෂ යක්ෂණී විසින් මැවු සැටි අඹ, දොඹ, සල්, සපු, නා, පනා, සිහිනිද්ද, බෝලිද්ද, දෑසමන්, බඳුවද, පෙතං, දුනුකේ, වැටකේ, මුහුණමල්, නදුන්, සඳුන්, කස්තුරු, කපුරු නොයෙක් සුවඳ වර්ගයෙන් හා තල්, පොල්, පුවක්, කිතුල්, උක්, නාරං, අඹ, කෙහෙල්, වැල, වරකා, මී පැණි, බඹර පැණි, දඬමස්, කුඩමසුන්, කැවුන්, රොටි, විළඳ, කිරිබත්, නිකන් බත්, වෙළඳ වීදි, කඩපිල්, නළුනාටක ස්ත්‍රීන් හා මෙසේ සරහා,

ඉක්බිති ඒයක්ෂණී සැරසුණු සැටි නම්, සුදු සලු හැඳ, පෙරවා, රන්පත්, රුවන් තෝඩු තියා, පාසළඹ, ගිගිරි වළලු අත ලා, දෑත දසඟිලි පුරා මුදු ලා, බුලත් කා, යටසින් බලා, නුරා බරා ගිරා තුඩු සේ නියෙන් මැද මැද, වලු කටිනවා දැක විජය රජ කියන්නේ ''මෑ විසින් සැඟවූවයි

කී යෝධයන් ගෙනෙව'' යි කියා කී කල ''උන් තෙක් සිටි තෙක් නුදුටිමි'' කියා ළැයේ බඩේ ගසා දිවුළාහ. එවිට විජය රජ කියන්නේ ''තෝ විසින් සැගෙවුව'' යි කියා ත්‍රි මද හස්තියෙකුගේ සොඬක් සේ මහත් දිගැ දක්ෂිණ හස්තයෙන් ඇගේ සිරස කෙස් වැටිය අත දවටමින් විජ්ජුල්ලතාවක් මෙන් කඩුව ගෙන ලෙලවා අ ''අඩුව තිට සලස්වමි'' කී නිසා යක්‍ෂණී බියෙන් වෙව්ලා වැද සිටියාහ. මෙසේ විජය රජ හා කුවේණි හා දෙදෙනා නිදා රෑ පාන් වූ කල අටසැට ලක්‍ෂයක් යකුන් යක්ෂණියන් කොටායන්ට රජ වදාළ සේක. සුසුම් ලා යක්ෂණී අඳෝනා විලාප කියා දී යන්ට නික්ම ගියාහ. ඒ කුවේණි තැනූ නුවර තඹ පාට වූ හෙයින් තාම්‍රපර්ණි නුවර නම් විය.

සත්වෙනිදා විල්බා ගල්ලෙන පායවා වැඩ ඉන්නවා දැක සක්දෙවු රජ දිවසින් බලා නුවරක් කරවමි සිතා විල්බාවට උතුරුදිග ඇතුගලටත්, ඉබ්බාගලටත්, කුරුමිණිගලටත්, දෙමැද අහසේ වැඩ සිට මවන ලද අඹ, දොඹ, සපු, නා, පනා, කීන, පළොල්, සල්, අලදුන්, සඳුන්, කපුරු, දෙව්දුරු, පුවක්, තල්, පොල්, කිතුල්, කෙසෙල්, කොස්, නාරං, දොඩම්, බුලත් ආදී වූ අනේකප්‍රකාර වූ සුවඳ ජාතියෙන් සුවඳ මලෙහි ලොල් වූ බඹරුන් විසින් ගිගුම් දෙන ලද නානාප්‍රකාර ජාතින්ගේ නාදයෙන් හා ඒ ඒ තන්හි කැලෑබදව සිටිනා ත්‍රිණසිංහ ය, කාලසිංහ ය, පාණ්ඩුසිංහ ය, කේසරසිංහ ය, දශකුලේ ඇත්තු ය, තිත් මුවෝ ය, පසද මුවෝ ය, සරබ මුවො ය, පවන් මුවෝ ය, ස්වෙත හංස ය, කාල හංස ය, පාකකික හංස ය, පසු හංස ය, ස්වර්ණ හංස ය, ධ්‍රතරාෂ්ට්‍ර හංස ය, දන්ඩමානවක ය ජීවන්ජීවක ය, තාල කින්නර ය, පරපුටු කෙවිල්ලෝ ය, අටපා කෙවිල්ලෝ ය, කළු පැතල් ලිහිණියෝ ය, ඇත්කඳ ලිහිණියෝ ය යනාදී නොයෙක් දිපාද චතුෂ්පාද බහුප්පාදාදී ජාතීන් විසින්ද, එසේම ඒ ඒ තන්හි මඩුලු බැඳ සිටිනා මඩිය බැඳ පිල්සන් විදහා කේකාර නගා රඟබස්නා මත්මොණරුන්ගේ මඩුලු බැඳ, රන් රිදී පිලිවහාමය අතල ගල්පෙලින් හා ඉතා සිහිල් වූ ප්‍රසන්න වූ මිහිරි ජලය ඇති සුවසේ බැස ස්නානය කිරීමට යෝග්‍ය වූ, මනාකොට පස්පියුමෙන් ගැවසීගත්තා වූ, විල් පෙළින් හා මනහර පිළිමිණි පහන් වැට සේ වෑහෙන ජල කාන්තියෙන් යුක්තව, නොයෙක් ලෙසින් හැලිගසා දුවන ජල රැවන් ඇති සියගණන් ගඟුලැල්ලෙන් ගැවසීගත්තා වූ, එම මධ්‍යයෙහි මල් රොන් වගුල සිහින් සුවඳ සුදුවැලි තලාවන් ඇති ජය සම්පත්න මනොහර ගල්තලා පිට සිට හිරු නමස්කාර කරන ගල පිට පහුරු සතරක් හා ගල උඩ මාලිගා සතරක් හා ගලපහළ පහුරු සතරක් හා නුවරට ආධාර බැම්මක් හා කුරුමිණියාගලට පහතින් අසූරියන් මහ ගබඩාවක් හා සැතපෙන මාලිගාවේ සිට කුරුමිණියාගලට පන්ති දොළොස් බඹයක් හා සැතපෙන මාලිගාවේ සිට ඉබ්බාගලට පන්තිස් බඹයක් හා සැතපෙන මාලිගාවේ සිට

බස්නාඅත තිබෙන මහගල් තාප්පේ විසි බඹයක් හා සැතපෙන මාලිගාවේ සිට දකුණු දිශාවට තිබෙන නීරාවිය දොළොස් බඹයක් හා ඌරා ලින් තුන්සියයක් හා මහබල ඇමතියන්ගේ ගෙවල් පන්සියයකින් හා නළනාටක ස්ත්‍රීන් වසන ගෙවල් පන්සියයකින් හා රදාගෙවල් අටසියයක් හා තුන්සියයක් බෙරවා ගෙවල් හා අටසියයක් බඩහැල ගෙවල් හා සත්සියයක් දඬුවඩු ගෙවල් හා නවසියයක් නවන් දන්නා වූ ආචාරිගෙවල් හා අස්පන්ති සතරක් හා ඇත්පන්ති තුනක් හා දඩ මීගොන් පඞ්කති දෙකක් හා කුරුල්ලන් මඩුවක් හා කුක්කන් මඩුවක් හා මහබල කඩු හරමයින් සියයක් හා හස්තයට ගත් නෙලුන්මල සේ නුවර සතර වීදි තැනී තිබෙන්නේය.

දකුණු දිශාවට තිබෙන නීරාවීයට පහළින් ගල්බැඳි ළිඳ ද, උළපැන් ළිඳ ද, සැතපෙන මාලිගාවේ සිට බස්නාඅතට මහදුනු සියයක් ගියතැන විල් තෙරෙක් ද, ඒ විල වට සපු, දුනුකේ, නා, පනා, සිහිනිද්ද, බොලිද්ද, දැසමන්, බඳුවද, පෙතන්, ගිනිහිරිය, කොබෝ, නීලකටරොළු, පිච්ච මල් ගැවසුනේය. නෙලුන්, මානෙල්, මඩෙළු, මලින් ගැවසීගත්තේය. ඒ විලෙහි මස්කැලන්ගෙන් ගැවසුනෙද යත්, ලුල්ලු, ආරාවෝ ද, කනයි, රාතෙලි, ආඳානුත්, ඉලයි, සොර ගෙඩවනුත්, ලගයි, කාවයියනුත්, වීරබිංතොල්ලනුත් මෙසේ මස් කැලන්ගෙන් ගැවසී ගත්තේය. එවිල වට උයන් වතුවල තල්, පොල්, කිතුල්, පුවක්, කොස්, උක්, කෙහෙල්, සල්, නාරං, දොඩම්, අඹ, ඉඟුරු, කහ, බුලත්, අල, බතල, රටල, කුකුලල, ගහල, කොහොවිල, වැල්ලල මෙසේ එල වර්ගයෙන් සැදුනේය. මෙසේ පොකුරු මී, බඹර, කුඩාමී, මහමී සැදුණේය.

මෙසේ මහදුනු සියයක් ගියතැන දළඳා මාලිගාව ද එතන සිට නැගෙණහිරට නව බඹයක් ගියතැන කළුගලින් සත්රියනක් කොටා, විසිඑක දහසක් මසුරන් තබා, උදු බිඳක් පමණ බිඳලු ශරීර ධාතූන්වහන්සේ ද, එතන සිට ඇලෙන් එගොඩ මහ දේවාලය ද, ඊට බස්නාඅතින් හැට බඹයක් ගියතැන නාථ දේවාලේ ද, ඊට හැට බඹයක් ගියතැන පත්තිනි දෙවාලය ද, එතන සිට අසු බඹයක් ගිය තැන කතරගමු දේවාලය ද, උඩවහලේ වත්තේ ආරාධනා මලුව ය, පල්ලේවහල වත්තේ වීගුල ය, උඩ ගම්පහ පල්ලේ ගම්පහ, කටුබුරුලේ ගම් දහයද, ඒ හස්තිපුර නුවර බස්නාඅත බමුණු වීදිය ද, නැගෙණහිරට වැලි වීදිය ද, දකුණු දිගට දේව වීදිය ද, උතුරු දිගට මහ වීදිය ද, ඒ නුවරට පර්වත තුනක් ආධාර ව තිබෙන්නේය.

බස්නාඅතින් අංගංගල ය, නැගෙණහිරෙන් ලුණුකැටියාගල ය, උතුරු දිගින් ආඳාගල ය, එනුවරට දකුණුදිග වීරබාහුගම, නැගෙණහිරට මීල්ලව

යන ගම ය, උතුරුදිගට කටගොමුව යන ගම ය, බස්නාඅතින් තිත්තවැලිගම ය.

එනුවරට වැවු සතරක් ආධාරව තිබෙන්නේ ය. බස්නාතින් විල්ගොඩ වැව හැතැක්මෙක් ද, දකුණුදිග වැනරු වැව හැතැප්ම දෙකක් ද බස්නාහිරින් තිත්තවැල්ලෙ වැව හැතැප්ම දෙකකද උඩවත්තේ වැව නුවරට සමීපව ය. වයාවට දැවගමුව යන ගම ය. බස්නාතට වාතකූට පර්වතය ය.

මෙසේ කුරුණෑගල සැදී තිබෙන පටුනුගම් ගබඩාගම් සබාග තුන්සිය පණස් අමුණක් ද, පස් විසි අමුණක් බණ්ඩාර කෙත ද, විල්බාව පන්තිස් අමුණක් ද, නයිලිය පන්තිස් අමුණක් ද, දැබැපොල දොළොහොමුණක් ද, මිල්ලව දොළොහොමුණක් ද, මැස්සගම්මන හැටපහමුණක් ද, තුන්සිය පණහක් මුලු ගම්මාසම් ඇති බද්ගම් දොළහ ද මරළුවාව හැටපහමුණක් ද, විහාරගම ද, බමුණුගෙදර හැටපහමුණක් ද, දැවගමුව විසිඅමුණක් ද, සියඹලාගොමුව හැටපහමුණක් ද, බිසෝපත්තුව තිත්තවැල්ලේ හැටපහමුණක් ද, ඉලුක්පිටිය පස්විසි අමුණක් ද, බණ්ඩාර කෙත ද, කලහොගෙදර දොළොහොමුණක් ද, කලහොගෙදරට මෙපිටින් හදපාන්දුන්න දොළොහොමුණක් ද, දිග්ගල අහබඩ දොළොහොමුණක් ද, බ්‍රාහ්මණයාගේ ගම ද, කුරුණෑගලට බස්නාඅත බමුණුගම, වැවුන්නා හැටපහමුණක් වපුරණ කුඹුරු, ඊට පහළ මගුරුඔය අහබඩ කුණම එබුණු නිසා කුණන්එබ ද, කුණන්එබේ සිට හැතැප්මක් ගිය තැන රන්මුදු වැටුණු නිසා රන්මුද්දාවල ද, කිඹුල් කොටුවට පහලින් ගල්පාලම ද, සැතපෙන මාලිගාවේ සිට දකුණු දිගට තිබෙන නීරා දොළොස්භාගය ද, ඊට බස්නාඅත ගල් බැඳි ළිඳ ද, ඇතුගල පිට ගල් බැඳි පොකුණ ද, හුනුපලට මෙපිටින් ගල්බැඳි ළිඳ ද, මෙ තුන උණුපැන් පනිවිඩ තැන ය.

නුවරකන්දේ ගල්ලෙන ඇතුලේ වැදි දරුවා ගලෙන් කොටා දුනු දෙක දෑතට ගෙන සිටුවා තිබෙන ගල්ලෙනේ කසාවණු විසිදහසක් ද ඇතුගල මුදුනේ තාප්පය පිට සක් රජ වැඩවුන් කෛලාසනය ද,

ඉබ්බාගල විහාරේ, වීදියේ රජ කළාහ. ඇතුගල විහාරේ, දෙවෙනිපෑතිස්ස රජ කළාහ. ඒ විහාරයට බිජු තුණමුණකුත් ඊට වතුගෙවල් පූජා කළාහ. ඒ විහාරයේ දොරකඩ ගල පිට දී පුෂ්පදේව මහතෙරුන්නාන්සේ සමග පන්සියයක් රහත් වුනාහ. නුවරට බස්නාඅත අංගංගලේ විහාරයට කළුවාකොටුව හතමුණක් පූජා කළාහ. නැගෙණඉරින් ගල් ටැඹෙන් පහළත් වෙල පහළ ගලේ මුතුපෝරුවෙන් ඉහතත් ඒ විහාරයට පූජා කළාහ. ඒ විහාරයට වැබඩෙන් බිජු තුණමුණක් පූජා කළාහ. කුරුණෑගලට සක්දුරය කරන නිසා උඩත්තාපොල

දොළොහොමුණක් දුන්නාහ. හබාගේ දොළොහොමුණක් දුන්නාහ.

කුරුණෑගල නුවරට හැලිමස් දෙන ගම් ය. කල්ලදොර, නෑපොල, ඉබ්බාගමුව යන ගම් තුන ද, පොලුමස් දෙන ගම් මඩව, මහිඇල්ල යන ගම් දෙක ද, නුවරට ලුණු දෙන පැටවිලි ගම් තෙලියාගොන්න, මල්ලවපිටිය යන ගම් දෙක ද, මහ ගබඩාවට කයිලාපෙට්ටි, කුලු, වට්ටි, ඇඳ, පුටු, අහුගොඩ, මයිල්ල යන ගම් දෙක ද, හුන්කිරිදෙන ගම්, හෙරලියාව, වලමල්කඩුවාව, යටවැහැර, කුත්තමුණේ, ඇටකහවෙල, නෑඹිලිකුඹුර, කෝන්ගහ ද, මෙකී ගම් නුවරට සමීපය.

ගල්වැටියේ ස්ත්‍රී රූපය කොටා සිටවූ ගල්කරුව යට පහළොස් දහසක් මසුරන් තබා සිටෙව්වාහ. සිංහරූප හතරක් හා ඇත් රූප හතරක් හිටෙව්වාය. බෝයගමණේ නවරත්න මුදියන්සේ නවරත්න මණ්ඩපේ කෙරෙව්වාහ. පුෂ්පදෙව උන්වහන්සේ වැනරු වැව බැන්දාහ. මේ පින්කම් දෙක ම එක දා නිමියේය රන් ඇඳපුටු, කෙණ්ඩි, පඩික්කම්, පේරුස් මුදු, මුතු, මැණික්, ලෝහිතංක අනේක ප්‍රකාර වස්තු නූල්පලමක් ගැඹුර ඇති දියට නිධන් කළාහ. ඒ වස්තු දේව අවතාරයෙන් නොපෙනෙන්නේය.

බෝයගමණේ නවරත්න මුදියන්සේගේ අප්පුහාමි සිටුවා පසු ගැහුවාට පව් පිරුණාට පහළොස් දහසක් මසුරන් වියදම්කොට ගලපිට විහාරය කරවා ඒ වෑකන්දේ ගල පිට දී කඨින දානයක් දී, ඒ විහාරය සංඝයාවහන්සේට පූජාකළාහ. වැව ඉහළ පට්ටිවිල හුන් කිරිපට්ටි වනහ වැවට මෙපිටින් අස්පත්ති ගම ය, කුඩා වැවට ඉහළින් ඇත්පත්ති ගමය, යන්තංපලාව දඩ මීගොන් පත්ති ගමය, කවුඩාවත්ත කූනන් මඩු ගම ය, රිටිගස්යාය කුක්කන්මඩුගම ය.

කුරුණෑගල නුවරට කඩවත් නම්, හෙරලියාවලට පහළින් කයිකාවල කඩවත ද, පිළිකඩ කඩවත ද, මරළුවාවේකඩේ කඩවත ද, ඌරුපාකඩේ කඩවත ද, කලහොගෙදර කඩවත ද, කහලපිටකගලේ කඩවත ද, මීවැවේ කඩවත ද, වදාකඩේ කඩවතද,

විජය රජ කැටුව ආ ආචාරි හතර දෙනාට දුන්නු ගම් නම්, කඩුපිටිය, කම්මල්තොට, දනඅත්අඩුව ද, වැවගම ද, නිම්මාගල ද, ආයුවන්ඩම ද, හේනේගෙදර, තොවිල්ගම්, ළිදපිටිය, පාරාමුල්ල. තලොටුඅඟ ගන් තුනද රාගම්, ගඟවත්ත, රදාපොල යන ගම් දෙක ද, බඩහැල ගම්, බඩහැලගම ය, බුදනාපිටිය යන ගම් දෙක ද, කෝන්ගහේ පැල තනාගෙන ගම බැඳගත් නිසා කෝන්පොලේ, නිරගම, දමුණුගොඩ යන ගම් තුන ද, විජය රජු හා කැටිව ආ ඇමතියන්ට දුන්නු ගම් නම්, පළිහලන මොහොට්ටාලට ඒ නමින් පලිහලනගම දුන්නාහ. කඩුව පණිවිඩ කළ අමාප්තයාට කඩුගම්පොල දුන්නාහ. එක්ක ආ බ්‍රාහ්මණයෙකුට දිවුල්ගස්පිටිය දුන්නාහ.

එක බ්‍රාහ්මණයකුට බමුණාවල දුන්නාහ. කුරුණෑගල බස්නාඅත උඩදිගනේ හෙට්ටි බන්නැක මුදියන්සේට දුන්නාහ. ඊට පහලින් එරමුදු ලියද්ද ඒ බණ්ඩාරට දුන්නාහ. බෝයගණේ නවරතන මුදියන්සේට දුන්නාහ. අකරගණේ බණ්ඩාරට දුන්නාහ. මිල්ලව මිල්ලව අදිකාරමට දුන්නාහ. ගල්ගොමුව ගබඩාරාලට දුන්නාහ. මාබෝපිටිය හලුවඩන නිළමේට දුන්නාහ.

සිංහලේ වට එක්දාස් දෙසියයක් වට ය. මෙසේ සිංහපුරවර සිට සාරසියයක් ගවු ඇති හස්තිපුර නුවර මේ විජය රජ මෙයට කකුසඳ බුදුන් අවදියෙත් මේ නුවර රජකළාහ. කෝණගම බුදුන් අවදියෙත් මෙනුවර රජකළාහ. කාශ්‍යප බුදුන් අවදියෙත් මේ නුවර රජකළාහ. මේ ගෞතම බුදුන් අවදියෙත් විජය රජ රජකළාහ. මෙසේ සිංහලේ පන්තිස් නුවරවලට කුරුණෑගල නුවර උතුම් වන්නේයි. දඹදිව් පන්තිස් නුවරවලට කපිළවස්තු නුවර, කෝලිය නුවර උතුම් වන්නේයි. මායා රට අන්තය කුරුණෑගල් නුවර ද, රුණු රට අන්තය මාගන් නුවර ද, පිහිටි රට අන්තයේ අනුරාධපුර නුවර ද, මායා රාජ්ජ්‍යයෙන් අනුදාහක් ගම් ද, පිහිටි රාජ්ජ්‍යයෙන් අනුදාහක් ද, රුහුනු රාජ්ජයෙන් අනුදාහක් ගම් ද මෙසේ තුන් රාජ්ජය එක්සත් කර රජ කළ විජය රජතුමන් හට පහළ වූ වස්තු නම් මුතු ආකර ය, මැණික් ආකරය, තඹ ආකරය, යකඩ ආකර ය, ලෝකඩ ආකර ය, රිදී ආකර ය, ලුණු ආකර ය, මුරුතැන්ගෙට නුමුටුවා ගන්නා පිණිස නවතොටමුණේ දැල් ඇදීම් ද, මෙසේ මේ සියලු රස වර්ග මවා ශක්‍රයෝ දිව්‍ය ලෝකයට ගියාහ.

මෙසේ විජය රජ හා කුවේණී හා දෙදෙනාගේ වේගයෙන් බස් අසා යක්ෂයන් විසින් නසනා ලද යක්ෂණී ආධාරකොට වීරබාහු කුමාරයාට ඒ ගම දී, දෝනියන්ට තල්කොටේ දී, මෙසේ සියලු සත්කාරයෙන් වැදි ව විසි අට අවුරුද්දක් රජකොට ස්වර්ගස්ථ වූහ. ඉක්බිති උපතිස්ස අමාප්ත්‍යයා සත්මාසයක් රජකොට ස්වර්ගස්ථ වූහ.

විජය රජ විසින් සිංහලෙන් ගම් තුනක් බැන්දාහ. එක ගමක් දෙවමැද්දෙ නාවුන්ගෙදර කියා නම් තබා බැන්දාහ. අනිත් ගම ඌවේ රත්මල්කාසේ කියා නම ගම බැන්දාහ. අනිත් ගම හුරුල්ලේ මහකල්පේ කියා නම ගම බැන්දාහ.

තුන්වෙනිව රජ පැමිණි පඬුඅස් රජ හැට අවුරුද්දක් රජකොට ස්වර්ගස්ථ වූහ. ඉන්පසු පණ්ඩුකාබල රජු හැත්තෑ අවුරුද්දක් රජකොට ස්වර්ගස්ථ වූහ. ඉන්පසු මොටසිව රජු හැට අවුරුද්දක් රජකොට ස්වර්ගස්ථ වූහ. ඉන්පසු ගනාතිස්ස රජ තිසා වැව බඳවා, මහමෙවුනා උයන කරවා, හැත්තෑ අවුරුද්දක් රජකොට ස්වර්ගස්ථ වූහ.

අනුශාක්‍ය රජ විසූ හෙයින් අනුරාධපුර නම් නුවර සත්වැනිව රජ පැමිණි දෙවෙනිපැතිස්සනම් රජ පැමිණ ඒ දෙවෙනි පැතිස්ස රජ එක්ලක්ෂ විසිදහසක් මහවැවු බඳවා, ථූපාරාම දාගැබ බඳවා, බෝධි පිහිටුවා සුවසු දහසක් වෙහෙර විහාර කරවා විසි දැවුරුද්දක් රජකොට ස්වර්ගස්ථ වූහ.

ඉක්බිති අභය රජ අභයගිරි වෙහෙර බඳවා සියලු පින් රැස්කොට හැට අවුරුද්දක් රජකොට ස්වර්ගස්ථ වූහ. ඉන් මැත භයා නම් රජ භයාගිරි වෙහෙර බඳවා සියලු පින් රැස්කොට ස්වර්ගස්ථ වූහ. ඉක්බිති තමා නම් ලද රජ හතළිස් අවුරුද්දක් රජ කොට ස්වර්ගස්ථ වූහ.

ඔහු පිත් ගොළු අභය රජ ඔහු පිත් කාවන්තිස්ස රජ, ඔහු පිත් දුටුගැමුණු රජ රාජ්‍යයට පැමිණ රජ කරන කොට, ඒ අනුරාධපුර නුවර එලාල නම් රජෙක් රජකළාහ. එලාල නම් රජ මරා දුටුගැමුණු රජ රාජ්‍යයට පැමිණ රුවන්වැලි දාගැබ බඳවා, මිරිසවැටි වෙහෙර බඳවා, දිගින් එක්සිය විසි රියනක්, පළලින් එක්සිය විසි රියනක්, එකපෙළට හතළිසක් එමෙන් එක්දහස් හසියයක් ගල්ටැම් සිටුවා, බොහෝ පුද කොට සංඝයාට පුදකොට විස්සක් අඩු සියයක් විහාර කරවා ඒ දුටුගැමුණු මහරජ විසි දැවුරුද්දක් රජකොට ස්වර්ගස්ථ වූහ. ගැමුණු රජුන්ගේ මලණුවෝ තිස්ස රජ හතළිස් අවුරුද්දක් රජකොට ස්වර්ගස්ථ වූහ.

ඉන්මැත භාතිය රජ හතළිස් අවුරුද්දක් රජකොට ස්වර්ගස්ථ වූහ.

ඉන් මැත මහසෙන් රජ පැමිණ ඒ මහසෙන් රජ ගල්ගොමුවේ වැව, සල්ලුලේ වැව, නාල වැව, මහමිණියා වැව, තිසා වැව, වඩුන්නා වැව, සිරුවාවේලඟ වැව, මරගලු වැව, කාලගලු වැව, වැළඩ වැව මෙසේ අටළොසක් මහවැවු බඳවා හැට අවුරුද්දක් රජකොට ස්වර්ගස්ථ වූහ.

ඉන් මැත දළපතිතිස්ස රජ පනස් අවුරුද්දක් රජකොට ස්වර්ගස්ථ වූහ. ඉන් මැත සිරිසඟබෝ කුමාරයෝ රාජ්‍යයට පැමිණ තමා ඉස කපා බුදුබව පතා දන් දී දොළොස් අවුරුද්දක් රජකොට ස්වර්ගස්ථ වූහ. ඉන් මැත ගොඩබා රජ හැට අවුරුද්දක් රජකොට ස්වර්ගස්ථ වූහ.

ඉන් මැත පරක්කංබාහු රජ වෙලාවෙදි යාපාපටුන සිටියන්ගෙ පෙරළි බෝතිසා අනුරාධපුර නුවර පාළු කරවා අනුරාධපුර සිට දහහතර ගවුවක් ගිය තැන හස්තිපුර නුවරට වැඩ පරක්කන්බාහු රජ හතළිස් අවුරුද්දක් රජකොට ස්වර්ගස්ථ වූහ. ඉන් මැත වීරපරක්කන්බාහු රජ වේලාවේදී හදි පෙළියෙන් නැසී, ඉන් මැත වන්නිවිජය රජ හැට අවුරුද්දක් රජ කොට ස්වර්ගස්ථ වූහ. ඉන් මැතක වන්නිභුවනෙකබාහු රජ වේලාවේ දී සූර්ය වංශෙ කුමාරයාට රට පාවා දී සේනාවට රජු භාරකරවා රාජ්ජය දූන් සත් වෙනිදා ස්වර්ගස්ථ වූහ.

මැද්දේකැටියෙන් යකඩ දොළියට ගෙන බිසවුන්ගේ කුමාරයින්ඩ වස්තුව දුන් නිසා වස්තු හිමි කුමාරයෝ යි නම් තබා ප්‍රසිද්ධ විය. ඒ ප්‍රස්තාවේ වස්තු දී රජකම ගන්ට ඇවිදිනවා දැක, නුවරින් ගොස් කළුන්දාවේ වැඩවුන්නාහ.

ඒ හස්තිපුර නුවර අටසිය අනූපස් දෙනෙක් රජකළාහ. එයින් 'තිස්ස තිස්ස ය'යන නමින් රජ තිස්දෙනෙක් රජකළාහ. 'බාහු බාහු ය' යන නමින් තිස්දෙනෙක් රජකළාහ. 'සිංහ සිංහ ය' යන නමින් තිස්දෙකේ රජ කළාහ.

ඒ දැක ඇමති සේනාව කල්පනා කොට වස්තු හිමි කුමාරයා මරා කළුන්දාවේ වැඩවුන් කුමාරයා රජකමට පිහිටුවා පණ්ඩිත පරක්කන්බාහු යන නමින් ඔටුනු පළඳවා දඹදෙණි නුවර රජකළාහ.

ඒ හස්තිපුර නුවර සිටපු ගල්වඩුවන් සත්සියයද, උළුවඩුවන් සත්සියය ද, රඳා අටසියය ද, අයිරාවණ ඇතු ඇතුළු වූ ඇත් නවසියයක් ද, දෙමළ සේනාවගේ දොළොස් දහසක් ද, සිංහල සේනාවගෙන් සුවිසි දහසක් ද, ඔලියල් ඇදිමුදලිවරුන් සත්තෘා දහසක් ද මෙසේ නුවර සේනාව ගෙන්නාගෙන ශක්‍ර දේවෙන්ද්‍රයා සේ සැපවිඳ සියලු රට ජන සතුරන් මරා ධාතුන් වහන්සේට බොහෝ පූදකොට විසි අවුරුද්දක් රජකොට ස්වර්ගස්ථ වූහ. කුරුවිට ඥාතියෝ අදහා විසූ හෙයින් කුරුණෑගල නම් වූ ඒ නමින් ඒ වීදියේ අදහසින් කියා රජකළාහ. මායාදුන්නේ අදහසින් කියා රජකළාහ. නිකපිටියේ අදහසින් කියා රජකළාහ. තිඹිරිපොළ අදහසින් කියා රජකළාහ. එතැන් පටන් කුරුණෑගල පාලු විය.

මේ හස්තිපුර නුවරට යාප්පටුන හැටපස් ගවුවකි. මන්නාරමට තිස් ගවුවකි. කොළඹට නව ගවුවකි. කඩුපිටිමාදම්පේට හයගවුවකි. දඹදෙණි නුවරට හතර ගවුවකි. බෙලිගල නුවරට දෙගවුවකි. අනුරාධපුර නුවරට දහහතර ගවුවකි. කුරුණෑගල නුවරට සෙංකඩගල නුවර පස් ගවුවකි. මුඩකොණ්ඩාපොල ගවුවකි.

ඒ මුඩකොණ්ඩාපොල විස්තර නම්, ඒ නුවර වටේ සැදී තිබෙන පටුනුගම් ගබඩාගම් මෙසේ තිබෙන්නේය. බෝගොඩ අදිකාරී නිලමෙට තිබෙනා ගම ද, ගම් හතරේ පල්ලේවාහල ගම ද, නාථගණේ මහ තෙරුන් වහන්සේගේ ගම ද, කුඩපත්වැහැර කැපත පයිඩ කළ රාලට තිබුණු ගම ද, රැක්අත්තනේ පස්විසි අමුණක් මුදලි පේරුව ද, උඩකතුර විසි අමුණක් ද, යටිකුර දොළොහොමුණක් ද, නවගන්න දොළොහොමුණක් ද සිවල්ලේගෙදර විසි අමුණක් ද, හුනුකුඹුර දොළොහොමුණක් ද,

දුනුකේවත්තේ දුනුකේ මලෙන් උපන් බිසෝබණ්ඩාර වැදූ කුමාරයාට නම් තබා සූර්ය දිව්‍ය පුත්‍රයාට ජාතකනිසා ඉරුගල් බණ්ඩාර කියා රජකළාහ. ඒ කුමාරයින්ට බොන්ඩ කිරි ගලෙන් එරුණු නිසා ඒ නමින්

කිරිබමුණේ නම් විය. ඉසේ තිබුණු මකිලිය තිබුණු නිසා ඒ ගම මහකිලිය නම් විය. ඉර සිටුවා දත් දුන් දා එක්කහු උනු නිසා කෙල්ලමලේ නම් විය. බැල්ලමලේ නම් විය. වැව බැඳ තිබූ නිසා වැවගෙදර නම් විය.

නාථගමෙණ් කන්දේ ඉරුගල්බණ්ඩාර රජකළාහ. ඉදිරිමාන් කුමාරයෝ බෝගොඩ උන්නාහ. පැලෑනේ කුමාරයෝ කිරිමුණේට ඉහළින් උන්නාහ. මෙසේ ඉරුගල් බණ්ඩාර මුඩකොණ්ඩාපොල රජකරන කල්හි කුරුණෑගල සිටිය මවු බිසව ගෙන්නා ඉර සිටුවා දත් දී රජ කරනකොට නවගත්තේ රාල විසින් අත්ඉටිස්වරකාරයිඩ කියා හදිස්කරවා වැටීස්වර්ගස්ථ වූහ. ඒ නිසා දෙවමැද්ද අවිශ්සාහ විය. 'දෙවමැද්දෙන් දුක්ගැනීම එපාය' කී ගලක් සිටෙව්වා ය. නවගත්තේ මිනිහා රුක් අත්තනේ බැඳ එල්ලුවාහ. දික්වැහැර මිනිහා උල තිබුවාහ. රන්කරව්වේ මිනිහා උගුල් දෙක අටවා ඉරාගෙන යන්ඩ ඇරියාහ. එතැන් පටන් මුඩකොණ්ඩාපොල පාළු විය.

මේ රාජ්ජයෙන් විජය රජ හට වැපුරුණු කෙත් නම් ඉළුක්පිටියේ කෙත ද, හභාගේ කෙත ද, තලම්පිටියේ කෙත ද, ඉළුක්වෙල කෙත ද, පිලැස්සේ ඉදිරිමාන් කුමාරයින්නේ කෙත ද, එලිකේවෙල කලිගු රජුන්නේ කෙත ද, වටවලල්ල පිටිමාර රජුන්නේ කෙත ද, උරුකලනා කෙත ද, දුටුගැමුණු රජ්ජුරුවන්නේ කෙත ද, ගම්පොල කෙත ද, දොළොස්භාගේ කෙත ද, පඩුවස් රජුන්නේ කෙත ද, දැඩිගම තිස්සතේ රජ්ජුරුවන්ගේ කෙත ද, විහිනවේ දඹදෙණි රජ්ජුරුවන්ගේ කෙත ද, හාරගම ගුරුදෙණියේ පරක්කන්බාහු රජ්ජුරුවන්ගේ කෙත ද,

මායා රාජ්ජයේ කුඹුරුවලට ඉසෙනා වී වීසියාලක් හා හැටදාහක් අමුණු ය, පිහිටි රාජ්ජයේ කුඹුරුවලට ඉසෙනා වී විසියාලක් හා පසානුදාහක් අමුණු ය, රුහුණු රාජ්ජයේ කුඹුරුවලට ඉසෙනා වී යාලක් හා සැටදාහක් අමුණු ය, රුහුණු මායා පිහිටි මෙ ත්‍රිසිංහලයේ කුඹුරුවලට ඉසෙනා වී දෙලක්‍ෂ එක්දාස් අටසිය පස්විසි අමුණු ය, මායා රාජ්ජයේ ඔය, වැවු, පර්වත, අසිප්පාද වනාන්තරවලට ඇරුණු බිත් තිස් ලක්‍ෂ විසිදාහක් වී බිජු ඉසිනා තැන් වන වැහී ගියේය. පිහිටි රාජ්ජයේ දසලක්‍ෂ විසිදාහක් බිජු ඉසිනා තැන් ඔය වැවු ආදී අසිප්පාද වනාන්තරවලට යට වී, රුහුණු රාජ්ජයෙන් සත්ලක්‍ෂ දොළොස්දාහක් වී බිජු ඉසිනා තැන් වන වැහී ගියේ ය.

ලක්‍ෂ තුන්විටක් මූද ගිලී ගියේ ය. මේ මූදුවලත් රාජකාරි ගන්නවාය. කුඩ මස්සන් මුතු වහලට ගන්නවාය. හිමවලත් රාජකාරිය ගන්නවාය. හිමයෙහි සිටිනා ඇත්තු රාජකාරිය කරන සැටි නම්, මුරකරනවා ය. හේවාකමට ගෙනියනවා ය.

කුරුකුහුඹියෝ රාජකාරි කරනවාය. මෙසේ එක්දහස් දෙසියයක් ගවු

ඇති සිංහල ද්විපයට ඇති මෙ රටවල තුන්පෑ මුක්කාලට රජකාරිය කියන්ඩ පුලුවනිය.

රුෑණු පස් තියෙන නිස රුෑණු රට නම් විය. බොහෝ නුවන මායම් තිබෙන නිස මායා රට නම් විය. බෝධී පිහිටවු නිසා පිහිටි රට නම් විය. මෙරට තුනට මැද කුරුණෑගල නම් විය. හිරියල් පිටියෙ රියල් තිබුන නිසා හිරියාලේ නම් විය. මගුරු ඔයටත් දැදුරු ඔයටත් මැදිව තිබෙන නිසා දේවමැද්ද නම් විය.

විජය රජුගෙ කඩුව ගෙනා අයට ගම දුන් නිසා කඩුගම්පල කොරලේ නම් විය. ගල්වල හාල්පිටි තිබුන නිසා පිටිගල් කෝරලේ නම් විය. විජය රජහට ගිරය තනා ඩුන් නිසා ගිරාතලන් පත්තුව නම් විය.

වෙල මැද්ද නා ගස් දෙක තිබුණු නිසා දූනාග හත්පත්තුව නම් විය. සියයක් එක්කරගෙන මඟුල් කළ නිසා සියනෑ කෝරළේ නම් විය. ගජාබාහු රජ හොලී රටෙන් ගෙනාවුන්ට දුන්නට අළුත්කුරුව නම් විය. පරණ සිටි නිසා පරණකුරුව නම් විය. ඒ ගජබාහු රජ හොලී රටෙන් ගෙනාවුන් හේවාවිස්සට විස්සක් ඇරියාහ. ගන්තිහට තිහක් ඇරියාහ. විසිනාවට විසිනව දෙනෙකු ඇරියාහ. හතලිස් පහට හතලිස් පස් දෙනෙකු ඇරියාහ. විහිදෙකට විසිදෙන්නෙක් ඇරියාහ. කටුවන්නාගම් දහයට දහදෙනෙකු ඇරියාහ. තුන්පණහට තුන්පණහක් ඇරියාහ. හේවාහැටට හැටක් ඇරියාහ. ඌවට හයදාහක් ඇරියාහ. ගංහත රට හතර දෙනෙකු ඇරියාහ. කම්මුත්තාගෙදර දී කම්මුතු වුණාහ.

සාරසියයක් පත්තු ඇති හෙයින් සාරසිය පත්තුව නම් විය. මහ තලයක් එනවා දුටු නිසා මාතලේ නම් විය. කලවැව වසා වැව බැඳුණු හෙයින් කලාගම නම් විය. සංඝයා බොහෝ විසූ හෙයින් සිවුරුඑැපත්තුව නම් විය. විජය රජ ගොඩබසිනවා එක්ක ආ සේනාව කුරුණෑගල වටේ සත්සියයක් ගම් බැන්දාහ. පඬුවස් රජ කාලයේ දී ගොඩ බැසපුවෝ නවසියයක් ගම් බැන්දාහ. පඬුකාබල රජු කාලේදී දාහක් ගම් බැන්දාහ. මොටසීව රජු කාලයේ තුන් දහසක් ගම් බැන්දාහ. ගනාතිස්ස රජු කලයේ දී තුන් රාජ්ජයෙන් හාරදාහක් ගම් බැන්දාහ. මෙසේ දෙවැනිපෑතිස්ස රජු කාලයේ දී මීහරක් දේසෙන් ගෙනාවාහ. ඒ ගෙනා හරක් කෝන්පොලේ පට්ටි ලූවා හ.

මීටැන්වලපල්ලේ වහලගම ද, ජාකඩුව, මාරාකඩ යන ගම් දිසා නිලමවලට ලැබෙන ගම් ද, තලංපිටිය, පරබැබිල, හවුලූව, විහිනවේ, දියදොර, වැඑලිය යන මෙකී ගන් දුනුකේ මලෙන් උපන් බිසෝබණ්ඩාරට තිබුණු ගන් ද, ගල්බඩගම වැවගම අදිකාරම් නිලමේට තිබුණු ගම් ද, මිල්ලව මුදියන්සේ ද, දොරටියාවේ මුදියන්සේ ද, බෝයගණේ නවරත්න

මුදියන්සේ ද, අකරගණේ බණ්ඩාර ද, බමුණාවල මුදියන්සේ ද, තිත්තවැල්ලේ මුදියන්සේ ද, බමුණුස්සේ මුදියන්සේ ද, බදලව කුරුප්පුමුදියන්සේ ද, රත්කරව්වේ මුදියන්සේ ද, වේගොල්ලේ හෙවනන්නැහේ ද, මින්හෙට්ටියේ මුදියන්සේ ද, පැපොලේ වෙල හිටිහාමි ද, කිඩපොල මුදියන්සේ ද, ගල්ගොමුවේ මුදියන්සේ ද, මාපේගොමුවේ මුදියන්සේ ද, දැවගොමුවේ මුදියන්සේ ද, බමුණු ගෙදර මුදියන්සේ ද, රත්ගම මුදියන්සේ ද, රනවන මුදියන්සේ ද, මොහොත්තව මුදියන්සේ ද, රැක්අත්තනේ මුදියන්සේ ද, ඊතනවත්තේ මුදියන්සේ ද, දිවුල්ගස්පිටියේ මුදියන්සේ ද, කළුගමුවේ මුදියන්සේ ද, ගලටොඹුවේ මුදියන්සේ ද, දෙනගොමුවේ මුදියන්සේ ද, දෙනගමුවේ බණ්ඩාර ද, කටුපිටියේ මාම්පේ දිසාව ද, කාරියප්පෙරුමා මුදියන්සේ ද, හබාගේ ඇතුගල පතිරන්නැහැ ද, අදිකාරි මුදියන්සේ ද, විල්ගොඩ හිටිහාමි ද, මේ මුදලිවරු මුලාදෑනිව සිටිනා අලගේශ්වර මුදියන්සේ ද,

මේ කියාපු මුදලිවරුන් විසින් කුරුණෑගල නුවර රජ මා මුර පරවෙස්සන් වීමද මේ සියලු වග පුෂ්පදෙව මහරෙුන් වහන්සේ විසින් ලියා නිමවන ලදී. මේ පොත ප්‍රවේසම් කළේ කුරුණෑගල අවදියේ හෙට්ටි බන්නැක මුදියන්සේ ද, දඹදෙණි වාහල වෙලාවේ උළුකැපු නියාහොළුවේ මුදියන්සේ ද, හීතාවක වේලාවේ සෙනරත් මුදියන්සේ ද, පරංගින් වනසා කොළඹ ඇරෙව් රාජසිංහ දෙවි හාමුදුරුවන්නේ වදාළ පනතට දිසානායක මුදියන්සේ ද, (විසිනි)

සිඬි රස්තු

කුරුණෑගල ඇත්කඳ විහාරෙන් පන්සියයක් ද, අංගන්ගලේ විහාරෙන් පන්සියයක් ද, එකතැනට එක් වී පෝය පේවස් කියා දන් වේලාවට දන්ගෙඩිය ගසන පිණිස තැනූ ගෙඩිගේ ද, උඩවහල වත්තේ වෙල එක්කලා තැනූ නිසා ඒ වෙලට ගෙඩිගේ පත්තුව නම් තිබුවාහ. ඉබ්බාගලේ පොකුණට වැටකෙයියා පොකුණ නම් විය. ඇතුගල පිට තිබෙන පොකුණට ඖෂධ තිබුණු නිසා ඖෂධ පොකුණ නම් විය.

මෙසේ විජය රජුන්ගේ මලණුවෝ සොමිත්‍ර නම් රජකුමරුවා හට ජාතක වූ පඬුවස් නම් රාජකුමරුවා සොළොස් වන ඇවිරිදි වයසේ දී සිකුරාදා පුසේ නැකතින් මේ සිංහල නම් වූ ශ්‍රී ලංකාද්වීපයට වැඩ එ රජහුගේ නමින් වැඩ පඬුවස් නමී නුවරක් කරවයි කියා ඇමති හට කීහ. පිය මහරජ වැඩහුන් හස්තිපුර නුවරට කියා යවා එනුවර ඇමතියන් ගෙන්වා කියන ලදී. ''තොපි හැම දෙන විසින් මට නුවරක් කරව''යි වදාළ සේක. හස්තිපුර නුවරට බස්නාතට සතර ගවු භාගයක් ගියතැන පඬුවස්නුවරක් කරන්ට පටන් ගත්තාහ.

ඒ දැක සක්දෙවු මහරජ කියන්නේ ''විශ්වකර්ම දිව්‍ය පුත්‍රය, තොප විසින් ගොස් නුවර අලඞ්කෘත කරව''යි කියා වදාළ කල්හි සක් දෙවු රජහුගේ නියෝග ලත් විශ්වකර්ම දිව්‍ය පුත්‍රයා ඇවිත් සිට දිග හරහ බලා, ''තෙපි කුමක් කරන්නෙහිදැ''යි විචාළ කල්හි ''අපි නුවරක් කරන්ට උත්සාහ කරම්හ''යි කී කල්හි විශ්වකර්ම දිව්‍ය පුත්‍ර තෙම රියන් දණ්ඩ ගෙන දෙරණ පිට ගැසූ කල්හි සාරසියයක් වහල ගෙවල් හා තුන්සියයක් එවට කුළුගෙවල් හා සිංහාසන ගෙවල් නවසියයක් හා දෙසිය පනහක් ගබඩා ගෙවල් හා හාරසියයක් අරමුදල ගෙවල් හා උණු කැමති උණු හා සිහිල් කැමති සිහිල් හා මෙසේ තුන් ඍතුවට සුදුසු පා හා මෙතුන් පා ඍතුන්ට මැද පඬුපුල් අස්නක් හා පස්විස්සක් පල්ලේ වාහල ගෙවල් හා දහඅටක් උළුපැන් ගෙවල් හා විසි නවයක් මුළුතැන් ගෙවල් හා දහඅටක් රහස් ගෙවල් හා හැටපහක් මහගබඩා ගෙවල් හා කුණන්මඩු නවයක් හා කුරුල්ලන් මඩු තුනක් හා අස් පන්ති සතරක් හා ඇත් පන්ති තුනක් හා දඩ මීගොන් පන්ති තුනක් හා කුක්කන්මඩු දෙකක් හා මහබල ඇමතියන්ගේ ගෙවල් පන්සියයක් හා නළු නාටක ස්ත්‍රීන් වසන ගෙවල් පන්සියයක් හා මහවහල ඇතුළු ගෙවල් පන්සියයක් හා අගුළු දොර දහසක් හා නුවර පහුරු සතක් හා ඊට ඇතින් ආධාර බැම්මක් හා නුවරට ආධාර මහ වැවක් හා එනුවර සිවුදිග වීදි සතරක් හා සිවුවාසල් හා දිලිහෙන රන් තොරණින් හා රිදී තොරණින් හා ලී තොරණින් හා ධජ පතාකවල බැඳි මිණි ඝොෂාවෙන් හා ඇතුන්ගෙ කුංචනාදයෙන් හා අසුන්ගේ හේසාරාවයෙන් හා පඤ්චතූර්ය නාද ඝොෂාවෙන් හා දිව්‍යාඞ්ගනා බඳු වූ සර්වාභරණින් සැරහී සිටිනා ස්ත්‍රී සමූහයකින් හා මල්මද අනඟයා සේ සැරසී සිටිනා රාජ ඇමතියන් හා දෙමළ, භාෂා, ලාඩ, ගිරන්ථ කියන දෙශවලින් හා යන්ත්‍ර මන්ත්‍ර වෙදෞෂධ ජාතීන් හා මෙසේ මහබල යෝධයන් තුන්සියයක් හා රුහුණු, මායා, පිහිටි රට තුනින් ඇතුල් දුග්ගන්නා ඇමති නවසියයක් හා ගල්වඩුවන් නවදාහක් හා උළුවඩුවන් අටදාහක් හා දඬු වඩුවන් දොළොස්දාහක් හා නවන් දන්නා ආචාරීන් විසිදාහක් හා රදා අටදාහක් හා නොයෙක් කුඩාවරු සූවිසි දාහක් හා දෙලක්ෂ අටසැට දහසක් මුදලිවරුන් හා නටනා ගයනාකරන බෙරවා තුන්දාහක් හා මී අඹ, ගිරා අඹ, පනා අඹ, රන අඹ, කොහු අඹ, වැල, වරකා, නාරං, දොඩම්, උක්, කෙහෙල්, තල්, පොල්, කිතුල්, පුවක්, මීපැණි, බඹර පැණි ආදී නොයෙක් රස වර්ගයෙන් හා සාරසියයක් ඌරා ලින් හා නවසියයක් පනස් පොකුණු හා නොයෙක් ඇල දොළවලින් ගැවසුණේය.

මෙසේ විශ්වකර්ම දිව්‍ය පුත්‍රයා විසින් මවන ලද ඒ පඬුවස් නුවර සත් රියන් උස් ඇති පඬු අස්නේ වැඩහිඳ සක්දෙවු මහ රජාණන් සේ සැප විඳ රජ කරනකොට සීනෙන් ඇවිත් ගවු උසකට හයා ගිනිජල් විහිද, හඬගසා

යක්ෂ වේසයෙන් පෙනී, දෙවනුව යොදුන් උස තොප්පිය හිස වසාගෙන අතින් කාල ගිරිකූටය සේ මුගුරක් ගෙන, කටින් ගිනිජලයක් ගෙන, සීනෙන් පෙණුනු කල, ඔය මුවර්ජාවෙන් වැටී ලෙඩ විය.

ඒ දැක ඇමති සේනාව කල්පනා කොට සිත ශොකයෙන් දුක් වැද උන් ගිය කල්හි සක් දෙවු මහරජ දිවසින් බලා ''මේ දිවිදොෂ අරින්ට කාට පුළුවන්දෝ'' යි සිතා මල රට මල නිරිඳු හට පුළුවනි සිතා 'ඒ මල නිරිඳු ගෙනෙන්ට කාට පුළුවනි' සිතා රාහු අසුරිඳු කැඳවාගෙන ගෙස් ඌරු වෙසක් මවාගෙන ''මල රජුගේ උයන වනසාලව'යි කියා සක් රජ කීහ. ඒ නිසා ඌරුවෙසක් මවාගෙන ගොස් උයන වනසන කල්හි ඒ දැක මලනිරිඳු, අසාදාලිඳු, ක්‍රිස්ත්‍රී හා වැදි සෙනඟ කැඳවාගෙන නික්මුණාහ.

ඌරුයන යන රටට ගොස් සිංහල දේශයේ හන්තාන ගල් කන්දේ දී ගල් ගල්උනාහ. ඒ දැක සක් දෙවු මහරජ කියන්නේ ''මල රජාණෙනි, මට තොප විසින් පිහිටක් කර දෙව''යි කියා යාච්ඤා කළාහ. ''ඒ කුමන භයෙක්දැ'' යි කියා මල නිරිඳු කීහ. ''පඬුවස් රජ හට වන් දිවිදොෂ මුදව'' යි කීහ. එවිට මල රජ කියන්නේ ''සැට පෑ මඩුවක් කරව''යි කීහ. එවිට සැට පෑ මඩුව තනා ඒ මඩුවෙහි පඬුවස් රජ වැඩ හිඳුවා නව කොල අතු මිටිය ගෙන ආවඩා සෙත් කළාහ. එවිට හිරු නැඟා සේ, සඳ පෑවුවා සේ රජ සිහිපත් වුණාහ.

මෙසේ යහපත්ව රජ කරන කොට කපිලවස්තු පුරෙන් ආමිසොඳාණන් රස කෑ රජ දරුවෝ අට දෙනෙකුන් කුමරියෙකුත් ගොඩබැස්සාහ. ඒ කුමාරි පඬුවස් රජ හට කාර බැඳ රජකළාහ. ඒ කුමාරයෝ අට දෙනා අතුරෙන් එක කුමාරයෙක් අනුරාධපුර නුවර තැනෙන තැන වල් හරවා නුවරක් කරවා විසූහ. ඒ නමින් අනුර ශාක්‍ය කුමරුවා විසු හෙයින් අනුරාධපුර නම් විය. මෙසේ ඒ පඬුවස් රජ හැට අවුරුද්දක් රජකොට ස්වර්ගස්ථ වූහ.

මෙසේ ඒ අනුරාධපුර නුවර දිගින් සතර ගවු පළල සතර ගවු වීදි තනා උඩුමාල් අනූ ලක්ෂයකින් හා බිත් මාල් අනූ ලක්ෂයකින් හා මහමෙවුනා උයනක් හා නැගෙනහිරින් නුවරට වැවක් හා නැගෙණහිර දිගින් ඔයක් හා උතුරුදිගින් මිහින්තලාගලක් හා වයඹාවට බසවක්කුලම මහ වැවක් හා බස්නාහින් තිසා වැවක් හා පඬුවස් ඉක්බිති පණ්ඩුකාබල රජු කාලයේදී දඹදිවින් නැවු නැගී දඬුබා මහරජ ගොඩබැස මාගල්ලේ වැව බඳවා, දැදුරු ඔය මැදින් බඳවා ගල්වඩුවන්ඩ රිදී හැටදාහක් දී, රිදියෙන් බැඳි නිසා රිදියෙන් බැඳි ඇල්ල යයි නම් තබා, එ දැදුරු ඔය බැඳි තැන සිට මාගල්ලේ වැවට ඇල කප්පවා, ඊට පහලින් රන් බැදි සෙයින් රන්දෙණි නම් වැවක් බඳවා, ඒ දඬුබා මහරජ මාගල්ලේ වැව ඉහළ දඬුබා

නම් නුවරක් කරවා විසූහ. ඒ දඹුබා මහරජ සුළුගල්ලේ වැව බඳවා එයින් අස්වද්දනා කුඹුරුවල වී බුදුමුත්තාවේ දී බුදුන්ඩ දුන්නේය. දන් වශයෙන් පැවත එන නිසා බුදුමුත්තාව කියා නම් විය.

මෙසේ මහවැලි ශාක්‍යයා විසූ හෙයින් මහවැලි ගඟ නම් විය. ඒ මහවලි ගඟ අසල ගම්පල නුවරක් කරවා විසූහ. රුණු ශාක්‍යයා විසුතැන රුණු මාගම් නුවර විය. කැළණි ගඟ අසල කැළණි වෙහෙරට දකුණු දික්භාගයෙහි වූ සීග්‍ර පර්වත ද්වයට දෙමැද උස් කෝට්ටයක් බදවා ඊට ආධාර අමුණු ගිල්මක් බදවා ධර්මපරක්නකන්බාහු මහරජ රජකළාහ. උනගේ මලණුවෝ තනිවල්ලබාහු මහරජ කටුපිටිමාදම්පේ රජකළාහ.

මෙසේ අනුරාධපුර සිට අටගවුවක් ගියතැන ඇපා මාපා ඇමතියන් පිරිවරා තුන් රාජ්ජයෙන් සෙනග ගෙන්නාගෙන යාපා නමින් නුවරක් කරන්ඩ පටන් ගත්තාහ. ඒ පර්වතේට දෙවනු නම් තිබනුයේ සුන්දරගිරි පර්වතේ ය නම් තබා ඒ නමින් නුවරක් කරන්ඩ පටන්ගත්තාහ. ඒ පරක්කන්බාහු මහරජ කියනුයේ ''මෙනුවර ගල්වලින් වැඩ නිම කරව''යි. කියා වදාළ කල්හි ගණනින් එක්විසිදාහක් පමණ ගල්වඩුවන් හා මූලා ආචාරීන් සියයක් හා දෙසිය පණහක් හන්ගිඩියන් හා තුන්දාහක් හිත්තරුන් හා හාරදාහක් ගල් ගානා ආචාරීන් හා මෙපමණ ආචාරීන් ලැබී තිබෙන එනුවර අදිකාරන් නිලමේ විසින් කියන ලද ''පෙලක් ගල් කරු කපව, පෙලක් ගල් නෙලව, පෙලක් ගල් ගාව, පෙලක් පේකඩ නෙලව, පෙලක් හිත්තන් කරව'' කියා විධාන කළාහ.

පෙලක් ඇත්රූප නෙලති, පෙලක් අශ්ව රූප නෙලති, පෙලක් සිංහ රූප නෙලති, පෙලක් ව්‍යාඝ්‍ර රූප නෙලති, පෙලක් මනුෂ්‍ය රූප නෙලති, පෙලක් හංස රූප නෙලති, පෙලක් පක්ෂි රූප නෙළති, පෙලක් ඡායාරූප නෙලති, පෙළක් නාගරූප නෙලති, පෙලක් දෙවු රූප නෙලති, පෙළක් ස්ත්‍රී රූප නෙලති, පෙලක් ලියපත් නෙලති, පෙලක් ලණුගැට පන්ති නෙලති, පෙලක් ලියවැල් සමන්නති, ගිරා රූප නෙලති, පෙලක් මොණර රූප නෙලති, පෙලක් බෙර බැඳගෙන සිටින රූප නෙලති. පෙළක් නටන රූප නෙලති, පෙලක් හක් පිඹින රූප නෙලති, පෙලක් හොරණෑ පිඹින රූප නෙලති, පෙළක් බ්‍රාහ්මණ රූප නෙලති, පෙලක් කොක්කාර රූප නෙලති, පෙලක් ඉර හඳ ඡායාරූප නෙලති, පෙලක් බල්ලො පුට්ටුරං නෙලති, පෙලක් යහන් ඇඳන් නෙලති, පෙලක් ගල්දොර නෙලති, පෙලක් ගල් උළුවහු නෙලති, පෙලක් ගල් පඬි බාති, මෙගල්වැඩ හිත්තරු සිතියං කරති. මෙසේ නව මාලයකින් යුක්ත වූ මාලිගා සතරක් ද, උඩුමාල නවයක් ද බිම්මාල නවයක් ද, එවට කුළුගෙවල් පන්සියයක් ද, අසූරියන් මහගබඩාවක් ද, පන්සියයක් පිට වහල ගෙවල් ද, මේ ගෙවල්වලට පියලි

දොර දහසක් ද, එවට සත්‍රියන් ගල් පහුරක් ද, ලෝකඩ කොට්ටයක් ද, රන් තොරණ දහසක් ද, රිදී තොරණ දහසක් ද, ධජ පතාක දහසක් ද, ඇතුන් දහසක් ද, අසුන් දහසක් ද, සූවිසි දහසක් පඩිකාර සේනාව ද, දෙලක්‍ෂ අටසැට දහසක් සේනාව පිරිවරා ශක්‍ර දේවේන්‍ද්‍රයා සේ සැප විඳ රද කරන කල්හි, මෙකියාපු වැඩ උදය එක පාටකට පෙනෙන්නේ ය. සවස එක පාටකට පෙනෙන්නේ ය. මෙසේ එනුවර අලංකෘතව තිබෙන්නේ ය. මෙසේ එනුවර ගල්වැඩ විනා සෙසුවැඩක් නැත්තේ ය.

ඒ නුවර වැඩවුන් පරක්කන්බාහු මහරජ ඇමති හට කියනුයේ ''මේ ලොව පරලොව නොදැන දවස් ඇරීම සුදුසු නොවෙයි'' කියා නුවර බෙර ලවා ''අටසිල් පන්සිල් රකුව, බණ අසව, දන්දෙව, සිවුරු දෙව, බෝධි පිහිටුව, පූජා කරව, මවුපියන් රකුවයි'' කියා රජ විධාන කළාහ, මෙසේ ඒ රජ පන්සියයක් මහසංඝයාට දන්දෙති. සිල්වත් පන්සියයකට දන්දෙති. ගිලනුන්ට දන්දෙති. 'මේ පන්කන් මදිය' කියා රුස්වේරුවේ ගල්ලෙනවල් බලා සවිස්සක් අඩු සියයක් විහාර කරවා, සූවිසි කෙළක් වස්තු බරපැන් දී දානාදි කුශල්කොට මඩගල්ලේ වැව බඳවා මැටියාවේ වැව බඳවා මෙසේ පින් රුස් කොට හැත්තෑනවයක් හවුරුදු රජකොට බ්‍රහස්පතින්දා පුෂෙ නැකතින් ස්වර්ගස්ත වූහ. යාපා නුවර විස්තර නිමි.

මෙසේ සකලකාලමල්බා නරේන්ද්‍රයාගේ අතිජාත වූ පිත් ගජබාහු නම් රාජ කුමරුවා සොළොස් නව අවුරුදු වයසට පැමිණුනු තැන පිය මහ නිරිඳු තනා දුන් යකදාව ගෙන සයුර පැහැර පින් බලෙන් දිය දෙබෑ කොට සොලී රටට බල පා හිර දොළොස්දාහට විසිහාරදාහක් අල්ලාගෙන, මෙතෙරට ගොඩ බැස, දැඩිගන් නුවර පාලුකරවා, බෙලිගල් නුවර කරන්ඩ පටන්ගත්තාහ. විහාරේට නැගෙණඉරෙන් පළලින් එක්සිය විසිරියන් හා දිගින් එක්සිය විසි රියන් හා නවමාල් ප්‍රාසාදයක් තනා එවට කුළුගෙවල් පන්සියයක් තනා අසූ එකක් ගබඩාගෙවල් හා හැටපහක් අරමුදල හා මෙසේ විස්තර වශයෙන් නුවර තනා, අසූරියන් බොධිකොටුව තනා, ගම්පොළ නුවර නිධන් කර තිබූ ධාතූන් වහන්සේ වැඩමවාගෙන, මහ ගල උඩ දළඳා පෙන්නා පුද කළාහ.

තමා ගොස් සොලි රටෙන් ගෙනා රන්පිළිමය හා පාත්‍රා ධාතුව හා අසු රියන් පොළොව යට නිධාන් කළාහ. එරජ ඇමති හට කියන්නේ ''මා විතර බල ඇති රජෙක් හෝ මල්ලවයෙන් හෝ ඇත්නම් මා එක්ක පොරට එන හැටියට ලියා යව'' යි කීහ. ඒ අසා ඇමති දෙශවලට ලියා ඇරියාහ. ඒ අසා මල්ලව දෙශයෙන් මහබල යොධයෙක් වේගයෙන් පිටත්ව කියන්නේ, ''ගජාභය ගන්වමි'' කියා හඬක් ගසා, කියා නැවු නැගී, හලාවත තොටට ගොඩබැස එනුවර ඇමතිවරු සැල කළාහ.

මෙසේ එරජ කියන්නේ තොපගෙ රාජ්ජයේ සෙනඟ බලා සිටුව''යි කියා යොධයා හා රජු හා පොරට වන්හි, රජහු ලස් වී සිට, අතකින් අත අල්ලාගෙන, පයකින් පය පාගාගෙන, පයකින් ඉසට ගැසූ කල්හි ඉස කඩාගෙන ගොස් අසූරියනක් ගොස් වැටුනේය. ඒ දැක ඇමති සේනාව නටති, ඔල්වර හඬගසති, බොහෝ සේ බස් කියති, මෙසේ රජ වැඳ නටති, රජු පෙරහැරින් වඩාගෙන යෙති, මෙසේ සතියක් නටති, නටා ඉක්බිති කියන්නේ, ''මහරජාණෙනි, මේ රාජ්ජයෙන් නුඹ ඇර සපත් කෙනෙක් නැතැ''යි කියා මේ රාජ්ජයේ ස්ත්‍රී පුරෙ ගෑනු පිරිමින් මරති' කියන බස ඇසුවා ඇත. ''ඒ නිසා එතැනට යන්ට ඕනෑ''යි කියා නික්මී නීලා යොධයා හා සමඟ ගොස් ස්ත්‍රී පුරයට වැද ගල්ලෙන ඇතුළට වන් කල්හි, ගල්ලෙන ගෙවා ගොස් ස්ත්‍රී පුරයට වන් කල්හි, ස්ත්‍රියෝ ඒ දැක සුදු සලු ඇඳ, මුතුමාල කර ලාගෙන, මුහුල පීරා බැදගෙන, නෙත්තිමාල කර ලා, ගිගිරි වළලු අත ලා, පබලු මුතු කර ලා, සුවඳ තෙල් ගා, පටඔහොරි කරලා, පා සළඹ, අවුල්හැර, නලල්පට, රුවන් තොඩු, තබාගෙන බුලත් කා, ගී කිය කියා නටනවා, පන්සියයක් ගෑනු එනවා දැක මදමත් චරිතයට භය නොවී සිට රජ කියන්නේ ''තොපි කුමට එව්දැ''යි කියා පන්සියයක් ස්ත්‍රීන්ගේ ඉසකෙස් පටලාගෙන එක් අතකින් අල්ලාගෙන කියන්නේ ''තොපි හැම දෙනම එක පාරෙන් මරමි'' කියා භයගන්වා බොහෝ වේග තෙපුල් කියා ඒ දැක ස්ත්‍රියෝ භය වී වැඳ කියන්නේ ''අපි මේ වයස් පිරිමි කියන සැටියක් නොදනිමුව. තොපි කරන කථා ඉතා මිහිරිය.'' කියා රජුන්ගේ මදමත් චරිතය වැදී ළදලියෝ වුවර්ජාව වැටී හඬති. ඒ දැක රජු කියන්නේ ''මා සේ පුරුෂයෙකු ලැබීම ඉතා උගහටය.'' කියා ඔවුන්ගෙන් දිව පහස් විඳ, සත්වෙනිදා එන්ඩ නික්මුනාහ. ඒ දැක එක ස්ත්‍රියක් ම ආවාහ බස් අසා ''මේ ලොව ස්ත්‍රී පුරුෂයෝ බලන්ට එති'' ඒ රුව දැක 'පිරිමියෙකි' කියා ඒ ගල්ලෙන මාවත ඇසුරුවාලූහ. මෙසේ ඒ ගජබාහු මහරජ සියලු පින් රැස්කොට අසූ අවුරුද්දක් රජකොට ස්වර්ගස්ථ වූහ.

මෙසේ උඩරට සේනාව රැස් වී ඇවිත් කියන්නේ'' අටසිය අනූපස් දෙනෙක් පාතරට කුරුණෑගල් නුවර රජකළාහ. අපගේ උඩරටට නුවරක් කරන්ඩ ඕනෑ'' ය කියා දෙ සේනාව කල්පනා කොට, කුරුණෑගල සිට පස් ගවුවක් ගියතැන කසාවත්තොටෙන් එගොඩ හැතැප්ම දෙකක් ගිය තැන සිරිවර්ධන නම් නුවරක් කරන්ඩ පටන් ගත්තාහ. එනුවර වට මහ පවුරක් ද, ඒ පවුර වට කොටු දහ අටක් ද, අස්ගිරිය යන වෙහෙරක් ද, සතර දෙවාලේ ද, මාලිගා, මණ්ඩප, උළුපැන් ගෙවල්, මහගබඩා ගෙවල්, කුණන්මඩු, ඇත්පන්ති අස්පන්ති, දඩ මීගොන් පන්ති, කුරුල්ලන් මඩු, පල්ලෙ වහල, මහ වහල, උඩුමාල, බිම්මාල, සිංහාසන, සතර වීදි තනා දළඳා මාලිගා තනා, බෝධි කොටු බඳවා, නුවරට වැවු දෙකක් බඳවා, එහි

සියලු රස වර්ග, උයන් තනා, තල්, පොල්, කිතුල්, පුවක්, කොස්, කෙහෙල්, උක්, අඹ, නාරං, දොඩම්, අල, බතල, කුකුලල, වැල්ලල ආදි සියලු ඵල වර්ග තනා, නුවරට නුදුරු කටුබුරුල්ලේ ගං දහය ද, නොයෙක් ජල ආධාර උල්පත්: පීලි, ඔය, ගංගා, ඇල, කඳුරු නුමුටුවා තිබෙන්නේ ය. ඒ සිරිවර්ධනපුර නුවර ධජ පතාක බඳවා, රන්කලස්, රිදී තොරන් බඳවා, නොයෙක් ලෙසින් සරහා දින මෙහොත් බලා ග්‍රහ, නීල, සුජන්ම, නැකැත්, ප්‍රවේණි වෙන නැකැත් බලා, සුබ මොහොත් බලා දෙරට සේනාව එක් වී ශක්‍ර දේවෙන්ද්‍රයා නඳුනුයනට වඩනා ලීලාවෙන් ඒ සිරිවර්ධන නුවරට වඩමවා පරක්කන්බාහු මහරජ තුන් රාජ්ජයෙන් රාජකාරිය ගෙන හැත්තෑ අවුරුද්දක් රජ සැප විඳ බක් මස සිකුරාදා පුෂෙ නැකතින් පාන් වූ සත් පෑ කාලේ ස්වර්ගස්ථ වූහ. උන්නේ මළණුවෝ සිවුරේ සිටි තැනින් සිවුරු පහකරවා 'බුජොපරක්කන්බාහු මහරජ' යයි නම් තියා ඒ සිරිවර්ධනපුර නුවර රජකළාහ. ඒ බුජොපරක්කන්බාහු මහරජ සෙංකඩගල රාජ්ජය කළ කල්හි අස්ගිරි වෙහෙර වසන මහ සංඝයාට නිති දන් දෙති, සිවුරු දෙති, බණ අසති, සිල් රකිති, යදියන්ඩ දන් දෙති, අනදර නොකරෙති, සතුන් නොමරති, පරදාර අනදර නොකරෙති, අන් වස්තු නොගනිති, අල්ලස් පඬුරු නොග නිති, ප්‍රාණඝාත නොකරෙති, මෙසේ දශ කුශලයට පැමිණ දශ අකුශල දුර දමා සතුන්ඩ හිංසා නොකර අසූ අටවුරුදු රජ සැම විඳ ස්වර්ගස්ථ වූහ.

කුරුණෑගල නුවර විස්තරය නිමි.

මුක්කර හටන

Mukkara Hatana
(Battle Against Mukkara Invaders)
A brief introduction

The Mukkara Hatana ("The Mukkuvar War") ola-leaf manuscript provides comprehensive details about the manner in which the mercenaries were hired and employed in local battles. This manuscript particularly celebrates the victory of the Karaiyars, also known as Karavas, over the Mukkuvars, who invaded the western coast of Sri Lanka in the 15th century.

The Mukkuvar were led by their leader, Nala Mudaliyar. About 7700 Karaiyar chieftains from Kanchipuram (in Karnataka), Kaveripattinam (in Tamil Nadu), and Kilakarai (in Tamil Nadu) arrived in Sri Lanka following the invitation of the King Parakramabahu VI of Kotte to flush out the Mukkuvar invaders.

This event and what followed are examples of the grand mercenary adaptation model in Sri Lanka. When Mukkaru invaded, the King asked his chieftains, "Who do you think are mighty enough to fight Mukkuva hosts?" to which the nobles replied, "if we would engage them in battle, it would be best to summon here the armies from three countries (rata) namely, Kanchipura, Kaveripattanam, and Killakkarai." Consequently, the Karaiyars army from these countries was brought in to fight the invaders. These countries could have been the main historical sources of mercenaries.

The South Indian Karaiyars chieftains who led the mercenary army were: Vammunatta Dever, Kurukulanattu Devar, Manikka Thalavan, Adiyarasa Adappa Unnahe, Varna Suriya Dombaranada Adappa Unnahe, Kurukula Suriya Mudiyanse, Paradakula Suriya Mudiyanse, and Arasakula Suriya Mudiyanse.

The Karaiyars chieftains overthrew Mukkara garrisons of Puttalam and Nagapattinum with a loss of 2,500 of their own troops. They also lost one of their leaders: Manikka Thalavan. Manikka Thalaivan's sons were eventually adopted by the King Parakramabahu VI, and one of whom is known as Sapumal Kumaraya, who later captured Jaffna kingdom and became a regional king, or the governor of Jaffna.

The Karaiyars chieftains and thousands of soldiers settled after the victory in the area between Chilaw and Negombo. They were handsomely awarded coastal villages and a number of forts with tax concessions. They married local women. Some South Indian followers also joined them later. The manuscript provides extensive details about Karaiyar settlement in coastal areas including their later expansion to inland.

This manuscript is a good source to study the inhabitation of Sri Lanka by mercenaries and the formation of a multicultural nature of the Sinhala community.

මුක්කර හටන - කෙටි හැඳින්වීමක්

මුක්කර හටන ("මුක්කුවර් යුද්ධය") පුස්කොල අත්පිටපත කුලී හේවායන් කුලියට ගත් ආකාරය සහ ප්‍රාදේශීය සටන්වල යෙදවූ ආකාරය පිළිබඳ සවිස්තරාත්මක තොරතුරු සපයයි. මෙම අත්පිටපත විශේෂයෙන් සමරනු ලබන්නේ 15 වන සියවසේදී ශ්‍රී ලංකාවේ බටහිර වෙරළ තීරය ආක්‍රමණය කළ මුක්කුවර්වරුන් පරදවූ කරාව හෝ කරයියාර්වරුන්ගේ ජයග්‍රහණයයි.

මුක්කුවර්වරුන්ට නායකත්වය දුන්නේ ඔවුන්ගේ නායක නල මුදලියාර් විසිනි. මුක්කුවර් ආක්‍රමණිකයන් පලවා හැරීම සඳහා කෝට්ටේ හයවන පරාක්‍රමබාහු රජුගේ ආරාධනය අනුව කාන්චිපුරම් (කර්නාටක ප්‍රාන්තය), කාවේරිපට්ටිනම් (තමිල්නාඩු ප්‍රාන්තය) සහ කිලකරෙයි (තමිල්නාඩු ප්‍රාන්තය) යන ප්‍රදේශවලින් කරෙයියාර් ප්‍රධානීන් 7700 ක් පමණ ශ්‍රී ලංකාවට ගෙන්නා ගනු ලැබීය.

මෙම ඓතිහාසික සිදුවීම් සහ අනතුරු සිදුවීම් ශ්‍රී ලංකාවේ මහා කුලීහේවා අනුවර්තන ආකෘතියේ හොඳ උදාහරණ වේ. මුක්කරු ආක්‍රමණය කළ විට රජතුමා තම ප්‍රධානීන්ගෙන් ඇසුවේ, "මුක්කුවා සේනාවන් සමඟ සටන් කිරීමට තරම් බලවත් යැයි ඔබ සිතන්නේ කවුද?" එයට "උත්තරීතර දෙවියන් වහන්ස අපි ඔවුන් සමග සටනට පොලඹවන්නේ නම්, කාංචිපුර, කාවේරිපට්ටනම්, කිල්ලක්කරෙයි යන තුන් රටින් (රටේ) සේනාවන් මෙහි කැඳවීම සුදුසුය" යි පිළිතුරු දුන්හ. එහි ප්‍රතිඵලයක් වශයෙන්, ආක්‍රමණිකයන්ට එරෙහිව සටන් කිරීම සඳහා කරයාර්වරුන්ගේ හමුදාව ගෙන එන ලදී. මෙම රටවල් ශ්‍රී ලංකාවට ගෙනා බොහෝ කුලී හේවායන්ගේ ඓතිහාසික මූලාශ්‍ර විය හැකිය.

කුලී හමුදාවට නායකත්වය දුන් දකුණු ඉන්දීය කරෙයියර්වරුන්ගේ ප්‍රධානීන් වූයේ: වම්මුනත්ත දේවර්, කුරුකුලනත්තු දේවර්, මානික්ක තලවන්, ආදිරාසා අඩප්ප උන්නැහේ, වර්ණ සූරිය දොඹරනාද අඩප්ප උන්නැහේ, කුරුකුල සූරිය මුදියන්සේ, පරදකුල සූරිය මුදියන්සේ සහ අරසකකුල සූරිය මුදියන්සේය.

මෙම කරෙයියර්වරුන් පුත්තලම සහ නාගපට්ටිනම් මුක්කර බලකොටු පෙරලා දැමූ අතර එම සටන් වලින් ඔවුන්ගේම භටයින් 2,500 ක් මිය ගියහ. ඔවුන්ගේ නායකයෙකු වු මානික්ක තලවන් ද අහිමි විය. මානික්ක තලෙයිවන්ගේ පුතුන් අවසානයේ හයවන පරාක්‍රමබාහු රජු විසින් දරුකමට හදා ගන්නා ලද අතර, ඉන් එක් අයෙක් පසුව යාපනය රාජධානිය අල්ලාගෙන ප්‍රාදේශීය රජු හෝ යාපනයේ ආණ්ඩුකාරයා බවට පත් වූ සපුමල් කුමාරයා ලෙස ඉතිහාසයේ හැඳින්වේ.

ජයග්‍රහණයෙන් පසු කරෙයියාර් ප්‍රධානීන් සහ සොල්දාදුවන් දහස් ගණනක් හලාවත සහ මීගමුව අතර ප්‍රදේශයේ පදිංචි වූහ. ඔවුන්ට ඉතා ගෞරව ලෙස වෙරළබඩ ගම්මාන සහ බදු සහන සහිත බලකොටු ගණනාවක් පිරිනමන ලදී. ඔවුන් දේශීය කාන්තාවන් සමඟ විවාහ විය. සමහර දකුණු ඉන්දීය අනුගාමිකයෝ ද පසුව ඔවුන් හා එක් වූහ. මෙම අත්පිටපත වෙරළබඩ ප්‍රදේශවල ඇතිවූ කරයියාර් ජනාවාස හැරුනු විට ඔවුන්ගේ රට අභ්‍යන්තරයට ව්‍යාප්ත වීම පිළිබඳ පුළුල් විස්තරද සපයයි.

ශ්‍රී ලංකාවේ දකුණු ඉන්දීය කුලී හේවායින් පදිංචි වීම සහ සිංහල ප්‍රජාවේ බහු සංස්කෘතික ස්වභාවයක් ගොඩනැගි ඇති ආකාරය අධ්‍යයනය කිරීමට මෙම අත්පිටපත හොඳ මූලාශ්‍රයකි.

මුල් පිටපත

මුක්කර හටන

ස්වස්ථි සිද්ධම් - කොට්ටෙ නුවර ශ්‍රී ප්‍රාක්‍රමබාහු මහවාසල රාජ්ජ ශ්‍රී විඳවදාරණ ප්‍රස්ථාවට මේ ලක්දිව අල්ලන හැටියට පුත් තලමට නාගපට්ටනමට පුන් නාලදෙසෙ සිටි මුක්කරු ඇවිත් පදිංචි උනු ප්‍රස්ථාව එවගට රදලවරු දක්කවාගන යුද්ධ කරනට කවුරු පොහොසද්ද වදාලතෙනදී මුක්කරු හමුදාව සමග යුද්ධකරතොත් කාංචිපුර කාවේරි පට්ටනම් කිලක්කරෙ මෙම රට තුනේ හමුදාව ගෙන්නා ගත්තොත් සුදුස්සයයි කියා සැලකළ තැනේදී ඒ හැටි හොඳයි කියා දිවස්ලා වදාල හැටියට ඒ රට තුනට ඇරියාය. එකැඩපත් තුන රට තුනේ නිල මක්කාරයෝ බලාගන එරට තුනේ හමුදාවන් සමඟ කාංචිපුර දේසෙට එකතු වෙනමී වෙච්චි පණිවුඩ පනතෙ හැටියට කතා කරගණ සනකෙලි කෙලිමින් ලංකාවට ගොඩබසින් ට එන "නිලමක්කාරයො නම් වච්චුනාට්ටු දෙවරෙද, කුරුකූලනාට්ටු දෙවරෙද, මානික්ක තල වන්ද, අදිඅරසඅඩප්ප උන්නැහෙද, වර්ණ සූර්යා, දොම්බ්‍රිනාද අඩප්ප උන්නැහෙද, කුරුකුල සූර්යා මුදියන්සේ ද, පරදි කුල සූර්යා මුදියන්සේද, අරසකුල සූර්යා මුදියන්සේද මෙම නිලමක්කාරයො නම දෙනා සමඟ ආරච්චිවරු දහඅට දෙනෙක් ඇතුළුව හේවා හමුදාවගෙන් සත්දහස් සත්සිය හතලිහකුත් ඇඹැට්ටයා ඇතුළුව තොවිල් කාරයෝ පස් දෙනෙකුත් සමඟ හඹාත් තුනකට රුවල් ඇද පදිනා වේලාවට එක්වාදහස් එකසිය පණසේ නවයට පැමිණි මෙම වර්ෂයෙහි මීන රවි පසලොස් භාගවූ පංචමීලත් රවිදින රෙහෙනේ නැකතින් සිංහ ලග්නයෙන් ගුරු හෝරාවෙන් පිටත්ව කැළනි මෝදරට ගොඩ බැස්සාහ. ඒ වගහැටී. දිස්වර්ණ වර සිංහාසනාරූඪවී වදාරමින් ඒ ආ නිලමක්කාරයො සහ හේවා හමුදාව දක්කවා ගැන වදාරමින් නම් ගොත් සහ ආගිය තොරතුරුද අසා වදාරමින් නැවත කරුණාව සහ තානාන්තරවල් ඇතුළුව පඩි ප්‍රසාධ ලැබෙමින් දේසක්කාර සමූහයා දසාව බලා වදාරමින් රවි මඬලේට නික්මෙන්නාවූ අසුර විලාසයෙන් සොභාව දැක වදාරමින් හේවා පන්නේට සමර්ථයොයයි සිතා වදාරමිං පුත්තලමට ඇවිත් පදිංචිව සිටින මුක්කරුන් සමග යුද්ධයට යන්ඩ පුළුවන්දැයි කියා අසා වදාල තැනේදී ඉට යහපති කියා යුද්ධකරණ

සැටියට දුනු කඩු කිරිච්චි ජමජාඩි කෙටේරි වලළු හෙල්ල මුගුරු යන මෙකී ආයුද සන්නද්ධව පුත්තලමට ගොස් යුද්ධයට පටන් ගෙන තුන් මාසෙකින් කොටුව ඇරෙව්වාය.

ඒ යුද්දයට මෙ අතින් වැටිච්ච ශ්හෙවා හමුදාව එක්දහස් පන්සියයක් වැටුනාය. ඊටත් බයපත් නොවී නාගපට්ටනමට යුද්ධයට ගොහින් යුද්ද හතලිස් දවසක් යුද්ද කරන වේලාවට මානික්ක තැලවන් කියන නිලමක්කාරයා සේවා කමෙං වැටුනාය. ඉන්පසු දෙමස් පසලොස් දවසක් යුද්දකොට නාගපට්ටනම ඇල්ලුවාය. මේ යුද්ද දෙකේදී දෙදහස් අටසියයක් සේනාව මෙ අතින් වැටුනාය. කොටු දෙක අල්ලා කොටුෙ දෙකෙ තිබුණු රතු කොඩි දෙකත් කොටු දෙකෙ නිලමක්කාරයෝ දෙන්නාගේ තරම් දෙකත් ගෙනවිත් දක්කවාපු තැනේදී බොහො සේ කරුණා සන්තොසවී වදාරමින් මැදින්නොරුව ආනඹිලන්දාව මුන්නෙස්සරමද කම්මල තඹරාවිලද හුනුපිටියෙ වීදියෙද පෙරියාමුල්ලෙ වීදියෙද කුරණ වීදියද මීගොමුව සහද ප්‍රවෙනී සැලැස්මට තඹෙන් ශ්‍රී සන් පිහිටුවා ලැබුනාය.

ඒ ඇර රාවණ කොඩියද ඉරහඳ කොඩියද මකරයා කොඩියද මාල දෙරිසන් ද වට්ට පේරස් මුදුද රත්‍රං කස්ථාන රිදී කස්ථාන රංහවඩි රිදී හවඩිද රංබන්දි රිදී බන්දිද රංබස්තං රිදී බස්ථං ද කර්ණ කුංඩලා ද වඩන තල අතුද ඇලි සවරං දෙක දෙකද රිදී වලන්ද මෙකී තානාන්ත්‍ර ලැබෙමින් දහඅට තොටමුනේ ට වෙළඳාමට යනවාට එනවාට තීරුව සුඟං මුද්දර මිල නැති සැටියට මහ වාසලින් පනිවුඩ උනායැ. නැවත ප්‍රජාංග පවතිනා තෙකට මීගොමුව ප්‍රවෙනී වසමට ලැබී මීගොමුවේ පදිංචි කලාය. නැවත රාජ්ජ ශ්‍රී විඳ වදාරණ ප්‍රස්ථාවට ගෝව ප්‍රතිකාල පරඟිකාර ගොල්ල සිල්වාරමක් නොයෙක් පඬුරු පාක්කුඩම් ගෙනවිත් දක්කවා මූන පාපු තැනේදී ආගිය තොරතුරු අසා වදාරමින් කුමක් පිණිස ආවාදැයි කියා අසා වදාල තැනේදී අපගෙ දෙසේ යුද්ධ බෝ නිසාත් වෙළඳාම් නවාම් දුර්ලභ නිසාත් ඔබ වහන්සේගෙ ශ්‍රී පාද පත්මයට යටහත් වෙමින් කොළොඹ තොටමුනේ ගෝ සමක් අතුරගන්නා විතරවත් බින්වාසියක් ලබාගණ තලාඩි බැඳගණ පදිංචිව වෙළඳාම් කරගෙන රක්ෂා වෙමින් මහවාසලටත් වැඩ රාජකාරිය ක්‍රමින් හිටින්ඩ ඕනෑ නිසා ආවාය කියා ඔප්පු කල තැනේදී එපමණ බිංවාසිය තරමෙං ශ්‍රී සන් පිහිටුවා දෙවාවදාලාය. එලෙසින්ම ගෝසම තුනී ක්‍රසීන් ක්‍ර ඉරා වටට ඇද බැඳ මැදි වූ බිමෙ කොටුව බැඳවමින් කළුගල් තාප්පෙ බැඳ මුර සමන්නාගත පදිංචි උනාය. මෙතන වැඩ සිටින්ට නපුරුයි කියා සීතාවක නුවරට වැඩියාය. නැවතත් සීතාවකින් එගොඩ ප්‍රඟිකාර ගොල්ල අන්දායන්

ගනිමින් හිටගත්තාය.

ඒ නිසා මෙතන සිටින්ට සුදුසු නැත කියා සෙංකඩගලට වැඩ මවා වදාලාය. එනුවර වැඩවදාරණ ප්‍රස්ථාවට පරංගි ගොල්ල කොරා වහල්කඩින් මෙපිට කඩයින් ලාගත්තාය. මුරතුල් විසිඑකක් තනා ඒවායේ සිට රට කැබෙල්ල රාජකාරිය ගත්තාය. ධෞත සංඛපරික්ෂිප්ත සලිලාකාර අභින්න මනුවංසොත්භූතෙස්වර ශ්‍රී ලංකාදීපති වූ උතුම් අපගෙ රාජසිංහ දේවස්වාමිදරුවාන් වහන්ෂෙ සිංහාසනමස්ථකයෙහි වැඩවදාරණ ප්‍රස්ථාවට බදුල්ලෙ නුවරට වැඩ වදාරමින් ඒ නුවර වැඩ සිට ඌව මහ බල සේනාව සමඟ මහ අතපත්තුවේ එක් ලක්ෂ පනස් දහසක් පමණ අප්පුහුරු සමඟ නොයෙක් ආවුද ඊයං වෙඩිබෙත් සමූර්ධකොට පිටත්ව උනු වග නම්, චතුරඟිනි සේනාව පිරිවරාගනිමින් අසුර යුද්ධයට නික්මුනු සක්‍ර දේවේන්ද්‍රයන් මෙන් ඒ ඒ තැන පරංගි එක් ක යුද්ධ කරමින් කේසර සිංහරාජ විලාසයෙන් ජයගෙනනැවත් දලදාගත් වෙලේ හේවාකමට වැඩ වදාරන්ට සිතා වදාරමිං නොයෙක් අමාප්ත මඬලේ රදලවරුං පිරිවරාගනිමිං ශත්‍රු කුඤ්ඤර විදාරණ නරකේසරින්ද්‍ර වූ උතුම් රාජසිංහ දේවස්වාමිදරුවානන්වහන්ෂෙ දලගම් වෙලේ හේවාකමට නික්මෙමින් රණදෙරණ වැඩ සිටින ප්‍රස්ථාවට සතුරු සේනාව ලංවී එන වෙලාවට නොයෙක් කොඩි කුඩ ප්‍රසාධ ලැබී උතුම් මහවාසලට පක්ෂවාදිකන් පිණිස සිටි නොයෙක් අමාප්තයො බිංදු පැහැ දිවාය. එවෙලාවට මහ කුඹුරෙ පලියවඩනරාල අපගෙ රාජසිංහ දේවස්වාමිදරුවානන් වහන්සේ වැඩ සිටින කැටුව සිටිය. නැවතත් සතුරු සෙන් ලන් වෙත් වෙත් එම පලියවඩනරාලත් පලිය දමා දුවන වේලාවට නොදුවයි යෙදී දෙතුන් විටක් දිවස්ලා වදාලාය. ඒත් දුවන නිසා අන ඇත් තම් නොදුවයි කියා යෙදුනු පනතට බොවා කාලයක් ආයු ශ්‍රී බොවඩ අන ඇත්තෙ පන ඇති කොටවද කියා දුවන කල මහ කුඹුරෙ බත් තිත්ත ක්‍රම් කියා යෙදුනු විට මහ කුඹුරෙ බත් තිත්ත වෙච්චි නම් පිඟාංඔයෙ අලකොල මියන කොල තිත්ත වේදැයි කියා දුවපු නිසා ශ්‍රීහස්තෙ තිබුණු යකඩ පලිහ බිමට දමා පලිහ පිට වැඩ සිටිමිං උඩින් ඉගිලෙන මානැවියා දැක වදාරමින් ශ්‍රී හස්තෙ හිටිය වඩන කුරුල්ලා ඇර වදාරමින් රාජසිංහ මැඩිල්ල මෙතනයි කියා වැඩ සිටින ප්‍රස්තාවට ගල් දුනු ගල් පටි කිරිච්චි කෙටේරි ජමජාඩි බල තඩි වානා තඩි වානන් චක්‍රාවලළු හදි තුවක්කු අත්තුවක්කු බීරංගි බොන්දික්කුලා සුසලංස පිටිස්ථාන මෙකී ආවුද ගත්තා වූ පන්සියක් හේවා හමුදාවන් ඉසකෝපිතී කියන පරංගි කප්පිතතාවූ මහගෞරෙන්ද කියන අපගේ මීගොමුවේ මුදියන්ෂෙත් සැදී පැහැදී හේවාකමට එන වෙලාවට ප්‍රවර සූර්යා මඬලයක් මෙං වැඩ සිටිනා බව මීගොමුවේ මුදියන්ෂෙ දකිමින් සුද්ධ සූර්යා වංසොත්භූත වූ දේවස්වාමිදරුවානන් වහන්ෂෙට සතුරු සේනාව යුද්ධ

කරපු නම් නම් කොට්ටෙ මහවාසලිං යෙදුනු පනතට කාංචිපුර දෙසේ සිට ආ පක්ෂවාදිකං නැතිවෙයි කියා අතේ තිබූ කියා අතේ තිබූ කිරිච්චියෙන් යටිපල්ල ඉරා සතුරු සේනාවට ලේ පෙන්නා සිංහලේ ඇත්තො හදිකරපුවයි කියා පරඟිකාර ගොල්ල රවටා ආපසු කරණවාගෙන ගොස් පළමු සිටිය තැන පොරොත්තු උනාය.

අපගෙ රාජසිංහ දෙවස්වාමිදරුවානන්වහන්ෂෙ අමාප්ත මඬලෙ රදලවරුන් දක්කවාගෙන පරඟිකාර ගොල්ල ආබව මොකද නැවත ගිය කාරිය මොකද අහ වදාල තැනේදී මාතලේ දිසාව ලැබී තිබෙන වැල්ලකේ දිසා මහත්මයා විසින් රාජසිංහ දේවස්වාමිදරුවානන් වහන්සේට ඔප්පු ක්‍රන සැටී නම් කොට්ටෙ මහවාසල වේලාවේදී පුත්තලමේ මුක්කරුන් එක්ක හේවාකමට කුරුකුල දෙසෙ කාංචිපුර දෙසෙ කිලක්කරෙ කාවේරි පට්ටලමේ මෙකී දේසවල්වලට කැඩපත් ඇර ගෙන්වා වදාරා හේවාපන්නෙට ඇරපු තැනේදී මුක්කරුන් හා යුද්ද කොට ජයගත් නිසා තාන්න මාන්න ලැබී මීගමුව සහජ ප්‍රවේනියට ලැබී ඒ පක්ෂවාදීකමට අදත් අපේ රාජසිංහ මහවාසලට දෙවස්කන නපුරු සේනාව යුද්ධ ක්‍රපු නං නපුරුයි කියා මීගමු වැල්ල වීදියෙ වර්ණකුලසූරිය අරිසිනිලඉට්ට මුදලියා දයාවෙන් පක්ශවාදි වෙමින් යටිපල්ල ඉරාගෙන පක්ශවාදි කමට ගිය බව බව මුත් පැරද ගියා නොවෙයි කියා ඔප්පුකල තැනේදී ඒ මුදලියාට කරුණාව ලැබී වඩන තල අත්තෙන් තල ඇඟිල්ලක් ඉරාගෙන රන් පන්හිඳෙන් මෙ පක්ෂවාදිකං ඇති ඔහු මාගෙ සිංහලේට ආවොත් බොහො තාන්න මාන්න ගම්වර ලැබී ආදරවෙමි යෙදී කැඩපතක් ලියා රන්දූනු සාම හැර ගැන වදාරමින් ඊට අග පත්‍රය බැඳ විද වදාලාය. ඒ ලියමන මීගමුවේ මුදලියාගේ තලවාඩි ළඟ වූ නිසා පත්‍රය බලා කළ හමුදාව නිලමක්කාරයො සතර දෙනත් පරඟිකාරයින්ට කියන වගනම් අපි ආ නැකතමුවාත් සුද්ද නැත ඊයන් වෙඩිබෙහෙත් නැත සෙවාපන්නත් බල මද කියා කොටුවට ගොස් සියළු කටයුතු සමුර්ධකොට එමැයි කියා කොටුවට ගියාය. ගියතැනේ දී වැල්ල වීදියෙ මුදලියා මහවාසලට පක්ෂවාදිකං වූ සැටි පරඟිකාර ගොල්ල විමසමින් එම මුදලියා අවහිරකොට කළ සමුදාවත් අනික් නිලමක්කාරයින්ටත් කොල්ලෑවක් පමනවත් ඇත මුහුදෙ යන්ටත් එපාය කියා ගිය කෙනෙක් ඇත්නම් කටට වෙඩි බෙහෙත් දමා ගිනි දෙනවා ඇත කියා අඬ බෙර ලැව්වාය. නැවත රාජසිංහ දේවස්වාමින් වහන්ෂෙ ඔලන්දට කැඩපං ඇර වාදලා ඇත. ඒ පනතින් ඔලන්දක්කාරයො හේවාපන්නෙට කටයුතු සාදාගෙන ඇවිත් මුහුදෙ සිටි බව අසා පරඟිකාරගොල්ල එන්ට නෙදී රැක්කාය. ඒ වග රාජසිංහ දේවස්වාමිදරුවානන් වහන්ෂෙට ඒත්තු වෙමිං ඔලන්දක්කාරයින්ට අති කඩිනමට ගොඩ බහින සැටියට ලියමං ලියා මීගමුවේ මුදලියාට දෙන්ටෙයි

යෙදී පණිවිඩකාරයින් ඇරියාය. ඔහු ගොස් මීගමුවේ කුරකුල සූර්යා මුදලියා අතට දුන්නාය. ඒ ලියමන සිංහලේට අතිවිස්වාසවූ මුදලිවරු සතරදෙන බලා අපි නැතිවෙතත් මහවාසලට පක්ෂවාදිකං ඇති නිසා කැඩපත ලංසි ගොල්ලට දෙන්ට ඕනැයි කියා වැල්ලවීදියෙ මුලියාගෙයාළු නෑකං දරණ ඉලේනයිදේට නියොගකර එවලෙහිම ඉගෙමෛදෙ ජීවිකාවෘත්තිය නොසලකා මුහුද පීනාගොස් පසුවදා පාන් වූ තුන්පැය වේලාවට කැපත දුන්නාය. ඒ කැඩපත බලා ලංසිගොල්ල මුහුදෙන් ගොඩ ආවාය. නැවත රාජසිංහ දේවස්වාමිදරුවානන් වහන්සේ සවීරණ සනග වල්ලභූ වූ සේනාවත් වස්තුවත් ඕලන්දකාරයින්ට බාර දෙමිං කපුවරල වාඩියේ වැඩ සිටි මීගමුවේ නිලමක්කාරයින්ඩ එන්ට යෙදී මහවීදියේ කුරුකුල සූර්යා මුදලියාද සෙම්ප අරිස කුරන අරසකුල අඩප්පයාද ආරච්චනං අරසකුලසූරිය වීරසිංහ කුරන ආරච්චිලද ජයසූරියා ආරච්චිලද මහහුනුපිටියෙ රනසිංහ ආරච්චිලද කට්ටප්පය ආරච්චිලද වැල්ල වීදියේ මුදලියාගේ ඇවැස්ස නෑකං දරපු අයත් අදිඅරස අඩප්පයත් ඒ ඇර ආරච්චිනංවලින් තවත් කීප අයටත් තාන්න මාන්න ලැබෙමිං මාලත් කර ලෑවාය.

දඹදෙණි අස්න

Dambadeni Asna
(A Statement on Dambadeni Kingdom)

A brief introduction

Dambadeni Asna presents how Dambadeni kingdom flourished under the great king Parakramabahu II (1234 -1269 AD). Various grand events in which the King was involved and how the kingdom's society was constituted are also described.

There is a debate about the period in which Dambadeni Asna was written. Sannasgala (1961) suggests it was composed during Kurunegala era (1303-1325 AD). However, Godakubura (1955) and Rohanadeera (1974) believe that it was written during the Dambadeni period itself.

The author is unknown, however, given the details in the manuscript, Sannasgala (1964) suspects that the author should have personally known the King Parakramabahu, the central character of the manuscript.

The Asna elaborates on the branches of learning in which Parakramabahu attained proficiency. Among the languages he learned included Demala (Tamil), Sinhala, Sanskrit and Magadga (Pali). He mastered Buddha Dhamma, grammar, the three Vedas, astrology and so forth. He also mastered sword-fighting, archery, law, and logic. Liyanagamage (1963) thinks this manuscript reflects on the canons of learning and accomplishments expected of a prince rather than attainments of this young prince Parakramabahu.

The Asna mentions the foreign invasions which took place during the reign of Parakramabahu II. These events and the offensive launched by the king are narrated with exaggeration. In spite of these limitations, the Dambadeni Asna can be of considerable value for a study of the social conditions and political life in medieval Sri Lanka.

In particular, it gives a long list of functionaries engaged in various types of service to the court. Similarly, it contains a list of different sections of the army, and illustrious weapons of war, particularly a large variety of arrows. This manuscript also provides a list of uncommon royal ornaments and a list of uncommon musical instruments.

The composition of the army and other functionaries of the king provides details about various ethnic groups who lived in the country at that time. The ethnic identities extend to South Asian and South East Asian countries. They were, possibly, mercenaries brought in to fight invaders or professional groups brought in to reinvigorate architectural designs, arts and crafts. They eventually made Sri Lanka home and were absorbed into the local Sinhala community.

දඹදෙණි අස්න - කෙටි හැඳින්වීමක්

දඹදෙණි අස්න දෙවන පරාක්‍රමබාහු මහා රජු (ක්‍රි.ව. 1234 -1269) යටතේ දඹදෙණි රාජධානිය සශ්‍රීක වූ ආකාරය පිළිබිඹු කෙරේ. මෙම රජු සම්බන්ධ වූ විවිධ උත්සව සහ එකල සමාජය ගොඩනැගී තිබුනු ආකාරය පිළිබඳ තොරතුරු මෙහි අඩංගු වේ.

දඹදෙණි අස්න ලියැවුණු යුගය පිළිබඳ විවාද ඇත. සන්නස්ගල (1961) යෝජනා කරන්නේ එය කුරුණෑගල යුගයේ (ක්‍රි.ව. 1303-1325) රචනා වූවක් බවයි. කෙසේ වෙතත් ගොඩකුඹුර (1955) සහ රෝහණදීර (1974) විශ්වාස කරන්නේ එය දඹදෙණි යුගයේ ම රචනා වූවක් බවයි.

මෙහි කතුවරයා නොදන්නා නමුත් අත්පිටපතේ විස්තර අනුව සන්නස්ගල (1964) සැක කරන්නේ කතුවරයා එහි කේන්ද්‍රීය චරිතය වන පරාක්‍රමබාහු රජු පෞද්ගලිකව දැන සිටිය යුතු පුද්ගලයකු විය හැකි බවය.

මෙම පරාක්‍රමබාහු රජු ප්‍රවීණත්වයට පත් වූ ඉගෙනුම් ශාඛා පිළිබඳව විස්තර මෙම අස්නෙහි සඳහන් වේ. ඔහු උගත් භාෂා අතර දෙමල, සිංහල, සංස්කෘත සහ මගධ (පාලි) ඇතුළත් විය. ඔහු බුද්ධ ධර්මය, ව්‍යාකරණ, ත්‍රිවේදය, ජ්‍යොතිෂය යනාදිය ප්‍රගුණ කළේය. ඔහු කඩු සටන්, දුනු ශිල්පය, නීතිය සහ තර්ක ශාස්ත්‍රය ද ප්‍රගුණ කළේය. ලියනගමගේ (1963) සිතන්නේ මෙම අත්පිටපත තරුණ පරාක්‍රමබාහු කුමරුගේ නිපුණතා වලට වඩා තරුණ කුමාරයෙකුගෙන් බලාපොරොත්තු වන ඉගෙනීම් ප්‍රතිමූර්තිමත් කරන බවයි.

දෙවන පරාක්‍රමබාහු රාජ්‍ය සමයේ සිදු වූ විදේශ ආක්‍රමණ ගැන මෙම අස්නෙහි සඳහන් වේ. මෙම සිදුවීම් සහ රජු විසින් දියත් කරන ලද ප්‍රහාර අතිශයෝක්තියෙන් විස්තර කෙරේ. මෙම අඩුපාඩු තිබියදීත්, මධ්‍යතන යුගයේ ශ්‍රී ලංකාවේ සමාජ තත්වයන් සහ දේශපාලන ජීවිතය අධ්‍යයනය කිරීම සඳහා දඹදෙණි අස්නෙන් සැලකිය යුතු උපයෝගිතාවයක් ලබා ගත හැකිය.

විශේෂයෙන්ම, එහි රජ මාලිගාවේ විවිධ ආකාරයේ සේවාවන්හි නිරත වූ ක්‍රියාකාරීන්ගේ දිගු ලැයිස්තුවක් සඳහන් වේ. ඒ හා සමානව, එහි හමුදාවේ විවිධ අංශ ලැයිස්තුවක් සහ කීර්තිමත් යුධ ආයුධ, විශේෂයෙන්ම විවිධ ඊතල ලැයිස්තුවක්ද අඩංගු වේ. මෙම අත්පිටපතේ අප්‍රකට රාජකීය ආභරණ ලැයිස්තුවක් සහ සංගීත භාණ්ඩ ලැයිස්තුවක් ද ඇත.

රජුගේ හමුදාවේ සහ අනෙකුත් නිලධාරීන්ගේ සංයුතිය හැරුනු විට එකල රටේ විසූ විවිධ ජනවර්ග පිළිබඳ සුවිශේෂ විස්තර සඳහන් වේ. මෙම සමයේ ශ්‍රී ලංකාවේ ජන වාර්ගික අනන්‍යතාවයන් දකුණු ආසියාතික සහ අග්නිදිග ආසියාතික රටවල මූලයන් දක්වා විහිදේ. මෙම ජන කොටස් ආක්‍රමණිකයන් සමඟ සටන් කිරීමට කුලී හේවායන් වශයෙන් වෙනත් රටවලින් ගෙන එන ලද ජනයා හෝ විවිධ සංක්‍රමනිකයින් විය හැකිය. එසේම ඔවුන් වාස්තුවිද්‍යාත්මක සැලසුම්, කලා සහ අත්කම් නැවත ප්‍රබෝධමත් කිරීම සඳහා ගෙන එන ලද වෘත්තීය කණ්ඩායම්ද විය හැකිය. අවසානයේදී ඔවුන් සියලු දෙනාම ශ්‍රී ලංකාව ඔවුන් ගේ නිවහන කර දේශීය සිංහල ප්‍රජාවට අවශෝෂණය විය.

මුල් පිටපත

දඹදෙණි අස්න

නමසසර්වඥාය

ලඞකාවාසී වූ සඪාබුඞිසමපන්න රාජ රාජ මහාමාත්‍යාදී සියලු ජනයන් විසින් මේ අස්න භක්තිප්‍රෙම විතතයෙන් ඇසිය යුතු.

සියල්ලවුන්ගේ මනදොළ පුරන්නාවූ ශ්‍රී විභූතියෙන් මහත් ව බබළන්නා වූ නොයෙක් ගී නැටුම් වෙණු වීණා ගායනාවෙන් රෑ දාවල් සත්‍රී පුරුෂයන්ගේ මනො නෙත්‍රයන් බඣනය කරන්නාවූ දිව්‍යපුරයක් මෙන් සතතයෙන් සජ්ජිතව තිබෙන්නාවූ තවද අඹ දඹ නා පනා සපු දූනුකේ සීනිද්ද බෝලිද්ද දෑ සමන් කොබෝලීල පෙතං බඳුවද මදාරා ඉරිවේරිය යනාදියෙන් හා තන්හි තන්හි තැඹිලි බෝදිලි නවසි තල් කිතුල් පැණි වරකා පොල් පුවක් උක් සල් ආදියෙන්ද හමන සුළඟට වැනෙන්නා වූ සුගඣ පුෂ්පයන්ගෙන්ද ගැවසීගත් උද්‍යානයන්ගෙන් සමලඞකෘතව ශක්‍රයාගේ නන්‍දනොද්‍යානය මෙන් සජ්ජිතවූ ජම්බුද්‍රොණිනම් පුරප්‍රවරයෙහි රාජ්‍යය කරන්නා වූ කාලිඞග විජයබාහු රජුගේ පුත්‍ර වූ ශ්‍රී පණ්ඩිත පරාක්‍රමබාහු නම් බෝධිසම්භාර පූරණ මහ පිනැති රජ බලවියැ අකුරු කරවන්නාහු ග්‍රන්ථය දෙමළය සිංලය නිඝණ්ටුය කසයින් ව්‍යාකරණය මුගලන් ව්‍යාකරණය මගධය සංස්කෘතය නිසබණය තෙරබණය විනය පිටකය සූත්‍ර පිටකය අභිධර්ම පිටකය අඬෙගාත්‍ර සඟිය සුළුසගිය මැදුම් සඟිය ධාතුපාඨය ඡන්‍දොලක්ෂණය ත්‍රිවෙදය නක්‍ෂත්‍රය ශික්‍ෂාය මොක්‍ෂය සිරිතය කඩුසරමය පළඟසරමය නෙත්තම් රාජවිල් දොළොස් භාෂාය ධනුශ්ශිල්පය සාමුද්‍රිකාය පරකථාය නීතිශාස්ත්‍රය තර්කය යනාදී අෂ්ටාදශ ශිල්පයෙහි හා ඉතිහාසය පුරාණය අග්නිසථම්භය ජලස්ථම්භය උඩාටනය පූපශාස්ත්‍රය ත්‍රොටනය දූරගමනය දූරදර්ශනය හෙරිත්‍රොටනය පත්‍රචෙජදය චිත්‍රකර්මය දූතය භරතය සත්‍රී ලක්‍ෂණය පුරුෂ ලක්‍ෂණය නපුංසක ලක්‍ෂණය පරහිත ඥානය කනකපරීක්‍ෂාය තෙනක පරීක්‍ෂාය ආකර්ශනය ආකාශ ගමනය කාෂ්ටකර්මය හෙමකර්මය රත්නපරීක්‍ෂාය යනා දී සුසැටකලා ශිල්ප යෙහිද කෙළපැමිණියාහු දඹදෙණි නුවරට සම්ප්‍රාප්තව බුඞවර්ෂයෙන් එක්වාදහස් අටසිය සූවිස්සක් වූ අවුරුදු වප්මඟුල් කරන දිනයෙහි "නන්බඹර කලිකාල සංගීත සාහිත්‍ය සර්වඥ පණ්ඩිත පරාක්‍රමබාහු මහරජය" යි නම් ලබා ඔටුනු පැලඳ රාජ්‍යය කරන්නාහු මානාභරණ රජහු කරවාගත නුහුනු දඹදෙණි ගල උඩවල් අරවා අසේමව තුබු තැන් සේමකොට කලුගලින් අටළොස්රියන් උස පවුරු බඳවා සුණුගස්වා තවද

මහත්කොට කරවා සුණුගැස්වූ ගල් පොකුණු සයක් හා දෙව්සිරියන් තුන්මහල් දළදා ගෙයක් හා රජ ගෙවල් මුරගෙවල් වටකොට එකී එකී දිගින් අසූ අසූ රියන් බැගින් ගබඩා ගෙවල් හා ඉන් පිටත බිසෝගෙවල් නවසිය අසූවක්ද කරවා ඉන් පිටත භූමියෙහි නුවර ඇතුළත් කොට ගල්පහුරු මැටි පහුරු දඬුපහුරු කෝට්ටයෙන් වට තරයලා ආරක්‍ෂාකොට සෙට්ටි වීථිය අගම්පඩි වීථිය පරිවාර වීථිය යනාදී වීථි කරවා එකී එකී වීථිවල අධිකරණ සෙනෙවිරත් ඈපා මාපා වරුන් හා පාමුල්පෙට්ටියෙන් පඩිකා සිටින සිංහල සෙනඟින් සූවිසිලක්‍ෂ පස්විදිදහසක් හා මෙසේම පඩිකාසිටින දෙමළ සෙනඟින් දොළොස්දහසක් හා ධනුධරයන් නවසියයක් හා ගල් වඩුවන් නවසියයක් හා කුඹල් සත්සිය අනූවක් හා රදා අටසියයක් හා වෙරාවණ ඇතුළුවූ ඇත් නවසිය අනූවක් බලන ඇත්තලයින් හා අසුන් අටසිය අනූවක් බලන අස්සලයින්ද ඒ ඒ ධූරවල නියුක්ත කරවා තවද ඇතුළු නුවර වාසීන්ගේ ගෙවල් හැර ඔලියල් ඇන්දවුන්ගේ ගෙවල් පන්සැත්තෑ දහසක් හා ඌරාකබල් එබූ ළිං පන්සැත්තෑ දහසක් හා ගණන් බලා කරවා වාසය කරන්නාහුය.

එසඳ කලිඟුරට රජ කරන දෙමළ රජ සේනාව විසි දහසක් ගෙන මුතුන් රජුන්ගේ (මාඝරජහුගේ) රට මා සන්තකයයි කියා නැව් නැගී සලාවත් කොටට ගොඩබැස සේවාකම්කොට දඹ දෙණියට අවුත් කෝට්ට තුනක් ඇරගත් කල්හි පණ්ඩිත පරාක්‍රම බාහු මහරජතුමා තමාගේ සේනාව ලවා දෙමළ හඬ පලවා කලිඟු රජු මරා හුන් දෙවෙනි අවුරුදු තම ලිඹගමුරජු මෙපවත් අසා දෙමළ සෙන් සතලිස් දහසක් ගෙන තම්මැන්නාවට ගොඩ බට බව ඇසූ පණ්ඩිත පරාක්‍රමබාහු රජතුමා ස්වකීය බල පිරිස් පිරිවරා සටනට පිටත්වන අවස්ථාවෙහි උභයවාසයෙන් සඟ දහසකට මහදන් දී දළදා පූජාවක් කරවා අඟහරුවාදා දවස් පෙරවරු මෙහෙ නිමවා සිල් සමාදන්ව රත් සුදු නිල් කසුන් පිළි සොක්කම් වඩක්කම් වීරක්කම් කිලිමුක්කම් කාරික්කම් පටකඩ පට්ටෝලි දේවාංගං දේවගිරි ගුජරාදී කම්බාත්තිකා මාරුපි වණීගරියන් කාංගංපට සුදුපට රටපට ජිනපට පටකඩි කෝජාසළු කසීසළු ජිනසළු දිවයින්සළු සිවප්පුයන් වේලුප්පුයන් කෝප්පුයන් නීලවිලුම්බන් තුය්හතරමබන් වෙට්ටවිලුම්බත් විල්ලවිලුම්බත් මල්ලවිලුම්බත් සීන් සේල දසරු සේල මාලවියන් සේල වලඟවියන් සේල සලඟරුයන් සේල තුම්බන් සේල රත් සේල සළුඔලියල් පිට්ටුප් බෝනිදික්කට්ටු පළවනියත් මලයුරයත් පුලියුරයත් ආලිප්පලවති ඉඤානි සේලක්කානි වේලක්කානි වාරක්කානි පූරක්කාවි වට්ටක්කාවි කුංකුමක්කාවි චන්‍දනක්කාවි පුලුවක්කාවි තලවරියන් මුතුවරියන් දෙපත්රියන් කෙමුරියන් නවනි කවනි තිල්කත්ති සින්කත්ති දෙණ්ඩියන් රත් නිලිපිළි ගුජරාදි බෛරවන්ති සදිරඹගංවන්ති ගුජරහස්ත මීලගුවන්ති

මතකන්ති දූතලක්කාවි එන්තක්කම්බි සෙන්තක්කම්බි පුලවි පුලවීර මේල්තල මුත්තුමාල චීලාච්චු අච්චන්පලාක්කු පොණ්ඩු අනප්පුත්ති පුනරප්පුත්ති මලයත්තඩුප්පු වලයන්තඩුප්පු පිලියත්තඩුප්පු රාජපට්ටු නීලවන්නිකච්ඩි මුත්තුමානිකච්චි බෛරවන්නිකච්චි සූයජීදේව ගිරිකච්චි කාබ්බෝජ දෙවි ගිරිකච්චි සදොසිරාමගිරිකච්ඩි මුකඳවිධවලගිරිකච්චි ඉරිකච්චි ඉරිවරිකච්චි සේන්කුලාකච්චි භුවනෛකවීරන් පොන්එලෙක්කු කුප්පායං පරුතෝ උත්තරායන් සංකිලිනාරායන්. අම්බරි පුලංගුමුරි කායල්මුරි දෙවඉන්‍ද්‍රානි සන්දිරානි පාරුක්කානි සීන්කම්බි මුතුසරියන් පච්චවඩන් ඉඩක්කට්ටුකෝලියන් මකඳවලිනවරාජන් වෛරක්කට්ටු යනාදී වසත්‍රයන්ගෙන් හා රන්පට රුවන් සෝලු නාගවඩම් කාදු කාප්පු මුතුපට පට්ටෝඩම් බාහුදණ්ඩි මිණි කයිවඩම් ගිගිරි වළලු හස්ත මුද්‍රිකා කෛපෝට්ටු අඞගද්‍රහරණ එකාවැල කණ්ඨාවතංස ග්‍රීවාලංඞකාර පදක්කම් කණ්සූත්‍ර මිණි බන්දි ගල්මුතුමාල ගෙලමුතුමාල මිණිමුතුමාල දශීනමාල නිල්මිණිමාල රන්මිණිමාල රන්පෙතිමාල ලියරන්මාල රූරන්මාල වටරන්මාල තුන්කොත්මාල සිව්කොත්මාල හස්ත පෝට්ටු මෙඛලාදාම පස්රූ පස්පෙරහර සත්රුවන්වැල රන්සවඩි රජතසවඩි මුතුසවඩි සත්රුවන් සවඩි නිල්මිණි සවඩි රන්මිණි සවඩි කේයුරාභරණ ඌරුජාලා හිණසැද උදරබන්‍ධන මකරපට නලල්පට පාදසඞබලා පාදාභරණ පාදජාලා කිංකිණීකජාලා පාදාංගුලි පාද ජඞසාවළලු පත්‍රවළලු සද්දම් මුතුදම් රන්දම් රිදීදම් මිණිදම් මුත්හර අවුල්හර යනාදී ආභරණයන්ගෙන්ද අභිමත පමනක් ගෙන සැරසී සිඞඔටුනු සිංහඔටුනු රන් ඔටුනු රිදී ඔටුනු මිණි ඔටුනු සත්රුවන් ඔටුනු යනාදී ඔටුනුවලින් ඔටුන්නක් පැලඳ මඟුල් කඩුව අතට ගෙන සප්තසථානයකින් භූමිස්පර්ශවවූ සර්ව මඞගල ලක්ෂණයෙන් යුත් ඓරාවණනම් ඇතු පිට තුබූ බලකොටුවට රන්හිනින් පැනනැගී මෙසේම ඇත් නවසිය අනූනව දෙනත් මිණිබැඳ හසත්‍යාලංකාරයෙන් සන්නාහ සන්නඞකරවා ඉදිරිකොටගන අසුන් අටසිය අනූවක් අශවාලංකාරයෙන් සදා මහසෙනග හා දඹදෙණියෙන් ගොස් ඇන්නරුව බඩ ලැඟුම් ගෙන පසුදවස් උදෑසන මහපිරිස් උගුළුවාපිටත්ව තමලිඞගමු රජු ඉදිරියට යන්නාහු ඇතුන්ගේ මිණිගිගිරියෙන් හා අසුන්ගේ රසු ගිගිරියෙන් හා ඇතුන්ගේ කන්තලින් තැළි තැළි සොඬින් සොඬ වෙළි වෙළී පෙළින් පෙළ ගමන්ගත මහත් ගජ පෙළින් හා උනුත් ඇඟ ඉලි ඉලී සැමිටියෙන් එකී එකී පාර කා නොසත පායන අස්පෙළින් හා තවද හේමගිරි නීලගිරි ජලධාරා ගන්‍ධාර මන්‍ධාර මෞධාර සින්‍ධුර සිරිවට්ට කුරුරට්ට මහරට්ට වගුරට්ට කෝරට්ට සෝරට්ට පුරතත්ත මහතත්ත කම්පිල්ල මංගල්‍ය හඞගාල නේපාල මලයාල කාලිංග පුණ්ඩරීක ශෛලරාල පඤචාල කාම්බෝජ පත්තුන්න අරමණ කොඞගු තුරඞග කණ්ඨාට උත්තර පඤචාල

රෝජ චරරෝජ වස්සාන ජාවක පුප්පෝල කණීමලයූර පීන කාශ්මීර බර්බර සබර වඩිග ගුර්ජර මරවර මුක්කර පරවර කළ්‍යාණ තෙලිඞග උද්දාර කාරළ කේරළ කේවර්ත සෝරාෂ්ට සිවරාෂ්ට මහරාෂ්ට දොළුවර මල්ලව උරුමුසී බඹුරු කවිසි යන මෙකී රට වාසීන්ගේ පලිස් ගිගිරියෙන්ද යුක්තව තවද සිංහල සෙනගින් මිණිවන් බාලයෝය සවලක්කාර බාලයෝය කොත්ත බාලයෝය වේලක්කාර බාලයෝය ලේකම්බාලයෝය මුකුල අගම්පඩිය නෙත්ති අගම්පඩිය රජුට තේවකරන සිටින අතාවුදයෝය සළුවඩන්නෝය දියවඩන්නෝය බත් වඩන්නෝය තෙල්වඩන්නෝය නානු වඩන්නෝය බුලත් වඩන්නෝය කපුරු වඩන්නෝය සඳුන් වඩන්නෝය පලිස්වඩන්නෝය ඡත්‍රවඩන්නෝය චාමරවඩන්නෝය පවන්වඩන්නෝය පහන් වඩන්නෝය මල්වඩන්නෝය කපුවෝය කිලිගුවෝය නැකැත්තෝය වෙදවරුය බැට්ටවරුය පුලවරුය ගබඩානායකය බණ්ඩාර නායකය රටනායකය අසළුනායකය ගජනායකය බදුනායකය මුදලි නායකය බුලත්ගෙයි බාලයෝය රහස්ගෙයි බාලයෝය තටුගෙයි බාලයෝය සවරි බාලයෝය මේරුබාලයෝය මල්ලවයෝය අටබාගේ මුරපිරිස්ය වගපිරිස්ය කොත්මලේ අටපෙටියේ වැද්දෝය පොලුවැද්දෝය මස්වැද්දෝය ඔටුනු පණ්ඩිත වරුය ශුඬාචාරීහුය බඩාල්ලුය දඬුවඩුවෝය ලියන වඩුවෝය ඊවඩුවෝය බඩහැලයෝය කුලුපොත්තෝය කලාල් ගසන්නෝය රදවුය ඇම්බැට්ටයෝය බලිබතුවෝය කාලිනටන්නෝය යනාදිහු පිරිවරණ ලද්දාහු තවද තිසාන තම්මැට දවුල් ලොහො දවුල් ජිනදවුල් තප්පු තලප්පු මහබෙර ලොහොබෙර පටාබෙර එකැස්බෙර පනාබෙර ගැටබෙර පොකුරු බෙර මිහිඟුබෙර නාද බෙර වයනබෙර බුරුලු බෙර මහරිකුට්ටම් මද්දල මහුමකුඩම් අතතය විතතය විතතාතය ඝනය සුසිරය හොරණෑ වීරන්දම් කොම්බු දාරසක් දකුණුසක් විදුරුසක් රන්සක් රිදීසක් කරසක් ධවලසක් ජයසක් ලෝඅඞග වරඅඞග අනුක්කම් තුණ්ඩි විජයොඩිවනි රන්දාරා රිදීදාරා දලදාරා වඩිගක්කොම්බු නාගසවරම් රන් සින්නම් රිදී සින්නම් වඞහි වස්දඬු වස්කුලල් යතුරු කුලල් වේණු වීණා මෘදඞගවීණා හස්තිවීණා කුෂුද්‍රවීණා මහාවීණා ධවනි වීණා මධූරවීණා තන්තිරි ආලවත්ති යනාදි තූර්‍යනාදයෙන් හා දුම්වෙඩි සැරවෙඩි මුනවෙඩි යතුරුවෙඩි ගල්වෙඩි ගිනිවෙඩි ශබ්දවෙඩි වාලවෙඩි මහවෙඩි යනාදී වෙඩි සෝෂාවෙන්ද දුටු දුටු වන්ගේ ඇස් පියවමින් ඇසූ ඇසූවන්ගේ කන් බිහිරිකරවමින් සතුරු සෙනග වෙවුල්වා ජයකොන්තය අතින්ගෙන බුදු සසුන් වඩවම්හ සතුරු හඬ පලවම්හයි රාජධෛර්‍යයෙන් එඩිතරට අදිටන්කොට පිළීකුඩ ඉටිකුඩ සුදුකුඩ නිල්කුඩ රක්තුඩ රිදීකුඩ මුතුකුඩ පිල්කම්බා චාමර අල්වා සොටිලු ඇතුන් ඉදිරියෙහිලා අසුන්ට අසුලවා යුඬයට වන්නාහු යොන්දුනු තත්තාරිදුනු ගල්දුනු මට්ටමීදුනු රන්දුනු රිදීදුනු රුවන්දුනු මාරදුනු මාර

පඬගම්දූනු මාලක්කම්දූනු ඕලක්කමදූනු කලුදූනු කලුවැල්දූනු නඩහඹුදූනු මැඩහඟුදූනු මීටිදූනු උස්දූනු චන්‍ද්‍රවඬක දූනු සූයර්‍යවඬකදූනු ත්‍රිවඬකදූනු සින්දූරන් දූනු යනාදී දූනුයෙන් නැගි හඬින් හා තවද රන්කඩු රිදී කඩු මිණිකඩු සත්රුවන්කඩු ඇරාකඩු ගුජරකඩු පාඩිකඩු වඞ්ගකඩු පීනකඩු මලයකඩු මදුරකඩු තෙලිඝකඩු ජාවකඩු වඞගකඩු අයොධ්‍යකඩු දැත් කඩු මුනකඩු දාරකඩු සිරිවාල්කඩු දිලෙනකඩු ලෙලෙනකඩු විසීකඩු ධවලකඩු චක්කඩු දික්කඩු ලුහුඬුකඩු වටායුධ චක්‍රායුධ කණ්ඩිතලායුධ බලුල්කායුධ කට්ටායුධ මුනකොතනායුධ ඇනකොනතායුධ මිණිකොනතායුධ තෙජකොනතායුධ රන්කොනතායුධ රජත කොනතායුධ ජයකොනතායුධ යනාදි ආයුධවලින් නැගි ආලෝකයෙන් හා තවද සිව්රැස් මුගුරු පතැස්මුගුරු තුනැස් මුගුරු අටැස් මුගුරු ලොහො මුගුරු මිණිබැඳි මුගුරු රන්මුගුරු රිදී මුගුරු දාර මුගුරු වලතඩි අඩයටි ඉන් ඉන් වැදගන්නා හඩිනුත් ශරවෂීාවෙනුත් සුකතව ඉරුගේ ආලෝකය බිම නොපෙණෙන්නා සේ සටන්කොට දෙමළ විසිදහසක් එතැනම කොටාහෙළූහ. එකල තම ලිඞගමුරජු පැරද ධනුසෙබරනම් අසුපිටින් යනු බලා වෛරාවණාපිට බලකොටුවේ, වැඩඋන් පණ්ඩිත පරාක්‍රමබාහු මහරජ කියනුයේ ''තමලිඞගමුරජය! රජෙක් රජෙකුට පැරද පලායාම සුදුසු නොවේ. මෙසේ වරෙව'' යි කිසඳ ඒ වග අසා තමලිඞගමුරජ කරකැවී එනකල පණ්ඩිත පරාක්‍රමබාහු මහරජ තමාගේ ජයකොන්තය තමලිඞගමුරජු ළෙන් පිට ඇන පිටින් නැංගවූහ.

ඉක්බිති දෙමළ රජු එතනම ආදාහණ කරවා සෙසු පිරිස් නොමරන්ට අභයදී තමාගේ අණසක දහඅට දෙශයෙහි ප්‍රකාශ කරවා දඹදෙණිපුරප්‍රවරයට පෙරළා අවුත් වන්පසු දෙමළ දොළොස්දහසක් ගෙන ආ ජවන්කරේ රජහුද සාධා මෙසේම සටන් දොළසක් කොට ජයගෙන සිරිලක සතුරුභය පහකොට ඉක්බිති ''බුදුසසුන් වඩවන්ට උවමැනව'' යිකියා වනාසයෙන් සඟ දෙවිසිනමක් හා ගමවාසයෙන් දෙවිසි නමක් හා තිසබණ තෙරබණ මුගලන් ව්‍යාකරණ කසයින් ව්‍යාකරණ පටන් අකුරු කරවා තෙරතිස මුක්තකොට මහතෙර පදවියට පමුණුවා දොළොස් වාරයක් මහලුකමු පූජාකරවා තමන් විසින් මේවඩන ලෙසට දන්වසුන් තුන්සිය සැටක් නිතිපතා පවත්වා තවද නුවර වාසීන් ලවා ගෙයක් පාසා දන්වැට තබවා මහසාරපෝයේ ඇමදෙනා වහන්සේට කිරි දී වෙඩරු ආදී පස්ගෝරසයෙන් වැළඳවීමද කපුරු තකුල් ආදී පස්පලවතින් දැහැත් පිළිගැන්වීමද එදා රාත්‍රියේ බණ ඇසීමද අන්ධ බධිර මූඝ පඬගුක පථික පෞරාණික බුජ්ජක යනාදීවූ සොළොස් යාචකයන්ට නොවරදවා දන් දීමද නිරතුරුව සියක් නමකට රජගෙයිදී දන්දීමද නිත්‍යයෙන් පන්සිල් ගැනීමද

මහසාරපෝයේ අටසිල් ගැනීමද අවුරුදුපතා කෙළින් සිවුරු තුන්සීයයක් දීමද කඩනොකොට පවත්වමින් තවද තුන් රජයෙහි ඇමදෙනා වහන්සේට අටපිරිකර දෙන අවස්ථාවෙහි එකදා කපු කඩා කපා පුලුගසා වලු අඹරා නූල්කැට වියවා කඩ කපා ගෙත්තම්කොට අපුල්වා පඬු රඳා සවසට කෙළින් සිවුරු අසූවක් දුන්නාහුය. තවද විජයසුන්දරාරාමයෙහි වැඩහිඳින ශ්‍රී දන්තධාතුන්වහන්සේට දොළොස් අවුරුද්දක් මුළුල්ලෙහි රෑ දාවල් නිරන්තරව තලතෙලින් පානක්ද එලඟිතෙලින් පානක්ද උරුලෑ තෙලින් පානක්ද කපුරු තෙලින් පානක්ද අමු කපුරෙන් පානක් ද පැවැත්තුවාහුය. තවද එකනම ඇති සුවඳ මල් ලක්‍ෂයක් පිදීමද නොයෙක් පූපාපූපයන් ඇතුළු වූ දන්වසුන් සතරක් දීමද පවත්වා බොහෝ දෙනාටත් පින්පූරවනු පිණිස තමා උපන් නන්බඹර සිට දඹදෙණිය දක්වා අයමින් සතරගවුවක් තැන් විතරින් විසිරියනක් ප්‍රමාණ භූමිය හෙරිතලයක් මෙන් තනා කලුවැලිපියා සුදුවැලි අතුට වඩුවෙන් පස්රියනකට පිළී තොරණක්ද සත්රියනකට ජාන්මාලිගාවක්ද දාගැබක්ද ලියතොරණක්ද නවරියනකට පාන් අරගුවක්ද දසරියනකට පාන්තොරණක්ද දොළොස් රියනකට රඹතොරණක්ද බැගින් කරවා ධජ පතාක පූර්ණඝට කලස මාරුක්මල් තැඹිලි බෝදිලි නවසි තල් කිතුල් කදලිරුක් ආදියෙන් සරසා කුඩ කොඩි චාමර පන්දම් සක් පලිස් ලවමින් විසිතුරුකොට තුන්මසක් මුළුල්ලෙහි දළදා පූජා කරන ලෙසට විධානකරන්නාහු මායාරජයෙහි දෙලක්‍ෂ පණස්දහසක් ගම්හා පිහිටි රජයෙහි සාරලක්‍ෂ පණස් දහසක් ගම්හා රුහුණු රජයෙහි සත්ලක්‍ෂ සයානූදහසක් ගම්හා තුන්සියයක් බුලත් ගම්හා පන්සියයක් උදී ගම්හා සාරලක්‍ෂයක් මහ පටුනු ගම්හා පන්සියයක් ආකරගම්හා නවදහසක් බමුණු ගම්හා සත්සියයක් බැමිණිගම්ද ඇති මෙකී තුන්රජයෙහි එකි එකී ගමකින් පහන් දහසකට එලගිතෙලුත් සුවඳමල් දහසකුත් කිරිපිඬු පණසකුත් දේවාගෙයකුත් බැගින් ගෙනෙවයි විධාන කෙරෙමින් සතරදේවාලයෙහි නටන ගසන ධූරාවල අයත් තුන්රජයෙහි නටන ගසන පිඹින අයත් ගෙන්වමින් මහා පූජාව මහෝත්සවයෙන් ආරාම්භකළාහු ඇතුන්ගේ කුංඤ්ඤනාදයෙන් හා අසුන්ගේ රසුනාදය සහිත හේසාරවයෙන් හා තන්හි තන්හි නට නටා යන කූතාඩිවර මල්ලවයන්ගෙන් හා තන්හි තන්හි නට නටා යන බටිටපුලවරුන්ගෙන් හා තන්හි තන්හි ගී කිය කියා නට නටා යන නාටක ස්ත්‍රීන්ගෙන් හා තැන්හි තැන්හි නට නටා යන යන්ත්‍ර සූත්‍ර යෙදූ අස්රූ ඇත්රූ පෙළින්හා නොයෙකුත් භෙරි තූර්‍යනාද ඝොෂාවෙන්ද මහපොළොව ගුගුරන්නාක්මෙන් හා මහමුහුද ගර්ජනාවන්නාක්මෙන්ද හගවමින් තවද තන්හි තන්හි අත්වැට මල්ලියවැට පෙළින් හා තන්හි තන්හි මල් රුක්නද වැට පෙළින් හා තන්හි තන්හි කුඩ කොඩි චාමරාදියෙන් හා සුවඳ දුම්

සුවඳ දම් සුවඳ මල් ආදියෙන් හා අත්වැට දඬුවැට පානින්ද යුක්තව අසදෘශ අනොපමෙය්‍යවූ පූජාමහොත්සවය තුන්මසක් මුළුල්ලෙහි පැවැත්තුවාහුය. ඉක්බිති පළමු බෝධිසමහාර පුරණ රජදරුවන් දවස දළදා ස්වාමීන් වහන්සේ ප්‍රාතිහාර්‍ය්‍යකරන ලද, දැන් මා අවධියේ ප්‍රාතිහාර්‍ය්‍ය නොකරන්ට කාරණා කිම්දැ යි කියා සුවඳ දියෙන් ඉස්සොධා නහා සුදු සළු වඩා ලක්‍ෂයක් වටනා මුක්තාහාරයක් කර පැලඳ අටසිල් සමාදන්ව මඟුල් කඩුව අතින්ගෙන අමුකපුරෙන් පහන් ලක්‍ෂයක් හා අබතෙලින් පහන් ලක්‍ෂයක් හා උරුලෑතෙලින් පහන් ලක්‍ෂයක් ද පවත්වා ශ්‍රී දන්තධාතුන්වහන්සේට දණ්ඩනමස්කාරයෙන් වැඳහෙව ශ්‍රී දන්තධාතු ස්වාමීන්වහන්සේ යම් ප්‍රාතිහාර්‍ය්‍යයක් නොකළසේක් වී නම් මාගේ කඩුවෙන් මෙතනම හිස සිඳ ගතිමියි කියා බුදුගුණ කිය කියා සිටියාහ. එකල්හි ශ්‍රී දන්තධාතු ස්වාමීන්වහන්සේ රන්වන් හංසරාජයෙකු සේ දළදා කරඬුවෙන් පිටත්ව ආකාශයෙහි මනොඥ සර්වඥ රූපය හා රුවන් සක්මනක් මවා සත් පෑ සමාරක් මුළුල්ලෙහි ප්‍රාතිහාර්‍ය්‍යකර වදාළසේක. ඒ ප්‍රාතිහාර්‍ය්‍යය දුටු සූර්‍ය්‍යදිව්‍ය පුත්‍රයාද යන ගමන් නොගොස් සාධුකාර පූජාකළාහයි හඟිමි. බොහෝ සත්‍වයෝ සෝවාන් ඵලයෙහි පිහිටි යාහුයයි ද දතයුතුයු.

තවද සර්වඥජොත්තමයාණන් වහන්සේගේ ධාතු පෙති පිළිම දාගැප් මහබෝ ඇතුළු වූ බුඬ ධම්ම සඞඝ යන තුනුරුවන් පිහිටියා වූ මේ ශ්‍රී ලඞකාද්වීපයෙහි රාජ්‍යශ්‍රීයට පැමිණෙන්නාවූ සඬාසමපන්න උත්තම රජදරුවන් විසින් තුනුරුවන් නැමති රත්න සම්භාරයෙන් සම්පූර්ණ වූ මේ ලඞකා නැමති භාණ්ඩාගාරය රක්‍ෂාකොට රාජනීති ලොක නීති නොවරදවා දශ අකුශලින් දුරුව දශකුසල කර්මපථාදියට පැමිණ මතු සවර්ගග මොක්‍ෂ සම්පත් සාධාගත යුත්තේයි.

නන්බඹර කාලිඞග විජයබාහු පුත් ශ්‍රී පණ්ඩිත පරාක්‍රමබාහු රජය. ඔහුපුත් යාපව්වේ මහලු භුවනෙකබාහු ය. ඔහු පුත් වත්හිමි රජය, ඔහු පුත් පරාක්‍රමබාහුයයි දතයුතු

සිඬිරස්තු

Bibliography

ග්‍රන්ථ සහ මූලාශ්‍ර නාමාවලිය

Alahakoon, C N K. (2006). Identification of physical problems of major palm leaf manuscripts collections in Sri Lanka. Journal of University Library Association Sri Lanka. (Vol. 10).

Alahakoon, Champa N K., (2012). The Division of Labour in the Production of Sri Lankan Palm Leaf Manuscripts, Journal of the Royal Asiatic Society of Sri Lanka. Vol. 57, pp. 215-228 https://www.jstor.org/stable/43855214

Bandaranayake, B. (2021). South Indian Brahmins in Sri Lankan Culture: Assimilation in Sath Korale & Kandyan Regions. Melbourne, Australia.

De Silva, W. A. (1927) Sinhalease Viththi pot (books of Incidents) and Kadaimpot (Books Division Boundaries). The Journal of the Ceylon Branch of the Royal Asiatic Society of Great Britain & Ireland , Vol. 30, No. 80, Parts I, II, III and IV. pp. 303-325

Devaraja, L S. (1972), *The Kandyan Kingdom (1707-1760)*. Lake House Investments, page 46-49.

Ghosh, Amalananda (1991), An Encyclopedia of Indian Archaeology, BRILL Academic, ISBN 978-9004092648, pages 360-361

Godakumbura C.E. (1955). Sinhalese Literature, Colombo

Kuruwita, Rangana, (2015). Kurunegala Vistharaya, Suriya Prokashakayo, Colombo

Lagamuwa, A. (2001). Some Dialectic Elements Found in Palm-leaf Manuscripts. Journal of the Royal Asiatic Society of Sri Lanka, New Series, Vol. 46 pp. 79-100

Liyanagamage, Amaradasa (1963). The decline of Polonnaruwa and the Rise of Dambadeniya. PhD Thesis, University of London.

Marambe, A J W. (1926). Thrisinhale Kadayim saha Viththi. Lankadeepa Printers, Kandy.

Modder, F (1893), Kurunegala Wistharaya with Notes on Kurunegala ancient and Modern, No. 44 Journal of Royal Asiatic Society (Ceylon) Vol XIII

National Library and Documentation Centre. (2007). Bibliography on Palm Leaf Manuscripts. Colombo.

Obeyesekere, Gananath (ed. 2005a) Vanni Upatha, Vanni Viththi and Vanni Kadayim potha, S Godage & Brothers.

Obeyesekere, Gananath (ed. 2005b). Bandarawali and Kadayim Poth, S Godage & Brothers.

Obeyesekere, Gananath (ed. 2005c). Malala Viththiya, Malala Kathawa saha Rajasinghe Rajuge Pruthigisi Satan Pilibandawa sandahan Viththi book, S Godage & Brothers

Obeyesekere, Gananath (ed. 2005d). Vanni Rajawaliya, S Godage & Brothers.

Obeyesekere, Gananath (2019). Foreword. In Senewipala, Nimesha Thiwankara, (ed). Kurunegala Vistharaya. Samanthi Poth Prakashakayo, Ja Ela

Raghavan, M D. (1961). Karawa of Ceylon: Society and Culture, KVG De Silva & Sons, Colombo.

Raghavan, M D. (1964). India in Ceylonese History: Society and Culture. Asia Publishing House. New Dehli.

Ranasinghe, D D. (1917). Dambadeni Ashna. Published by DA

Amarasinghe Siriwardana Appuhamy.

Rohanadeera Mendis., 1974, Sri Lankan Sanga Organization, Colombo.

Sannasgala, Punchibandara, (1964). Sinhala Sahithya Wansaya. Lakehouse Printers, Colombo.

Senewipala, Nimesha Thiwankara, (2019). Kurunegala Vistharaya. Samanthi Poth Prakashakayo, Ja Ela

Sweet, JD. (2014), Colonial museology and the Buddhist chronicles of Sri Lanka: agency and negotiation in the development of the palm-leaf manuscript collection at the Colombo Museum, Museum & Society, vol. 12, no. 3, pp. 225-246.

Vimaladharma, Kapila Pathirana. (2000). Family Genealogies in the Study of Pre-colonial Kandyan Society and Polity. Journal of the Royal Asiatic Society of Sri Lanka, Vol. 45, (2000), https://www.jstor.org/stable/23732462.

About the Author

Bandara Bandaranayake Completed his B.Ed. (Honors) Degree and MPhil Degree from University of Colombo. He completed his PhD at Monash University on a Monash Graduate Scholarship.

After his first degree, he joined the Ministry of Education in Sri Lanka and held several teaching and senior administrative positions. After completing his PhD, and after a short-term tenure at Monash University, he joined the public service. He held several senior positions at the Department of Internal Affairs (New Zealand), the Department of Innovation, Industry and Regional Development (Australia), and the Department of Education and Training (Australia) for nearly three decades.

His research interests are in educational governance, ethics and integrity, public sector reforms, public policy, cultural anthropology, and evolutionary psychology. He has published several books and number of journal articles.

He is currently engaged in independent research, consultancy, and counselling.

He can be contacted on bandaranayakeb@gmail.com.

කර්තෘ ගැන

බණ්ඩාර බණ්ඩාරනායක, ඔහුගේ අධතපනවේදි ගෞරව (B.Ed Hons.) උපාධිය සහ ශාස්ත්‍රපති :එගජයසක* උපාධිය කොළඹ විශ්ව විද්‍යාලයෙන්ද ආචාර්ය උපාධිය (PhD) මොනෑෂ් විශ්ව විද්‍යාලයෙන්ද සම්පූර්ණ කළේය.

පළමු උපාධියෙන් පසු ඔහු ශ්‍රී ලංකාවේ අධ්‍යාපන අමාත්‍යාංශයට බැඳී ගුරුවරයකු ලෙසද පසුව ජ්‍යෙෂ්ඨ පරිපාලන නිලධාරි වරයකු ලෙසද සේවය කළේය. ආචාර්ය උපාධිය සම්පූර්ණ කිරීමෙන් අනතුරුව මොනෑෂ් විශ්ව විද්‍යාලයේ කෙටි කාලීන සේවා කාලයකින් පසු ඔහු රාජ්‍ය පරිපාලන සේවයට බැඳුණේය. ඔහු දශක තුනකට ආසන්න කාලයක් නවසීලන්තයේ අභ්‍යන්තර කටයුතු දෙපාර්තමේන්තුවේද, ඕස්ට්‍රේලියාවේ නවෝත්පාදන, කර්මාන්ත හා ප්‍රාදේශීය සංවර්ධන දෙපාර්තමේන්තුවේ සහ අධ්‍යාපන හා පුහුණු කටයුතු දෙපාර්තමේන්තුවේද ජ්‍යෙෂ්ඨ පරිපාලන නිලධාරි තනතුරු කිහිපයක් දැරීය.

ඔහුගේ පර්යේෂණ විශේෂඥතාවය වන්නේ අධ්‍යාපන පරිපාලනය, රාජ්‍ය අංශයේ ආචාර ධර්ම, රාජ්‍ය අංශයේ ප්‍රතිසංස්කරණ, රාජ්‍ය ප්‍රතිපත්ති විශ්ලේෂණ, සංස්කෘතික මානව විද්‍යාව, සහ පරිණාමීය මනෝ විද්‍යාව ය. ඔහු පොත් කිහිපයක් සහ සඟරා ලිපි ගණනාවක් ප්‍රකාශයට පත් කර තිබේ.

වර්තමානයේ ඔහු මෙල්බන් නුවර ස්වාධීන පර්යේෂණ හා උපදේශන සේවා කටයුතුවල නිරත වී සිටී.

ඔහුව bandaranayakeb@gmail.com මගින් සම්බන්ධ කරගත හැකිය.

www.ingramcontent.com/pod-product-compliance
Lightning Source LLC
Chambersburg PA
CBHW060037030426
42334CB00019B/2377
* 9 7 8 0 6 4 5 2 1 3 3 2 4 *